Tips, Tools, and Tested Methods for Consultants, Facilitators, Managers, Trainers, and Coaches

THE Skilled FACILITATOR FIELDBOOK

专业引导技巧实践指导

升级版

[美] 罗杰·施瓦茨（Roger Schwarz）
安妮·戴维森（Anne Davidson）
佩吉·卡尔森（Peg Carlson）
苏·麦金尼（Sue McKinney）
等著

王志刚　刘　滨　译

電子工業出版社
Publishing House of Electronics Industry
北京·BEIJING

Roger Schwarz, Anne Davidson, Peg Carlson, Sue McKinney, and Contributors: The Skilled Facilitator Fieldbook: Tips, Tools, and Tested Methods for Consultants, Facilitators, Managers, Trainers, and Coaches.
ISBN:978-0787964948

版权贸易合同登记号　图字：01-2015-7320

图书在版编目（CIP）数据

专业引导技巧实践指导：升级版 /（美）罗杰·施瓦茨（Roger Schwarz）等著；王志刚，刘滨译. 北京：电子工业出版社，2021.3

书名原文：The Skilled Facilitator Fieldbook

ISBN 978-7-121-39725-7

Ⅰ. ①专… Ⅱ. ①罗… ②王… ③刘… Ⅲ. ①组织管理－研究 Ⅳ. ①C936

中国版本图书馆 CIP 数据核字(2021)第 035115 号

责任编辑：吴亚芬　　文字编辑：袁桂春
印　　刷：北京天宇星印刷厂
装　　订：北京天宇星印刷厂
出版发行：电子工业出版社
　　　　　北京市海淀区万寿路 173 信箱　　邮编 100036
开　　本：787×1092　1/16　印张：29　字数：629 千字
版　　次：2016 年 8 月第 1 版
　　　　　2021 年 3 月第 2 版
印　　次：2021 年 3 月第 1 次印刷
定　　价：128.00 元

凡所购买电子工业出版社图书有缺损问题，请向购买书店调换。若书店售缺，请与本社发行部联系，联系及邮购电话：（010）88254888，88258888。

质量投诉请发邮件至 zlts@phei.com.cn，盗版侵权举报请发邮件至 dbqq@phei.com.cn。

本书咨询联系方式：（010）88254199，sjb@phei.com.cn。

致中国读者

我是如何创建专业引导技巧的：我的引导之路

当你阅读此书时，你可能会感到好奇，这本书与引导这一领域如何对接在一起。借助这篇文章，我将回顾促使我与其他作者一起撰写本书的缘由，以及组织发展领域中的大师对我创建专业引导技巧所带来的影响。

为何撰写《专业引导技巧》

作为2002年出版的《专业引导技巧》（第2版）的后继之作，我的同事和我决定撰写《专业引导技巧实践指导》一书。《专业引导技巧》的第1版在1994年出版。

当我撰写《专业引导技巧》第1版时，我还在教堂山的北卡罗来纳大学担任教授。当时我和同事迪克·麦克马洪（Dick McMahon）每年需共同教授150小时的引导课程，可是我却无法找到反映我的引导哲学和引导方式的书籍。当时，引导书籍不多，主要分为两类。一类集中在引导工具和引导技巧等话题上。这些书籍并没有阐述支撑这些工具或技巧的概念框架或哲学观，也没有解释为何要使用这些工具或技巧。鉴于这些书籍多与理论无关，其中所推荐的工具或技巧时常出现自相矛盾的情况，如果引导师想在实践中尝试使用这些工具或技巧，他们会给自己或引导的团队带来麻烦。而另一类书籍则非常理论化，就如何运用某些理论，书中所提供的实例非常少。读者只好依靠自己来领悟其中的奥妙。

我希望撰写一本能将理论和实践结合在一起的书籍。所谓理论与实践相结合，对我而言这不仅意味着其中的工具和技巧是基于坚实的理论和研究成果的，而且引导师可以理解支撑这些工具和技巧的理论。在实施干预时，引导师可用自己的表述方式来向他们的客户阐述其中的缘由。作为密西根大学的组织心理学博士和哈佛大学的教育学硕士，指导我的教授会经常引用社会心理学先驱库尔特·勒温（Kurt Lewin）的一句名言："没有什么比好的理论更能指导实践了。"库尔特·勒温的名言成为我撰写此书的指南针。

现在《专业引导技巧》成为引导领域的参照标准。当你阅读此书时，该书的第3版已经付梓成册。阅读此书后，我的客户和读者认为受益匪浅，因为该书将理论和实践有机地结合在了一起。

为何撰写《专业引导技巧实践指导》

出于提升引导技巧的目的，我的客户和读者参加我们举办的专业引导技巧工作坊。期间他们经常给出同样的提问：当结束工作坊回到自己的岗位时，或者阅读《专业引导技巧》之后，他们该如何培养自己的专业引导技巧呢？如何将这一方法与其他工具和方法结合在一起呢？如何在不熟悉这一方法的同事面前使用这一技巧呢？当我们不断听到同样的提问时，我和我的同事决定撰写《专业引导技巧实践指导》来解决这些疑惑。这是 2005 年《专业引导技巧实践指导》面世的原因。

专业引导技巧受到哪些大师的影响

与心理学或社会学有所不同，引导并不是一门学科，而是吸收了众多学科所长的专业领域中的实践。其中包括心理学的许多分支（如社会心理学、治疗心理学、认知心理学及组织心理学等）、社会学、社会人类学及认知神经科学等。另外，引导还借鉴了沟通、组织行为、系统思考、冲突管理、计划与谈判等领域的可鉴之处。每位引导师或有意识或无意识地从不同领域吸收养分来丰富其本人的实践。另外，我们每个人的成长经历也给我们提供了启示。这是我本人的故事。

当我还是幼童时，我就对团队和领导力产生了兴趣。我 14 岁时曾担任日间夏令营辅导员的助手并从中学到了关于团队和领导力的内容。日间夏令营由非营利组织负责运营，夏令营的主管马克·鲁宾（Mark Rubin）不断地告诫我们：“大家对于自己做出的决定会给予支持。”他告诉我该如何使夏令营成员参与事关他们团队的决策过程之中，这样大家可以做出更好的决策并对此做出承诺。这样的做法也给大家带来更多的乐趣。

丹尼尔·卡茨和罗伯特·卡恩

我的职业生涯包括我的著作受到几位大师的直接影响。1978 年作为密西根大学的组织心理学博士研究生，我有幸接触到我的教授丹尼尔·卡茨（Daniel Katz）和罗伯特·卡恩（Robert Kahn）刚刚出版的著作，这就是现在已成经典的《组织的社会心理学》（*The Social Psychology*）第 2 版。罗伯特·卡恩也教授与书名同名的课程。他们的著作主张采用开放系统这一方法来理解组织和组成组织的团队。其核心思想是为了理解某一分析单元的行为，你需要从更高层级入手分析其带来的影响。如果将这个理论用于指导实践，这意味着为了理解某个团队是如何发挥作用的，你需要理解所在团队的组织是如何运作的。他们的著作告诉我角色及影响人们担任这些角色的行为规范的重要性。在《专业引导技巧》一书中，我将他们对于角色这一概念的论述用于描述出于帮助团队的目的人们所担负的不同引导角色，以及这些角色是如何生成不同的期望的。

克里斯·阿基里斯

对我产生重大影响的另一位大师是克里斯·阿基里斯（Chris Argyris）。阿基里斯曾是勒温的学生，并与勒温一起创建了组织发展这一领域。他不仅创建了这一领域，还创造了“组织学习”（Organization Learning）这一新词。通过密西根大学教授柯蒂·卡曼（Corty Cammann），我接触到阿基里斯的著作。柯蒂（Corty）曾是阿基里斯的博士生。我被阿基里斯《干预：理论与方法》（*Intervention Theory and Practice*）一书中所讲述的基于价值观的干预方式所吸引，我决定向密西根大学申请休学，以便求教于在哈佛执教的阿基里斯。阿基里斯帮助我看到了我们的价值观和假设，也就是我们的践行理论（Theory-in-Practice）是如何驱动我们的行为的。另外，当身陷困境时，我们几乎所有人所采用的践行理论是如何给我们带来不曾预想的后果的，而我们对此一无所知。阿基里斯帮助我认识到，如果我们希望团队和团队领导有效行事，他们必须超越工具和技巧并改变他们的思考方式。他的思想精华促使我更为关注给团队带来不良后果的践行理论，而这可以解释发展型引导的诞生。

阿基里斯是理论结合实践的大师。他告诉我如何使用他的理论来对团队实施干预。这意味着面对客户时，我们知道究竟该说些什么；当客户做出回应时，我们可以说些什么。阿基里斯告诉我，如果你的行为不能与你标榜的核心价值观时刻保持一致，你就不是一位有效的咨询顾问。这给我提供了一个全新却又持久的标准，用于评判引导方式的有效性。这也有助于我去描述在工作中我所实施的具体干预方式，并解释这些干预方式所依赖的概念。

从阿基里斯那里我也了解到，人们设计他们行为的践行理论也会指导他们打造所在团队和组织的结构和流程。其结果是，团队和组织中充斥着降低有效性的单边控制模式的要素。这有助于我去理解领导力，以及团队、组织中更为结构化的要素是如何关联在一起的。最终，这些帮助我建立团队有效性模型，并与人们的践行理论（我称为“心智模式”）建立明确的联系。团队有效性模型还可以解释团队是如何设计的。

阿基里斯在组织发展领域引入了推论阶梯（Ladder of Inference）这一概念，这一概念说明了我们是如何迅速地从可以观察到的信息移向推断含义的，而我们对此还一无所知。我将他的推论阶梯略作调整，并作为专业引导技巧中的主要部分用于帮助引导师和其他人理解他们的思考方式是如何决定他们的行为和结果的。

阿基里斯的主要实践对于我建立团队有效性的基本规则也颇具启发性。例如，检验假设和推论、将主张和探询结合起来、讨论不便讨论的话题等基本规则都是阿基里斯著作的主要要素。几乎专业引导技巧的所有基本规则都可以找到被阿基里斯的思想所影响的痕迹。在我受教于阿基里斯之前，我和柯蒂·卡曼一起制定了专业引导技巧的第一套基本规则。鉴于柯蒂曾是阿基里斯的弟子，我们制定的基本规则不也受到了阿基里斯的影响吗?

尽管阿基里斯对于领导力这一话题著述不多，但是他的著作清楚地表明团队领导力需由团队成员共同承担。这就是说，每位团队成员都需要负责给与之共事的同事提供反馈。他的研究与著作，其中包括他与唐纳德·舍恩（Donald Schon）合作的研究与著作所提供的方式，成为我与团队、组织，以及改善团队和组织的人们共事的核心方式，这一方式还将延续下去。帮助团队领导和他们所在的团队改变心智模式，从而创造更为美好的结果，并打造良好的工作关系，对我来说是在帮助客户时非常重要、极为挑战但也极有成就的一部分工作。

当我在哈佛教育学院攻读硕士学位时，我遇到了阿基里斯的三位博士生：黛安娜·麦克莱恩·史密斯（Diana McLain Smith）、鲍勃·帕特南（Bob Putnam）和菲尔·麦克阿瑟（Phil MacArthur）。他们共同创办了行动设计（Action Design）咨询公司（以下简称“行动设计”），其目的是将阿基里斯的研究成果用于指导实践并不断加以完善。行动设计基于阿基里斯的模型建立了自己的模型，他们称为单边模式（基于阿基里斯的模型Ⅰ）和交互模式（基于阿基里斯的模型Ⅱ）。然而，我采用的是单边控制模式和交互学习模式，因为在我看来，这更为准确并有力地反映了阿基里斯所创造的模型。就这两种模型中的每一种，行动设计也识别出一套假设。我将其改编并用于搭建我的单边控制模式和交互学习模式。1983 年，帕特南和史密斯与阿基里斯一起撰写了《行动科学》（*Action Science*）一书。书中讲述了如何运用阿基里斯的模型Ⅱ来进行更为有效的干预研究。

理查德·哈克曼

理查德·哈克曼（Richard Hackman）有关团队的研究也对我产生了重大影响。与阿基里斯一样，他在执教哈佛之前，曾任教于耶鲁大学。有趣的是，当我在哈佛求教于阿基里斯时，哈克曼却在密西根大学社会心理学系度过他的学术假期。当时他正忙于研究团队的设计，如团队的结构与流程是如何让团队变得更为有效或无效的。他有关团队研究的第一本书《有效团队（和无效团队）》[*Groups that work*（*and those that don't*）]是他和我的多位研究生院的同事一同撰写的。这本书介绍了他的研究成果。他的最终著作集中在团队领导力上。他的研究与卡茨和卡恩的研究结论相似。他们都认为团队结构将对团队的有效性产生影响。哈克曼的研究揭示出评估团队有效性的三个标准。我使用他的研究成果建立了团队有效性模型，并将这三个标准略作调整，作为所有团队需要关注的三项成果。

哈克曼通过研究来验证的团队有效性模型是一个规范性模型。他讲述了应如何设计团队有效性。我将其看成有效团队的必要组成部分。这也使我通过建立团队有效性的规范性模型来帮助引导师识别他们所服务的团队的优势与不足，以及背后的成因。

埃德加·沙因

在我接触哈克曼的著作的同时，我也接触到埃德加·沙因（Edgar Schein）的著作。当时他担任麻省理工学院斯隆商学院的教授。与阿基里斯一起，他们共同创建了组织发展这一领域。沙因创建了流程咨询这一概念。咨询顾问借助流程咨询帮助客户探讨他们开展工作的流程。他所撰写的《流程咨询》（*Process Consultation*）这一著作总结了他对于这一话题的心得。其中，他区分了流程咨询与内容专业咨询（Content-Expertise Consultation）之间的差异。所谓内容专业咨询，是由咨询顾问提供团队所需讨论的内容并推荐解决方案。据我所知，沙因并没有在书中使用引导这一词汇来描述他所采用的咨询方式，但是，许多引导师将他的咨询方式看成引导，并从中汲取有益的养分来打造他们自己的引导方式。沙因的著作帮助我更为清晰地认识了引导师这一角色，并帮助我认识到这一角色与其他第三方帮助性角色的相似与差异之处。他还帮助我区分了基础型引导与发展型引导。与阿基里斯一样，他的著作提供了不同场景中的逐句对话的例子，从而帮助我将干预理论与实践结合起来。

沙因所描述的 ORJI 循环，也就是咨询顾问应该如何观察（Observe），做出反应（React），给出判断（Judge），以及实施干预（Intervene），帮助我有力地反思引导师应如何看待并采用专业引导技巧实施干预。我将沙因的 ORJI 循环，阿基里斯的推论阶梯、检验推论的概念、既有主张也有探询等概念整合在一起形成了我的诊断—干预循环。

沙因就干预所采用的假设与我的假设不一样。这帮助我更为清晰地说明我的引导信念。沙因的著作也帮助我了解了组织文化。在他看来，组织文化作为共享的假设可用于指导我们的行为，这一想法与阿基里斯的有关价值观和假设塑造领导的践行理论的概念类似。团队与组织文化成为团队有效性模型的重要组成要素。

彼得·圣吉

20 世纪 90 年代，彼得·圣吉的《第五项修炼》（*The Fifth Principle*）帮助我了解了有关系统思维的概念。圣吉当时执教于麻省理工学院。他的著作普及了系统思维，并将系统思维与领导力和团队有效性结合起来。在这一过程中，他借鉴了阿基里斯的团队领导的心智模式及团队学习等思想。彼得·圣吉的著作帮助我理解系统拥有可以预测的互动模式［他称为原型（Archetypes）］，无论这个系统是一个团队，还是一个组织或一个国家，也无论大家所面对的内容议题是什么。他给我提供了有别于阿基里斯的不同视角：

如果我们在采取干预手段时未经系统思考，我们会使问题更加恶化而不是使问题得到解决。他为我们看待系统提供了工具，并帮助我们思考如何针对系统的杠杆点实施干预来获得持续的变化。专业引导技巧这一方式能帮助引导师更为系统地看待引导，避免问题被快速解决，不系统地看待引导往往会让问题最终变得更糟。

阿基里斯、哈克曼、沙因及彼得·圣吉等人的著作都从不同的方面给我以启示。在我的著作中，我试图将他们的思想统一在一起。我的目标是打造更为系统、拥有坚实理论框架且以研究为基础的引导方式，并以更为切实、更为有力和更易使用的方式来塑造团队的有效性。

除上述大师以外，我非常有幸和几位同事一起共事，并从他们那里汲取有益的想法。他们帮助我提炼我的想法并改善实践。在教堂山的北卡罗来纳大学执教时，我曾和同事迪克·麦克马洪一起花费数日讨论引导、团队和领导力等话题。在过去的 20 年中，我在北卡罗来纳大学结识的同事，随后又在 Roger Schwarz & Associates 担任咨询顾问的安妮·戴维森（Anne Davidson）和我一起帮助领导和团队达成更高绩效，建立更好的合作关系并努力成就更好的自己。我们曾一起纠结于引导所面对的窘境和悖论。而佩吉·卡尔森（Peg Carlson）也是我在北卡罗来纳大学的同事并随后担任 Roger Schwarz & Associates 的咨询顾问。他对于我提炼自己的想法提供颇多帮助。安妮和佩吉既是《专业引导技巧实践指导》的作者之一，也是编辑之一。迪克在其中也撰写了若干篇章。

除上述同事以外，我有幸和诸多组织一起开展合作。我的客户不断地质疑并挑战我的想法，其结果是我的想法及交互学习模式得以持续演进。为了便于你了解这些最新进展，以及我们所提供的工作坊的信息并获取相关的免费资源，你可以登录 www.schwarzassociates.com。

最后，我非常有幸与凯瑟琳·朗德（Kathleen Rounds）结为伉俪。作为北卡罗来纳大学社会工作学的教授，她作为带头人在研究生院教授专业引导技巧，所以她熟知这套方式。在我们三十多年的婚姻生活中，当我的行事方式与我信奉的价值观和假设保持一致时，凯瑟琳帮助我看到了这点。心怀热诚与关爱，她帮助我就自己的行事方式与我的信念保持一致担责。

在有关专业引导技巧及支撑专业引导技巧的交互学习模式的简介临近尾声之时，我想说明的是，这一方法的核心是打造有效的、令人满意的人际关系，无论这一关系是在职场中，还是在亲友或朋友之间，抑或在社区之中。使用这一方法时，我并没有因对象不同而采用不同的互动方式，无论你是我在 Roger Schwarz & Associates 工作的同事、我的客户、我的家人、我的朋友，还是其他人。简言之，我认为掌握交互学习模式就是我在这个世界上的立足之本。我希望本书的读者可以使用这一强大的实践工具来帮助团队达成更好绩效，并提升你们在人生旅途中的有效性。

最后，我非常感谢刘滨先生和王志刚先生付出辛勤的努力将此书翻译成中文。当刘滨先生告知我这本书将给中国的引导界带来巨大帮助，并可以让更多的中国读者了解专业引导技巧这一方式时，对此我深感荣幸。

罗杰·施瓦茨

教堂山，北卡罗来纳州

相关参考文献

Schwarz, R., Davidson, A., Carlson, P., & McKinney, S. (2005). *The Skilled Facilitator Fieldbook: Tips, Tools and Tested Methods for Consultants, Facilitators, Managers, Trainers, and Coaches*. San Francisco: Jossey-Bass; Schwarz, R. (2002). *The Skilled Facilitator: A Comprehensive Resource for Consultants, Facilitators, Managers, Trainers, and Coaches* (2nd ed.). San Francisco: Jossey-Bass.

Schwarz, R. (1994). The Skilled Facilitator: *A Comprehensive Resource for Consultants, Facilitators, Trainers, Managers, and Coaches* Jossey-Bass.

Schwarz, R. (to be published in 2016). *The Skilled Facilitator: A Comprehensive Resource for Consultants, Facilitators, Trainers, and Coaches* (3rd ed.). San Francisco: Jossey-Bass.

Katz, D., & Kahn, R. L. (1978). *The Social Psychology of Organizations* (2nd. ed.). New York: Wiley.

Argyris, C., & Schön, D. A. (1978). *Organizational learning : a theory of action perspective*. Reading, Mass.: Addison-Wesley Pub. Co.

Argyris, C. (1970). *Intervention theory and method; a behavioral science view*. Reading, Mass.,: Addison-Wesley.

Schwarz, R. (2013). *Smart Leaders Smarter Teams: How You and Your Team Get Unstuck to Get Results*. San Francisco: Jossey-Bass.

Argyris, C., Putnam, R., & Smith, D. M. (1985). *Action Science: Concepts, Methods, and Skills for Research and Intervention*. San Francisco: Jossey-Bass.

Hackman, J. R. (1990). *Groups that work (And Those That Don't): Creating Conditions for Effective Teamwork*. San Francisco: Jossey-Bass.

Hackman, J. R. (2002). *Leading Teams: Setting the Stage for Great Performances*. Boston: Harvard Business School Publication Corp.; Wageman, R., Nunes, D. A., Burruss, J. A., & Hackman, J. R. (2008). *Senior Leadership Teams: What it Takes to Make them Great*. Boston: Harvard Business School Press.

Schein, E. H. (1987). *Process Consultation: Lessons for Managers and Consultants, Vol. 2*. Reading, Mass: Addison-Wesley. Schein, E. H. (1988). *Process Consultation: Its Role in Organization Development, Vol. 1*. Reading, Mass: Addison-Wesley.

Schein, E. H. (1985). *Organizational Culture and Leadership*. San Francisco: Jossey-Bass.

Senge, P. (1990). *The Fifth Discipline: The Art and Practice of the Learning Organization. NY: Doubleday*.

译者序一

如果允许你随意走访某家公司，当你推开这家公司的大门时，你最常见到的工作场景是什么？开会！没错，无论层级高低，如果你一天不参加几个会议，你都不好意思说自己在上班。在某种程度上，衡量你在组织中职位高低的标志之一就是你参加了多少个会议。如果你有幸在组织中担任高管，我敢打赌，你一天的时间几乎被各种会议占满，你待在自己办公室的时间有限，你不是脚步匆匆地赶往下一个会议室，就是疲惫不堪地从会议室里走出来……毫不夸张地说，会议室几乎是所有组织利用效率最高的场地之一，不提前预订，可能都没办法抢到。如果不允许开会，我都要怀疑组织如何运转下去，试想一下，组织中的哪个业务难题不需要大家通过会议的方式就能讨论出解决方案？可是，你所在的团队举办会议的质量高吗？我的猜测是，绝大部分人回答这个提问时会犹豫不决，不知如何作答。为了衡量员工是否爱岗敬业，有员工敬业度调研；为了衡量客户对产品或服务是否满意，有客户净推荐值调研；为了衡量组织财务健康程度，可以审查现金流量表。但是，我们居然没有一项调研衡量团队会议质量的高低，虽然会议消耗了我们绝大部分时间，这是否让你我感到有点匪夷所思呢？

如何促成团队成员之间高效互动？如果不曾翻译罗杰·施瓦茨著述的《专业引导技巧实践指导》这本书，这个话题可能不会引起我的关注。即便引起我的关注，我对这个话题的认知至多停留在改进沟通技巧这一层面上。借助大师的智慧，我才发现，团队成员能否高效互动其实与沟通技巧关系不大，而与他们的思维能力密切相关，与他们持有的心智模式关系更大。为了更好地理解这点，我们不妨先暂时离开这个话题，从一个更宏大的视角来审视这个话题。

今天，几乎所有大学都推崇博雅教育，也就是 liberal arts。这一说法可以追溯到西方文明起源之一的古希腊文明，那时的希腊人推崇“七艺”，即逻辑、修辞、语法、音乐、天文、几何与算术。不知道大家注意到 liberal 这个单词没有？liberal 是自由的意思。为何这七艺与“自由”有关呢？原来，古希腊人认为，如果你不掌握这“七艺”，你就不配做一个“自由人”。作为一个“自由人”，你必须参与公共事物，包括公众辩论、在法庭上为自己辩护、参加审判团、参军作战等。博雅教育又可译成通识教育或全人教育，指的是如何培养一个完整的人，其目的是帮助你做好准备，将来你能够作为一个知识健全的公民参与到公众事务之中。当然，随着时代变化，在今天，博雅艺术指的是自然科学、社会科学、艺术和人文科学四类学科。无论其内涵如何改变，其塑造完整人格、培养独立思想这一核心理念从未改变。吴国盛教授指出，“希腊人所谓的自由就是符合理性”，也就是说，具备认识世界的基本能力是通往自由的必由之路。

博雅艺术培养的核心能力是所谓的 critical thinking。按照维基百科的说法，critical thinking，指的是分析事实并做出判断。今天，大家习惯于把 critical thinking 翻译成“批判性思维”，我认为这个翻译是错误的。如果查看韦氏大词典的话，在 critical 这一栏目下可以找到如下释义：第一个释义为 inclined to criticize severely and unfavorably（倾向于严厉批评）。所给出的例句为：His critical temperament cost him several friends.（他的暴躁脾气让他失去了许多朋友）。第二个释义为 consisting of or involving criticism（涉及批评）。所举的例子为 critical writings（批判性写作）。第三个释义为 exercising or involving careful judgment or judicious evaluation（涉及仔细判断或明智评估），这一释义下的例子为 critical thinking。从这个释义中你根本看不到“批判”的影子！如果把 critical thinking 翻译成思辨性思维、审思性思维或类似的译法，我认为更接近原意。而思辨性思维又可追溯到古希腊圣贤苏格拉底。他主张“未经审视过的人生是不值得过的”。他看重深刻提问的重要性，只有经过深刻探询，我们才可以把某个看法视作值得接受的信念。他非常看重“寻找证据，仔细检验推理与假设，分析基本概念，在推断这一概念的引申含义时，不仅需要听其言，更要观其行”。而苏格拉底提问法突出强调了思考的清晰性与逻辑的一致性（维基百科）。

坦率地说，这些不是我们文化的底色。当古希腊人主张以平等身份参与公共事务讨论时，我们更习惯于服从父母的指示；当古希腊人崇尚辩论时，我们更推崇“敏于行，而讷于言”；当亚里士多德宣称“我爱我师，我更爱真理”时，我们主张“一日为师，终身为父”。当古希腊圣贤苏格拉底游走在雅典街头追问行人“什么是善”时，中国的学子更习惯于围坐在孔子身边聆听万世师表的谆谆教诲。如果说古希腊的圣贤更喜欢“问”，我们的圣贤更习惯于“述”。当我翻译施瓦茨的著作及践行其方法论时，我时常感到有些“不自在”，但是，我说不清楚这个“不自在”究竟表现在哪里。随着阅读与实践的增多，我慢慢意识到，与其说他的著作是在讨论如何提升团队有效性的基本规则这一话题，不如说他的著作在讨论如何将思辨性思维运用到团队互动这一场景之中。我认为，施瓦茨提出的交互学习模式及基于交互学习模式基础之上的提升团队有效性八项基本规则，是在用另一种方式向伟大的古希腊圣贤如苏格拉底、柏拉图、亚里士多德致敬！一方面，我们惊讶于施瓦茨的睿智，他是如此犀利地挖掘出团队互动背后的底层逻辑；另一方面，我们不得不服膺于古希腊圣贤的伟大，千年过去了，他们的思想依然熠熠发光。

需要指出的是，对于生于斯，长于斯，浸淫在西方文化之中的施瓦茨而言，所有这些圣贤的思想就是他每天呼吸的空气、流动的血液。他从小到大所接受的教育就是如此，所以，对于他而言，一切都是习惯而已，这就是为何他的著作可以直接从心智模式切入，继而介绍提升团队有效性的八项基本规则（当然，在本书成稿时，还是九项基本规则），可是，对于我们而言，这未必是我们血液之中的DNA。当我们学习或运用这些概念时，施瓦茨并没有意识到生活在大洋彼岸的我们其实是在另一块土壤中长大的，所以，当我们接触他的著作时，必然感到某种隔膜与疏离，好像总有一种用起来不顺手或磕磕绊绊的感觉。当我看到有关博雅艺术与思辨性思维的介绍之后，我才恍然大悟，我为何有这样的隔膜感。但是，如果我们心怀好奇，勇敢地往前迈出半步，我们就会突然发现自己对于施瓦茨著作的理解不再停留在貌似深刻却未必坚实的地基之上。当我们追溯到西方文化之根古希腊文明时，当我们重新领会古希腊所倡导的博雅艺术，重新体验苏格拉底提问法的奥妙时，我们不禁感叹，原来这些才是滋养施瓦茨思想的土壤！

一旦领悟到这一层奥妙，我们不再会带着寻找灵丹妙药的想法阅读施瓦茨的书籍，如果真是那样，我们可能会大失所望，因为他通篇都没有介绍所谓的“实用”技巧，如怎样开场、如何组织讨论、如何收尾等，相反，他深入探讨这些技巧背后所涉及的底层逻辑，如怎样通过提问真诚探询对方持有的观点及观点背后的假设，因为只有追寻这些永恒不变的底层逻辑，才可能让我们真正找到问题的答案。阅读他的书籍时，我时常会有一种既远又近的特殊感觉。所谓“远”，指的是书中的论述并不是我的直觉马上可以理解的，我需要慢慢咀嚼；所谓“近”，指的是书中介绍的基本规则虽然貌似佶屈聱牙，但仔细品味，你会发现，这些基本规则依然有很强的指导作用。所以，“慢慢来”是我送给大家的建议。这意味着我们的对话不要急于往前推进，尤其是开场时，多花些时间和精力澄清重要的词汇和彼此的假设，你会发现，慢就是快。这也意味着他的方法论需要慢慢体会与酝酿，坦率地说，不那么容易成为你身体的一部分，因为他的方法论涉及二型思维，所以，放慢思考与对话的脚步利于我们更好地掌握其方法论。

那么在组织中推行施瓦茨这套体系有价值吗？我本人的结论是价值非凡，尤其对于组织中的高管而言。一方面，我们组织中的高管未必接受过很好的思维训练，因为从小到大我们接受的教育不是鼓励诵读（文科）就是鼓励刷题（理科），我们很少鼓励学生潜心深入思考，即使思考，也只是思考为何这道题目做错了，是否有更好的解法。在教室里，类似苏格拉底那样的唇枪舌剑是非常罕见的，更不要说鼓励学生去思考大提问（Big Questions）来帮助他们体验思维之美。没有经过良好思维训练的员工一旦走向职场，他们的习惯势必是卷起袖子，直奔答案而去。我们习惯于思考如何解决这个问题，而不是去思考这个问题是什么，为何要解决这个问题，这个问题值得解决吗……问题意识（Problematique）的缺失几乎是组织中所有高管的普遍短板。由于我们的高管就是在这种教育体系下成长起来的，写命题作文已经成为他们的常态，他们不习惯自己给自己找问题。所以，当他们就任高管后，你指望他们突然一下子改弦更张，不仅善于提问，而且长于反思，能够见人之未所见，那不现实。更为挑战的是，许多组织尚未意识到这一话题的重要性。他们并未意识到对于高管而言，最重要的一项能力其实是概念性思维或策略性思维能力，而不是所谓专业技能或人际交往能力。为了帮助高管更好地培养这一能力，我曾推出以问题分析与解决为主题的工作坊，可是有好几位朋友告诉我，这门课程不适合高管，更适合基层员工，对此，我只好扼腕长叹……高管对于组织最大的价值就是做出正确决策并付诸实施，而对于今天的高管而言，他们面临巨大挑战，无论是突然而至的“黑天鹅”，还是竞争对手推出的某个举措，无不需要他们集中团队智慧，善于透过现象看到纷繁复杂问题背后的本质，善于高屋建瓴，看到行业发展趋势，善于看到不同业务现象背后的联系并从中发现商机。这或许可以解释为何高管如同花蝴蝶一样忙于穿行在各个会场之中。毫不夸张地说，他们的思维能力决定组织胜负，而体现他们思维能力高低的最佳场地之一就是会议现场。如果一位高管保持开放，心怀好奇，鼓励团队所有人真诚发问并互相质疑彼此看法背后的假设与推理过程，那么，这个团队一定可以获得更多有效信息，而有效信息是做出正确决策的关键。在施瓦茨看来，所谓有效信息，指的是与决策相关的所有信息，人们分享信息的方式便于其他人理解他们形成这一观点背后的推理过程，对于这些信息，人们可以独立做出验证。一句话，有效信息的信息收集方式与评估方式是有效的，便于人们做出判断。这既涉及心智模式层面（你是否愿意保持开放，哪怕面对与自己看法相左的信息），又涉及方法论层面（检验假设与推论），正是这二者确保团队互动的有效性。可是在真实的团队之中，我们又有多少高管在主持团队会议时能做到这点呢？团队会议的互动质量不高，却指望拿出高水平的解决方案，还指望这个解决方案能取得不错的效果，这就好像指望我们随手拿起一个飞镖能命中贴在圆盘上的某只股票，然后指望这只股票大涨一样。

那么在组织中推行施瓦茨的方法论难吗？我的观察是既难又不难。说难，是因为他所介绍的方法与我们的常识相违。当翻译施瓦茨的著作时，我突然发现，自己习以为常的表达方式之中存在太多漏洞，不是逻辑推理有误，就是习惯于把未经检验的假设当成事实。翻译时，我的内心声音是：“活了这么长时间，居然需要重新学习如何有效对话？！”我的猜测是，任何人看到这一点时，都会感到受挫。但是，如果对自己抱有同理心的话，我们就会发现，这并不奇怪。人的大脑虽然足够睿智，但依然存在许多缺陷，2002 年诺贝尔奖获得者丹尼尔·卡尼曼著述的《思考，快与慢》已经揭示了其中的奥秘，在此不再赘述。其实，哪怕对于接受过博雅艺术训练的西方经理人而言，他们使用施瓦茨所提出的八项基本规则，也不是那么顺溜，那么，对于没有接受博雅艺术训练的中国经理人而言，出现暂时困难那是再正常不过的事情了。在我看来，认识到自己的局限远比训练自己掌握其中的方法论更难。说不难是因为所有人，无论性别、肤色，就本质而言，其实是一样的。曾有人认为思辨性思维就是提问，思维能力强表现在你的提问更具洞察力、更深刻，对此我非常认同。提问难吗？当然很难。可是回想一下，幼时的我们哪个不是心怀好奇，睁着童真的大眼，冒出一个又一个提问呢？谁又能否认其中没有好的提问呢？就以孩子最常见的提问“为何天空是蓝色的”为例，科学家也是直到最近才找到确切答案。可见，好奇与探索是所有人的天性，只不过当我们长大之后，这些天性被扼杀了！施瓦茨提出的八项基本规则不过是让我们像孩子那样，重新怀着好奇心去探索周围的一切，这不过是帮助我们重拾童趣罢了，当然，现在的运用场景不太一样。好的提问可带来好的答案，而训练高管学会提问，给出高质量的提问恰好是八项基本规则的核心。施瓦茨提炼的八项基本规则告诉我们，从哪些维度入手更容易诞生高质量的提问，而这恰好是高质量互动的核心。在辅导各个组织的时候，我一再体会到"好的理论可以指导实践"这句话。当我有意识地去践行这八项基本规则时，我时常有这样一种感觉：当我们好不容易爬到半山腰时，我们突然发现大师早已经在那里恭候我们多时。我本人犯过的错误或我观察到组织所犯的错误无不验证了大师所总结的这些基本规则。我最为欣喜的莫过于看到某位朋友告诉我他在组织中践行八项基本规则所取得的进展。所以，只要我们愿意示弱而不是逞强，愿意打开自己，愿意不断练习，这有何难呢？今天我们所需要做的不过是拭去灰尘，让我们的本性展现出来。只要你愿意尝试，你就能成功。

施瓦茨的书籍为高管团队普遍面临的两个最大不足——策略思维能力弱与团队协作差——提供了有益的启示。无论你是以咨询顾问、团队主管还是团队一分子的身份阅读他的书籍，我相信，你都会收获满满。欢迎大家与我讨论，我的微信号是 franklin_liubin。

刘 滨

译者序二

在多年的阅读经历中，我一直痴迷阿基里斯（Chris Argyris）和西蒙（Herbert A. Simon），远远超过德鲁克（Peter F. Drucker）和迈克尔·波特（Michael E. Porter）等人。最近反复阅读管理思想史，倒是让我有机会不太严肃地反思了一下产生上述偏好的原因。

首先，在不长亦不短的管理思想史中，人与组织的关系一直是核心线索之一，而对组织理论的研究，又怎么可能绕开阿基里斯和西蒙呢？诚然，管理是实践，可是这依然不妨碍我从内心喜欢这种“自下而上”切入研究的视角。

这么多年来，国内的管理学界太多关注了实践，反而有些忽略了支撑实践的底层架构或底层理论，这样只会陷入“知其然，不知其所以然”的尴尬境地。例如，当“创新”成为一个热门词汇时，诸多企业或学者都在大谈某个成功企业是如何创新的，其他企业应该如何向它学习创新等。可是，简单的学习能够奏效吗？如果不能，是不是该问一个核心问题：创新发生的机制是什么？或者说，创新是如何发生的？阿基里斯、西蒙等人的研究其实已经提供了相对清晰的答案，至少是答案的框架。我想这是我喜欢阿基里斯等人的主要原因。

其次，这种偏爱大概跟阿基里斯和西蒙的个人学识有关。阿基里斯，一生的研究涉及心理学、经济学、社会学、教育学和组织行为学等诸多领域，在各个领域均颇有建树；西蒙，诺贝尔经济学奖得主，研究领域更是横跨心理学、认知科学、经济学、管理学、行为学和计算机科学等领域，是名副其实的“大学教授”（University Professor），是那种“无所不知”且“无所不精”的学者。在相关领域积累了丰富的学养后，他们在某一特定领域的问题意识及对问题的独特研究视角，往往让人阅后有一针见血、酣畅淋漓的感觉。

在阿基里斯的理论中，“干预”（Intervention）是一个始终绕不开的核心概念，他将“干预”定义为：服务于帮助系统的目的而进入一个持续性的系统。阿基里斯的文笔本就有些晦涩，不过这个定义却有些简单。细细琢磨，却觉得这句话颇有意味。从某种意义上说，管理难道不是一种干预吗？组织作为一个系统，即使没有所谓的干预，它也能够独立地发挥作用。可是，为了服务于该组织的某些特定的目的，而该目的是组织很难实现的，这样就需要进入该系统对系统做点什么，让不太可能发生的事情发生或慢点发生的事情快点发生。于是干预产生了，因此，干预其实就是进入某个系统内部，促进和激发系统（组织）产生变化的一种措施或手段。理解了“干预”这个核心概念，就不难理解阿基里斯的“组织学习”“组织防御”“探询”等概念了，也就不难理解圣吉《第五项修炼》的部分内容了。

从阿基里斯及干预这个核心概念开始，我慢慢走入了“引导”这个领域，这就是决心和刘滨合作翻译这本书的缘起之一。

“引导”，是这几年来管理学领域，尤其是管理培训领域的热门词汇之一。然而，词汇或概念的传播速度往往远超人们对概念理解和掌握的速度。这样，我们就很容易地见到，很多概念就这样被莫名其妙地纠缠在一起，让人眩晕。

例如，当下很多人就将“引导”“教练”“行动学习”这些概念混杂在一起。事实上，关于“教练”“引导”“行动学习”这几个词汇的翻译本身就存在很多分歧。在本书或本序言中，我们将“Facilitation”翻译成“引导”，取其“助长”之意，将“Coach”依习惯翻译成“教练”，不过我们更愿意读者从 Coach 的“马车”之义去切入和理解这个词。

为严肃起见，就上述几个概念的异同，我们（译者）曾专门向国际上这几个领域的权威请教过。他们分别是：“行动学习之父”迈克尔·马奎特（Michael J. Marquardt）教授、国际引导师协会的罗杰（也就是本书的作者之一）、《高绩效教练》作者约翰·惠特默（John Whitmore）爵士。这里不妨结合我自己的理解，就上述几个概念的异同，做简单分享如下。

“引导”，其涉及的核心词汇是“任务”或“效能”。当进行引导时，你进入该团队或组织内部，通过影响该团队的结构、工作流程或团队的工作环境，从而帮助团队更好地完成团队任务。你的任务是帮助团队更好地完成任务，因此，引导是任务导向的。为使团队完成任务，你可以采取强势的干预方式，也可以采取弱势的干预方式。请记住，重要的不是方式的强弱，而是你的团队任务是否由于你的干预而产生了更好的结果。

“教练”，其涉及的核心词汇是“潜力”，然后才是“绩效”或“目标”。当承担教练角色时，你所关注的是如何激发教练对象自身的潜力去达成他们自己的绩效目标。从手段上，你可以使用结构化的工具使他们更愿意接受挑战、澄清绩效目标，以及确认为完成该目标所需的分解动作或路径；当教练对象碰上绩效困难时，你可以帮助他们分析绩效问题产生的根源及如何更好地改善绩效。但是，需要澄清的是，上述所谓的“教练”手段，其实只是帮助你的对象认识自己、提升自己的“潜力”去完成绩效目标而已。因此，如惠特默爵士一再所言，“教练”应该像一面镜子，在你的“观照”下，你的教练对象能够更好地了解自己；也因此，好的“教练”应该是隐形的，或者是看不见的。这听上去有些东方意味，没错，惠特默爵士和他的学生在跟我们沟通时毫不掩饰东方哲学尤其是道家哲学对他们的影响。

另外，“引导”等同于“团队引导”，这其实是引导这个概念的应有之义。“教练”，则首先应该是“个人教练”，这是就其方法论而言的，同经济学里的“方法论个人主义”

是同一道理。

“行动学习”，顾名思义，在行动中学习，仅就其使用的工具而言，既包含了“教练”工具，也包含了“引导”工具。事实上，在行动学习的实践者内部，就存在因应用目的不同而导致的工具偏好，从而分化成为不同的“派别”或“组织”。有些实践者更加侧重行动学习中的“学习”部分，因此你会发现他们使用“教练”工具会更多；反之，有些实践者则更加侧重行动学习中的“行动”部分，也就是任务部分，因此你也就会发现他们使用“引导”工具会更多。

为何就概念本身说了这么多？一是因为我的“哲学”教育背景。回到概念本身或从概念出发，通常是一个好的思维习惯。例如，在本书中，你会发现作者列举了很多高级引导技巧，而你可能问，这么多技巧，我怎么能够记得住？其实，只要你真正深入了解引导的核心概念和基本原理，这些所谓的技巧就可以从这些底层原理中“自下而上”地“推导”出来而不需要死记硬背。再例如，市场上，很多拥护教练技术的人大声宣称教练技术可以解决一切问题；同样，很多拥护引导技术或行动学习的人也不甘落后。事实上，我们都应该明白，衡量一个人是否真正理解一个概念或工具，恰恰要看这个人是否清晰地知道这个概念或工具能干什么及不能干什么，即了解这个工具的边界。

二是因为了解这些概念及不同概念之间的异同，我们就能够比较容易分辨出市面上层出不穷的各类衍生概念是否有道理，如“团队教练”。如果你深入理解了教练技术的基本概念，你就会知道“教练”技术就其方法论而言是个体主义的，接下来你就会好奇“团队教练”该如何操作？例如，市场上一直争论不休“action learning coach”到底应该翻译成“行动学习引导（催化）师”还是“行动学习教练”。如果你深入了解上述概念及概念的演化过程，你就会发现，“action learning coach”只能翻译成“行动学习教练”，而不能翻译成“行动学习催化师”，那是因为使用“action learning coach”这个组合的实践者其实更加侧重学习而不是任务完成（别忘记了马奎特是教育学的教授）；而那些侧重任务而不是学习的实践者反而更愿意使用“facilitator”这个词，这种情况下翻译成“引导师”则显得合情合理了。

我的搭档刘滨，是一位非常爱读书且会读书的人，对引导技术和教练技术都有很深的研究。他对本书的翻译倾注了大量的心血，多少个周末他都泡在中欧国际工商学院的图书馆中翻译此书，更让我钦佩的是他严谨负责的态度。我们曾经开玩笑，这么认真翻译似乎有点不值，到最后只能这样自我安慰：虽然不是自己写文章，仅仅只是翻译，但依然不能“轻薄为文”。本书的翻译难免存在疏漏之处，还请读者见谅，但在态度上我们还是可以说，我们不想“轻薄为文”。

王志刚

编辑、作者和撰稿人

罗杰·施瓦茨是 Roger Schwarz & Associates 的创始人和总裁。该咨询公司致力于帮助人们改变他们的思维和行为方式，以便提升他们的业绩和人际关系，这通常是以他们认为不可能的方式进行的。在过往的 25 年中，他通过在引导、团队建设和领导力等领域提供咨询、教练、教授以及演讲服务来帮助团队和组织发展。他的客户包括《财富》500 强公司、联邦政府、州立政府、教育机构及非营利组织。他的著作《专业引导技巧》（*The Skilled Facilitator*）（Jossey-Bass，2002）被认为是引导领域的参照标准。作为组织心理学家，他之前担任位于教堂山的北卡罗来纳大学公共管理与政治系的副教授。他获得密西根大学组织心理学艺术硕士和博士学位。他的教育学硕士学位是从哈佛大学获得的，而他的心理学理科学士学位是从塔芙特大学获得的。

安妮·戴维森是 Roger Schwarz & Associates 的咨询顾问。她专注的领域有领导力发展、引导师培训、长期组织变革和社区变革项目。

佩吉·卡尔森是一位组织心理学家，她获得密歇根大学心理学博士学位。现担任 Roger Schwarz & Associates 的顾问及位于教堂山的北卡罗来纳大学公共管理与政治系的兼职副教授。

苏·麦金尼（Sue McKinney）担任 Roger Schwarz & Associates 的咨询顾问，并且是一位自由职业者。之前曾担任位于北卡罗来纳州教堂山某国际性非政府组织的组织发展总监。

迈特·比恩（Matt Beane）是一位组织发展、教练和培训专业人士。他帮助个人、团队和组织取得卓越绩效、改善人际关系及提升从逆境中学习的能力。

吉尔列莫·吉利亚尔（Guillermo Guellar）是一位国际组织发展咨询顾问、引导师、心理治疗师及艺术家。为了帮助人们更好地参与到变革流程之中，他引入了独特的多元文化和跨领域视角。

黛安·弗洛里奥（Diane Florio）是 SpectraSite Communications 公司人力资源发展经理。这是一家位于北卡罗来纳州卡瑞市的无线基础设施公司。

哈里·富鲁卡瓦（Harry Furukawa）是与 Roger Schwarz & Associates 合作的组织架构师和咨询顾问。他帮助人们设计组织、改变组织，以获得更好的财务、环境和社会结果。

彼得·希尔（Peter Hille）是 Berea 学院 Brushy Fork 研究所的总监。从 1988 年起他在肯塔基州、田纳西州、弗吉尼亚州和西弗吉尼亚州开展独特的领导力发展项目。

格雷格·霍恩（Greg Hohn）是 Transactors Improv 公司的总监。位于北卡罗来纳州的教堂山 Transactors Improv 公司这是美国南部最古老的即兴创作剧院。

乔·赫夫曼（Joe Huffman）从 1990 年起就在北卡罗来纳州的贝尔金、哈夫洛克、劳林堡等担任当地的政府经理。

韦尔拉·因斯科（Verla Insko）在 1997 年当选为北卡罗来纳州州议会议员，她代表橙县第 56 选区。她曾担任州议会的健康委员会主席。

史蒂夫·凯（Steve Kay）是 Roberts & Kay 的合伙创始人。该公司 1993 年创建于肯塔基州的莱克星顿市，他们为客户提供引导、培训、组织发展和公共政策研究方面的服务。

杰夫·科易（Jeff Koeze）是 Koeze 公司的总裁和首席执行官，该公司位于密歇根州的大急流城。

迪克·麦克马洪（Dick McMahon）是北卡罗来纳大学政治学院的退休讲师。

贝琪·莫尼尔–威廉姆斯（Betsy Monier-Wiiliams）在一家国际航空工业供应商中担任流程改进负责人。

汤姆·莫尔（Tom Moore）是 Wake 县公共图书馆的总监。从 1993 年起他对学习型组织产生兴趣并研究至今。

戴尔·施瓦茨（Dale Schwarz）是创新意识中心的联合创始人和副总裁，同时也担任成立于 1981 年的新英格兰艺术治疗学院的执行总监。

伯恩·斯金纳（Bron D. Skinner）是北卡罗来纳大学家庭医学系家庭医生实习项目的教师。

克里斯·索德奎斯（Chris Soderquist）是 Pontifex 咨询公司的创始人和总裁。该公司致力于帮助个人、团队、组织提升能力，制定复杂问题的战略性解决方案。

苏珊·威廉姆斯（Susan R. Williams）是 Jossey-Bass 的执行编辑。曾参加为期一周的专业引导技巧的工作坊并担任罗杰·施瓦茨的畅销书《专业引导技巧》的修订版编辑。

目 录

第 2 部分 启程 / 91

引　言

在全球各组织和各社区中工作的人们正在使用专业引导技巧来打造高效团队和组织，并建立开放、真诚和富有效率的工作关系。自从第一版《专业引导技巧》(*The Skilled Facilitator*) 1994 年问世以来（2002 年出版了第 2 版），我们非常荣幸能有机会与其中的部分组织和社区一起开展合作。其中，有些人参加了我们举办的工作坊，另一些人得到了教练机会，还有些人邀请我们去帮助他们改善所在组织的绩效。我们的客户向我们学习，我们也向客户学习，我们一起共同学习。本书反映了这些经历。

本书的目的

本书的目的是分享到目前为止，我们的同事、客户及我们自身在专业引导技巧原则与方法这一学习之旅中的一些感悟。如果你还不熟悉专业引导技巧，你可以阅读本书第 1 部分中的相关总结。我们希望各位能从我们的经验中获得启示，并能将这些启示与你们自身的经验结合起来。同时，我们也希望本书可以成为你将这一技巧拓展到新领域、新环境的催化剂，这样，本书就可实现专业引导技巧为个人、团队、组织和社区所提供的各种可能性。

本书反映了我们的工作在过往数年中是如何得以深化和拓展的。当我们初试啼声时，引导技巧还只是被看作专业引导师的领地。如果某团队或经理认为某场会议需要引导，他们会邀请引导师或组织发展咨询顾问来主持引导工作。从 20 世纪 80 年代到 90 年代中期，我们花费了大量时间与服务社区、董事会、工作团队的引导师和组织发展专业人士一起工作。

到了 20 世纪 90 年代，经理人和领导者开始将引导技巧视为创建积极响应的成功组织的核心胜任能力。为此，我们开始将我们的工作对象拓展到大型公司、创业型组织的经理人和领导者（正式和非正式的领导者）之中，以便帮助他们掌握引导型领导这一方法。与此同时，我们与中小型公共和私营组织就如何使用基本规则来指导组织转型开展了长期合作。本书介绍了我们在这方面所付出的努力，并整合了我们从中学习到的经验。

本书的内容

本书全面介绍了专业引导技巧的所有内容，从如何起步到如何将该技巧整合到现有的组织架构和流程中。它提供了介绍基本规则的建议及实施深层次干预的指南。各种不同的建议、练习和会议议程样本源于我们对董事会会议、战略规划会议、社区愿景规划与冲突解决、问题解决的管理层团队会议所实施的成功引导。我们将其作为有用的样例提供给大家，以便各位做出调整。还有许多其他故事和案例描述正在发生的事件，对于这些故事和案例我们尚不清楚最终的结果如何，或者承诺所付出的努力能否得以全部实现。这些尝试都是有关创建深层次及长期的个人学习和组织学习的。我们真诚地分享由此引发的提问、两难窘境、挫折，以及所取得的成功和获得的回报。通常我们的目标是探讨大家在真正变革中所遇到的挑战，而不是吹嘘某项简单易行的快速解决之法。我们认为，这种对长期发展及根本性成长的关注根植于专业引导技巧之中，也正是这样的视野赋予专业引导技巧强大的威力，能够发挥其有效性并践行承诺。

在过去几年中，我们非常荣幸地和很多同行、客户一起合作，他们将其擅长领域与专业引导技巧结合起来。为此，本书也探索了各类实际应用：从教学、为人父母，到竞选公职或在政府机构中任职。横跨不同场景，大家将这一方式的核心价值观用于指导个人的长足进步与发展。在本书中，你可以听到很多不同的声音。每位作者不仅分享了他们独特的学习之旅，而且从自身所处领域出发分享了他们运用专业引导技巧的体会。

本书邀请你一起探索、反思，并且找到与你本人成长和实践的连接，无论连接采用什么样的方式。我们希望这些工具和建议可以提升专业引导技巧的理论优势。我们希望你去运用任何可以让你和你的组织产生共鸣的内容。我们也希望你与人数不断增加的专业引导技巧从业人士分享你的学习心得。这样，你就融入了一个不断发展的学习社区之中。在这里，大家可以就如何一起工作和生活进行极富挑战与热切的探讨。

本书的读者

任何有志于与他人一起实现更好业绩并且建立卓有成效工作关系的人士都可以成为本书的读者。这其中包括引导师、咨询顾问、团队领导和经理人、团队成员、教练和老师等。人们可以在多个角色中运用专业引导技巧，本书对上述角色均有涉猎。我们使用如下术语和定义：

- 引导师：实质性中立的第三方，通过改善团队流程和结构来帮助团队提升效率。
- 引导型咨询顾问：运用专业引导技巧的第三方，为团队和组织提供实质性专业知识。
- 引导型培训师：运用专业引导技巧的原则和技能来帮助学员学习某个特定内容领域的教师或培训师。
- 引导型教练：运用专业引导技巧的原则和技能来教练个人的人士。

- 引导型领导：团队或组织中的正式或非正式领导者，将专业引导技巧的原则和技能作为其实施领导力的基础。我们称为引导型领导方式。

根据不同的场景，我们使用专业引导技巧（The Skilled Facilitator，TSF）这个术语专指引导师角色或使用专业引导技巧原则的其他任何角色。

本书的构成

本书由七部分组成。

第 1 部分“理解专业引导技巧”总结了专业引导技巧并描述了其主要原则、特征和结果。如果你对这一技巧还不太熟悉，第 1 部分可以为你理解本书的其余部分奠定基础。如果你已经读过《专业引导技巧》的第 1 版（1994），但是还没有读过第 2 版（2002），你可以在这些章节中发现一些新的观点：第 3 章“在不同角色中使用引导技巧”、第 4 章“理解指导我们行为的理论”、第 5 章“有效团队的基本规则”（包括简短的、修订的基本规则），以及第 7 章“系统思维和系统行动”。如果对第 2 版比较熟悉，你可以在第 4 章和第 7 章中找到一些新的观点。在本书中，如果我们提及《专业引导技巧》一书，我们专指第 2 版，除非另有说明。

第 2 部分“启程”为一对一对话、基础型引导、在典型的工作团队任务中使用专业引导技巧提供了指引。这些指引包括具体的干预措施，如就团队目的和愿景达成共识、制定团队章程、厘清组织角色和期望等。组织经常邀请引导师、人力资源专业人士、组织发展咨询顾问和领导来帮助团队开展这些工作。

第 3 部分“深化实践”关注的是如何不断提升你的技能。当你运用专业引导技巧这一方式时，你也许希望不断打磨你做出诊断和实施干预的能力，以便能更加高效地与团队开展合作。第 3 部分中的章节提供了借助基本规则对团队中所发生的事件进行快速诊断及实施干预的方法。这部分可以帮助你提升个人觉知（Personal Awareness），以便你实施更为精准、更为有力的干预。

第 4 部分“直面挑战”就处理某些最具挑战性的情境给你提供了帮助。这些情境包括提出负面反馈、与上司意见相左、主持艰难对话等。这部分解释了我们为什么要举行艰难对话，并且提供了具体步骤和例子来说明如何去面对这些挑战。这一部分继续深化个人觉知这一主题，这样你可以认识到自身是如何造成你所抱怨的问题的。

第 5 部分“走自己的路”描述了将专业引导技巧与你自身的生活和实践结合起来的学习之旅。这一部分分享了其他人将专业引导技巧带回到他们所在组织中所遇到的一些经历并且为你的行动提供了指引。

第 6 部分“领导和改变组织”关注的是如何运用专业引导技巧帮助人们在领导、管理他们所在的组织，以及让组织系统发挥作用等方面发生重大改变。我们称为引导型领导方式。第 6 部分的章节介绍了正式和非正式领导寻求部分改变或完全改变他们所在组织的方法和故事，其中还包括与这些领导共事的咨询顾问所撰写的章节。这部分描述了组织变革中出现的两难窘境，以及破解这些两难窘境的方法。

第 7 部分“将专业引导技巧运用到你的工作及生活中”说明了如何将专业引导技巧与其他方法和其他引导角色结合起来。其中包括如何与 MBTI 和系统分析结合起来。这部分介绍了作为教师、培训师、教练、咨询顾问和父母如何使用专业引导技巧。在第 7 部分收尾的章节中，我们提供了在公职岗位上使用该技巧的两个案例。

如何使用本书来提升你的学习体验

我们认识到，本书的读者不仅会使用不同的方式来学习这一技巧，而且他们还希望学习到不同的内容。所以，我们设计本书的方式可以让你拥有自己的学习之旅。本书设计的几个特点可以帮助你更为容易地找到所需内容。

图标

在本书中，我们用了七种不同的图标来帮助你快速找到对你学习有帮助的内容。当某一章节中出现了图标所标识的特定内容时，如你可能想用作模板的示范性对话，这些图标会出现在两个地方：在内容介绍的旁边或某个章节的开篇之处。这些图标和相应的内容介绍如下。

要点：主要概念、原则或专业引导技巧的其他关键要点。

故事：使用该方式的真实故事。

工具和技巧：具体工具、技巧、方法及它们产生结果的样例。

反思：邀请你对阅读内容进行反思并运用到你自己的情境中。

示范性对话：表述时使用专业引导技巧的逐字对话例子。例如，开场白或提问的简短例子。

资源：我们推荐的资源如书籍、文章和网站等。

定义：某个主要词汇的含义。

对照检索

专业引导技巧是一个系统。该方式中的每个要素都与其他的要素存在这样或那样的联系。所以在本书中，我们会参照本书的其他章节来作为你阅读当前章节的基础或提供支持。

选择满足你兴趣的章节

本书的设计可以让你从任何章节开始或前往任何你感兴趣的章节。取决于你的兴趣，你可以从不同章节开始你的阅读之旅。以下是相关简介。

- 如果你对专业引导技巧不太熟悉，你可以从第 1 部分“理解专业引导技巧”开始，这样你可以纵览该技巧的主要组成部分。
- 如果你想理解专业引导技巧的核心内容，请阅读第 4 章“理解指导我们行为的理论”。
- 如果你正在规划一次引导，请参考第 5 章“有效团队的基本规则”、第 8 章“与团队订立合约”、第 11 章“基础型引导”、第 12 章“制定一份现实的议程”。
- 如果你在寻找具体工具和技巧来改善你与团队之间的合作，请参考第 10 章“流程设计”、第 15 章“使用团队有效性模型”、第 19 章“运用专业引导技巧来强化工作团队”。
- 如果你在寻找应对艰难对话的方法，请参考第 28 章“进行风险对话”、第 30 章“直面困难”、第 41 章“我无法使用这种方式，除非我的上司也这么做”。
- 如果你在寻求将该方式引入你所在组织中的方法，请参考第 35 章“在工作中引入专业引导技巧”、第 36 章“我在组织中运用专业引导技巧所遇到的挑战”。
- 如果你有志于帮助团队做出改变，请参考第 40 章“帮助团队理解他们对系统的影响”、第 43 章“发展型引导”、第 44 章“对践行理论实施干预的指引”。
- 如果你在组织中担任正式领导者并有兴趣思考在组织中运用该技巧时所面对的挑战和奖励，请参考第 47 章“反思引导型领导”或第 38 章“引导型领导的日常挑战”。
- 如果你担任一名教练，请参考第 57 章“引导型教练”。
- 如果你担任教师或培训师，请参考第 58 章“成为引导型培训师”。
- 如果你正在从事人力资源或组织发展的相关工作，请参考第 48 章“将专业引导技巧整合到组织政策和流程中”、第 49 章“360 度反馈和专业引导技巧”、第 50 章“实践 360 度反馈”、第 51 章“调研给组织变革提供了有效信息吗”。
- 如果你想了解自己在问题中的责任，请参考第 29 章“探讨你对问题成因的影响”、第 42 章“如何避免你上司和你的低效”、第 53 章“戏剧三角形”。

不管选择何种学习路径，你会发现专业引导技巧是基于交互学习模式的，而该模式的假设是所有人都了解事情的一部分，却漏掉了另一部分。也就是说，我们既是老师也是学生。我们希望本书的启示能够丰富你的学习之旅，同时你可以将我们视为你的学习社区的延伸部分。

无论你从何处开始，我们希望你的学习旅程满载而归。

罗杰·施瓦茨
安妮·戴维森
佩吉·卡尔森
苏·麦金尼

第 1 部分

理解专业引导技巧

在第 1 部分我们介绍了专业引导技巧并描述了主要概念、原则和这一方式的主要特征。如果你对这一方式还不熟悉，第 1 部分将为你理解本书其余部分奠定基础。如果你已熟稔这一方式，你将在第 4 章、第 5 章和第 7 章中发现我们对这一方式的一些新的思考。

在第 1 章“专业引导技巧”中罗杰·施瓦茨介绍了这一方式。随后的每一章将更加细致地介绍专业引导技巧的各个部分。

为了理解如何提升团队的有效性，我们认为需要建立一个模型来说明如何打造团队的有效性。在第 2 章“团队有效性模型”中我们介绍了这一模型并描述了有效团队所需的要素。你可以使用这一模型来识别并解决团队所面对的问题，用于组建新的团队。在第 2 章的工具栏中，安妮·戴维森就客户对团队有效性模型所提出的常见疑问做出了回应，例如，可以在什么地方将信任与领导力嵌入其中。

许多使用专业引导技巧的人士并不一定是实质性中立的第三方引导师。他们是咨询顾问、团队领导、经理、培训师或教练。罗杰在第 3 章中解释了这些角色的相似之处和不同之处。他描述了如何运用专业引导技巧及心智模式来提升你在担任其中每一角色时的价值。

专业引导技巧的核心是，我们行事的方式及我们所引发的后果必须与我们所采用的思考方式一致。遗憾的是，一旦陷入困境之中，我们中的绝大部分人所采用的思考方式会让我们所采取的行动产生我们不曾预料的负面后果，我们没有想到的是，正是我们本人造成了这些问题的出现。在第 4 章“理解指导我们行为的理论”中，罗杰描述了单边控制模式：也就是我们身陷困境时所使用的价值观和假设，以及这些价值观和假设如何削弱了我们自身及团队的有效性。随后他将单边控制模式与交互学习模式进行了对比，交互学习模式是专业引导技巧的基石。通过改变我们的思考方式，他展示了如何创造高质量的结果并建立有效的关系。

在第 5 章“有效团队的基本规则”中，罗杰描述了一系列你和团队需表现出来的具体行为，这些行为可以用于提升决策质量、增加承诺、减少实施时间和改善工作关系。有效团队的基本规则是第 4 章实施交互学习模式的策略。这些基本规则并不是就你们如何开始会议等达成一致，当然，有时也需要涉及这些；这些基本规则指导你的行为，帮助你去识别团队中出现的有效行为和无效行为并指导你去实施干预，以便让团队变得更加有效。例子包括检验假设和推论、解释你的推论和意图、将主张和探询结合起来。罗杰解释了每项基本规则是如何发挥作用的，以及如何使用这些基本规则。

引导师经常询问：“如果我看到团队中的某些行为无效，我该说些什么？”佩吉·卡尔森在第 6 章“诊断—干预循环”中回应了这一提问。诊断—干预循环作为工具提供了简单而又结构化的方式来思考对话中发生了什么并做出干预让其更加有效。与交互学习模式一起，这些打造有效团队的基本，规则能够让你更好地帮助他人而不至于让对方产生防御心理。

专业引导技巧是一种系统化方式。我们将团队看成一个系统，其中的每个要素需与其他要素形成有效互动。同样，这一方式中的每个要素需与其他要素结合在一起，这样可形成内在一致、卓有成效的方式。在第 7 章“系统思维和系统行动”中，安妮·戴维森简单介绍了系统思维的基础并展示了专业引导技巧是如何使用系统思维的原则来实现持续改变，以免不曾预料的负面后果的。

在第 1 部分的结尾处，我们探讨了如何与团队订立有效的合约。在第 8 章“与团队订立合约”中就是否与团队一起工作及如何一起工作，罗杰描述了你可用于和团队一起建立共识的原则和具体步骤。

第 1 章 def·i·ni·tion

专业引导技巧

罗杰·施瓦茨

专业引导技巧是基于价值观的系统化团队引导方式。其目的是帮助团队：① 提高决策质量；② 提升决策所需要的承诺；③ 减少有效实施时间；④ 改善工作关系；⑤ 提高团队中个人满意度；⑥ 提升组织学习能力。本章是对这一引导方式的概述。

什么是团队引导

团队引导是这样一个流程，其中引导师的挑选必须得到所有团队成员的认可，该引导师必须保持实质性中立而且没有任何实质性决策权力，他通过诊断和干预来帮助团队提升其辨识问题、解决问题和做出决策的能力并提升团队的有效性。

def·i·ni·tion

团队引导是这样一个流程，其中引导师的挑选必须得到所有团队成员的认可，该引导师必须保持实质性中立而且没有任何实质性决策权力，他通过诊断和干预来帮助团队提升其辨识问题、解决问题和做出决策的能力并提升团队的有效性。

引导师的主要任务就是通过改进团队工作流程和结构来帮助团队提升有效性。流程指的是团队成员如何在一起共事，包括团队成员彼此如何进行沟通、如何辨识并解决问题、如何做出决策和处理冲突。结构指的是固定、反复出现的团队工作流程，如团队成员资格或团队角色等。与此相对照的是，内容指的是团队所做的事情，例如，是否进入一个新市场，如何为客户提供优质的服务，或者每位团队成员的职责应该是什么。只要团队召开会议，我们就可以观察到团队的工作内容和工作流程。例如，当商讨如何为客户提供优质服务时，提出安装客服热线或赋予客服团队更多权力的建议都与内容有关。但是，团队成员仅对某些成员的想法做出回应或没能识别出他们的假设则与团队流程有关。

引导师主要任务背后的基本前提是无效的团队流程和结构降低了团队解决问题和做出决策的能力。通过提升团队流程和团队结构的有效性，引导师可以帮助团队提升绩效和整体效率。引导师不会对团队讨论的内容进行直接干预。真要这么做了，这意味着引导师放弃了中立的立场并削弱了团队自行解决问题的责任。

为了确保引导师赢得所有团队成员的信赖并保持团队的自主性，引导师必须满足如下三项标准：① 被所有团队成员接纳；② 保持实质性中立，即对于团队提出的任何解决方案都不会表现出任何偏好；③ 没有任何实质性决策权力。在实践中，只有当引导师不是团队中的一员时，他才能满足这三项标准。虽然某位团队成员也许会得到团队中其他成员的认同，也不享有任何实质性的决策权力，但他在团队的话题上可能存有实质性利益瓜葛。

def·i·ni·tion 根据定义，团队成员是没法正式担任引导师这一角色的。

根据定义，团队成员是没法正式担任引导师这一角色的。当然，团队中的领导或成员可以使用专业引导技巧的原则和技巧帮助团队不断精进。作为其领导角色的一部分，高效的领导也可经常使用引导技巧。

专业引导技巧的主要特点

专业引导技巧是引导方法之一。通常，引导技巧虽堆砌了各种技巧和方法，但缺乏统一的理论框架作为支撑。专业引导技巧是基于团队引导的理论，该理论包含了一套核心价值观和原则，也包含了由价值观和原则衍生而来的众多技巧和方法，专业引导技巧把理论与实践结合起来，从而为团队引导创造了一套基于价值观的系统化引导方法。由此，它回答了两个关键性提问“ 在这种情形下我该说什么、做什么”，以及“引导我这样说和这么做的概念和原则是什么”。表 1.1 展现了专业引导技巧的主要特点和目的。

表 1.1 专业引导技巧的主要特点和目的

- 团队有效性模型
- 定义清晰的引导角色
- 适用多个角色
- 明确的核心价值观
- 有效团队的基本规则
- 诊断—干预循环
- 低阶推论
- 探索和改变我们的思考方式
- 就共事方式达成一致的流程
- 系统方法

团队有效性模型

为了帮助团队变得更加有效，你需要团队有效性模型来指导你的工作。这个模型不应该只是描述性模型，也就是说，不能仅仅用于解释团队通常应如何发挥作用或如何发展，因为很多团队使用何种方式发展是有争议的。为了能发挥作用，这个模型还应该是规范性模型，它应该告诉大家一个有效的团队看上去是什么样子的。

团队有效性模型（GEM）明确了有效团队的标准，辨识出有助于提升有效性的要素，以及这些要素之间的关系，并描述了在实践中这些要素应该是什么样子的。

团队有效性模型（Group Effectiveness Model，GEM）明确了有效团队的标准，辨识出有助于提升有效性的要素，以及这些要素之间的关系，并描述了在实践中这些要素应该是什么样子的。这个模型还能帮助你判断团队何时出现了问题，识别这些问题的成因，并明确应该从何处着手实施干预来解决这些问题。如果你去创建新的团队，这个模型可帮助你识别打造高效团队所需的要素及这些要素之间的关系。

请参考第 2 章“团队有效性模型”和第 15 章“使用团队有效性模型”。

def·i·ni·tion

在基础型引导中，引导师借助其流程技巧来帮助团队解决某个实质性问题。一旦你的引导工作结束，团队即已解决了实质性问题。但就其本意而言，团队还没有学会如何改进团队流程。在发展型引导中，你通过帮助团队学会反思并改变其思考方式和行为来改进团队流程，进而他们能更加有效地解决实质性问题。

定义清晰的引导角色

为了能帮助团队，你需要就你的引导角色给出一个清晰的界定，这样你和需要你帮助的团队能够就哪些行为与引导角色保持一致，哪些行为与引导角色不相一致达成共识并形成一致看法。近些年来，做到这点已经变得越来越困难，因为众多组织使用引导师来指代多种角色。人力资源专家、组织发展咨询顾问、培训师、教练，甚至经理有时都会被称作“引导师”。专业引导技巧将引导师的角色清晰地定义为实质性中立者，他不是团队中的成员，却为整个团队工作。而且我在第 2 部分也会介绍，即使你不是一位引导师，你仍然可以使用专业引导技巧。

说明

本书集中讨论了所有的五种引导角色。当我们撰写某个具体角色时，只针对那一特定角色，我们会使用合适的术语如引导型咨询顾问、引导型教练、引导型培训师、引导型领导等。我们使用专业引导技巧这一术语专指引导师角色，以及使用这些原则的任何其他角色。

专业引导技巧区分了两种不同类型的引导：基础型引导和发展型引导。在基础型引导中，引导师借助其流程技巧来帮助团队解决某个实质性问题。一旦你的引导工作结束，团队即已解决了实质性问题。但就其本意而言，团队还没有学会如何改进团队流程。在发展型引导中，你通过帮助团队学会反思并改变其思考方式和行为来改进团队流程，进而他们能更加有效地解决实质性问题。

请参考第 11 章“基础型引导”和第 43 章“发展型引导”。

适用多个角色

虽然我将专业引导师描述成实质性中立的第三方引导师，但该方法也认同其实每个人都需要引导技巧。所以该引导方法也包括了其他的引导角色：引导型咨询顾问、引导型教练、引导型培训师、引导型领导等。正如立场中立的第三方引导师角色一样，所有这些角色都是基于同样的核心价值观和原则。

请参考第 3 章“在不同角色中使用引导技巧”有关不同引导角色的基本信息。在第 6 部分和第 7 部分的许多章节中也介绍了不同的角色在实际中如何发挥作用。

明确的核心价值观

def·i·ni·tion 有效信息指的是分享你对某一话题所拥有的所有相关信息，以便其他人了解你的推理。自由并知情的选择指的是团队成员基于有效信息做出决策，而不是迫于团队内或团队外的压力。对这些选择的内在承诺指的是按照其角色，每位团队成员都认为自己应对决策负责，并且愿意支持这一决策的落实。同理心指的是无论对自己还是他人采取的立场均是暂时不做判断。

所有的引导方式都是基于一些核心价值观，无论明示还是暗示。不管采用何种方式，核心价值观都构成其基础并且可用作指引。这些核心价值观可帮助你设计一套与价值观保持一致的新方法和技巧，并帮助你不断反思你所采取的行动是否与这些价值观保持一致。如果你期望从这些核心价值观中获得收益，那么这些核心价值观必须明确无误。专业引导技巧这一方法基于四个清晰的核心价值观：① 有效信息；② 自由并知情的选择；③ 对这些选择的内在承诺；④ 同理心。（前三个核心价值观来自阿基里斯和舍恩的研究，1974。）有效信息指的是分享你对某一话题所拥有的所有相关信息，以便其他人了解你的推理。自由并知情的选择指的是团队成员基于有效信息做出决策，而不是迫于团队内或团队外的压力。对这些选择的内在承诺指的是按照其角色，每位团队成员都认为自己应对决策负责，并且愿意支持这一决策的落实。同理心指的是无论对自己还是他人采取的立场均是暂时不做判断。

作为引导师，你不仅需要一套方法和技巧，而且也需要了解这些方法和技巧是如何发挥作用的，以及为什么可以发挥作用。通过使用一套明确的核心价值观和原则，你可以即兴发挥并设计出与核心价值观保持一致的新方法和新技巧。如果没有理解这些核心价值观和原则，你就像一位烘焙新手，要么只能按照给定的菜谱照单全收，要么做出了改变却没法预测下一步还将发生什么。

明确核心价值观也可帮助你与团队更好共事。你可以与潜在客户讨论这种方法，帮助他们做出更为明智的选择，决定是否聘请你作为引导师。如果客户了解该方法背后的核心价值观，那么他们也会帮助你在实践中不断做出改进。当他们认为你的表现与你所标榜的价值观不相一致时，他们会帮助你辨识这种情况。因为引导所用的核心价值观也是支撑有效团队行为的核心价值观。当你的表现与这些核心价值观保持一致时，你不仅可作为引导师有效行事，而且你也在与你合作的团队面前示范了这种有效行为。

请参考第 4 章“理解指导我们行为的理论”中有关假设和价值观是如何指导我们的行为的介绍，以及第 34 章“在单边控制世界中成为交互学习者”、第 44 章“对践行理论实施干预的指引”的有关内容。

有效团队的基本规则

当观察工作中的团队时，你可能从直觉上就知道各成员之间的对话是否富有成效，即使你无法辨识他们的行为究竟是促进还是妨碍团队流程。然而，一名引导师需要了解改进团队流程的具体行为包括哪些。专业引导技巧描述了有效团队的基本规则所赞许的行为。基本规则让引导与团队有效性的抽象的核心价值观变得更加具体。

请参考第 5 章“有效团队的基本规则”中有关基本规则的介绍。有关使用基本规则的细节请参考第 14 章“用你自己的语言介绍基本规则和原则”、第 21 章“践行基本规则的方法”、第 26 章“没有交互学习模式的基本规则就如同房子没有地基”、第 35 章“在工作中引入专业引导技巧”。

专业引导技巧中的有效团队的基本规则（见图 1.1）有别于其他偏重程序的基本规则（如“按时开始，按时结束”“关掉手机”等）。程序性基本规则虽有帮助，但不能描述有助于改进团队流程的具体行为。

1 检验假设和推论
2 分享所有的相关信息
3 使用具体例子并就重要词汇的含义达成一致
4 解释你的推理过程和意图
5 聚焦利益而非立场
6 将主张和探询结合起来
7 共同设计下一步行动来检验分歧
8 讨论不便讨论的话题
9 采用可提升团队承诺的决策规则

图 1.1　有效团队的基本规则

诊断—干预循环

团队有效性模型、核心价值观和基本规则都是诊断团队行为的工具。但是，你依然需要找到一种将这些工具用于工作的方法。更具体地说，你必须知道何时干预、采取什么样的干预方式、如何表述、何时表述及向谁表述。为了把这些工具用于实践，专业引导技巧提供了诊断—干预循环六步骤。这个循环提供了一个结构化的简单方法，可以借助这个方法思考团队中正在发生什么，以及随后如何在与核心价值观保持一致的前提下进行干预。该循环可指导你采取有效的行动。

请参考第 6 章“诊断—干预循环”中有关诊断—干预循环的介绍、第 11 章“基础型引导”中有关应用的介绍。

低阶推论

作为一名引导师，你总是试图弄明白团队中正在发生的事情。你观察团队成员的行为，然后基于他们行为的含义，以及这些含义对团队流程可能造成的影响做出推论。（推论是你基于所观察到的事情而对某些未知的事情做出的结论。）例如，在某次会议上，当你看到有人沉默不语并把双臂交叉在前时，你做出的推论是他对会议中的一些内容并不同意，但他没有表达出来。

> def·i·ni·tion 推论是你基于所观察到的事情而对某些未知的事情做出的结论。

你所做出的推论非常重要，因为这些推论将指导你在干预时说些什么，并影响整个团队成员对你做出的回应。为了提升效率，你做出推论的方式需提升你准确做出推论的概率，这有助于你与团队分享你的推论并了解他们是否同意。这样，当你和团队分享你的推论时，团队成员不会产生防御性反应。

通过关注我称作的低阶推论，专业引导技巧能做到这点。实质上，这意味着当你对团队进行诊断和干预时，要尽量使用最少和最小的推论跳跃（Inferential Leap）。

通过学会使用低阶推论进行思考和干预，我们可以提高诊断的准确性，提高我们与他人分享我们想法的能力，并降低这样的可能性，即我们采取的行动造成团队成员产生防御性反应。这将确保我们的行动是增加团队的有效性，而不是降低团队的有效性。

请参考第 5 章“有效团队的基本规则”中推论阶梯的工具栏，它解释了我们是如何做出推论的。

探索和改变我们的思考方式

引导是一份艰巨的工作，因为无论从认知角度还是从情感角度上讲，引导都提出了很高的要求。当你发现自己所处的环境可能让你身陷尴尬或面对心理上的威胁时，引导就更加困难了。研究表明，在这种情况下，大部分人的思考和行动方式是在对话中寻求单边控制模式，也就是说，大家想赢得讨论并尽量减少负面情绪的表达（阿基里斯和舍恩，1974）。那些降低你作为引导师有效性的相同问题其实也在降低你正努力提供帮助的团队的有效性。和引导师一样，团队成员并不了解他们自身是如何造成这些问题的。

> 专业引导技巧所基于的思考和行事方式，我们称为交互学习模式。

专业引导技巧帮助你去理解你行事无效的条件，并帮助你去理解你自身的思考方式通常是如何以一种未被察觉的方式让你行事无效的。该方式为提升你的有效性提供了工具，尤其是当你发现自己身陷情绪问题的情况时。这所涉及的改变不仅与你的技巧有关，还与你如何看待或框定情境有关，其中包括你采用行事方式背后的核心价值观和假设。

专业引导技巧所基于的思考和行事方式，我们称为交互学习模式。在交互学习模式中，你认为你拥有一些信息，而其他人也拥有一些信息；你认为其他人看到一些你没有看到的方面，正如你看到其他人没有看到的方面一样；你认为差异是学习的机会而不是用于展示其他人犯错的机会；你假定情况虽然有所不同，但人们依然诚信行事。

专业引导技巧基于几个关键原则：好奇心、透明和共同担责。对他人的观点持有好奇心可促使你继续进行有效谈话，并了解你的想法是否可以和他人整合在一起。透明意味着你要分享你做出的陈述、提问和行动背后的推论和意图。这包括你和他人分享你是如何与他们开展对话的策略。共同担责意味着就当前状况你和他人分担责任，这包括由此造成的后果。与其埋怨他人，还不如承认你作为系统的一部分，你的行动或维持该系统，或改变该系统。

改变你的思考方式是一项艰巨但回报颇丰的工作。通过从事这项工作，你可提升自身的有效性，而且你还能帮助身处困境的团队学习反思和改变他们的思考方式，进而可帮助他们能更为有效地一起共事。

请参考第 4 章“理解指导我们行为的理论”、第 17 章“共创使命和价值观”、第 26 章“没有交互学习模式的基本规则就如同房子没有地基”、第 44 章“对践行理论实施干预的指引”，第 45 章“引入核心价值观和基本规则”、第 46 章“从学习如何领导到领导学习”、第 47 章“反思引导型领导”、第 54 章“用创意和生存循环来观察并转变心智模式”、第 62 章“在议会中使用引导型领导技巧”。

就共事方式达成一致的流程

引导包括与团队发展关系——签订一份心理契约，你获得团队的许可去帮助他们，因为他们认为你是一名专家和值得信赖的引导师。建立这种关系很关键，因为这是你使用引导知识和技能的基础。没有这个基础，你将失去你与团队之间的重要联系，而正是这种联系才让引导变为可能并发挥强大威力。为了建立这种关系，你需要对引导师这一角色，以及你将如何与该团队一起工作并助其达成目标有着清晰的理解，并与团队达成共识。我发现我和同事们所遇到的很多引导问题都是由于我们未能与团队就引导师应如何与团队一起工作达成共识所造成的。

专业引导技巧包括建立这种共识的清晰流程，这能帮助引导师和团队就如何共事做出知情和自由的选择。使用这种流程，你采取的行动将与引导师的角色保持一致，并能增加该团队实现其目标的可能性。

请参考第 8 章“与团队订立合约”、第 57 章“引导型教练”、第 58 章“成为引导型培训师”。

系统方法

> 专业引导技巧让你认识到你采取的任何行动都会从多个方面影响团队，并产生短期和长期的后果，虽然有些影响看上去可能不是那么明显。

引导师常常告诉我这样的故事，尽管他们已尽最大努力帮助那些身处困境的团队，可情况却变得更糟。每当引导师力图做出一些改善后，情况要么立即恶化，要么在暂时改善后又变得更糟糕。发生这种情况的一个原因是，引导师没有采用系统思维和系统行事的方式。专业引导技巧认为团队就是一个社会系统，即由相互作用的各部分构成的集合，并作为一个整体发挥作用。团队生成了自己的系统互动因素（System Dynamics），如信任的恶化或对领导的持续依赖等。当你作为一名引导师去帮助团队时，你就要进入该系统。挑战在于当你进入系统之中时，面对各种可发挥作用和不能发挥作用的互动因素你要完成引导工作，在你尽力帮助该团队变得更加有效的同时却不能受到该系统的影响，以免自己的行动低效。

专业引导技巧让你认识到你采取的任何行动都会从多个方面影响团队，并产生短期和长期的后果，虽然有些影响看上去可能不是那么明显。该方法帮助你理解，作为引导师，你的行为与团队互动因素是如何互相作用来提升或降低该团队的有效性的。例如，引导师私下把某个团队成员拉到一边，因为在引导师看来，这位成员在团队对话中占据了控制性地位。从短期来看，这似乎可以提升团队的讨论效果。不过，这一举动也可能带来数个不曾预料的负面后果。被拉到一边的这位团队成员可能觉得该引导师不能代表其他团队成员的看法，他还可能认为引导师对他心怀偏见，而这会降低引导师在该成员面前的可信度。哪怕引导师反映了其他团队成员的看法，团队依然可能越来越多地依靠引导师来处理团队的话题，这会降低而不是提高团队发挥作用的能力。

在引导中，使用系统方法具有多重启示，其中的一些启示对于理解专业引导技巧很重要。第一个关键的启示是把整个团队作为客户，而不是只把团队的正式领导或与你接触的成员作为客户。这会有助于你赢得整个团队的信任并提升你在整个团队面前的可信度，这对于一个有效的引导师来说至关重要。第二个启示是引导师的有效行为和团队成员的有效行为是一样的。考虑到引导师的角色为实质性中立，他也不是团队的成员，专业引导技巧并没有为引导师和团队成员设置不同的规则。第三个重要启示是为了保持有效性，你的引导系统需要确保内在的一致性。这意味着你对团队的诊断方式和干预方式，以及与团队建立共识的方式都需要基于一套始终一致的原则。许多引导师通过从多个来源借用多种方式和技术来发展自己的引导方式，从本质上讲，这并没有什么不对。但是，如果所采用的方式和技术是基于相互冲突的价值观或原则的话，它们会削弱引导师及与其合作团队的有效性。

➡ 请参考第 7 章“系统思维和系统行动”、第 29 章“探讨你对问题成因的影响”、第 40 章“帮助团队理解他们对系统的影响”、第 41 章“‘我无法使用这种方式，除非我的上司也这么做’”、第 42 章“如何避免你上司和你的低效”、第 56 章“将专业引导技巧用于系统思维分析”。

将专业引导技巧和其他流程结合起来

引导师、咨询顾问、领导都可以使用专业引导技巧并与其他流程和工具相结合，这样可使该流程和工具更有效。例如，人们经常使用问题解决的方法、战略规划的流程和质量改善的工具等。

因为专业引导技巧是基于价值观的系统方法，它可以与其他有着近似价值观的方法和谐共处。例如，使用绩效反馈流程时，禁止评估者和被评估者进行沟通，这显然与专业引导技巧的核心价值观不一致。人们无法评估他们所接收到的信息是否有效，也无法明确究竟需要学习些什么来改善他们的行为。这种方法让人们难以就是否需要改变他们的行为做出自由及知情的选择，这也影响了他们对变革做出的内在承诺。在很多情况下，我们可以将其他流程和方法略作更改，以便更适合专业引导技巧。

请参考第 49 章“360 度反馈和专业引导技巧”、第 50 章“实践 360 度反馈”、第 51 章“调研给组织变革提供了有效信息吗”。

引导的体验

引导是一项会唤起众多情绪的挑战性工作。这项工作的一部分涉及如何帮助团队成员在解决难题时有效处理他们的情绪。而作为引导师，处理好自己的情绪也同样重要。因为你的情绪及如何应对这些情绪将极大地影响你的有效性。专业引导技巧包括理解你作为一名引导师在引导过程中的感受是怎样的，以及如何有效运用这些感受。例如，当你帮助团队成功解决了一个挑战特别大的难题时，你可能觉得心旷神怡。当你看到团队使用了从你这里学到的技巧时，你可能觉得骄傲。然而，当团队对于如何推进工作任务感到困惑和茫然时，你在引导时也会感同身受。当某个团队没有能力管理冲突时，你会感到沮丧，哪怕你不过是应邀前来帮助这个团队而已，因为他们在管理冲突时遇到了问题。当看到团队采取的行动所造成的后果正好是大家极力避免的局面时，你可能觉得难过。当你发现团队中蕴含的活力时，你可能感到高兴。当你看到团队的痛苦正在成为激发变革的动力时，你可能感到充满了希望。

作为引导师，我曾经历过以上所讲述的每种感受，这是引导内心活动的一部分。专业引导技巧可帮助你对这些感受更为了解，并提升你去有效管理这些情绪的能力，这就是大家所说的情商。我发现培养这些情感技能与我作为引导师的整个知识、技能和经验既有不同，又相互关联。尽管有很多种方法来提高我的引导技巧，但这些技巧并不关注如何处理自己的情绪。如果我能关注自己和他人的情绪，并能有效地应对这些情绪的话，那么我在使用这些技巧时将会发挥更大作用。

通过引导团队和反思自己在某些情况下是如何做出反应的，理解自己的情绪来源，学会如何有效处理自己的情绪，你可以认识自己。这样，你不仅能帮助自己，还能提高与你一起合作的团队的能力，因为他们也会遇到同样的问题。

资源

Argyris, C., and Schön, D. A. *Theory in Practice: Increasing Professional Effectiveness.* San Francisco: Jossey-Bass, 1974.

参考文献

Argyris, C. *Intervention Theory and Method: A Behavioral Science View.* Reading, Mass.: Addison-Wesley, 1970.

Argyris, C., and Schön, D. A. *Theory in Practice: Increasing Professional Effectiveness.* San Francisco: Jossey-Bass, 1974.

Goleman, D. *Emotional Intelligence.* New York: Bantam Books, 1995.

Salovey, P., and Mayer, J. D. "Emotional Intelligence." *Imagination, Cognition, and Personality,* 1990, *9,* 185–211.

第2章

团队有效性模型

罗杰·施瓦茨

你在团队工作时可能拥有不同的体验。对于大多数人而言，这种体验喜忧参半。在某些团队中，大家齐心协力完成任务，满足彼此的需求。而在另一些团队中，任务完成不佳（哪怕不是全部的话），团队成员之间不仅难以共事，而且大家常有挫折感。是哪些因素造就了无效团队和有效团队呢？例如，团队成员是否就他们应如何一起共事达成共识？他们是否有清晰的目标？团队成员之间是否存在不便讨论的冲突？团队中是否有成员觉得任务不够激励人心？团队成员是否缺乏某些技术专长？

我们认为模型是看待事物、思考事物的特定方式。团队有效性模型就如同一副特制的镜片，借此我们可以看清并理解决定团队有效性的因素是什么。

对这些提问的回答可以用于描述团队有效性模型。其实我们每个人都有一个心智模式来说明如何打造团队的有效性，哪怕这个模式只包括两三项因素。无论你是否意识到自己的心智模式，你都会使用这一模式来指导自己做出诊断和实施干预。一旦问题出现了，你就会借助这一模式决定从何入手查找问题的成因或判断需要做出哪些改变。

因为模型是描述事物运作的简化方式，我们并不需要模型体现其代表的所有复杂因素。但如果你的团队模型尚未搭建完成的话，它会限制你打造卓有成效团队的能力。如果你有一个团队模型告诉你一个有效的团队看上去应该是什么样子的，影响团队有效性的因素是什么，以及这些因素是如何相互作用的，那么你就能以此为基础来帮助团队成员诊断他们当前所面临的问题，帮助他们做出改变并提高有效性。图2.1是专业引导技巧的团队有效性模型。

def·i·ni·tion

工作团队由一群人组成，角色明确且互相依赖，为产生某些结果（产品、服务或决定）而共同担责，这些结果可以被评估。工作团队需管理他们与工作团队之外的关系。工作团队的例子包括董事会、特别工作小组或委员会、工作小组。

什么是工作团队

为了探讨究竟是什么因素造就了有效的工作团队，我们首先需要介绍一下工作团队（Work Group）的定义。工作团队由一群人组成，他们的角色明确且互相依赖，为产生某些结果（产品、服务或决定）而共同担责，这些结果可以被评估。工作团队需管理他们与工作团队之外的关系。工作团队的例子包括董事会、特别工作小组或委员会、工作小组。

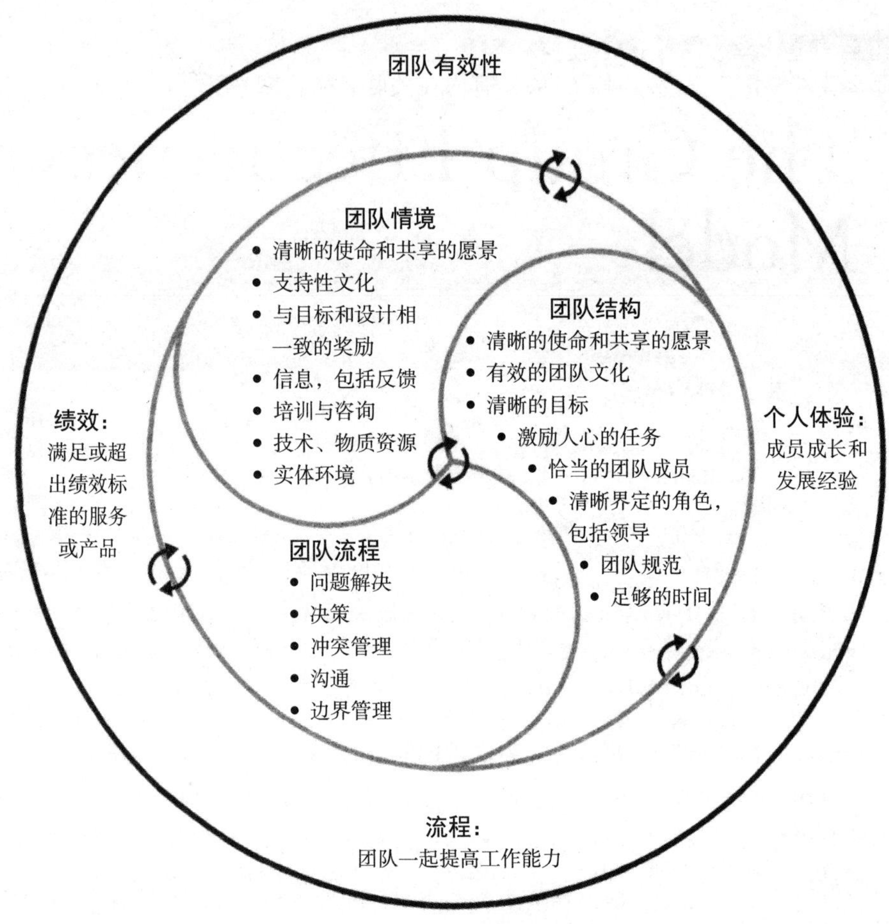

图 2.1 团队有效性模型

在这一定义当中，造就团队有效性的是关键性结构因素，而不是团队成员动力的大小与效率的高低。在近几年里，许多人尝试用“团队”（Team）这一词汇来描述我们所定义的有效团队。在本书中，我们会交替使用工作团队和团队等术语，因为其中的任何一个术语都可表达我们所想表达的含义。

团队有效性的标准：绩效、流程、个人体验

对一个团队来说有效性意味着什么？在专业引导技巧中，一个有效的团队能够满足图 2.1 外圈中所列出的三项标准：绩效、流程、个人体验。

绩效

绩效不是简单地依照一些客观或内在的团队标准来衡量服务或产品的数量和质量，而是依照团队内部或外部客户的期望和满意度来判定其工作结果是否可以被接受。虽然团队自身的标准仍然非常重要，但这些标准无法取代来自他人的评价。为了保持有效性，团队必须满足这三项标准，因为它们具有内在关联。从长期来看，如果其中的一项标准没有满足，另两项标准也将受到影响。

流程

第二项标准考虑到大多数团队会在一系列任务上一起合作相当长的一段时间，因此，团队所使用的流程和结构必须有助于其在一起共事并能提升他们将来也能这样共同合作的能力。例如，一些让团队成员感到精疲力竭的流程会削弱他们一起完成后续任务的能力。

个人体验

团队有效性的个人体验这项标准关注的是团队体验是否有助于团队成员的成长和幸福。团队成员有理由期望通过他们所在的工作团队来满足他们的某些个人需求。例如，他们所从事的工作可让他们的个人生活迥然不同或满足他们学习的需求。从长远来看，一个难以满足其成员需求的团队比起那些能够做到这一点的团队，其有效性会逊色一些。

影响团队有效性的因素

团队不能简单地分为有效或无效，团队的有效性可在一个连续体上进行衡量。在我们的模型中，这是三项因素共同作用的结果：团队流程、团队结构和团队情境。每项因素内含了若干要素，各要素之间的关系相当复杂，并且每项要素都互相影响（在图 2.1 中用箭头来表示）。

引导师主要通过团队流程和结构对团队实施干预。这样，团队可审视并有可能改变其流程、结构及情境。

团队流程

流程指的是如何完成某件事情，而不是做了什么。为了保持有效性，一个团队必须管理若干流程，从问题解决到边界管理（见图 2.1）。

问题解决

拥有有效的问题解决流程的团队需满足两个条件。

1. 团队采用适合解决该问题的系统流程来解决团队所需解决的问题。例如，如果一个团队不曾考虑该解决方案在一段时间过后对整个系统所带来的影响，那么该团队虽解决了这个问题，却引发了更多难题。

> **def·i·ni·tion** 流程指的是如何完成某件事情，而不是做了什么。为了保持有效性，一个团队必须管理若干流程，从问题解决到边界管理（见图2.1）。

2. 所有的团队成员都要关注问题解决流程中的同一步骤。当一部分团队成员正在确认问题的成因时，另一些团队成员却忙于提出解决方案，那这个团队可能偏离了轨道。

决策

决策意味着得出结论或做出选择。决策应该包含什么时候谁应该参与到决策中来，何时参与决策，做出什么样的决策，以及如何做出决策。在有效的决策流程中，需几类人参与其中：负责制订计划或执行决策的人；直接受到决策影响和间接受到决策影响的人，或有能力影响该解决方案是否得以实施或如何实施的人。专业引导技巧的核心价值观认为团队所包括的成员需拥有该问题的相关信息、了解成因、提出解决方案并了解潜在影响。

团队可采用各种各样的方式来做出决策。既可以是团队领导独自做出决策，咨询或不咨询其他成员，也可采取授权，或者按照大多数人的投票结果，或者取得一致意见。如果有不止一人参与到决策之中，团队需决定采取何种方式来做出决策。专业引导技巧的核心价值观认为如果团队成员对选择做出内在的承诺，团队将变得更加有效。

请参考第 4 章“理解指导我们行为的理论”中有关核心价值观的更多介绍，以及第 5 章“有效团队的基本规则”中有关决策是如何影响承诺的更多介绍。

冲突管理

有效的团队会把冲突看作团队生活中自然而然的一部分；如果管理得当，冲突会提升团队成员协作完成任务的能力并促进个人成长。他们可利用冲突来进一步了解问题，了解他人是如何看待此问题的，而不是一味说服人们相信他们是对的或另一些人是错的。为了做到这一点，团队成员可分享之前自己秘而不宣的想法和感受并公开检验不同的观点。最终，他们解决了冲突，这不仅意味着解决冲突本身，还意味着团队成员理解了冲突产生的原因，大家在其中又是如何推波助澜的，以及他们可采用什么样的不同行事方式来避免不必要的冲突。

有些章节探讨了专业引导技巧如何帮助团队做到这些。请参考第 15 章“使用团队有效性模型”、第 29 章“探讨你对问题成因的影响”、第 30 章“ 直面困难”、第 32 章“是在团队内还是在团队外提出这个话题”。

沟通

沟通流程内嵌在所有其他的团队流程之中。从本质上来说，沟通意味着信息交换，也就是说，信息的发送者和接收者按照同样的方式来理解信息的含义。专业引导技巧的基本规则和核心价值观描述了有效沟通的要素。

有关介绍内容请参考第 4 章“理解指导我们行为的理论”、第 5 章“有效团队的基本规则”。有关在邮件中使用基本规则的介绍请参考第 20 章“在电子邮件中使用基本规则”。

有关创造绩效反馈系统的讨论请参考第 49 章“360 度反馈和专业引导技巧”、第 50 章“实践 360 度反馈”。

边界管理

在有效的团队中，团队成员能明确地说出团队任务和需要他们负责完成的任务，这样他们就不会接受与目标无关和超出团队专长之外的任务。他们知道团队拥有哪些权力和自主权。

同时，团队必须与组织内的其他部门协调其工作，包括决定分享什么信息和如何分享，谁来执行什么任务，如何做出决策，等等。有效的团队需要管理其边界来确保其所属的更大组织能提供用于完成任务所需要的材料、技术、人才和信息。一些团队还不得不管理直接接触组织外部客户的边界。

团队结构

团队结构是影响团队有效性的第二项因素（见图 2.1）。团队结构这一术语指明了一个团队中相对稳定的成分，包含使命和愿景、任务、成员、成员角色、可使用的时间、团队成员共享的价值观、信念和规范等。理解打造团队结构的互动关系（Dynamic Relationships）非常重要，因为改变了活动中的关系也就改变了结构。

> def·i·ni·tion
>
> 团队结构是影响团队有效性的第二项因素（见图 2.1）。团队结构这一术语指明了一个团队中相对稳定的成分，包含使命和愿景、任务、成员、成员角色、可使用的时间、团队成员共享的价值观、信念和规范等。理解打造团队结构的互动关系（Dynamic Relationships）非常重要，因为改变了活动中的关系也就改变了结构。

清晰的使命和共享的愿景

团队的使命回答了“我们为什么存在”这一提问。愿景是团队成员头脑中希望打造的未来图画。它描绘了团队看上去应该是什么样子的，以及应如何行事来达成其期望完成的使命。在有效的团队中，团队成员能清晰说明团队的使命和愿景，认为这与自己密切相关，并可用它们来指导自身的工作。

请参考第 17 章　“共创使命和价值观”。

有效的团队文化

团队文化是一套为团队成员所共享并指导他们行为的基本价值观和信念。信念是关于何为正确的假设。例如，“人们有内在的动力去做好工作”。价值观是关于什么是值得的或渴望去实现的假设。例如，“无论何时都要保持诚实”。文化衍生物是一种文化产物，如政策、程序或成员创造的结构等。

在有效团队中，团队成员能清晰地说出团队的核心价值观和信念，而且他们采取的行动和做出的决策与价值观、信念保持一致。我们可以从团队的文化衍生物及团队成员如何行事来推测其价值观和信念，这是发展型引导师用以帮助团队检查流程和结构的主要方法。

请参考第 4 章“理解指导我们行为的理论”和第 43 章“发展型引导”。

目标、任务和团队成员

有效团队会拥有一个与组织使命、愿景保持一致的清晰目标，这样其成员可选择达成目标的方法。清晰的目标利于团队衡量其进展。如果没有清晰的目标，团队就难以解决问题并做出决策，这还会经常带来冲突。

团队任务是团队达成目标所做的工作。在团队有效性模型中，团队任务包括这样的看法，即为了完成任务大家相互依赖并对团队的成果共同担责。一项激励人心的任务要满足一定条件：

- 可让团队成员使用多种技能。
- 这是一个完整和有意义的工作，其结果清晰可见。
- 其成果会产生重要的后续影响，这既可能针对客户也可能针对组织中的其他人。
- 可赋予团队成员重要的自主权来决定如何完成任务，这样他们感到自己是工作的负责人。
- 可定期给予团队成员可信的反馈，这样他们可以知道团队的工作进展。

有效团队对其成员资格有一定要求，这意味着其成员是按照以下标准精挑细选的：

- 成员可给团队带来用以成功完成任务所需的合适的知识和技能组合。
- 团队的规模足以完成任务。如果成员数目超过完成任务所需，团队将花费时间在协调任务而不是直接用于工作上。另外，随着团队规模的扩大，成员会对工作失去兴趣并减少自身的努力。
- 团队的组成应该足够稳定，从而确保团队工作的连贯性；同时也要需具备一定的流动性，从而确保成员的思维不会固化，甚至拒绝吸纳新观点或不同观点。

清晰界定的角色，包括领导

在有效团队中，大家能清楚地理解彼此扮演的每个角色并期待每个角色所表现出来的行为。正因为角色清晰、看法一致，大家可协调彼此行动来完成任务。如果没有上述这些角色认知，团队成员间就很有可能经历不必要的冲突与压力。当团队任务或成员发生改变时，有效团队会澄清其成员的角色。

定义领导角色意味着需要界定团队领导与其他团队成员之间的关系，这包括如何处理其流程、结构和职能。如果团队自我指导的能力很强，那么领导角色中的更多职责将变成团队成员角色中的一部分。

有关引导型领导的内容请参考第 3 章“在不同角色中使用引导技巧”、第 18 章“帮助团队厘清角色和期望”、第 38 章 “引导型领导的日常挑战”、第 47 章“反思引导型领导”。有关专业引导技巧的核心价值观的内容请参考第 4 章“理解指导我们行为的理论”和第 5 章“有效团队的基本规则” 中有关基本规则的讨论。

团队规范

规范是所有团队成员或大部分团队成员所共享的期望，这与人们应该做什么和不应该做什么有关。规范源于构成团队文化的信念和价值观。在有效团队中，团队成员就指导团队的规范进行清晰的讨论并达成一致。他们赞同让每个人承担遵守规范的职责，如果有人行事的方式与团队规范不相一致时，他们会提出这个问题。有效团队的基本规则就是一套团队规范，这是基于专业引导技巧的核心价值观和信念建立的。

足够的时间

最终，团队需要两类时间来完成任务和达到目标：任务执行时间和能力培养时间。在任务执行时间里，团队生产产品或提供服务。在能力培养时间里，团队会参与有助于提升其能力进而提高绩效的活动中。举例来说，通过重新设计工作流程来提高效率，或者通过反思如何管理团队冲突来提高技能。团队通常在能力培养方面所投入的时间太少。

参考第 7 章“系统思维和系统行动”和第 12 章“制定一份现实的议程”。

团队情境

团队有效性模型的第三项因素是团队情境，它包含几个能够影响团队有效性而团队无法控制的更大组织的层面（见图 2.1）。

团队情境的要素包括清晰的使命和共享的愿景、支持性文化、与目标和设计相一致的奖励、信息、培训与咨询、技术与物质性资源及实体环境等。有效团队意识到即使它不能控制团队情境，但它可以通过影响组织来为自己创造一个支持性环境。理解团队情境有助于引导师辨识更大的组织是如何帮助或阻碍团队提升效率的。它也有助于我们了解引导技术本身可在多大程度上给团队提供帮助。

def·i·ni·tion

团队有效性模型的第三个因素是团队情境，它包含几个能够影响团队有效性而团队无法控制的更大组织的层面（见图 2.1）。

有关团队情境中的要素请参考《专业引导技巧》第 2 章；有关与专业引导技巧保持一致的绩效评估系统、培训和咨询请参看第 49 章“360 度反馈和专业引导技巧”、第 50 章“实践 360 度反馈”、第 57 章“引导型教练”、第 58 章“成为引导型培训师”、第 59 章“成为引导型咨询顾问”。

小结

团队有效性模型提出了团队有效性的三项标准：绩效、流程和个人体验，以及影响团队有效性的三项因素：团队流程、团队结构和团队情境。每项因素都由其自身要素组成（见图 2.1）。我们可以认为这些要素（如冲突管理、激励人心的任务、技术和物质资源）如同一幅拼图中的小图片。只有把这些要素有机地组合在一起才能打造高效团队。这些要素本身必须有效，而且它们之间的关系也必须保持一致。

你也可以把团队有效性模型与团队中的其他成员分享，并和他们一起确认模型中的各个要素在这个团队中是如何发挥作用的。你也可以使用这个模型帮助新团队顺利起航。

请参考第 15 章“使用团队有效性模型”。

有关团队有效性模型的常见提问

安妮·戴维森

当我们向人们介绍团队有效性模型时，人们经常会提及在他们看来该模型漏掉了一些要素。他们也经常会问到该模型适用的范围。以下是我的回答。

信任

人们经常问为什么信任没有出现在有效性模型中，或者我们是否可以在一个信任度不高的环境中引入或讨论团队有效性模型。信任是团队文化的一个方面。如果他们采取的行动在他们的文化看来颇具风险时，人们会表现出脆弱。他们疑惑其他人是否会利用他们的弱势来建立或削弱信任。所以，信任是有效行为的一个结果。

你可以直接干预团队有效性模型识别出来的要素，你却无法直接干预信任。相反，当你使用专业引导技巧时，你会对产生信任或破坏信任的具体行为、规范、价值观和假设进行干预。例如，如果同事们在会议中说他们支持某项决策，但会后大谈该项决策可能引发的所有问题，以及他们将如何避免去落实这项决策时，你很难相信他们会对将来的决策提供支持。当人们在会议中不愿公开谈论他们的不同意见，认为他们不必分享相关信息（这包括他们的情绪与担心）并使用了导致错误决议的流程时，我们都会运用

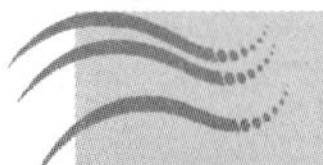

你可以直接干预团队有效性模型识别出来的要素，你却无法直接干预信任。

团队有效性模型和专业引导技巧的原则对导致这些行为产生的团队规范、背后的价值观、假设进行干预。

在讨论团队文化时，我会就成员间的信任程度，以及它是否影响与如何影响大家彼此共事的能力来提问团队成员。很快，我会要求他们举出加强信任或减少信任的具体行为的例子来跟踪组织对他们做出的评测。在一种信任度不高的文化中，我们需要多次回到这个话题上，因为一开始就要求其举出具体例子，这会显得比较冒险。但我并不认为如果信任程度不高，我就无法使用这个模型。如果真是这样，我就会陷入自我实现（Self-fulfilling）和自我封闭（Self-sealing）的循环之中。也就是说，如果我需要在一个信任的环境中才能使用团队有效性模型，那么我可以使用这个模型来建立信任的唯一理由就是我对这个团队产生了信任。在这种情况下，我没必要去使用这个模型了。这个工具的价值就在于可以使用这一工具去克服障碍。如果假设我没法使用它，我就摒弃了这样的可能性，即帮助他人去培养建立信任所需的技能。也许我需要在某种程度上改变团队规范或培养新的技能，但如果我假定自己没法直面难度不断增大的问题的话，我就无法帮助团队打造他们极为匮乏的信任。通过帮助团队成员识别值得信任的行为并且始终如一地表现出这样的行为，团队就能建立这样的关系来应对挑战日益增大的难题。如同许多其他有关团队互动的宽泛的描述性符号，如尊重、公平和支持，信任也需要在行为层面上加以界定和讨论，以便判断其是否与团队价值观、假设和规范保持一致。

领导力

与信任类似，人们经常问为什么领导力没有包括在团队有效性模型中。领导力是一个宽泛的术语，团队中的每位成员对它都有不同的解读。有些成员将领导力定义为单边控制式行为，如要求团队讨论回到正轨上或做出某项选择。其他人将领导力看成在幕后悄悄地影响他人。有关领导力的信念植根于团队文化和规范之中，它也影响人们对于帮助团队设定目标、解决问题和保持沟通所持有的期望。让这个问题变得更为复杂的是，领导也是团队中一些人需要扮演的正式角色。对于引导型领导来说，每位团队成员都可以展现领导力行为来支持团队的有效性。所以，领导力内嵌在团队有效性模型的各个要素之中。相比于宽泛地讨论领导力，更为有效的做法是厘清正式和非正式领导角色所期待的行为。

领导力内嵌在团队有效性模型的各个要素之中。相比于宽泛地讨论领导力，更为有效的做法是厘清正式和非正式领导角色所期待的行为。

对情境没有施加控制

团队情境中的要素既可造成团队问题也可支持用于提升团队有效性。但是按照定义来说，团队情境包含了“能够影响团队有效性，而团队无法控制”的要素。

团队成员有时意识到他们根本没有希望参与到流程中或实施干预，因为他们认为“如果高层不做出改变，我们是没有希望的”。下属会争辩改变必须从高层开始，否则他们会因为擅自行动受到惩罚。他们还认为自己无法获得所需的信息来做出有效决策。在少数情况下，他们这么认为可能是对的。但在大多数情况下，我认为团队成员是能够影响情境中的要素的，即便他们没法控制这些要素。第 41 章讨论了除非上司也这么做，否则难以使用专业引导技巧这一话题。第 42 章谈及了我们如何避免让上司变得低效。在传统的等级森严的组织中，出现这样的习得性无助是相当普遍的情况。这是个人对自己不去做出改变的惯用借口。试图改变情境中的要素并不容易甚至更具风险，但这并非没有可能。很多组织慢慢地从下而上或从中层开始发生改变。第 38 章中的汤姆·穆尔（Tom Moore）的故事就是一个例子，他的部门慢慢发生改变并成为整个组织的榜样。

请参考第 38 章“引导型领导的日常挑战”、第 41 章“‘我无法使用这种方式，除非我的上司也这么做’”、第 42 章“如何避免你上司和你的低效”。

团队很少反省他们自身是如何一手造成他们抱怨不已的状况的。在我曾经合作过的团队中，我经常听到有人抱怨他们无法在组织中向上级提出上述话题。但是，当我和高层领导对话时，我发现这些高管对此毫不知情，他们说自己当然愿意做出改变，但没有人告诉他们“到底发生了什么”，这让他们沮丧不已。在诊断与团队有效性模型相关的问题时，我强烈要求团队思考他们自身是如何影响团队的情境要素并导致团队低效的。在设计干预方案时，我们讨论如何改善这些情境要素，即使他们无法加以控制。我们认真审视后发现组织中各层级都对组织的低效负有责任，这会明显增加团队积极影响组织情境要素的可能性。如果团队成员发现他们的努力不受欢迎，而他们最糟糕的怀疑却被证明无误，那么他们就拥有价值千金的数据去帮助自己更为明智地分配时间和精力。

模型的局限

当思考影响整个组织的文化时，客户和引导师经常会问及该模型的局限所在。它可以作为整个组织使用的模型吗？ 或者其仅适用于组织中的一个团队？社区和非营利组织如何运用它？它只适用于工作团队吗？运用有效性标准和关键因素的合理限制在哪里？

有关团队有效性模型的研究是基于工作小组进行的：组织中的这些团队有着清晰的目标、成员和互相依赖的任务。可能某些条件背后的假设该模型未必可以涵盖，但多年来，我已成功地使用这一模型来分析整个组织，那些有着松散结构及不是那么互为依赖的社区团队，那些团队成员不断变化、难以界定成员资格和边界的地方政府，以及大小组织中所有层级的工作团队。

在不同情况下发生变化的首要因素是情境。一谈到组织，情境通常是整个行业或行业团体。如果谈及社区，情境则包括一系列的团体和个人。情境中要素的定义需要转化、改变或扩展。例如，社区不太可能拥有清晰的使命和共享的愿景，却可以拥有定义清晰的主流价值观或一套价值观。或者他们会拥有一个清晰的目标，例如，大多数社区都有提高和经济发展指标等目标。在社区的这个例子中，情境中的其他要素都是相关的，如有形环境、可提供的培训和咨询、物质资源（地区经济）、对美化店面的当地商户给予奖励、更广泛的社区支持等。在其他情况下，有些要素或所有要素可能不是那么相关。在非工作团队的情境中使用模型的成功秘诀是与客户分享，讨论哪些要素是相关的，改变定义和例子使之适合情境。一旦需要做出改变，团队有效性模型可以通过帮助各种团队和组织系统思考他们所面对的问题并且设计长期的改进措施来证明其有效性。

资源

Argryis, C. "Good Communication That Blocks Learning." *Harvard Business Review*, July-Aug. 1994, pp. 77–85.

Block, P. *Stewardship: Choosing Service over Self Interest.* San Francisco: Berrett-Koehler, 1993.

参考文献

Argryis, C. "Good Communication That Blocks Learning." *Harvard Business Review*, July-Aug. 1994, pp. 77–85.

Block, P. *Stewardship: Choosing Service over Self Interest.* San Francisco: Berrett-Koehler, 1993.

Hackman, J. R. "The Design of Work Teams." In J. Lorsch (ed.), *Handbook of Organizational Behavior.* Upper Saddle River, N.J.: Prentice Hall, 1987.

Katzenbach, J. R., and Smith, D. K. *The Wisdom of Teams.* Boston: Harvard Business School Press, 1993.

Sundstrom, E., De Meuse, K. P., and Futtrell, D. "Work Teams: Applications and Effectiveness." *American Psychologist,* 1990, *45,* 120–133.

第 3 章

在不同角色中使用引导技巧

罗杰·施瓦茨

阅读此书的很多读者即便需要使用引导技巧，但并不一定需要担任实质性中立的第三方引导师（或至少在有些时候不是）。相反，你有时会以专业咨询顾问、团队领导或团队成员、教练或培训师的身份参与团队讨论和团队决策。在扮演这些角色时，人们越来越多地认识到引导技巧对于自己和团队一起开展有效工作的必要性。当你和团队一起工作时，无论担任其中何种角色，你都可以使用本书所讨论的核心价值观、原则和基本规则。

了解不同引导角色之间的相似之处和差异并选择合适的引导角色，即能够准确代表你与团队成员之间关系的角色，这一点非常重要。如果团队成员认为你选择的引导角色恰如其分，你就可以名正言顺地影响他们。如果团队成员认为你选择了不合适的引导角色，哪怕你的观察结果和给出的建议就角色本身而言合情合理，但你可能依然难以影响他们。例如，团队有时会拒绝接受来自专业咨询顾问提供的帮助，因为他不适当地选择了中立引导师这一角色，这会让团队成员腹诽这人是否在暗地里诱导团队前往某个方向却不明说。表 3.1 说明了五种引导角色及角色之间的共性和差异。

你不必为了使用引导技巧而放弃你的领导角色或你的专长。相反，使用引导技巧可以提升你的领导力，更好地发挥你的咨询顾问角色及你的专长。

表 3.1　引导角色

引导师	引导型咨询顾问	引导型教练	引导型培训师	引导型领导
通过诊断和干预团队的流程和结构来帮助团队提高有效性	就客户的某个特定情形，通过提供内容上的专业服务来帮助客户做出知情的决定	通过帮助个人学习如何针对其行为和思考进行有力的反思，来帮助个人达成其目标	帮助客户掌握知识和技能，这样他们可用于解决真实的问题或抓住机会	通过诊断和干预团队的流程和结构并提供其内容上的专长，来帮助团队提高有效性，他们在团队中，或担任正式领导，或只是其中的一员
流程专家	流程专家	流程专家	流程专家	擅长流程
内容中立	内容专家	参与到内容中	内容专家	参与到内容中

引导师角色

引导师是实质性中立的第三方，他被所有团队成员所接纳，但没有实质性决策权。引导师的主要作用在于通过诊断和干预团队的流程和结构来帮助团队提高有效性。

本章改编自《专业引导技巧》第 3 章“引导师和其他引导角色”。

实质性中立

所谓实质性中立，并不是指你对团队讨论的话题没有自己的观点，那不太现实。我的意思是，当你在引导团队讨论时，你没有分享自己的观点。其结果是，团队成员没法辨识出你对团队讨论的话题所持有的立场。这样，你就没有影响到团队的决策。团队成员经常会被一位打着中立旗号但在引导时没有保持中立的引导师所激怒，这情有可原。

为保持中立，你需要聆听团队成员的观点，心怀好奇，了解他们的推理与其他人有何不同（包括与你的个人观点有何不同），这样你才可以帮助团队成员参与到富有成果的对话中。

如果你牺牲了好奇心来换取这样一种看法，即有些成员的看法是正确的而另一些成员的看法是错误的，或者整个团队都在奔向错误的方向，你就放弃了自己帮助团队去探索他们自身的观点及差异的能力，取而代之的是，你会按照自己的愿望去影响内容的讨论。如果你发现自己对某个话题心有所系或希望团队达成某项特定结果，或者说，如果你发觉自己在某个主题上颇有心得，这会让你难以继续保持中立，那么你可以考虑选择担任其他的引导角色。

第三方

引导师应该是第三方，因为你难以以中立的身份在自己的团队中工作。如果你是团队成员或领导，大家会自然而然地期待你参与到团队讨论之中并且在决策中扮演一定角色。

第三方这个术语有多种解读。哪怕你本人并不是寻求引导帮助的团队的直属成员，其成员依然有可能认为你不是第三方。这种情况是有可能出现的。例如，某团队希望借助引导来解决该团队与上级部门之间的磕磕绊绊，而你恰恰担任上级部门的内部引导师，显然团队不会把你看作第三方。作为引导师，当团队寻求帮助时，他们需要把你看成中立的第三方。

流程专家

一位引导师在内容上保持中立，但必须是流程专家。作为流程专家，你知道哪些行为、流程和底层结构有助于高质量地解决问题和做出决策。你也清楚哪些要素有助于打造高效团队。当你要求团队使用某种基本规则或当你指出团队中存在某些无效行为时，这都是基于你作为流程专家的专长。

只有熟稔团队流程，你才能将五种角色中的每种打造成引导角色。

作为流程专家，你会大力倡导高效引导所需的流程、结构和行为，如合适的成员资格、有效的问题解决方法、足够的时间及基本规则等。你询问和你一起共事的团队成员，你设计的引导有无问题。有关引导流程的任何决定都是由你和团队成员共同做出的。

引导型咨询顾问角色

与引导师不同，引导型咨询顾问需要利用其在某一特定内容方面的专长。引导型咨询顾问是第三方的专家，其目的是帮助客户在知情的基础上做出决策。这些咨询顾问运用自己在某一领域的专长（市场营销、信息管理系统、组织变革、质量管理等），针对客户的特定情况，推荐行动方案，甚至在某些情况下帮助客户付诸实践。咨询顾问所拥有的任何实质性决策权力不是源自其角色本身，而是源自客户的授权。在担任某一特定内容方面的专家时，引导型咨询顾问可使用引导技巧。和引导师一样，引导型咨询顾问可以来自组织之外，也可以来自组织之内。内部的人力资源部门或组织发展顾问经常在组织中扮演引导型咨询顾问的角色。

引导技巧对于专业咨询非常必要，因专业咨询顾问通常需要与客户建立有效关系、与团队一起工作并处理艰难对话等。那些需要专业咨询顾问提供帮助的地方往往也是团队成员各持己见、互不相让之处。其结果是，帮助团队解决问题的能力部分地取决于该咨询顾问是否具备有效管理这一问题探索过程的能力。在这里请允许我转述我的一位客户同时也是一名专业咨询顾问的话：“当我与客户分享我的发现并推荐我提出的建议时，

内部角色

阅读此书的读者有可能担任组织内部咨询顾问、教练、培训师。无论你是组织的成员之一，还是来自组织之外，专业引导技巧的概念、原则、工具、技巧均可适用。无论你是担任内部引导角色还是外部引导角色，就有效行为的组成要素而言，两者之间其实并无实质性差别。你可能有这样的想法：“专业引导技巧或许真能改善我所在的组织，但是作为组织的一员，我该如何发挥专业引导技巧的作用呢？与外部咨询顾问不一样，我手中既没有自由空间也没有权力，更没法像他们那样指点江山，其中的风险不是我所能承受的。”

其实你可以采取多种行动来缓解你作为内部一员所面对的潜在风险，并提升你与客户合作的有效性。在《专业引导技巧》第 15 章“在自己的组织中担任引导师”中，我有详细论述。

客户的数位成员却当着我的面出现了争执，我该怎么办？”如果出现这样的情况，引导型咨询顾问可以作为团队成员之一参与到内容的讨论中，从而帮助团队开展对话。将引导技巧和其专长结合起来，引导型咨询顾问可以给客户提供更多的附加值。

有关例子请参考第 59 章“成为引导型咨询顾问”。

引导型教练角色

近年来，很多组织为其高管和经理配备了教练。教练通常给他们的服务对象提供一对一服务来帮助他们改善绩效。基于不同背景，一位教练可以将其在某一主题领域的专长带过来。引导型教练的核心是帮助他们学习如何通过对自己的行为和思维进行深刻反思来提高自身的有效性。

引导型教练和客户共同设计学习流程，而不是假定他已知晓客户所需要的最佳学习方式。通过与客户一起探讨他的教练方式是提升还是降低了客户的学习能力，他还示范了如何践行交互学习模式。引导型教练和客户共同探索如何将教练关系作为教练与客户共同学习的来源。

如欲了解更多这方面的信息，请参考第 57 章“引导型教练”。

引导型培训师角色

像专业咨询顾问一样，培训师也是学有所长，可与团队成员分享其知识。如同引导型咨询顾问，培训师身体力行，践行专业引导技巧的核心价值观和基本规则并运用引导技巧来提升团队的学习体验。尽管引导型咨询顾问和引导型培训师使用他们在内容上的专长来帮助客户，但两者的主要目标和关注点有所不同。引导型咨询顾问的主要目标是帮助客户去解决真实的问题或创造某个具体机会；而引导型培训师的主要目标是帮助客户扩充知识和提升技能，这样客户可以将其运用于真实问题或具体场景之中。其结果是，对于咨询顾问而言，客户情境占据舞台的中央；而对培训师而言，其实质性话题就是焦点。当然，引导型培训师可设计工作坊，这样学员可以利用培训机会将他们新学到的知识和技能在真实问题上加以测试并获得反馈。

如果可行，引导型培训师可与学员一起设计相关的培训以满足其利益。在培训中，引导型培训师会经常询问培训是否满足学员的需求，万一没有满足，他们可有足够的灵活度来随时修正培训设计。引导型培训师也将培训视作他本人的学习良机，而不仅仅是团队成员的学习机会。这意味着他对改变自己的观点持开放态度，并且鼓励学员挑战他的假设，就如同培训师挑战学员一样。

近年来，有些培训师将他们的头衔变为引导师。在某种程度上，这意味着培训师的

> 专业引导技巧促进参与者之间的互动，从而提升学习效果。

态度发生转变，他们越来越认同引导技巧的价值并将其结合到工作中，对此我深感欣慰。但是，称呼一名培训师为引导师，这模糊了培训师是某一领域中的专家，以及他们所肩负的责任是去教授某一特定话题的这一事实。我使用引导型培训师这一术语就是为了认可他们在培训和引导这两方面的职责与技能。

如欲了解引导型培训师更多信息，请参考第 58 章“成为引导型培训师”。

引导型领导角色

引导型领导运用专业引导技巧的核心价值观和原则帮助团队提升有效性，包括创造条件让团队成员学习运用核心价值观和原则。

> 引导型领导可以是团队的正式领导或团队成员之一。无论是何种情形，引导型领导都是最为困难的角色，因为他需要在运用引导技巧的同时对于正在讨论的话题持有个人的观点，有时甚至还要坚持自己的观点。

引导型领导可以是团队的正式领导或团队成员之一。无论是何种情形，引导型领导都是最为困难的角色，因为他需要在运用引导技巧的同时对于正在讨论的话题持有个人的观点，有时甚至还要坚持自己的观点。例如，这需要引导型领导公开陈述其对某一主题的看法，解释观点背后的推理并且鼓励团队成员去辨识或发现其推理中存在的差距与问题。引导型领导角色的基本前提认为，一旦团队成员愿意为团队承担更多的职责，团队的有效性将得到提升，与此同时他们从经验中学习的能力也会得到提升。

请参考第 38 章“引导型领导的日常挑战”、第 46 章“从学习如何领导到领导学习”、第 47 章“反思引导型领导”。

选择合适的角色

合适的引导角色指的是能够准确代表你与团队之间关系的角色。如果你选择了不合适的角色，你会给自己和团队制造麻烦。一个常见的问题就是内部或外部的咨询顾问或领导总是试图去担任引导师，而不是担任引导型咨询顾问或引导型领导的角色。例如，与组织中所有团队一起制定和执行人力资源政策的某位人力资源经理，在团队会议开场时向大家介绍他的角色是引导师，并要求大家就某项政策发表看法。但是这位经理也是人力资源领域的专家，而且对制定有效的人力资源政策有着自己的看法。当他发现团队成员的看法与人力资源部门的看法相左时，这位“引导师”开始给出引导性提问来影响团队成员的看法，但他没有清楚地表明此点，或者他只识别出其他团队成员的建议中存在的问题。这

> 合适的引导角色指的是能够准确代表你与团队之间关系的角色。如果你选择了不合适的角色，你会给自己和团队制造麻烦。

时其他团队成员开始感到不适，认为这位人力资源经理利用其担当的角色在误导他们。与此同时，这位人力资源经理也倍感沮丧，因为他无法凭借引导师的身份去公开影响团队成员的想法。在这一案例中，人力资源经理以引导型咨询顾问或引导型领导的身份出现更为合适，这样他可以凭借内容专家的身份去分享其在专业领域上的看法，并且在参与讨论的同时运用引导技巧提升团队互动的质量。

引导师角色适合这样的情境，即你并非团队成员，对于所讨论的话题没有利益牵涉其中，基于你在组织中担任的角色，你在团队决策中不扮演任何角色。

担任多种引导角色

有时你要担任两种或多种引导角色。你可能在自己团队里担任引导型领导角色，或者在组织中其他部门担任引导师或引导型咨询顾问，也可能是引导型培训师。因为这五种引导角色都是基于同样的核心价值观和原则，秉持诚信的原则，根据需要，你可以在这五种角色中自如转换。无论你是担任其中的一种还是多种角色，其基本原则都一样：根据情形选择合适的角色，准确并清晰地向团队描述你准备扮演的引导角色，与团队达成共识，然后按照达成的共识担任相应的角色。如果你希望在不担任引导师角色的情况下使用引导技巧，一定要明白使用引导技巧与担任实质性中立的第三方的引导师之间的区别。

《专业引导技巧实践指导》集中讨论了五种引导角色。当我们描述某个具体角色（仅指那一角色）时，我们会使用合适的术语如引导型咨询顾问、引导型教练、引导型培训师、引导型领导等。我们使用专业引导技巧这一术语专指这一引导师角色，以及使用这些原则的任何其他角色。

第 4 章

理解指导我们行为的理论

罗杰 · 施瓦茨

提升你在引导角色上的有效性绝不仅是学习新策略、新工具或新技术那般简单。引导角色中富有挑战的内在工作是去辨别并探索指导我们行动的核心价值观和假设，并对其进行有力的反思，思考它们是如何提升或降低我们的有效性并建立一套新的价值观和假设用于提升我们自身，以及和我们一起共事团队的有效性的。

你的行动理论

正如阿基里斯和舍恩所描述的那样，你已在头脑中就如何有效行事并针对不同情境做出快速回应建立了一套行动理论；如果没有这套行动理论，你不得不针对每个场景发明一套新的回应方式，否则你将永远没法及时采取行动。在你的头脑中有两套行动理论：你的标榜理论（Espoused Theory）和你的践行理论（Theory-in-use）。简言之，前者指的是我们声称我们要做什么，后者指的是指导我们实际行事的是什么。

标榜理论

def·i·ni·tion 你的标榜理论是你声称你要做什么，以及为什么要这么做。

你的标榜理论是你声称你要做什么，以及为什么要这么做。当你告诉他人在某种特定情境下你将如何行动时，你是在讲述你的标榜理论。这包括指导你这么去做的价值观和信念。识别标榜理论的方式之一是你会这么说：“在这种情况下，我会……因为我认为……”标榜理论会将空白之处填满。

心智模式、践行理论和标榜理论

def·i·ni·tion

在本书中，我们经常使用心智模式（Mental Models）、践行理论、标榜理论这些词汇，它们虽相互关联却又迥然不同。

引导角色中富有挑战的内在工作是去辨别并探索指导我们行动的核心价值观和假设，并对其进行有力的反思，思考它们是如何提升或降低我们的有效性并建立一套新的价值观和假设用于提升我们自身及和我们一起共事团队的有效性的。

心智模式

如同其他心理学的字眼，心智模式这一术语被借用到现代管理文献中并且成为经理人的词汇之一。麻省理工学院的彼得·圣吉在《第五项修炼》中向管理者和领导者介绍了心智模式这一概念，以及它对组织的影响。

依据认知心理学家菲利普斯·约翰逊–莱德（Philips Johnson-Laid）的研究，认知心理学家肯尼斯·克雷克（Kenneth Craik）建立了心智模式的现代概念。在《解释的本质》（*The Nature of Explanation*）一书中，克雷克认为个体将外在事件转换成内在模式，并且使用这些模式在不同情境中做出推理。他们还使用自己创造出来的模型来指引他们的行动。

《第五项修炼实践手册》一书中指出心智模式既“包含人们在长时间记忆中所拥有的半永久性隐形世界‘地图’，也包含人们在每日推理过程中所建立的短期感知”。

正如我们所理解的，人们建立了再现（Represent）世界任何一部分的心智模式。他们建立了太阳系如何运转的心智模式（我们过去认为太阳围绕地球转），也建立了汽车马达如何工作的心智模式，以及人们如何在团队中有效工作的心智模式。心智模式包括但不仅限于需要涉及我们行为的那部分世界。

践行理论和标榜理论

阿基里斯和舍恩创造了践行理论和标榜理论这两个词汇来描述两种行动理论。行动理论包括我们对自己、他人和环境的假设，以及它们之间的因果联系和由此产生的后果。行动理论的形式是这样的：“如果我在环境 S 中，我想要创造结果 C，如果给定的假设为 A_1，…，A_n，我应该采取行动 A。”

阿基里斯和舍恩将标榜理论和践行理论区分开来，因为他们发现人们似乎对指导他们行为的假设和给他们带来的不曾预想的后果并不了解。他们认为人们在学习一个新的行动理论时所遇到的问题与学习新理论本身的关系不大，而与他们不曾了解其现有的践行理论更有关系。

如何使用这些术语

我们通常用心智模式这个术语来表示根植于人们心中的隐形模式，关于人们自己、他人、组织及周围世界的运作方式。心智模式可以包括与模式持有者本人的行为无关的模式（例如，机器如何运转），也可以包括与模式持有者的行为有关的模式（例如，如何让小组支持你的决定）。

我们认为践行理论和标榜理论是心智模式的特殊形式。这两个术语专指本章中提到的单边控制模式或交互学习模式。践行理论是根据我们的推断在实际中指导大家行为的理论，标榜理论是大家所声称的指导他们行为的理论。人们的践行理论和标榜理论可能一致，也可能不一致。

践行理论

践行理论只能通过观察你的实际行为来推断。这包括：① 一套核心价值观和假设；② 遵循核心价值观和假设的策略，这些策略具体说明你该如何采取行动；③ 你与其他人互动后的结果。

你的践行理论主要是通过你实际上做了些什么得以体现的。我们之所以称其为践行理论，是因为如果我们去审视你的行动，这是我们从你所使用的指导你行动的理论中推断出来的，无论是有意识的或无意识的。

践行理论只能通过观察你的实际行为来推断。这包括：① 一套核心价值观和假设；② 遵循核心价值观和假设的策略，这些策略具体说明你该如何采取行动；③ 你与其他人互动后的结果。例如，当你处在他人并不赞成你观点的情境中时，我可能观察到你并没有询问他人为什么和你的观点不一致，我也许可以观察到你的回应是“相信我，这个计划会成功的”，或者“你不了解的是……”如果没有实践，大多数人难以察觉到他们的践行理论，以及该理论与标榜理论之间的区别。

如果没有实践，大多数人难以察觉到他们的践行理论，以及该理论与标榜理论之间的区别。

我从你的行为中推断出来的践行理论与你的标榜理论可能完全不一样，也更为低效。

践行理论如此强大的部分原因是，它让我们行事时速度快捷、技巧娴熟，而且毫不费力。你使用核心价值观和假设来指导你采取行动或做出反应，但你对自己使用的践行理论毫不知情，也不知晓你是如何运用践行理论来设计你的行为的。虽然人们持有不同的标榜理论，但当我们发现自己身陷尴尬或面对心理上的威胁时，几乎所有人都会马上激活同样的一套践行理论来指导我们的行为——单边控制模式（Unilateral Control Model）。阿基里斯和舍恩称之为模型Ⅰ。你的践行理论让你的行事方式产生误解、冲突和防御，它削弱了你帮助团队的能力。遗憾的是，我们对自己此时的践行理论毫无察觉，其使用起来的快捷速度和毫不费力现在变成了你的负担并让你的问题更加复杂。我们的行动不仅效率低下，而且我们的践行理论让我们行事时速度快捷、技巧娴熟、毫不费力，我们甚至没有察觉到我们正在这么做。其带来的结果是，我们对于标榜理论与践行理论之间的差异毫不知情。同样，我们并不清楚践行理论如何降低了自身的有效性，也就是说，我们没有身体力行、践行所言。

这一盲点让我们无法自行发现其中的不一致之处，并采取行动来减少践行理论所带来的负面结果。幸运的是，其他人可以看到我们的不一致之处，并且帮助我们更为了解当下正在发生的事情。

单边控制模式

单边控制和单边控制模式指的是一种践行理论，当我们身陷尴尬或面对心理上的威胁时，几乎所有人都会用此践行理论来设计我们的行为。

def·i·ni·tion

单边控制和单边控制模式指的是一种践行理论，当我们身陷尴尬或面对心理上的威胁时，几乎所有人都会用此践行理论来设计我们的行为。

核心价值观

当你使用单边控制模式这一践行理论时，你运用图 4.1 中最左边的这套核心价值观来设计你的行为。人们会在不同程度上混合使用核心价值观。这些核心价值观为塑造你的思维方式共同奠定了基础。

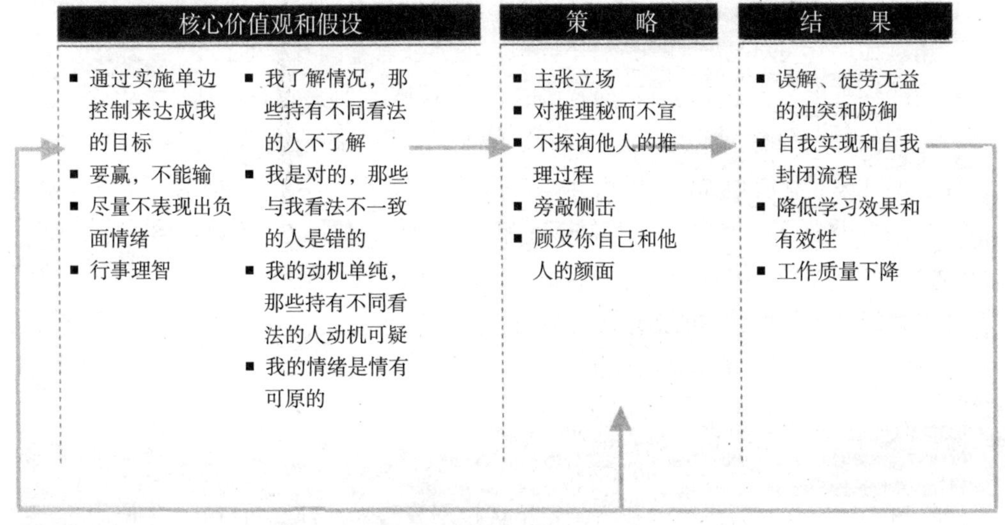

图 4.1　单边控制模式

- 通过实施单边控制来达成我的目标。其本意是指让其他人按照你的要求去做你想要他们去做的事情。这包括你自己构思会议的目标、任务或活动，而不是与他人共同确定目标。一旦确定了目标之后，你会试图通过实施单边控制来掌控整个对话，以便达成你的目标。
- 要赢，不能输。只有达成你期望的目标，这才是你定义中的“赢”。任何导致目标改变或未达成目标的状况都被视为输或软弱的表现。

- 尽量不表现出负面情绪。在对话中不要流露出你本人或他人的不快情绪。你认为表现出负面情绪如生气或沮丧，都是无能或不够圆滑的表现，因为这些情绪会伤害到他人，让目标难以达成。表现出负面情绪意味着你让事态逃离你的掌控。
- 行事理智。这指的是保持客观与讲究逻辑，不表现出情绪化，并且将讨论中的任何话题都视作完全客观，无视潜藏在问题背后的情绪。这意味着你表现得好像你的行为是内在一致的，哪怕事实并非如此。

核心假设

与用于设计你行为的核心价值观一起，有一套假设植根于单边控制行为之中（见图4.1）。

- 我了解情况，那些持有不同看法的人不了解。你的假设是为了理解当前状况，你所带来的任何信息都是有效和完整的，正如你所得出的结论那样。换句话说，你所看到的就是事情本身。那些与你持有不同看法的人或者被误导，或者不了解情况。如果他们了解你所了解的信息，他们就会同意你的看法。
- 我是对的，那些与我看法不一致的人是错的。你首先假设有一个正确和错误的视角。如果你是对的，那些持有不同观点的人或有不同看法的人一定是错的。
- 我的动机单纯，那些持有不同看法的人动机可疑。你假设自己凡事都为了团队或组织的最大利益，那些持有不同看法的人或出于自私或有其他不合适的动机。
- 我的情绪是情有可原的。因为其他人并不了解情况的本来面目（意思是你了解情况的本来面目），也因为他们缺乏了解，其中部分原因是他们的动机可疑，无论你对他们表现出怎样的愤怒或宣泄怎样的情绪，这都是情有可原的。你没有考虑过这样的可能性：你的情绪源自你自己的想法。在某种程度上，你的思考并没有反映整个情况，而你的情绪也是这样。

策略

你将核心价值观和假设结合起来制定单边控制策略来处理你的对话。你使用这些策略来指引你的行动，无论其他人是否使用它们。

- 主张立场。你告诉大家应该做出什么样的决定和需要采取什么样的行动。
- 对推理秘而不宣。当主张自己的立场时，你小心翼翼，不想与他人分享你的推理过程。例如，你采取的部分策略也许是向其他人给出引导性提问，这样他们会恍然大悟，认为这是他们自己想出的点子；而实际上，这不过是你想要他们去实施的想法而已。考虑到这个策略是在单边控制情境中产生的，你决定不把它公之于众。与大家分享这个策略会降低你实施这一策略的能力。实施单边控制策略的能力通常取决于在多大程度上你可以做到对使用的策略采取秘不示人的方式。

如果想知道你的策略是否为单边控制模式，你可以尝试一下想法透明检验实验：想象一下你面对目标观众大声说出你的策略，如果将你的策略公之于众会让你感到尴尬或觉得有些荒谬，或者这样做会妨碍你去实施这项策略，那么这个策略就可能是单边控制模式。

- 不探询他人的推理过程。当其他人主张他们的观点时，你通常采取的回应方式是告诉他们为何这是错的，但是你不会让他们解释他们是如何得出这个结论的。哪怕你真的去探询其他人的推理过程，你所采取的探询方式也不能完全回答你的个人提问。
- 旁敲侧击。旁敲侧击（Easing In）采取间接方式，其目的是让其他人以你的方式来看待问题。旁敲侧击可以是向他人提问或陈述观点，其用意是让其他人揣摩并说出你的个人想法而无须由你出面挑明。例如，当你说“你不认为将这些工作外包是一个好的点子吗”时，你就是在使用旁敲侧击这一策略，因为你在间接地阐明你的观点。
- 顾及你自己和他人的颜面。这些策略都可以让你对局面采取单边控制模式并顾及你和他人的颜面。如果你完整地解释你的推理过程，这可以让其他人质疑你的推理或识别出你的推理何处存在疏漏或出现了不一致，这样你就让自己变得比较脆弱。（所谓脆弱，就是可虚心听取他人对于你的疑惑之处并使用这一信息来加以改善。只有内心强大的人才能做到这一点。——译者注）

首先，如果你去探询其他人的推理过程，你担心这会将你的个人想法公之于众，因为这意味着其他人的推理中可能存在漏洞。你假定这会让他人或你本人感觉难堪或受到威胁，你担心这会导致产生负面情绪，而这正是你想极力避免的。其次，如果你探询其他人的推理过程，他们很有可能也想探询你是如何推理的。

与其费事探询其他人的推理或行为，还不如假定你知道他们在说些什么，以及他们为什么这么说。与其和其他人检验你的推论是否正确，还不如你私下得出结论即你的推论就是正确的，并用你未经检验的推论对他们做出回应。这些未经检验的推论成为你得出其他各种结论和采取行动的错误基础。一句话，你建立了与他人有关的数据库，虽有说服力但存在潜在错误。

结果

所有这些策略都是用来对局面实施单边控制、压制负面情绪的表达并建立防御的。让人哭笑不得的是，当你试图对局面施加控制时，所产生的结果却是你一直极力避免的结果。你的核心价值观、假设及策略以复杂方式互相作用并产生了这些结果（见图 4.1）。

让人哭笑不得的是，当你试图对局面施加控制时，所产生的结果却是你一直极力避免的结果。

- 误解、徒劳无益的冲突和防御。因为你假定这种情况就是你看到的那个样子，你依据未经检验的推论对他人采取行动而不是对其进行检验，所以你产生了误解。在某种程度上，你对他人的动机做出了负面归因而又不曾对其进行检验，你对他人所产生的不信任都是你自我的，反之亦然。依据未经检验、不准确的推论行事造成他人陷入防御之中并且产生徒劳无益的冲突。

- 自我实现和自我封闭流程。你认为与他人公开分享你的推理过程会让他们建立防御，你采取的旁敲侧击的策略是向他人提问却不曾解释你为什么要这样提问。这自然会让他人对你保持警觉并在回答你的提问时小心翼翼，而在你看来这就是在建立防御。正是你本人创造了一个自我实现流程（Self-fullfilling Process）并导致了你极力避免却又实际发生的结果。

  当其他人发现你隐藏了某些信息，但行事时表现出好像没有这回事的时候，他们将不再信任你。当然，他们不太可能向你挑明这一点，因为这可能让你觉得比较尴尬，所以他们会敷衍一番，但不会说出他们对你的担心。如果你觉察到他们对你有所担心，但没有明说，你也不会向他们提出这个话题。这样做，你又创造了一个自我封闭流程（Self-sealing Process）。这让你丧失了学习的机会，本来你可以了解你自身的行为是如何降低了团队有效性的。

  一旦事与愿违，我们会加强控制并且关注如何取胜。我们试图压制负面情绪，而这会进一步强化我们的单边控制模式。同样，当你试图控制谈话，或者只是忙于推销你的观点而不愿敞开心扉来接受他人的影响时，他人会认为我们陷入了防御之中。

参考第 29 章“探讨你对问题成因的影响”和第 42 章“如何避免你上司和你的低效”。

- 降低学习效果和有效性。当你把注意力放在对谈话实施单边控制并力图让你的观点占据上风时，你减少了机会去探究其他人看待问题与你有何不同，以及发现你自身的推理过程中可能存在的缺陷和差距。另外，你还减少了探究自身的行为是如何降低团队有效性的机会。这也降低了与你共事的团队在流程和内容上的有效性。
- 工作质量下降。假如你说出了你的想法，却担心这会带来负面结果，这会让你感到压力。你花费心思尽力去隐瞒你的想法或者字斟句酌来掩饰你的意图。当你对他人做出未经检验的推论时，冲突由此而生，而这也导致他们陷入防御之中，这会让你感到不舒服。当其他人采用单边控制模式来对付你时，彼此关系难以融洽。

制造窘境

使用单边控制模式也会产生一系列窘境（Dilemma），面对诸如“对话中我该如何处理自己的想法和情绪”之类的提问很难有合适的答案。如果你直抒胸臆，坦率表达自己的想法和感受，那你很有可能引起其他人的防御性反应。如果你选择自我过滤，完全不与他人分享你的想法和感受，则其他人也无从听取你的想法。如果你选择迂回表达和旁敲侧击的策略，你也会使他人陷入防御之中并难以完全了解你的看法。

学习或不学习单边控制

你可能从孩提时代就开始学习单边控制模式了。我的客户经常说他们的父母给他们教授了这种模式。随后他们继续学习并在学校中、与朋友的交流中，以及在所加入的组织中继续将其不断强化。简言之，当他们年纪尚幼，虽不解其意或对其心存疑虑时，他们就已开始学习这种模式了。正因为单边控制模式阻止你去检验假设或寻求负面反馈、学习，你对于自己正在使用该模式这一事实还毫无察觉，有鉴于此，公正地说，对于使用单边控制模式你无须担责。但是，一旦你意识到这一点，对于是否需要做出改变，你就拥有了选择权力。

放弃—控制模式

当人们认识到他们所使用的单边控制模式时，大家常常希望做出改变。遗憾的是，他们经常只是从一种控制模式转换到另一种控制模式：放弃—控制模式（Give-up-control Model）。我认为放弃—控制模式是基本型单边控制模式的一个分支或变形。

放弃—控制模式的核心价值观包括：① 每个人都参与目标界定；② 每个人都赢，没有人输；③ 表达你的情绪；④ 抑制你的理性推理（Intellectual Reasoning）。放弃—控制模式的假设与单边控制模式的不同之处在于放弃—控制模式假设人们出于学习、参与和做出承诺的考虑，他们必须自行找到正确的答案。当然，正确的答案是你已经想出来的答案。当其他人没有得出你希望看到的答案时，一个常见的策略就是旁敲侧击或借助引导式提问来帮助他们自行找到答案。放弃—控制模式的结果和单边控制模式的结果一样：误解、徒劳无益的冲突和防御的增加，学习成果、有效性和工作质量的下降。

人们总是从单边控制模式转为放弃—控制模式，然后又转了回来，这经常出现在管理者试图给其员工授权的时候。当认识到自己管得太细或对团队实施单边控制模式时，管理者转为让团队自行做出决定。他将重要的决策委托给团队并且尽力避免去影响团队做出决策，但他没有分享他掌握的相关信息，包括解决方案需达到的标准等。当团队成员自豪地带着解决方案出现在管理者面前时，他却因为方案没有达到标准（他并没有分享这一点）或没有考虑到他未曾分享的信息而拒绝了这份方案。结果是，团队成员推断管理者根本就无意放弃控制，而管理者则认为团队还没有准备好承接授权。随后管理者重新回到单边控制模式并以此作为回应。

在单边控制模式中，你控制着一切；在放弃—控制模式中，你放弃控制。但无论你采取哪种模式，两种模式在本质上都是实施单边控制。

交互学习模式

交互学习模式是一种践行理论，能够帮助你及与你共事的团队一起提高有效性，尤其在任务特别艰巨的情况下。专业引导技巧基于交互学习模式。像单边控制模式一样，它由三部分组成：① 核心价值观和假设；② 策略；③ 结果（见图 4.2）。

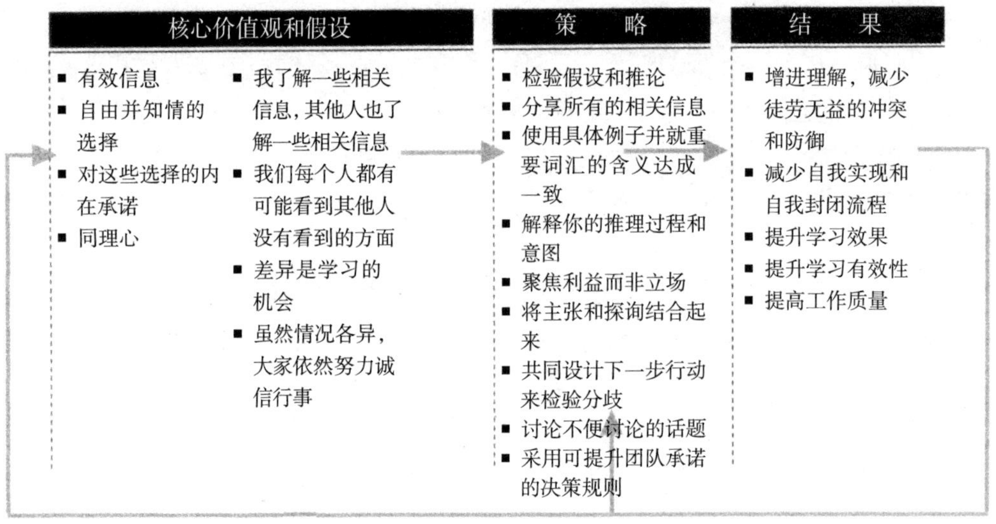

图 4.2　交互学习模式

核心价值观

交互学习模式的核心价值观就是专业引导技巧的核心价值观。

有效信息

def·i·ni·tion

有效信息意味着我们分享与议题有关的所有信息，包括我们的假设和我们处理这个问题的感受。它意味着使用具体实例，以便其他人可清楚地了解我们的意思，并且可以心无旁骛地独立判断我们提供的信息是否准确。有效信息也意味着其他人理解我们与之分享的信息。这意味着我们不仅分享我们得出的结论，还分享我们得出结论的推理过程。有效信息是下面两个核心价值观的基础。

自由并知情的选择

你是基于有效信息来做出知情的选择。你可以做出自由并知情的选择，这意味着你可以界定你的目标和达成目标的方法。你之所以做出自由的选择，不是因为你被强迫、操纵或出于防御而做出这项选择，而是因为这项选择与实现某些重要的个人需求有关。

对这些选择的内在承诺

当你认定自己对做出的选择负责时，你就会对这些选择做出内在承诺。你愿意对这些选择做出内在承诺是因为它让你感受到来自内心深处的驱动力或满足感，而不是因为做出这些选择可让你获得奖励或面临惩罚。当你愿意对这些选择做出内在承诺时，你将成为落实这一决定的主人。结果是，完全没有必要为你安排传统的人盯人式的监工来确保你真的做到信守承诺。你会自行监控选择的最终结果。如果结果难尽如人意，你会自行做出改变或考虑做出改变。

同理心

同理心指的是对他人或对自己采取调适性立场（Adaptive Stance），也就是暂时收起判断。当你带着同理心行事时，你将自己理解他人的意图注入其他核心价值观中，这让你对他人产生移情并帮助他人。同理心的字面含义就是“感同身受”，但有时会被错误地理解为对他人表示怜悯。我所理解的同理心能帮助你对自己和他人产生共情，但与此同时，你或其他人依然对自己的行动负责。这种同理心并不涉及单边保护，而是关注如何提升其他核心价值观而不是削弱它们。

同理心来自你的内心深处。如果你出于同理心行事，而不是出于恐惧或内疚行事，你就能超越防御。你将变得更为开放和脆弱。这让你能创造出对话机会，从而你与他人可以共同学习来提升你们的有效性。

核心假设

在交互学习模式和专业引导技巧中有四个核心假设（见图 4.2）。

我了解一些相关信息，其他人也了解一些相关信息

你假定自己只拥有理解问题和解决问题的部分信息，其他人也拥有相关信息，这些信息可能影响你对这个问题的看法。换句话说，你清楚自己并不知道所有你需要知道的信息。这些信息包括很多方面，如你认为的事实、你的观点、你得出结论的推理过程及你的感受等。

我们每个人都有可能看到其他人没有看到的方面

你假定正如你有可能知道或看到其他人没有看到的事情，而其他人也会看到你没看到的事情。你将对话视为拼图游戏的一部分，每个人带来不同的拼图块。大家的任务就是一起来找出每个人带过来的拼图块是什么样子的，以及应如何将这些拼图块拼装在一起。你认识到无论你和另一个人共事，或者与另一个团队共事，或者与另一个组织共事，你们都只是系统的一部分。你们各自所带来的信息和视角都有一定的局限性，你们只是从某个有利于你的视角看到系统的一部分。你认识到你也许是问题的始作俑者之一，或者你还没有看到这一点。

> 你认识到你也许是问题的始作俑者之一，或者你还没有看到这一点。

而在交互学习模式中，我们的第一个假设就是我也许是问题的始作俑者之一，但是我对此并不知情，这样你就认识到了自己的局限性。这也会让你心怀好奇并了解其他人是如何看待你对问题成因的影响的。

这个假设的另一部分是你的情绪也许是问题的始作俑者之一，但是你没有看到这一点。在交互学习模式中，你认识到自己的情绪也许源于你自己的结论，而这些结论基于未经检验的推论、假设和归因。你认识到，在一定程度上当你带着这种情绪行事时，你也需要对问题的产生肩负一定责任。使用交互学习模式并不是要求你拒绝生气或摒弃失望，而是让你如实反省导致这些情绪发生的思维方式。

差异是学习的机会

在交互学习模式中，你对其他人的观点心怀好奇，因为在你看来不同观点是学习良机。你热切地探究大家是如何看待差异的，因为你将差异视为帮助团队建立更多共识并帮助他们往前推进以赢得支持的良机。你急于探索差异之处，因为你视差异为学习的机会，来获得更为深刻的理解并创造出整合多个视角的解决方案。

虽然情况各异，大家依然努力诚信行事

在交互学习模式中，你的假设首先是人们的动机是单纯的而不是令人生疑的。如果人们的行事方式在你看来不合常理，或者他们的行事方式你能理解但并不认同，你也不会假定他们是出于可疑的动机来做这件事的。相反，你首先假设大家都在努力诚信行事。你任务中的一部分就是理解他们行事的动机，而不是假定自己已经知晓他们的动机并据此来评判他们。

主要原则

与交互学习模式核心价值观和假设相关联的有几个主要原则。第一个原则是好奇心，也就是渴望了解更多信息。保持好奇心可让你发现你和他人拥有的数据是否有效。它可以促使你去发现他人有些什么你错失的信息。当其他人的观点与你不相一致时，你会探究他们是如何得出结论的，而不是简单地说服他人“他们的结论错了”。当其他人所做的事情在你看来不合常理时，好奇心也会引导你去探索他们为什么认为这些事情合乎常理。好奇心和同理心一起能让你在没有心生防御的状况下了解自己和他人。

第二个原则是透明，也就是与他人分享所有相关信息，包括你的策略、分享的方式是否及时与有效。保持透明意味着分享你陈述、提问和行动背后的推理和意图，包括与他人分享你将如何与他们开展对话的策略，这样你们就可以共同设计策略并就他们如何与你共事做出自由并知情的选择。

当采用单边控制模式行事时，你就难以做到透明。这么做的话，你就必须告诉其他人你想对谈话实施单边控制，这就会削弱你的策略的威力。但在交互学习模式下保持透明，你可以提升策略的有效性，因为你的策略就是共同学习，而不是控制局面。

保持透明是好奇心的另一半。好奇心引导你去提问，这样你就能不断学习；而保持透明则引导你去分享信息，这样其他人也能得以了解你的想法。

> 好奇心和同理心一起能让你在没有心生防御的状况下了解自己和他人。

第三个原则是共担责任，这意味着你为当前的局面，包括它所引发的结果负责。与其委过于他人，还不如承认你的行动或维护了系统运行，或改变了系统，因为你认识到你就是系统的一部分。

> 当采用单边控制模式行事时，你就难以做到透明。这么做的话，你就必须告诉其他人你想对谈话实施单边控制，这就会削弱你的策略的威力。但在交互学习模式下保持透明，你可以提升策略的有效性，因为你的策略就是共同学习，而不是控制局面。

共担责任意味着你负责和他人直接联手来解决你们的问题，而不是逃避问题，或者请他人代为斡旋。这意味着你直接给他人提供反馈，哪怕那些人位高权重，这样他们可以询问你的思考过程并就是否改变他们的行为做出知情的选择。这也意味着你寻求同样的反馈，以便你去提升自己的有效性。共担责任意味着承认大家在系统中相互依存。

这三个原则与交互学习模式的核心价值和假设交织在一起。它们一起将随后的策略付诸行动。

策略

> 与其委过于他人，还不如承认你的行动或维护了系统运行，或改变了系统，因为你认识到你就是系统的一部分。

你将核心价值观和假设结合起来制定开展谈话的策略。不管其他人是否使用这些策略，你都使用这些策略。交互学习模式的策略是专业引导技巧的基本规则（见图 4.2）。

请参考第 5 章“有效团队的基本规则”可获得基本了解；在各种场合中使用基本规则，请参考第 14 章“用你自己的语言介绍基本规则和原则”、第 22 章“在正常语速下做出诊断的一些建议”、第 26 章“没有交互学习模式的基本规则就如同房子没有地基”。

结果

所有的交互学习策略都旨在生成有效信息、提供自由并知情的选择、对这些选择做出内在承诺和富有同理心。交互学习模式的核心价值观、假设及策略共同创造了与单边控制模式截然不同的结果。

增进理解，减少徒劳无益的冲突和防御

在交互学习模式中，你通过检验假设并生成有效的信息来增进相互理解。你假定其他人拥有你所不知道的信息，他们可能看到你没有看到的方面。你假定大家会努力争取诚信行事，这样你就会减少对其他人做出负面归因。当你做出这些归因时，你会和其他人对其进行检验。这样做，你就减少了由此产生的徒劳无益的冲突（这些冲突来自未经检验和失真的假设)，同时你也降低了由此而生的防御行为。同样，你增加了彼此的信任。使用交互学习模式并不表示其他人回应时不会产生防御，但它会降低你引起他人产生防御性反应的机会。

减少自我实现和自我封闭流程

基于未经检验与不准确的假设来采取行动是自我实现和自我封闭流程的第一步。检验假设可以逐步弱化自我实现和自我封闭流程。哪怕这的确是由你本人打造的一个自我实现流程，如果你愿意开放自己去了解你是如何引发这一问题出现的，你就可以降低其变成自我封闭流程的可能性。

提升学习效果

所有这些信息都能够帮助你及团队成员去创造共享意义并进而提升你和大家的学习能力。这还包括了解你和大家是如何提升团队或降低团队有效性的。

提升学习有效性

所有这些结果都有助于提高团队有效性：其绩效、流程和满足团队成员的个人需求。

提高工作质量

交互学习模式的价值观和假设可以帮助你增加理解和信任，减少防御行为。它可以减轻焦虑、恐惧和恼怒等带来的压力。

单边控制模式和交互学习模式的实际运用

识别一个人的践行理论的方法之一就是使用左边栏目案例。在案例中，你描述了提升有效性的一场艰难对话。在右边栏目中，你尽可能逐字记录当时的对话全文。在左边栏目中，写下你在对话中的想法和感受。

➡ 想要了解这个方法的更多内容，请参考第 27 章“撰写并分析左边栏目案例”。

通过了解案例撰写人在想些什么和说些什么，你就可以看到撰写人的践行理论。通过讨论撰写人的案例，你也能检验事关撰写人践行理论的推论。

下面的数据反馈案例是一个左边栏目案例，这是芭芭拉（匿名）在参加我们举办的一个公开工作坊时撰写的。我分析了她的案例，将我的备注在括号内表现出来，用以说明芭芭拉的想法和感受，以及她对单边模式中要素进行的反思。我用黑体来突出显示所用到的核心价值观、假设和策略。

在随后改写的数据反馈案例中，我重新撰写了对话以突出芭芭拉左边栏目中的核心价值观、假设和策略来代表指导专业引导技巧的交互学习模式。

数据反馈案例

某个组织的新任首席信息官（Chief Information Officer，CIO） 听说他的办公室长期存在管理问题和绩效问题，为此他聘请了咨询公司开展访谈并通过焦点小组来生成与这个问题有关的数据。在接下来的会议中，咨询公司向大家报告了他们的发现。

咨询团队的一个主要的发现就是员工正在坐等新任 CIO 公布访谈结果和焦点小组的数据。鉴于 CIO 团队内部的冲突，咨询团队认为这将是一场艰难的谈话。

芭芭拉作为咨询团队中的一名员工，在 CIO 和他团队召开的会议中担任引导师。咨询团队将他们的挑战看成让团队讨论是否要分享这一发现。用芭芭拉的话说："不要让讨论沦落为彻头彻尾的争吵，要引导团队朝着我们认为的正确方向前进但不要表现出我们所持有的立场。"

单边控制模式

芭芭拉的想法和感受	对　话
哦，我本以为今天下午才会讨论这件事。我从未想过他们会自己把这件事给捅出来。这会搞乱整个日程安排。 （试图采用单边控制模式来达到目标。虽然芭芭拉认为团队应该提出这个话题，但是她认为除非按照她期望的时间点出现，否则他们就没法完成议程。）	迈克：天啊，我们可不能让这玩意儿流传到外面去，这可是火药桶，一点就着。我们看上去就像傻瓜一样。我本人可不想和这件事有什么瓜葛。
事情看上去真的会变得很糟糕。乔这家伙根本还没明白其中的利害关系。 （我了解情况，那些持有不同看法的人不了解。芭芭拉认为乔没有抓住问题的要害，但并没有和他分享她的推理并与乔一起予以检验。她也没去探究乔是否知道一些她或者其他人所不知道的信息。）	乔：这正好说明为什么我们无法完成这项工作。大家都习惯于坐在那儿指手画脚，然后把责任推给上司，而不是动手去做事。 桑迪：等一等，这些结果真是让人震惊，我们不应该放任不管。 乔:我们可不能让那些人替我们做出决定。 （继续就今天职场人士为什么没有他们那个时代的价值观和职业道德大发议论。）
这家伙真是一个麻烦。如果不是这家伙首先急不可耐地跳出来，你看他血脉贲张的样子，我本可以抽出时间做些事，这样桑迪也可以获得一些支持，如果有的话。为何弗兰克一声不吭呢？ （顾及你自己和他人的颜面。芭芭拉认为乔的言论给桑迪造成了麻烦，她必须给桑迪施以援手，否则她本人可能独木难撑。）	芭芭拉：好吧，我们来检查一下流程。我相信这对你们而言是一场很重要的对话，但是它需要时间。你们是现在就开始讨论还是等到今天下午我们制订行动计划时一起讨论？你们的意见呢？ （芭芭拉并没有和团队确认他们是否认为这次讨论对他们很重要，而只是问什么时候讨论。） 苏珊：我们现在就开始讨论。 （桌边还有人表示赞同。）

续表

芭芭拉的想法和感受	对　话
他终于出现了！为什么他要等到现在才发言呢？拿出点领导风范来啊！ （芭芭拉认为弗兰克没有展现领导风范，但她没有去检验她的归因，也就是为何弗兰克一直等到现在才发言。）	弗兰克：我认为我们现在应该花些时间在这上面，这件事很重要。
这样可以让每个人的观点都曝光出来，我就知道我们该怎么办了。我要将事情置于掌控之中。 （通过单边控制达到我的目标。芭芭拉认为她的策略就是继续控制对话。）	芭芭拉：好吧。这是我的建议：我们按照座次轮流发言，请每个人发表自己的观点，然后我们再开始讨论。 （芭芭拉没有公开解释她的推理，为什么每个人都要发表观点。）
我不知道我是否需要给每个人设定时间限制，否则这将变成一场辩论，没有人会去听他人的意见。 （芭芭拉的推论是大家不会倾听其他人的意见，但是没有和团队成员检验这一点。）	（团队照做了，但是比预计花费的时间更长。）
应该给讨论设定一些谈话架构，某些情绪化的内容也许还要降降温。 （尽量不表现出负面情绪。芭芭拉认为团队成员的负面情绪是徒劳无益的。）	芭芭拉：现在我们知道了大家对于这个问题的基本想法了。1/3 的人赞成分享数据，2/3 的人反对分享数据。现在我们应该往后退半步，大家一起来看一下反对和赞成的理由。我会将这张白板纸一分为二，然后我们可以做一下头脑风暴。现在开始吧！
没有人认真倾听其他人的意见，他们只不过是在坚持自己的立场。时间已经到了，而团队还没开始工作。我不知道我还要给他们分配多长时间。但是如果他们连这个问题都没法解决的话，更别提后面还有更具挑战性的工作等着他们去处理呢！ （芭芭拉建议让团队列出赞成和反对事项，不知不觉中让团队成员更加坚持他们原有的立场，而不是关注在利益分析上。）	（团队开始列出赞成与反对的理由，虽然讨论变得更加有序，但依然热烈，距离得出结论还遥遥无期。） （芭芭拉主张讨论的议程但是还没有询问团队是否有任何疑问。）
哦，不要。但是他们马上就要调转枪口对付她了。我可不想打破我的中立立场，但是看上去她需要一些帮助。	桑迪（几乎要哭了）：我难以想象我们会这样讨论。我们想隐瞒谁？员工早就知道他们在想些什么。我们为何还要遮遮掩掩？如果连团队都无法面对真相，我们还有什么理由继续做

续表

芭芭拉的想法和感受	对话
（芭芭拉认为她需要给桑迪提供单方面保护。如果她这么做了，她将失去她的中立引导师角色。）	下去呢？（眼睛离开乔），弗兰克，你同意吗？
这个家伙完全没救了！ （我是对的；那些与我看法不一致的人是错的。芭芭拉做出了一个针对弗兰克的高阶推论）	弗兰克：嗯，我认为你说的是有些道理，但是……
我想现在是该我发言的时候了。我需要告诉他们我的真实想法吗？ 如果这样做，我会失去他们吗？	迈克：我想听一听顾问们怎么想。毕竟他们和其他许多组织一起合作过，其他人在我们这样的情况下会怎么做呢？ 芭芭拉：谢谢，迈克。我想说的是你们并不是第一个面对这种问题的团队。总会有些很有挑战的问题等着你们。桑迪已经谈到一些情况了：你们的员工知道他们在想什么，但是他们并不认为你们知道这些。他们希望自己的观点得到倾听，因为组织的信任度太低，他们需要的不仅仅是你们对此做出的保证。通过回应他们的要求来公布这些结果，你们可以传递一个重大的信号，那就是你们确实想要改变组织的文化。他们给你们提供了一个重大的机遇。根据我与其他组织的合作经验，你们需要给出清晰的信号，让人们意识到你们需要做出改变。 （芭芭拉脱离了她引导师中立的角色，在没有得到团队成员许可的情况下进入引导顾问的角色，她主张了自己的立场，却没有探询其他人对她的言论的反馈。）
太好了。显然他认为我是一个傻瓜，他可不想公布那些结论 。 （芭芭拉就弗兰克如何回应她的观点做出了推论却未经检验。）	弗兰克：我们现在休息一下吧。我们仔细考虑一下这个问题，下午再来讨论。

芭芭拉的思维和行为有几个主要方面。首先，芭芭拉将自己的角色定位成一个实质性中立的引导师，但是她所表现出来的行为与其角色并不一致。她原本希望引导团队做出正确的实质性决策而无须表明她的态度。这要求她对本人的推理和策略秘而不宣，这样团队成员就无从得知她正在引导他们朝着她自认为正确的决策上前进。其次，芭芭拉认为迈克和乔没有抓住重点，而且看法是错误的。当他们的观点与芭芭拉的观点出现不一致时，芭芭拉对迈克和乔做出了负面推论。因此，芭芭拉无法对他们的观点心怀好奇从而给出更多提问，以便让团队和芭芭拉得到更多新信息。

续表

芭芭拉还认为她应该在团队中给桑迪提供保护，这也许是因为桑迪和芭芭拉观点保持一致，同时芭芭拉不相信桑迪可以说服其他人接受她的想法。这削弱了芭芭拉作为中立引导师的角色。最后，当迈克询问咨询师的看法时，芭芭拉并没有给整个团队提供一个自由并知情的选择机会来决定她是否应该介入对话中，而是直接做出了回应。

修改后的反馈案例：交互学习模式

以下是修改后的反馈案例，其中芭芭拉左边的栏目显示出她的践行理论是交互学习模式。这不仅改变了整个对话，而且改变了芭芭拉本人在对话中的想法和感受。我将备注在括号中标记出来，这些标记指出了芭芭拉的想法和感受，以及她的言论所反映的交互学习模式中的要素。

芭芭拉的想法和感受	对　话
哦，我本以为今天下午才会讨论这件事。我从未想过他们会自己把这件事给捅出来。这搞乱了所有的日程安排。我需要确认一下他们是想现在讨论还是等到计划安排后再讨论。 （芭芭拉假定最终这是团队的自由并知情的选择，把她也作为流程输入来提供有效信息并决定什么时候讨论这个问题。） 迈克对此已经有了自己的立场，他认为如果他们公布数据的话，他们看上去就像个傻瓜。 （芭芭拉认为迈克行为中的要素会降低对话的有效性。） 我想知道他背后的担心和利益是什么。我想知道为什么他认为如果他们分享了数据，结果会变得更加糟糕。 （我了解一些相关信息；其他人也了解一些相关信息。芭芭拉对迈克的推理感到好奇，但她收起了自己的判断。）	迈克：天啊，我们可不能让这玩意儿流传到外面去，这可是火药桶，一点就着。我们看上去就像傻瓜一样。我本人可不想和这件事有什么瓜葛。
乔也有他的立场。他也将负面动机归因于员工。难道他认为数据无效？ 如果乔和迈克坚持他们的立场，并且总是做出未经检验的推断，这次对话就不会有效果。 （芭芭拉发现乔行为中的要素降低了讨论的有效性。她对乔的推论感到好奇，但是收起了判断。）	乔：这正好说明为什么我们无法完成这项工作。大家都习惯于坐在那儿指手画脚，然后把责任推给上司，而不是动手去做事。
我应该现在就干预还是先听一听桑迪和弗兰克会说些什么？好了，桑迪发言了。 乔开始中途打断她的话，她将话头又拉了回来。如果她不讲完，她不会善罢甘休。我要听一听她的意见，不管她说些什么，否则讨论会变得更加低效。	桑迪：等一等，这些事真是让人震惊，我们不应该放任不管。 乔：我们可不能让那些人替我们做出决定。

续表

芭芭拉的想法和感受	对　话
	芭芭拉：桑迪，刚才乔发言时，你的话好像还没有说完，是吗？ 桑迪：是的，他打断了我的发言。 芭芭拉：乔，你可以让桑迪说完吗？ 乔：当然。
桑迪也有立场。她的观点与迈克和乔不一样，她在提问，但是听上去有些反问的味道。 （芭芭拉认为桑迪的行为让谈话变得更加低效。）	桑迪：员工早就知道他们在想些什么。我们为何还要遮遮掩掩？如果连团队都无法面对真相，我们还有什么理由继续做下去呢？
让我看一看团队是否现在可以开始对话。如果他们同意，我会建议他们关注利益并且说出他们背后的假设，这样他们就能检验彼此的推理。 （芭芭拉计划让团队成员做出自由并知情的选择来决定如何推进讨论，并且她主张大家运用流程，这正是她作为引导师的角色的一部分。）	芭芭拉：我们在这儿检查一下流程。我认为是否要分享数据这一谈话对你们而言很重要。在我们进一步讨论之前，我们先看一下大家是否都准备现在就开始讨论此事。每个人都清楚分享数据对于大家意味着什么，这非常重要。这样当你们讨论是否要分享数据时，大家的讨论可以建立在更加知情的基础上。有人有不同意见吗？ （芭芭拉检查是否有不同意见。） （大家点头同意。） 好吧，大家对结果还有什么问题吗？ （大家说“没有”。） 那么现在大家的意见怎样？你们想现在继续讨论吗？ （芭芭拉给予团队自由并知情的选择该如何推进。） 桑迪：我们现在就开始吧。 （桌边有些人表示赞同。）
好的，每个人都想现在讨论。现在我可以建议流程了。 我想迈克认为如果他们分享数据，他们看上去会像个傻瓜。但是我觉得现在就提问这点，为时过早。等到他们讨论利益时再提问，时机会更好。 （芭芭拉认为迈克有一个假设，但是决定不在此刻进行检验。）	弗兰克：我认为我们现在应该花些时间在这上面，这件事很重要。 芭芭拉：好的。到目前为止发表意见的人是乔、迈克、桑迪，他们都已经表明了自己的立场，你们或者不赞同分享数据或者赞同分享数据，我说的对吗？ （大家同意她的看法。） 现在我认为我们的讨论会卡在这里，因为你们马上就会开始据理力争并坚持自己的立场：或者分享数据，或者不分享数据。

续表

芭芭拉的想法和感受	对 话
	但是你们的立场也有可能出现冲突，哪怕你们的基本利益或需求是可以共存的。所以，通过一起探讨大家的利益，我们大家更有可能制定出一个符合各方利益的解决方案来。 （芭芭拉在主张一个不同的流程时解释了她的逻辑。） 有鉴于此，我现在推荐另一个流程，看看大家的意见如何。我建议你们作为一个团队列出你们立场背后的利益或需求所在。也就是说，你们每个人说出你们在处理数据时希望满足什么需求。例如，迈克，你刚才谈到分享数据这一想法时，你觉得自己看上去就像一个傻瓜。所以你在意的一点是，不管最终是否分享数据，你希望分享的方式要让团队看上去精明强干而不是难以胜任。我是否正确理解了你的利益？ 迈克：是的，我可不希望我们看上去像傻瓜一样。 芭芭拉：所以我们可以将大家所有的利益都写在白板纸上。然后你们可以向大家澄清一下每个利益对于你意味着什么，这样每个人都能用同样的方式来理解它们。你们每个人都可以向彼此提问，为什么这个利益对你而言非常重要。然后，我会让大家讨论白板纸上列出的某个利益是否与随后的解决方案一致。假设你们每个人都认为白板纸上的每个利益都是合情合理的，我们就会采用头脑风暴找到满足每个利益的方法。对于我的建议，你们有什么问题吗？
好问题，即使它有点反问的味道。	乔：为什么我们不直接列出赞同和反对看法呢？ 芭芭拉：根据我的经验，仅仅列出赞同和反对的看法只会鼓励大家去寻找更多的理由支持自己的立场。每一方都想列出更长的清单，两方都想证明自己是对的，对方是错的。我希望大家用不同的方式来做事。通过关注你们的利益，我想让你们暂时将注意力从是否分享数据这件事情转移到通过数据反馈流程来识别出

续表

芭芭拉的想法和感受	对　话
我想知道乔的看法是什么？（芭芭拉认为差异是学习的机会。）	你们希望满足的需求是什么。然后你们就知道分享数据对于满足你们的需求是否有帮助了。乔，你认为呢？ （芭芭拉将主张和探询结合在一起，通过主张流程并解释她的逻辑，然后询问乔的反馈。）
所以，他们之前有过类似的经历。	乔：听上去你好像参加过我们以前的某些会议一样。我会试一试，但是我不能确定这能否弥补我们之间的差距。
	芭芭拉：我同意，乔。我想现在就知道如何弥补差距还为时过早。通过列出你们所有的利益，我们可以发现造成这些差异的原因是什么。然后你们就会有更好的办法决定是否要缩小差距，以及如何缩小差距。
我要确保我在解决问题之前，先征询他们的意见。 （对这些选择的内在承诺。芭芭拉认为人们需要做出知情的选择，这样大家才会对她所提出的流程产生内在承诺。）	芭芭拉：还有提问和担心吗？（大家摇头表示没有。）我和每个人都确认一下看大家是否都愿意运用这个流程，乔、桑迪、迈克、弗兰克、苏珊？（每个人都点头。）
提出的这个问题事关我的角色。我应该担任一个立场中立的引导师。如果我回答了他的提问，我就没有履行我的角色。但是迈克的提问也很有道理，这需要给予回复。我先讲一讲有哪些选择和我的担心，看看他们的意见。 （芭芭拉认为分享所有相关的信息可以让小组做出更好的选择。）	迈克：我想听一听顾问们怎么想。毕竟他们和其他许多组织一起合作过，其他人在我们这样的情况下会怎么做呢？
	芭芭拉：你的提问很合理，我应该给出一个答案。在我作为顾问给出答案之前，先让我总结一下我们当下的处境，然后我们作为一个团队来看一看如何回答这个提问。 （芭芭拉确认他们需要共同做出决定。） 团队和我都同意我在今天的会议中作为中立的引导师，也就是说，我不能介入你们的讨论中。如果我回答了你的提问，那么我就介入讨论了。大家有不同的看法吗？ （我们每个人都有可能看到其他人没有看到的方面。芭芭拉描述了现在的处境，并且询问有没有不同的意见。）

续表

芭芭拉的想法和感受	对　话
我同意。	迈克：但我们请你过来也是希望你来帮助我们。 芭芭拉：我同意。所以我有两个选择。弗雷德和埃莉斯可以回答你的提问，而我仍然作为实质性中立的引导师。或者我退出引导师角色，而作为引导型顾问出现在各位面前并在引导中分享我对这个问题的看法。在引导你们对话的同时，只要团队同意我可以参与到内容的讨论中，我对担任引导型咨询顾问这一角色没有问题。 （芭芭拉分享了相关信息，让小组可以做出知情的选择。） 我想强调的另外一点是，今天你们使用的核心价值观和基本规则为回答是否需要分享数据及如何分享数据这个问题提供了指引。如果大家感兴趣，我很乐意给大家解释如何运用核心价值观来指导你们做出决策。 所以，基于以上各点，大家是希望我继续作为一个中立的引导师，还是转换成一个引导型顾问？

首先，芭芭拉在左边栏目案例中的思想和行为与她在原先的案例中的思想和行为有一些重要的差异。在这个案例中，芭芭拉将自己定位成帮助团队生成有效信息，以便他们可自行做出自由并知情的选择，这样他们才会对这个选择做出内在承诺，而不是暗中将团队引向芭芭拉认为正确的决策中。其次，芭芭拉对于迈克和乔观点背后的逻辑心怀好奇，这种好奇可以让她暂时收起自己对他们观点的判断，而不是假定她的看法就是对的，他们的观点是错的。将交互学习模式作为她的践行理论，芭芭拉可以更加充分地分享她对流程的观点，解释她的逻辑，并且真诚地探询团队成员的担心。如果我们能完成左边栏目案例直到得出结论，我们就会发现芭芭拉和团队将交互学习模式作为他们践行理论所带来的期望结果：增进了理解，减少了徒劳无益的冲突和防御，提升了学习效果和有效性。

结果强化了模式

你所创造的交互学习模式的结果为交互学习的核心价值观和假设提供了反馈，同时也强化了这一模式。例如，当你面对一场艰难对话时，你暂时收起你的判断，与他人检验你的推论并探询他人的推理，这样在尽量减少防御行为的时候，你可以更多地了解自己和他人，你也更愿意继续使用交互学习模式。

使用专业引导技巧的要点：仅仅改变你所表达的内容和方式（如使用基本规则）并

不足以明显改变你获得的不曾预料的结果。如果你只是尝试着学习交互学习模式中新的表达方式，你的践行理论核心价值观和假设有时仍然会占据上风，你的对话依然会采取单边控制模式。当我听到客户质疑为何交互学习模式的基本规则对他们不管用时，我们经常发现他们依然采用单边控制模式的方式来使用这些基本规则。

学习专业引导技巧的方法之一就是你要学会对核心价值观和假设进行深刻反思，并且重新设计你的核心价值观和假设，其目的是采取不同的思考方式并有效地运用新的策略和工具。为了进入这一层面的学习，你需要探讨这样的提问：“我所持有的那些核心价值观和假设是如何指导我去设计这些策略，并给我本人和其他人带来不曾预料的结果的？”这项引导工作虽然艰巨但回报惊人。

资源

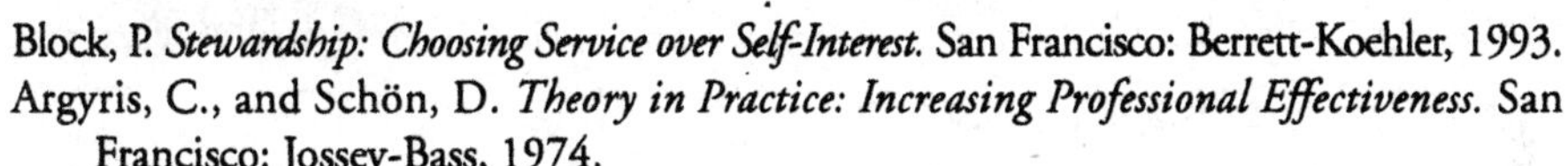

Block, P. *Stewardship: Choosing Service over Self-Interest.* San Francisco: Berrett-Koehler, 1993.

Argyris, C., and Schön, D. *Theory in Practice: Increasing Professional Effectiveness.* San Francisco: Jossey-Bass, 1974.

Argyris, C., and Schön, D. *Organizational Learning II: Theory, Method, and Practice.* Reading, Mass.: Addison-Wesley, 1996.

注释

1. 阿基里斯和舍恩撰写了大量文章探讨我们的践行理论是如何造成许多不曾预料的负面结果的，以及团队和组织是如何制定威力巨大的可选方案的。他们的学术研究、文章和实践都反映在有关心智模式的管理文章中。舍恩于 1997 年过世。阿基里斯于 2013 年过世。

2. 有关共担责任的有力论述，请参考彼得 · 布洛克（Peter Block）撰写的《管理工作》（*Stewardship*）。

参考文献

Action Design. Workshop Materials. Newton, Mass.: Action Design, 1997.

Argyris, C., Putnam, R., and McLain Smith, D. *Action Science.* San Francisco: Jossey-Bass, 1985.

Argyris, C., and Schön, D. *Theory in Practice: Increasing Professional Effectiveness.* San Francisco: Jossey-Bass, 1974.

Argyris, C., and Schön, D. *Organizational Learning II: Theory, Method, and Practice.* Reading, Mass.: Addison-Wesley, 1996.

Craik, K. *The Nature of Explanation.* Cambridge: Cambridge University Press, 1943.

Johnson-Laird, P. N. “Mental Models.” In M. I. Posner (ed.) *Foundations of Cognitive Science.* Cambridge, Mass.: MIT Press, 1989.

Kleiner, A. “Mental Models.” In P. M. Senge and others, *The Fifth Discipline Fieldbook.* New York: Currency, 1994.

Senge, P. M. *The Fifth Discipline: The Art and Practice of the Learning Organization.* New York: Doubleday, 1990.

第 5 章 def·i·ni·tion

有效团队的基本规则

罗杰·施瓦茨

有哪些具体行为可以提升或削弱团队的有效性？对于这个提问，经验丰富的引导师也许仅凭直觉就能知道其中的部分答案。专业引导技巧通过描述有效团队的九项基本规则所包括的行为将这些答案公之于众。

定义和应用

专业引导技巧的九项基本规则同很多团队和引导师所使用的程序性基本规则有所不同（如按时开始、按时结束、关闭手机和呼机）。这九项基本规则也有别于某些团队和引导师对他们所期望的行为采用的抽象化描述（如尊重他人、建设性参与等）。有效团队的基本规则指的是可以改善团队流程的具体行为。事实上，这些规则践行了交互学习模式的核心价值观和背后的假设。

这些基本规则可用于以下方面：

- 用于诊断。基本规则可以帮助你迅速识别低效的团队行为，以便及时进行干预。
- 作为教学工具。基本规则可以作为建立团队规范的教学工具。如果团队愿意使用这些基本规则，他们可以对团队成员之间的互动方式设置新的期盼。
- 指导引导师的行为。无论你担任什么角色，基本规则可以指导你的工作并提升你的有效性。而且，通过在团队成员面前示范你作为一位引导师践行这些基本规则的方式，他们也会照此行事。记住，只有当团队成员对于使用这些基本规则做出承诺时，有效团队的基本规则才能被称为团队的基本规则。

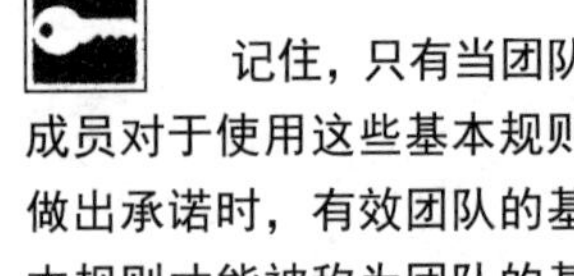

记住，只有当团队成员对于使用这些基本规则做出承诺时，有效团队的基本规则才能被称为团队的基本规则。

第 4 章“理解指导我们行为的理论”讨论了基本规则如何与核心价值观、假设和交互学习模式策略联系起来。如欲深入了解基本规则在不同场景下的运用，请参见第 14 章“用你自己的语言介绍基本规则和原则”、第 20 章“在电子邮件中使用基本规则”、第 21 章“践行基本规则的方法”、第 24 章“减少使用专业引导技巧术语”、第 26 章“没有交互学习模式的基本规则就如同房子没有地基”、第 45 章“引入核心价值观和基本规则”。

基本规则一：检验假设和推论

当你对某件事情做出假设时，你会不经检验就想当然地认为自己的假设是正确的。当你对某件事情做出推论时，你是基于已知的事情就某件未知的事情得出结论。当你探究某件事情的归因时，你会推断某个人的动机。不管是假设或推论或归因，它们都是未经检验的假设。

我们如何做出推论请参考本章有关"推论阶梯"的描述。

我们需要做出假设或推论，这并不是问题；因为我们需要借助假设和推论来理解其他人所表达的意思。问题在于如果我们没有意识到我们所做出的推论，我们唯一的选择就是认为我们所做出的推论是事实而非假设，并且照此采取行动，仿佛这些假设就是真的一样。

当你检验假设和推论时，你会询问他人，你对他们的行为或所处环境做出的解读是否与他们的本意一致。

基本规则一将专业引导技巧的两个核心价值观直接联系起来：生成有效信息，以便你和他人可据此做出自由并知情的选择。

请参考第 6 章"诊断—干预循环"决定何时及如何在团队中检验假设并做出推论。

当你对某件事情做出假设时，你会不经检验就想当然地认为自己的假设是正确的。当你对某件事情做出推论时，你是基于已知的事情就某件未知的事情得出结论。当你探究某件事情的归因时，你会推断某个人的动机。不管是假设或推论或归因，它们都是未经检验的假设。

检验某个假设或推论："我想几分钟之前你说的是'这些计划不完整'，我的理解对吗？"（如果对方说"是"，继续）"在我看来，你的意思好像是我们不能在原定的截止日期前完成，对吗？"

基本规则二：分享所有的相关信息

这一规则要求每位团队成员分享所有的相关信息，只要他们认为这些信息会对团队的问题解决和决策的制定产生影响。相关信息不仅包括与问题、决策或其他团队正在开展的工作内容直接相关的数据，还包括与某人所持立场相违的相关信息，团队成员对于彼此的看法，以及他们是如何看待手头上正在开展的工作的信息的。

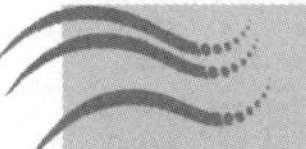

推论阶梯

图 5.1 列出了做出推论的过程。从最下面一级阶梯开始，这级阶梯代表可以直接观察到的数据。在某次谈话中，你会接触到很多可以直接观察到的数据，包括人们的言语和肢体行为。我认为可直接观察到的数据就像摄像机记录下的内容。

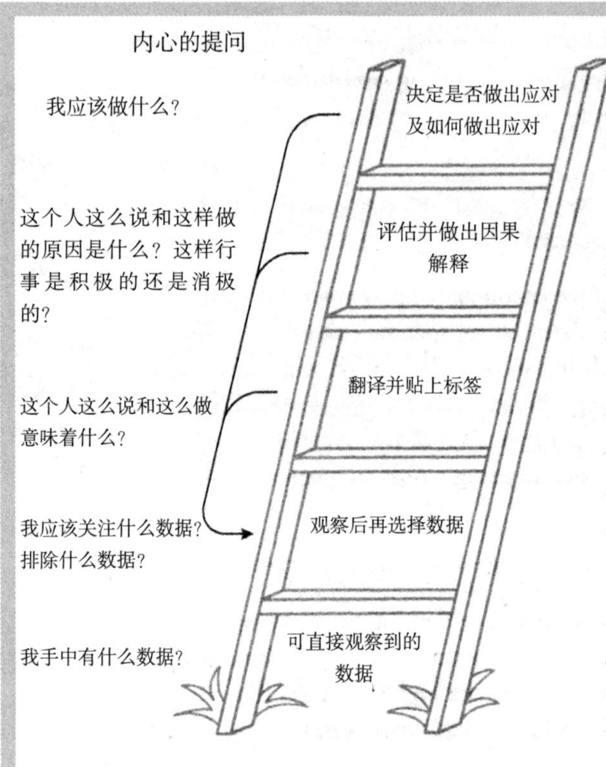

图 5.1　推论阶梯

你无法关注到所有的信息，所以在第一级阶梯，你会先观察，然后选择关注某些数据而忽略其他数据。你所关注的数据是有意选取的，但你并没有意识到这一点。在汉克的案例中（见图 5.1），他注意到吉姆所说的"分析工作拖慢了你们团队的进度，我打算让唐娜小组分析每周销售数据"，却忽视了吉姆的另一句话"你们团队工作非常努力，成绩很不错"。

在第二级阶梯，你开始把获得的数据翻译成自己的表述，贴上标签，从中推断其中的含义。其实在内心里你在问自己，这个人到底为什么这样说或这样做？汉克对自己说，吉姆的意思是"我们没能做好自己的工作，所以我们不再负责销售分析了，他在削减我们的工作职责"。

在翻译吉姆的话语及给他的话语贴上标签时，汉克的推论是吉姆认为他没有做好自己的工作，随之而来所做出的改变将是长期的。

在第三级阶梯，你评估并解释第二级阶梯所翻译的和贴上标签的内容。在第二级阶梯上，你只是描述正在发生的事情，而在第三级阶梯，你会加上自己的判断并做出因果解释。你会询问自己，这样的做事方式是积极的还是消极的，这个人这样说和这样做的原因是什么。汉克推断"吉姆认为我们不能完成销售分析，因为过去四周我们进度有些慢，但这不是我们的错，唐娜小组给我们提供的数据中有很多错误，我们花了两天时间才处理完。吉姆这样做的原因是他不想就这个问题当面挑战唐娜。我很生气，因为我们要为唐娜小组的错误担责”。

请留意，汉克做出的因果解释还包括他对吉姆品性的看法（吉姆这样做的原因是他不想就这个问题当面挑战唐娜），也就是说，这是关于吉姆做法背后动机的推论。

在阶梯的顶端，你决定是否做出回应及如何做出回应。汉克做出了决定：他虽已拿定主意，但我还是要让他知道这不公平。同汉克一样，我们在毫秒间就攀上了推论阶梯的顶端，甚至还没有意识到自己正在做出推论。

你将得出的推论当成事实，而这又会影响你接下来的观察，这成为你做出进一步推论的基础。如图 5.1 所示，这可用从阶梯顶端开始又回到阶梯底部的循环来阐述。

通过团队成员互相分享可被证实的信息，这条规则践行了核心价值观并确保团队成员能够在共识的基础上做出知情的选择并做出承诺。基本规则三、四、五、八都是分享所有相关信息的具体做法。

基本规则三：使用具体的例子并就重要词汇的含义达成一致

基本规则三鼓励使用特定的方式来分享相关信息，从而生成有效数据。使用具体的例子是指分享具体的相关信息，包括某个人说过的话、事件发生的时间和地点等。与概述不同的是，别人可以通过具体例子自行判断例子中所含的信息是否有效。

使用具体的例子，例如，“艾米还有罗莉，请让我举出一个例子说明你们在这个项目上缺乏主动性。你们上周就说会安排小组会议，可一直拖到本周才安排，而且上周我已经提醒过你们了。”

就重要词汇的含义达成一致，你可以确保你所使用的某个词语的含义与他人所表达的含义一致。

例如，“乔治，刚才你提及你计划于年底前完成你的报告，我的理解是 12 月 15 日，这样大家可以在放假前看到这份报告。你是这么想的吗？或者你是指的其他意思？”

基本规则四：解释你的推理过程和意图

基本规则四的意思是向他人解释你做出的某个评论、给出的提问或采取的行动的原因是什么。你的意图就是你做某件事件的目的。你的推理过程展现了你是如何基于数据、价值观和假设得出结论的逻辑过程的。基本规则四要求你将个人的推理过程公开化，让对方看到你是如何得出结论的，并指出他们持有的不同意见。向他人解释你的推理过程中的一个重要部分就是让你在对话中所使用的策略保持透明。通过解释推理过程并让你所用的策略透明化，这是你了解对方在何处持有不同观点或采用不同方式的机会，由此你可以找出自己在何处出现疏忽但对方留意到了。

有关对策略保持透明的讨论请参看第 4 章“理解指导我们行为的理论”。

基本规则五：聚焦利益而非立场

聚焦利益是分享信息的另一种方式。利益包括人在特定场合下的需求、欲望和关切。立场或解决方案与一个人实现自己的利益方式相关。换句话说，一个人的利益决定了他采取何种解决方案或立场。团队解决问题的一个有效方式是从团队成员分享彼此的利益开始。一旦大家就团队的一套利益达成共识，不管它是否囊括了所有成员的利益诉求，团队成员都可从团队利益出发考虑问题，寻找解决方案。关注利益而非解决方案。

解释你的推理过程和意图。你可以这样说：“我认为我们下个月启动新的项目更合适，因为那时大家都已结束度假，而且我们手头的项目也完成了。”

基本规则六：将主张和探询结合起来

当把主张和探询结合起来时，你可以：

（1）阐述你的观点，包括利益关系和推理过程；

（2）询问他人的观点；

（3）邀请他人就你的观点发问。

聚焦利益而非立场。例如，你可以这样说：“不管我们决定采取怎样的方式宣布裁员，我希望大家可以实现平稳过渡，同时继续保持业绩。”

主张和探询可以实现两个目标。第一，可以将系列的独白转变成有重点的对话。例如，在某些会议中，虽出现一个与会者接着另一个与会者发言的情况，但没有人会直接评论前面一个人的观点。如果没有明确要求与会者就其前面发言人的观点进行探询，会议的主题就会因不同人的发言出现转换。第二，创造学习条件。通过找出团队成员推理出现的不同之处，你可以帮助团队探究导致其产生不同推理的原因：是他们使用了不同的数据、不同的假设，还是对某些事件设定了不同的优先次序？

将主张和探询结合起来。例如，你可以这样说：“我认为可以把预算交给部门负责人自己去做，这样可以把他们的责任与义务联系起来，这就是我做出这个建议的推理过程。”（阐述推理过程）“我想知道各位对我的建议有什么看法？如果你有不同的意见，你是怎么想的？”

基本规则七：共同设计下一步行动来检验分歧

基本规则七指的是同他人一起决定需讨论的话题、何时讨论、如何讨论、何时转换话题，而非采取私下单方面做出决定的方式。一般来说，共同计划下一步行动的意思是：① 就如何推进主张你的观点，包括你的利益、相关信息、推理和意图；② 探询对方是否持有不同看法；③ 共同决定下一步行动，需考虑团队成员的利益、相关信息、推理和意图。共同讨论检验分歧的方式是下一步行动的具体表现。

请参考第 13 章“开始会议”中有关如何共同设计对话的开场白。

共同检验分歧意味着要思考以下重要提问，例如，“我们有可能都正确吗？”“我们如何看到同一个问题的不同方面？”打个比方，共同检验分歧就像两位科学家共同设计一项实验来检验他们互为冲突的假设，这就需要实验研究的设计必须足够严密，这样才能满足两个人的标准。

基本规则八：讨论不便讨论的话题

不便讨论的话题指的是与团队有关且会削弱或可能削弱团队有效性的话题，人们认为讨论这些话题会造成某些成员陷入自我防御或带来消极后果。通过践行这个基本规则及前面所谈论的基本规则，你可以富有成效地讨论这些话题并降低团队成员自我防御的程度。

> 共同设计下一步行动来检验分歧。例如："对于现有产品是否符合规格你我看法不一。那我们可以一起做些什么来找到问题的解决办法呢？"

对于不便讨论的话题，团队经常选择回避，理由是提及这些话题会让团队成员感到尴尬或陷入自我防御之中，而避开这些话题的讨论可保全团队成员（和他们自己）的颜面。换句话说，他们认为讨论不便讨论的话题是缺乏同理心。但是如果回避这些不便讨论的话题，人们常常会忽视这样做所带来的负面的系统后果，这也是缺乏同理心的表现。不便讨论的话题包括团队成员绩效欠佳、彼此缺乏信任，以及不想表达与经理相左的意见等。

> 你可以这样提及不便讨论的话题。例如："虽然这可能是一个困难的话题，但我还是想说一下我是怎么想的。作为你的直接下属，我为什么把消息瞒着你，因为我知道你听到不良消息后的反应。我提及这点是因为我不想针对任何人，我只是希望我们能做出最好的决策。我想先分享我看到了什么才会这么做，然后看看大家是否有不同意见。"

尽管基本规则八从情感上来说不那么容易做到，但讨论不便讨论的话题的流程已经囊括在前面所讲述的七条基本规则之中了。

基本规则九：采用可提升团队承诺的决策规则

基本规则九将增强内在承诺的核心价值观具体化了。其前提是团队成员对于某项决定所做出的承诺部分原因来自他们在多大程度上可以做出自由并知情的选择。团队成员越能做出自由并知情的选择，他们内心对于这个选择的认同感就越强。

实践基本规则九意味着你要理解不同类型的团队决策流程将产生不同的接受程度。在专业引导技巧中，我们认为有四种不同的决策类型：委任型、一致型、民主型和协商型。对决策的接受程度从抗拒到不服从、从服从到参与到内在承诺。内在承诺指的是团队中的每位成员都相信做出的决策，把决策视若己出并竭尽所能去有效落实决策。

> 基本规则九并不是要求所有的决策都应该或需要达成一致。基本规则九认为有些决策并不需要通过达成一致的流程来要求每个人都做出内在承诺。

虽然决策的执行需要得到团队成员的支持和合作，而团队内部总会出现不同的声音，这就需要决策过程能够帮助团队成员（也包括团队领导人）去探究彼此的差异来达成共识。通过确保每位团队成员都将团队决策视为自己参与做出的，从而在决策上达成一致。但是基本规则九并不是要求所有的决策都应该或需要达成一致。基本规则九认为有些决策并不需要通过达成一致的流程来要求每个人都做出内在承诺。

学会使用基本规则

这些基本规则就如同舞蹈中的舞步：每步都是专业引导技巧基础中的一部分，但只有当你将曼妙的舞步与你移动的目的结合起来时，其威力才得以彰显。而且，这些基本规则对有效团队的流程而言，虽然必要但还不足够。即便这些基本规则可以马上产生有效的团队行为，但是团队需要范围更大的流程来指明方向，例如，依问题解决和系统思维模式来理解复杂系统。

一开始使用这些基本规则时，你会感觉不自然，这很正常。当你试图将这些基本规则作为语法结构来翻译左边栏目中的内容时，你要试着加入自己习惯的表达方式和字眼，你可以将这些组合在一起，这样你就能在正常语速下发言了。通过不断练习，你可能发现你使用这些基本规则的方式就像它们是你本人的一部分，你并不需要刻意放慢语速来搜寻你想表达的词汇。

如想学习使用这些基本规则，请参考第 21 章“践行基本规则的方法”和第 22 章“在正常语速下做出诊断的一些建议”。如想借鉴使用基本规则的不同例子，请参考第 23 章“开场白”和第 24 章“减少使用专业引导技巧术语”。

注释

1. 这四种决策类型引自维克多·弗鲁姆（Victor Vroom）及其同事的著作。
2. 改编自圣吉、弗鲁姆和亚戈的著作。

参考文献

Action Design. Workshop materials. Newton, Mass.: Action Design, 1997.

Argyris, C. *Reasoning, Learning, and Action.* San Francisco: Jossey-Bass, 1982.

Argyris, C. *Strategy, Change, and Defensive Routines.* Boston: Pitman, 1985.

Argyris, C., and Schön, D. A. *Theory in Practice: Increasing Professional Effectiveness.* San Francisco: Jossey-Bass, 1974.

Fisher, R., Ury, W., and Patton, B. *Getting to Yes: Negotiating Without Giving In.* (2nd ed.) New York: Penguin, 1991.

Graham, P. (ed.). *Mary Parker Follett: Prophet of Management.* Cambridge, Mass.: Harvard Business School Press, 1995.

Senge, P. *The Fifth Discipline: The Art and Practice of the Learning Organization.* New York: Doubleday, 1990.

Vroom, V. H., and Jago, A. G. *The New Leadership: Managing Participation in Organizations.* Upper Saddle River, N.J.: Prentice Hall, 1988.

Vroom, V. H., and Yetton, P. W. *Leadership and Decision Making.* Pittsburgh: University of Pittsburgh Press, 1973.

第 6 章

诊断—干预循环

佩吉·卡尔森

正如罗杰·施瓦茨在专业引导技巧概述中所描述的那样，团队有效性模型、核心价值观和基本规则为诊断团队行为奠定了基础。但是，这些信息并没有确切地告知你要说什么、什么时候说、对谁说等。诊断—干预循环可在这方面给你提供指引。通畅、直白、结构化的六个步骤可以帮助你思考团队中正在发生的事情并对其实施干预，以便与核心价值观保持一致。

欲了解专业引导技巧的概述部分，请参考第 1 章“专业引导技巧”。

诊断—干预循环中的步骤

> 这一并行结构能够使你以透明的方式进行干预；也就是说，通过公开分享你的个人推论，你允许其他人理解你的想法及你为何做出干预。

图 6.1 描述了诊断—干预循环的六个步骤。前三个步骤反映了你在观察团队行为时所做出的个人诊断（步骤一），推断其中的含义（步骤二），决定是否干预及如何干预以提升个人或团队的有效性（步骤三）。后三个步骤则体现了你在描述行为时，实际上说了些什么（步骤四），与对方分享你推断出来的含义（步骤五），帮助团队成员决定是否需要改变行为及如何改变行为来确保其行为更加有效（步骤六）。诊断—干预循环的两侧是并行的，步骤一到步骤三记录的是你没有明说的诊断；而步骤四到步骤六可以让你公开分享你的观察结果和你做出的推论，并询问对方是否同意。如果合适的话，可给对方提供选择，让他们能重新设计他们的行为。也就是说，在步骤四，你可以公开分享你在步骤一中所观察到的情况；在步骤五，你可与他人分享你在步骤二中所做出的推论；在步骤六，你可帮助团队成员决定是否需要改变行为及如何改变行为，从而与步骤三所做出的选择保持一致。这一并行结构能够使你以透明的方式进行干预；也就是说，通过公开分享你的个人推论，你允许其他人理解你的想法及你为何做出干预。

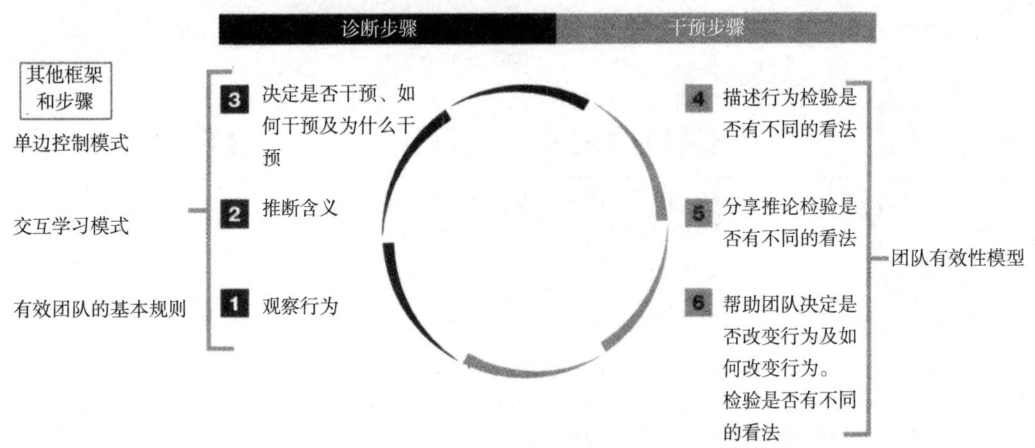

图 6.1 诊断—干预循环及诊断框架

干预步骤

每个干预步骤（步骤四到步骤六）都包括两部分。每个步骤的第一部分在前文中已经陈述过：分享你所观察到的情况、做出的推论，帮助团队成员决定是否需要改变行为及如何改变行为。每个步骤的第二部分是对不同看法予以检验，了解团队成员是否同意你所观察到的结论（步骤四）、推论（步骤五）并给予推荐（步骤六）。在你开始下一步之前，确保团队成员同意你对现状做出的评估，对不同看法进行明确检验强化了检查这些举措的重要性。在每个步骤中，作为你干预对象的某个人或某群人如果不同意你的观察结果或你做出的解读，你就不能单方面继续推进尚未进行的干预活动。检验团队成员是否持有不同看法可以确保大家能够做出自由并知情的选择：接受或反对引导师实施的干预。

你可以在步骤四、步骤五、步骤六中分享你的推论和你的意图，这样团队可以理解你为何选择在某个时间点上实施干预及为何你要求他们改变行为。

例如，在步骤四，你可以这样说："我想分享一下我的观察，大家在对话中用到基准这一术语，听上去似乎不同人对此有不同的理解。"或者，在步骤六，你可以这样说："你可以解释一下你是如何理解基准这一术语的含义的吗？我之所以提问这点是希望可以帮助大家明确一点，在使用这一术语时，每个人对其含义的理解是一样的。"通过帮助团队成员理解你的推理过程和意图，大家可以就是否需要改变他们的行为做出知情的选择，这可以提升讨论的有效性。

步骤分解示例

为了说明如何使用诊断—干预循环，请看针对会议中常见问题进行干预的例子：让讨论聚焦。想象一下在某次会议中你正在引导一场讨论：如何评估最新一轮预算缩减所带来的影响。团队正在对可能的策略进行头脑风暴并已提出了好几个点子。团队成员保罗说："我认为，我们没法要求大家承担更多的责任了。"另一位团队成员玛利亚说："我同意，现在所有人都已经不胜负荷，大家快被压垮了。"这时，使用诊断—干预循环可能是这个样子的。

步骤一：观察行为。保罗说："我认为我们没法要求大家承担更多的责任了。"玛利亚说："我同意，现在所有人都已经不胜负荷，大家快被压垮了。"

步骤二：推断含义。听上去保罗和玛利亚在评估削减预算建议的可行性。如果真是这样，他们在单方面推动团队讨论往前推进，却没有共同设计下一步行动（基本规则七）。

步骤三：决定是否进行干预，如何干预和为什么进行干预。既然团队一致同意评估之前先就可能的策略进行头脑风暴，那么我很有必要对我做出的推论进行检验，我的推论是保罗和玛利亚表达了评估性看法。如果我不对此进行干预的话，可能还会出现一些团队成员继续提出新的建议，而另外一些成员则已经进入下一步的评估阶段了。

步骤四：描述行为，检验是否有不同看法。"保罗，你刚才说大家不能承担更多的责任了，是吗？"（保罗说："是的。"）"玛利亚，你同意保罗的看法，认为大家不胜负荷，对吗？"（玛利亚说："是的，大家快被压垮了。"）

步骤五：分享推论，检验是否有不同的看法。"听上去你们好像都在评估我们在白板纸上列出的建议的可行性，对吗？"（保罗说："是的，我认为有些建议难以实行。"玛利亚："我也是。"）

步骤六：帮助团队决定是否需要改变行为，如何改变行为并检验是否有不同的看法。"既然团队同意在评估建议之前先采用头脑风暴来产生不同的想法，你们是否愿意先暂时保留你们的想法，等进行到下一步时再与大家分享你们的想法呢？或者与大家讨论一下，看看其他人是否准备进入评估想法这一阶段了？"我在这一步的意图是帮助团队共同计划下一步的行动。所以，继续进行头脑风暴是一个选择，当然，团队也可以选择进入评估这一阶段。

在这次干预活动中我主要使用了基本规则七（共同设计下一步行动来检验分歧），其他的基本规则在步骤四到步骤六中都有体现。例如，在步骤四中使用了保罗和玛利亚谈话中的具体例子（基本规则三）。步骤五使用了检验推论（基本规则一）。在步骤六中，我分享了在此时进行干预的原因（基本规则四）。每个步骤的第二部分都使用了探询来确认我的解读是否准确（基本规则六）。

➡ 有关步骤四到步骤六中更多的对话实例，请参考第 6 章"诊断—干预循环"和第 24 章"减少使用专业引导技巧术语"。

跳过诊断—推论循环中的某些步骤

在做出干预时不必囊括诊断—干预循环中的所有步骤。事实上，如果真要那么做，你会显得过于呆板或矫揉造作。例如，如果你正在对某个人刚刚发表的看法进行干预，你可以跳过步骤四“检验是否持有不同看法”而直接进入步骤五。例如说，“劳拉，你刚刚说‘所有人都同意这个决定’，我认为你说的意思是部门负责人，对吗？”

例如，如果团队成员布里奇说：“我认为质量控制系统在识别制造流程中出现的老问题上表现不佳。”我可能做出的推论是布里奇在头脑中有些具体的例子，所以我会询问她：“你可以和大家分享一个以前发生过的系统没能识别出问题的例子吗？”

如果你做出的是低阶推论，你可以跳过步骤五（分享推论），因为在这种情况下，对方不太可能误解或者不同意你做出的推论。

在以下几种情况中要避免在诊断—推论循环中跳过某些步骤：① 在激烈冲突场景中或团队成员彼此曾有误解的历史渊源；② 团队刚开始启用发展型引导而成员正在学习如何在他们的讨论中使用诊断—干预循环；③ 你正在实施复杂的干预并与团队成员分享你在一段时间内所收集到的多个观察结果（如讨论一个不便讨论的话题）。[1]

结合其他框架使用诊断—干预循环

在专业引导技巧中，我们会频繁地使用基本规则、团队有效性模型、单边控制模式和交互学习模式对团队行为进行诊断和实施干预。但是，你也可以结合该循环使用其他诊断框架和程序，只要你能识别出可直接观察到的行为来支持你做出的推论。例如，在本章前面提到过的保罗和玛丽亚例子当中，我用到了问题—解决框架来生成并检验推论：团队成员处于同一流程的不同步骤中，也就是有些团队成员还在就如何提出尽可能多的建议进行头脑风暴时，而另一些成员已经在评估这些建议的可行性了。

结论

诊断—干预循环是引导技巧专业人士用于帮助其他人使用基本规则的一个重要工具。这六个步骤践行了核心价值观，因为这些步骤强调了使用有效信息、检验推论、解释推理过程，以及让团队成员做出自由并知情的选择来改变其行为的重要性。

本章是有关诊断—干预循环概述的，第 2～4 章还有更多关于如何使用这个循环进行干预的论述。

注释

1. 如果想更多了解何时跳过诊断—干预循环中某些步骤，何时不跳过，以及实施干预的其他指引，请参见《专业引导技巧》的第 8 章。

第 7 章

系统思维和系统行动

安妮·戴维森

系统思维、系统行动是专业引导技巧中的一项关键因素。在第 1 章中，罗杰·施瓦茨就已指出："专业引导技巧认识到你所采取的任何行动会从多个方面影响团队并产生短期和长期的影响，虽然其中的一些影响未必那么明显。"他强调了系统思维领域中的三项基本原则。这三项基本原则包括相互关联原则、因果延迟与分离原则、系统结构难以观察原则。在同一章节的其余部分，他还谈到应该把整个团队视作客户。就本质而言，他其实谈论的是系统完整性原则。

了解系统思维是如何根植于专业引导技巧中，可以增强你在多种场景中运用专业引导技巧的能力。本章将讨论专业引导技巧是如何整合系统思维的多项基本原则的。

系统思维的基本原则

系统思维领域是一个相对新兴的领域。系统思维的理论最早出现于 20 世纪 40 年代，我们用于指导团队和组织发展的系统互动因素（System Dynamics）等主要概念直到 20 世纪 60 年代才得以提出。[1]系统思维的基本原则、工具和应用依然处于不断发现和发展之中。本章所谈到的原则都是基本概念，这些概念以一种形式或另一种形式出现在运用系统思维指导团队和组织发展的主要方式之中。这些原则基于彼得·圣吉在《第五项修炼》（*The Fifth Discipline*）中所总结的十一项系统思维原则。（见工具栏中"系统思维原则"的说明。）

系统思维和分析系统工具正被日益广泛地运用在组织发展及人类发展等领域，对此我们需要不断学习和了解。[2]当你开始学习和运用专业引导技巧时，了解这些基本原则可为你设计对话和实施干预奠定良好的基础。

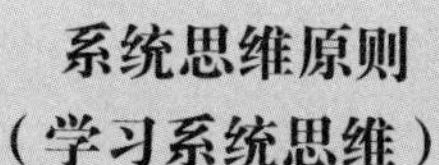

系统思维原则
（学习系统思维）

1. 今天的问题源自昨天的“解决方案”。这里所说的解决方案仅仅是将问题从系统中的一个部分转移到另一个部分，但这一现象经常被人忽视，因为最初解决问题的那个人往往不是承接新问题的这个人了。

2. 你对系统施加的推力越猛，系统的反推力也越强。意图良好的干预措施所引发系统做出的回应经常抵消实施干预所带来的好处。系统思维将这种现象称为补偿性反馈（Compensating Feedback）。几乎每个人都知道当你面对补偿性反馈时，这是怎样的一种感受：我们对系统施加的推力越强，系统的反推力也越大。针对某些事情你越努力试图做出改变，你需要付出的努力似乎也越大。

3. 行为在变坏之前先变好。在复杂的人类系统中，总有许多方式可以让事物在短期内看上去变得更好。如果一个解决方案仅仅只是针对问题的症状，那么这一典型方案初看上去效果相当不错。不仅情况有所改善，甚至连问题也都消失得无影无踪。但也许两年、三年或四年之后，问题又卷土重来，甚至以全新的面孔或更加狰狞的方式出现在你的面前。但那时，考虑到绝大部分员工已经频繁流动、跳槽，坐在那把椅子上的或许是另外一位新人了吧。

4. 走捷径通常会使问题重现。很多人喜欢用惯用的套路去解决问题，坚信他们所知道的方法就是最佳解决之道。虽然他们拼尽全力推行自己熟知的解决方案，然而根本性问题依然故我甚至更加恶化，这就是系统思维匮乏的一个可靠指标。这通常被称为“我们需要更大的榔头”综合征。

5. 处方可能让疾病变得更加糟糕。采用非系统性解决方案所带来的长期潜在后果是问题需要越来越多的解决方案。这种短期改善却导致长期出现依赖的现象非常普遍，所以它有一个俗称，叫作“将负担转移到干预者身上”。干预者可能是给城市提供支持的联邦政府、食品救济机构、福利方案或代行员工职责的主管。采取这样的“协助”方式反倒会让系统在根本上较之以前变得更为脆弱，并且需要干预者提供进一步的帮助。

6. 欲速则不达。你试图迅速找出问题的解决方案，并且期待这个方案长期发挥作用，这不太现实。每种场景都有适合其自身的最佳改变速度。

7. 因果关系在时空上并非紧密相连。复杂系统中的现状本质和我们对现状占据主导地位的思考方式之间出现根本性错位。纠正这种错位的第一步是抛弃这种看法即因果关系在时空上紧密相连。某些改变带来的重要影响可能需历经多年才得以显现。

8. 微小的变化也可产生显著成果，但杠杆效应最为明显的地方往往是无人关注之处。系统思维通常被称为一门新开设的“沉闷”科学，因为它所教授的观点是，最为明显的解决方案往往不起作用，充其量这些解决方案可在短期内带来改善，但从长期来看，它们只会使问题变得更加糟糕。系统思维表明，如果在合适的地方采取微小却又精准的行动，有时会带来重要和持久的改善。如果找到合适的发力之处，那么这个地方就被称为杠杆点。问题是许多可带来巨大改变的杠杆点对于系统中的绝大多数参与者来说，往往出现在貌不惊人之处。

9. 鱼和熊掌可以兼得，但不是马上。最好的例子体现在人们寻求高质量的服务和产品上。人们曾认为在商业世界中高成本与高质量的产品和服务并肩同行。如果你要想用低成本去换取高质量的产品和服务，这没法做到。事实表明，从短期来看，这种看法是正确的；但从长期来看，未必。很多明显的进退两难窘境都是静态思维的副产品。这些窘境包括：是实施集中控制还是分区控制，是让员工倍感幸福并且愿意投入工作之中还是采取节约劳力成本的措施，是奖励单个员工的业绩还是让团队中的每个人都感受自身的价值。这些所表现出来的只不过是僵化的“非此即彼”的选项，因为我们只需要思考某个固定时间点上的可能性。

10. 将一只大象一分为二并不意味着你可以获得两头大象。系统具有完整性，它们的特性取决于整个系统。为了理解最具挑战性的问题，这需要我们审视产生这个问题的整个系统。这并不意味着每个组织性问题都需要从整个组织的角度加以审视。对于某些问题而言，我们只需要了解其主要功能是如何相互作用的，这就足以。但是对于另一些问题而言，我们需要了解在某个给定的功能区域内或其子系统中的关键系统性力量（Critical Systemic Force）是如何发挥作用的。主要原则，又被称作系统边界原则，指的是那些对于解决当前问题非常重要的互动（Interaction）才需要予以审视，而无须考虑传统上的组织边界。

11. 无须指责。我们习惯于将我们遇到的问题归咎于外部环境。系统思维告诉我们，外部环境并不存在，我们和问题的成因都是某个系统的一部分。解决方法在于你如何处理你与“敌手”之间的关系。

资料来源：从彼得·圣吉的著作《第五项修炼的法则》（*The Laws of the Fifth Discipline*，1990）中提炼而来。引用得到作者允许。

相互关联：每件事情都会影响其他的事情

def·i·ni·tion

我对系统的定义是“一个可以感知到的整体，其要素相互关联在一起，这是因为它们在一段时期内持续发生相互影响并朝着共同的目标不断运行”。

首先，系统思维与相互关联原则有关。我对系统的定义是“一个可以感知到的整体，其要素相互关联在一起，这是因为它们在一段时期内持续发生相互影响并朝着共同的目标不断运行”。

组织可以被看作系统，家庭、团队、居住地，甚至我们居住的星球都可以被看成系统。系统思维的方式让我们对事件采取线性解读（A 导致 B，结果出现 C）转为采用更加复杂的互动模式（Patterns of Interaction）来理解系统。系统的要素被一张关系网连接起来，其中的每个要素都会影响其他要素。举个简单的例子，当你驾车外出时，你和车辆就形成了一个简单的系统。你采取的行动会影响车辆的行驶；你从车辆得到的回应（速度、方向）也会影响你随后采取的行动（加大油门、刹车、往左或往右打方向盘）。接着车辆继续做出回应，而你也做出进一步调整。这样，某个行动的结果会反馈回来并影响后续的行动。我们把这种信息循环称作反馈回路。简单的反馈回路相互联系在一起形成复杂的系统。

这些反馈回路可以在个人谈话、团队互动，以及引导师和团队的交流中发挥作用。让我们来看一个经典场景中的例子，如果我借助引导性提问就一个困难话题采取旁敲侧击的策略，其实正是我本人造成你们回馈给我的防御性反应。

➡ 请参考第 4 章“理解指导我们行为的理论”。

你做出的防御性反应决定了我随后跟进的回应。或者我可以询问你做出防御性反应的原因，在这种情况下，我将学会如何改善自己的行为；或者我也可以认为你做出的防御性反应证明你接受反馈的能力尚不足够，如果是这样，我会截留某些信息及随后给你提供的反馈。无论是哪种情况，你做出的回应所提供的反馈会影响我随后做出的选择。我的心智模式，不管是单边控制模式或交互学习模式，将决定我做出的选择，并且开始打造循环背后的结构。

我做出的第一种选择将有助于创建良性循环：我们的共同行为造成这场无效的谈话，我们对此越清楚，那么当下乃至未来我们开展的谈话就会变得越发有效。我做出的第二种选择，对反馈采取秘而不宣的方式则会形成恶性循环：我们改善对话的能力不仅会被削弱，而且随着时间的推移，彼此的关系也将日渐恶化。不管我采取哪种方式，这不仅会改变你的行为，也会反过头来影响我自己的行为。这一流程会不断反复自行循环。

➡ 请参考第 2 章“团队有效性模型”。

团队有效性模型再清晰不过地表明了这样的概念，也就是每件事情都会影响其他的事情：任何要素都会引起其他要素的变化。职责划分不明会引发冲突的产生，从而导致团队错失截止日期并无法达成目标，而这会引发进一步的冲突。沟通不畅会削弱彼此的信任，也会进一步吞噬彼此的信任。事实上，这其中的模式非常复杂，随着时间的变化，新的模式将不断涌现、不断演化，但它们总是遵循这种相互关联的流程。系统思维从根本上来说是一种世界观（心智模式），以及用于沟通这些复杂的相互依赖关系的语言。丹尼尔·金（Daniel Kim）指出，让很多经理人和公司头疼不已的问题是由一张相似的紧密相连的循环关系网所构成的。

无须指责

根据相互关联原则，我们所采取的任何行动都有可能改善或削弱系统所产生的行为，哪怕通过微不足道的方式。

为了理解问题，我们通常会诉诸外部，也就是说，迁怒于他人而非反躬自省，我们会抱怨其他工作团队或组织所应承担的责任，而不是反思自己所属工作团队或组织所应肩负的责任。如果我们受到一个系统的影响，我们必须承认，在某种程度上，我们就是那个系统的一部分。根据相互关联原则，我们所采取的任何行动都有可能改善或削弱系统所产生的行为，哪怕通过微不足道的方式。

“系统思维世界观的一个内在假设就是问题都是由内而生的，也就是我们自身造成了自己的‘噩梦’。”“我们”和“他们”都是同一系统的一部分，大家都需要对问题和其解决方案共同担责。阿基里斯在《好的沟通阻碍学习》（*Good Communication That Blocks Learning*）一书中明确指出了这一点。

阿基里斯讲述了某公司庆祝其成功推行全面质量管理举措的故事。他发现，其实在该项行动启动前的三到五年时间里，员工就已经知道关键问题是什么了。他们将这些问题怪罪于公司管理层对这些问题采取不闻不问的态度，以及公司里盛行的不提出让人为难的话题，从而给个人提供单边保护的公司文化。但是他们忽略了这一事实，如果他们不曾提出这一问题或迫于无奈没法提出这一问题，结果这一问题将变成不便讨论的问题。事实上正是他们本人与管理层一起合谋让这一问题继续留在那里的。

请参考第 42 章“如何避免你上司和你的低效”获取这方面更多的讨论。

在学习系统原则时需要明确的一点是，我们的问题是我们共同造成的。每个问题、每场艰难对话、每位无效的员工都是我们在复杂系统中所采取的行动造成的。

因果关系在时空上并非紧密相连

由于反馈回路对于行为的影响需要历经时日才能得以显现，而结果相对于原因可能存在较长时间的延迟，所以反馈回路往往难以察觉。我们在短期内所取得的结果和长期效果之间也可能出现非常大的差异。我们通常会从孤立事件的角度去考虑问题和挑战：如航天飞机的坠毁、股票市场的崩盘，或者与上司意见相左等。但是，系统是由复杂的关系网络所构建的，并且其中的要素随着时间不断发生演变。挑战者号航天飞机这一灾难的根源体现在决策、讨论和数据的错误解读等诸多方面，这些在悲剧发生数年前业已存在。员工和上司之间的紧张关系也是从小事情开始的，最初往往是不能就工作看法达成一致，然后随着时间的推移彼此关系不断恶化，因为每一方所采取的行动都是建立在不断升级、未经检验的假设上的。

当然，预测决策的后果并非易事，有时甚至不太可能。每次决策都有曾预想的和不曾预想的（积极或消极）结果出现。学习在近似真实的场景中推演各种可能结果，这是一项重要的系统思维技能。专业引导技巧所建立的结构是，帮助人们去审视，他们的核心价值观和假设是如何引导他们采纳某项特定策略的，并理解人们所采取的策略是如何造成不曾预想的长期结果的。只要讨论人类的行为，我们往往能够准确预测为了走出困境所采取的短期策略所造成的结果。但是经过稍长一段时间延迟之后，我们常常会发现误解、冲突、信任度降低、依赖不断增加及整体有效性不断下降这些情况出现。

专业引导技巧所建立的结构是，帮助人们去审视，他们的核心价值观和假设是如何引导他们采纳某项特定策略的，并理解人们所采取的策略是如何造成不曾预想的长期结果的。

一旦我们理解延迟和不曾预想的结果的本质，我们就可以看到放慢决策流程所带来的价值，这样我们得以考虑可能的反馈回路和潜在的不曾预想的结果。这种思维已经成为很多专业引导师实施干预的基础，并让他们集中努力去帮助团队运用该项原则：欲速则不达。反对遵循该项基本原则最为常见的理由是它耗时太长，拖慢团队的前进步伐。从短期来看，这么说也许有些道理。但从长期来看，在绝大多数情况下放慢规划或数据采集的步伐会带来巨大的收益。我们经常使用图 7.1 来帮助团队全面思考在制定规划阶段及对决策做出承诺上赢得所有人的支持，其实这可以加快执行速度并避免出现不曾预想的结果。

图 7.1　加快速度实施

我经常谈及我所服务的团队是如何急于改变丧假政策的：

团队认为员工滥用丧假，这表现为员工休假时间太长，所以他们决定收紧该项政策。他们认为这个问题不值得花费大量时间开展调查。他们希望尽快了结此事，以便去关注那些在他们看来“更具实质意义”的要事，所以他们仅用几小时就修改了丧假政策。由于没有考虑到一系列的意外因素，如加班津贴、工会规定、打卡记录和员工意见等，当政策付诸实施时，出现了一系列问题。

事后表明该团队就政策改变达成一致所付出的努力效果不佳。负责该项政策实施的数位团队成员并不喜欢这项政策，所以在实施阶段他们并未始终如一地予以贯彻。最后的统计表明，该团队为处理新政策所引发的问题不得不单独召开 22 次会议。每次会议都需耗费数小时或更多时间。回过头来看，团队的计算结果表明，如果在项目启动的前端就进行高效讨论，如收集有效信息、达成真正的一致，他们可能只需要召开两次历时两小时的会议就可以将政策修改到位。而现在，七位团队成员中的每个人都不得不花费长达 18 小时的不必要时间。

在大多数组织还可以找到很多相似的例子。通过充分讨论这些案例，团队就会明白，从长期来看，匆忙做出决策会花费他们更多的时间。指出这一结果可以让团队支持使用专业引导技巧来开展不同的对话。

快速解决问题的办法往往事与愿违

不管时间是否会成为问题，就过往意图良好的决策却带来不曾预料的糟糕后果展开讨论，这是一件非常有价值的事情。很多团队和组织都存在这样的案例，那就是简单的解决之法会让问题卷土重来，或者治病的药方却让问题更为严重。一旦团队开始谈论不曾预想的结果这一概念，以及短期思维是如何引发这些不曾预想的结果，那么"慢就是快"这一想法的优势就会越发清晰。如果审视几个组织的案例，团队成员就更容易理解同样的互动因素是如何在个人对话中发挥作用的。他们开始明白，从长远来看，不经过真切的探询就极力主张会引发大家的抵触或逆反心理。尽管从当时来看他们貌似赢得了争论。

有关克里斯·索德奎斯（Chris Soderquist）的例子请参考第 56 章"将专业引导技巧运用于系统思维分析"。该例子介绍了未曾仔细分析潜在的系统后果就执行某特殊投资项目，结果给客户满意度带来不利影响。

通常你必须从系统中的其他部分（不同的地方）来寻找问题产生的根源。问题的来源可能被等级制中的不同层级区隔开来，或者出现在与之有关但不是直接发挥作用的地方。

一个我曾经服务的组织希望能轻而易举地找到某个问题（维修零配件被人从卡车上偷走）的解决方案。他们实施了一个复杂的库存控制流程，其中要求采购部员工将零配件运送到施工现场。从短期来看，卡车上零配件消失的现象减少了。但在之后的几年中，工作效率却慢慢地持续下降，无人知道其中的真正原因。这个组织将责任怪罪于维修团队，认为原因与员工居高不下的流失率、糟糕的培训、差错率或懒惰有关。直到维修备件降至临界水平并对该问题展开系统分析之后，大家才发现问题的成因与问题的症状出现在系统中的不同部分。建议的解决方案要求采购部和库存控制系统密切合作。尽管原因不是那么明显，实际的情况是，一旦施工现场突然提出需要某个备件，负责将备件运送到施工现场的供货系统有时会造成维修团队苦等两个多小时。另外，他们从未对维修的系统建立合适的文档制度。其结果是，一旦维修团队开始工作，他们将面对众多意外。这个问题的解决方案应该包括对库存控制系统进行干预，由工程部建立文档制度，而不仅仅关注维修团队如何维修。

出于好意去解决问题却造成不曾预想的负面结果，这一结果很快在系统的其他部分浮现出来并随着时间的推移不断恶化，这种情况颇为常见。这个维修零配件的案例也很好地阐明了系统原则：行为在变坏之前先变好和今天的问题源自昨天的"解决方案"。

当我们运用因果延迟、因果分离和不曾预想的长期结果去分析人际互动和团队互动时，我们可以解释为什么团队对帮助他们解决问题的领导形成依赖。为了确保时间节点，领导会跳出来纠正某个错误或者完成一项任务。从短期来看，这不失为一项有效之举。但从长期来看，这对于提升团队能力没有任何益处：员工没有学会自行完成任务，或者合理规划时间并安排好工作的优先次序。迟早有一天，领导会因为所提供的支持而疲于奔命，其实这些事情本该由员工自行负责，员工的绩效出现下滑也就不足为奇。在专业引导技巧中，我们一直试图增强系统的能力，这样问题就不会转移到其他地方；或者在未来浮现出来，或者在另外一个人身上，或者从其他部门表现出来。

如欲更多了解互动因素的更多信息，请参考第 53 章“戏剧三角形”。

我们知道，对系统施加的推力越猛，系统的反推力也越强。我们越是尽力去解决某个问题，它越有可能转移到其他地方。改变维修备件的库存系统只是将问题转移到维修团队员工身上，但系统的能力在短期内并没有得以改变，从长期来看甚至还会出现恶化。因果延迟和分离原则解释了我们为什么需要运用专业引导技巧去讨论更为艰难的问题，而不是采取回避或掩盖问题的方式。我们需要团队共同解决相关的问题，而不是私下解决问题，这样我们才能避免问题卷土重来的风险。这些原则说明了我们为什么主张决策规则需要利于团队做出承诺，而不是追求员工在短期内表现出的顺从。如果员工对某项决策缺乏内在承诺，那么决策之后的跟进措施和适当的监督措施也将付之阙如。这些原则也解释了我们为什么要倡导践行理论或发展型干预，这样才更有可能触及挑战的基本或根本成因，而不仅仅是在短期内管理某个冲突以缓解不适。

在专业引导技巧中，我们一直试图增强系统的能力，这样问题就不会转移到其他地方；或者在未来浮现出来，或者在另外一个人身上，或者从其他部门表现出来。

微小的变化也可产生显著成果，但杠杆效应最为明显的地方往往是无人关注之处

处理系统的一个难点是导致某个问题产生的系统结构通常难以看到，这不仅是由于时间延迟所致，而且是系统结构本身的特性所为。我所说的结构指的是系统主要组成部分相互作用时逐渐建立的关系网。理查德・卡拉斯（Richard Karash）指出了内部结构和外部结构的差异。内部结构由我们思考问题的方式组成，也就是系统中个人的假设和心智模式。外部结构由诸如等级、信息、流程等要素组成。卡拉斯把系统结构比喻为冰山在水下的部分：“与可以观察到的事件和模式不同，结构往往是隐藏难见的。例如，我们可以目睹交通事故的发生，但难以观察到交通事故背后的结构。”解决问题和提高系统有效性却往往需要在结构层面进行干预。

处理系统的一个难点是导致某个问题产生的系统结构通常难以看到，这不仅是由于时间延迟所致，而且是系统结构本身的特性所为。

系统结构需要我们在多个层面进行思考和观察。丹尼尔·金明确地指出，我们可以从五个层面或者视角来观察一个系统。他认为，如果我们将关注的重心从观察特定的事件深入心智模式或愿景上，我们就可以找到解决问题更为有效的杠杆点（见图 7.2）。所谓“杠杆点”，指的是小规模的、非常聚焦的并带来持久显著变化的行动。例如，几十年来，美国的医疗保健制度是围绕着“治疗疾病”的心智模式构建起来的。假如最初心智模式的出发点是“带来健康”，那么美国很有可能构建出完全不同的医疗保健体系。改变系统的杠杆点可能来自对任何层面的干预，但系统思维的一个主要原则是对更高层面（外部系统结构、心智模式或愿景）进行干预，以便更有可能影响未来的结果。

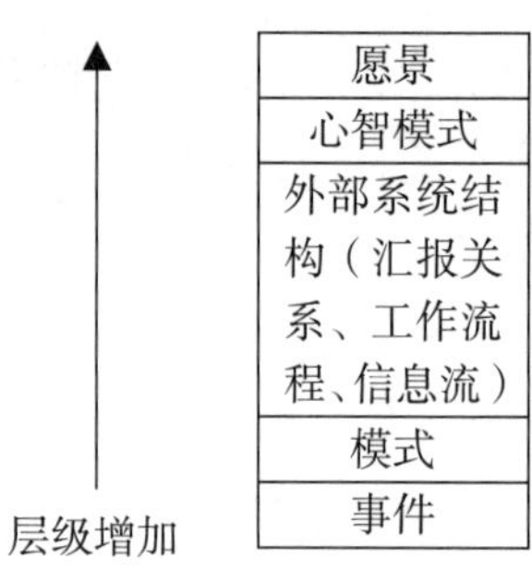

图 7.2　视角的不同层级

系统结构是一段时间内人们通过有意识或无意识做出的选择所构建起来的。问题可能是由系统造成的（例如，岗位设计的方式和内部提交报告的结构），但这一情况并不明显。发生在系统内部的反馈回路难以观察或难以预测。很多团队常犯的一个错误就是，他们认为摆在面前的选择只能从两项中选择其中的一项。例如，是选择保险覆盖范围更大、成本更高的方案以满足员工多样化的需求，还是选择保险覆盖范围更小、成本更低的方案以防突破预算呢？但是，如果能重新界定思维方式，他们也许可以发现还存在其他的选项。我曾经与之共事的一个团队运用“聚焦利益”这一基本规则，并通过检验假设来重新界定了他们的健康保险计划。他们意识到，系统结构的一部分是基于大家对保险计划所建立的心智模式，随后他们为组织制定了一个自我投保计划。通过改变心智模式，他们改变了系统结构，从而更全面地解决了保费与保险利益的问题。“鱼和熊掌可以兼得，但不是马上”的原则在这里依然适用。如果将时间延迟这一因素考虑在内，“非此即彼”及“以 A 来换取 B”的假设往往并不成立。当这种情况发生时，系统结构可发生改变。尽管组织在短期内没法做到自我投保，但是通过观察系统如何在一年时间里进行重构，这表明组织也能做到鱼和熊掌兼得。

对流程、个人的践行理论或组织的习惯性防御进行干预，在短期内可能需要花费时间，但从长期来看，它会改变系统结构并且利用杠杆点来实现重大改进。

理解视角的不同层级这个概念可以帮助你选择产生巨大杠杆效应的干预活动。这个原则解释了我为什么会与某个团队重新订立合约，对践行理论实施干预（例如，解决心智模式）而不是继续对缺失的基本规则（事件或模式）进行干预。就如同一个好的系统思维者会同时审视这五个层级一样，一个好的引导师也会据此分析每个层级，并且选择最有成效的地方进行干预。这样，我们就理解了团队流程可能是团队有效性背后结构的一部分。

对流程、个人的践行理论或组织的习惯性防御进行干预，在短期内可能需要花费时间，但从长期来看，它会改变系统结构并且利用杠杆点来实现重大改进。

将一只大象一分为二并不意味着你可以获得两头大象

每个系统都有自己的完整性。你如果将系统的组成部分拆开来，这只会生成七零八碎的一片混乱。想去理解最具挑战性的问题，我们需要观察生成这个问题的整个系统。我们经常看到人们不曾观察整个工作系统就试图去解决问题所带来的后果：我们只解决了问题的症状，却没有触及问题的根本成因。我们试图去治疗伤口，却不曾理会造成伤口的原因。我们只是责备他人来纠正一个一个孤立的错误，却不曾审视整个系统如何造成这些错误的产生，就像在之前故事中所提及的卡车维修零配件失踪案例中组织做出的最初反应那样。

证明这一原则的一个强有力的案例来自莫尔曼（Mohrman）、柯恩（Cohen）对知识工作团队的研究。他们发现，一系列团队外部因素，如缺乏始终如一的方向、不相一致的目标或资源投入方向的改变都会对团队的良好整体表现产生影响。通常组织会在内部团队发展和内部团队流程上投入大量资源，但是莫尔曼、柯恩认为，组织需要纵览整个组织系统才能理解团队有效性。理解系统的完整性也可以解释如果没有理解和使用心智模式和核心价值观的话，而只是忙于拆开来使用或选择性使用专业引导技巧的工具，如基本规则或诊断—干预循环，这将导致团队陷入防御并削弱团队的有效性，因为对于系统结构产生巨大影响的杠杆点被忽略了。

请参考第 26 章“没有交互学习模式的基本规则就如同房子没有地基”中的例子。

系统的完整性也是专业引导师订立合约流程背后的一项原则。我们强调在引导活动或咨询活动前期的规划流程阶段就需要将整个系统（或者整个系统的代表）融入进来。鉴于系统难以直接观察而且是共同创建的，我们需要从多个视角获取足够的有效信息，这样才能掌握反馈回路并预测结果。

请参考第 8 章“与团队订立合约”。

我相信在任何共创之旅的起步阶段，帮助大家理解并界定手头上问题的相关系统边界，这非常重要。只有这样，我们才能获取这间屋子里所有人看待系统和系统组成部分的不同视角。在处理每个问题时都顾及整个系统也没有必要，但把握系统的完整性并且考虑哪些因素必须予以审视，这很重要。否则，选择捷径只会让问题卷土重来：问题和不曾预想的消极后果重新出现，甚至以变本加厉的形式出现在我们面前，而我们不得不将整个局面重新审视一遍。

各个原则是相互关联的

系统思维的各个原则是相互关联的。如果不提及系统的完整性，讨论时只提“走捷径通常会使问题重现”或“欲速则不达”等原则，这很难奏效。我们想要放慢进程的部分原因是需要对整个系统做出分析。如果我们要讨论如何分析整个系统，就不能不考虑系统结构、杠杆点及相互关联的反馈回路。这也正是专业引导技巧工作的方式：如果你不理解基本规则，包括“将主张和探询结合起来”“解释你的推理过程和意图”“使用具体的例子并就重要词汇的含义达成一致”“检验假设和推论”，你就没法使用诊断—干预循环。如果你不去了解有效信息或建立获得团队内在承诺的决策流程，你就无法意识到检验假设的必要性。实际上，任何时候当我们将专业引导技巧用于设计对话、对团队进行干预、签订引导合约、开展咨询或参与到长期的组织变革项目中时都需要用到系统思维原则。

注释

1. 20 世纪 40 年代，理论生物学家路德维希·冯·贝塔朗菲（Ludwig von Bertalanffy）等人依据生物学、物理学及工程学的原则建立了通用系统理论。1961 年，杰伊·福利斯特（Jay Forrester）在他的 *Industrial Dynamics* 一书中首次提出系统互动因素（System Dynamics）的主要概念，这些概念至今仍被我们用于分析团队和组织。彼得·圣吉整合并推广了系统互动因素的思想并在 1990 年出版了著作《第五项修炼》，其初始的工作是基于福利斯特的研究。1964 年，丹尼尔·卡茨（Daniel Katz）和罗伯特·卡恩（Robert Kahn）吸收了贝塔朗菲的研究成果，在 *The Social Psychology of Organization* 一书中阐述了团队和组织的系统观。1992 年，玛格丽特·惠特利（Margaret Wheatley）在其 *Leadership and the New Science* 一书中将量子物理学、自我组织系统和混沌理论的原则用于描述影响组织的因素。

2. 有关系统思维的五种主要方式或学派的精彩概述，请参考 *The Dance of Change* 一书中夏洛特·罗伯茨（Charlotte Roberts）和阿特·克莱纳（Art Kleiner）的讨论。

参考文献

Argyris, C. “Good Communication That Blocks Learning.” *Harvard Business Review*, July-Aug. 1994, pp. 77–85.

Forrester, J. *Industrial Dynamics*. Cambridge, Mass.: MIT Press, 1961; Cambridge, Mass.: Productivity Press, 1992.

Karash, R. “How to See Structure.” *Systems Thinker*, 1997, *8*(4), 6–8.

Katz, D., and Kahn, R. *The Social Psychology of Organizations*. (2nd ed.) New York: Wiley, 1978.

Kim, D. H. *Systems Thinking Tools: A User's Reference Guide*. Cambridge, Mass.: Pegasus Communications, 1995a.

Kim, D. H. "Vision Deployment Matrix: A Framework for Large-Scale Change." *Systems Thinker,* 1995b, *6*(1), 1–5.

Kim, D. H. "From Event Thinking to Systems Thinking." *Systems Thinker,* 1996, *7*(5), 6–7.

Mohrman, S. A., Cohen, S. G., and Mohrman, A. M., Jr. *Designing Team-Based Organizations: New Forms for Knowledge Work.* San Francisco: Jossey-Bass, 1995.

Senge, P. M. *The Fifth Discipline: The Art and Practice of the Learning Organization.* New York: Doubleday, 1990.

Senge, P., and others. *The Fifth Discipline Fieldbook: Strategies and Tools for Building a Learning Organization.* New York: Doubleday, 1994.

Senge, P., and others. *The Dance of Change: The Challenges to Sustaining Momentum in Learning Organizations.* New York: Doubleday, 1999.

Wheatley, M. J. *Leadership and the New Science: Learning About Organization from an Orderly Universe.* San Francisco: Berrett-Koehler, 1992.

第 8 章

与团队订立合约

罗杰・施瓦茨

你所开展的最具威力的一项干预活动就是与你共事的团队有效地订立合约。我把订立合约定义为就团队希望达成的结果，以及团队和引导师如何开展合作来达成这一结果建立共识和达成一致的过程。

def·i·ni·tion 我把订立合约定义为就团队希望达成的结果，以及团队和引导师如何开展合作来达成这一结果建立共识和达成一致的过程。

很多引导师，甚至那些具备高超诊断技能和干预技能的引导师，由于未能与团队有效地订立合约，导致自身的有效性及为客户提供专业服务的能力受到影响。与团队有效地订立合约为双方建立良好的工作关系奠定了基础。专业引导技巧包括一套原则以及为建立这一关系所需的不同阶段。

为什么要订立合约

与团队订立合约基于如下理由。第一，订立合约可以增加我和团队互相理解的机会并借此机会就引导目标及共事的方式，如时间限制、彼此角色、基本规则和决策方式等达成一致。第二，订立合约的过程本身也是引导工作的缩影。通过订立合约，我有机会观察到团队成员之间的互动方式，展现自己在引导过程中采取的干预方式，而且也有助于团队做出更为知情的选择，决定是否聘请我来担任引导师。第三，订立合约也是我和团队建立信任的开始，这对于做好引导至关重要。

订立合约的原则

订立合约的原则是基于专业引导技巧的交互学习模式，这反映了引导师与团队工作的系统方式。

请参考第 4 章“理解指导我们行为的理论”和第 7 章“系统思维和系统行动”。

首先，整个团队都是客户。为了被看作值得信赖和行事有效的引导师，我必须把整个团队（我称为首要客户）看成客户。结果是，整个团队就选聘我作为他们的引导师做出承诺，而不仅仅是发起人、团队领导、为我签署支票或起初联系我的那些人士（我称为接洽性客户）。其次，团队对引导做出的承诺，以及同意选聘我作为引导师，是基于有效信息及自由并知情的选择。最后，我在订立合约过程中的行动必须对所有的客户团队成员保持透明，我无法与一个或多个团队成员合谋来对抗另一批团队成员。

首先，整个团队都是客户。

最后，我在订立合约过程中的行动必须对所有的客户团队成员保持透明，我无法与一个或多个团队成员合谋来对抗另一批团队成员。

订立合约的阶段

为了将原则付诸实施，表 8.1 列出了订立合约四阶段中每个阶段需完成的一系列任务。

表 8.1 合约订立的阶段及每个阶段需要完成的任务

阶 段	主要任务
1. 与首要客户团队成员进行初步联系	1. 识别首要客户团队的成员 2. 进行初步诊断 3. 讨论引导方式 4. 就是否继续开展引导达成一致。如果这样…… 5. 召开会议，为阶段 2 做好准备
2. 规划引导工作	1. 给规划团队发送邮件，阐明计划会议的目的和工作日程。对整个团队或首要客户团队的代表开展诊断 2. 就引导工作的目标、工作日程、基本规则和其他要素达成一致 3. 把初步协议发送给整个客户团队 4. 在实际引导工作开始前，检查条件是否出现变化
3. 与整个首要客户团队全体成员达成一致协议	1. 就目标达成一致，明确客户的期望，解决客户的关切 2. 就工作日程和时间分配达成一致 3. 就引导过程，包括基本规则，达成一致 4. 界定角色
4. 完成和评价引导工作	1. 开展自我点评，评价引导工作 2. 评估协议

阶段 1：与首要客户团队成员进行初步联系

在阶段 1，我需要识别与我订立合约的对象是否为首要客户团队的一员，也就是说，他们是团队正式成员之一，并且在我随后开展的引导中会在现场出现。如果不是，我会解释为什么我需要与团队成员进行交谈。如果他是团队成员之一，我会通过一系列提问来讨论我的引导方式，从而开始对团队所处环境做出初步诊断。

初步接触时可使用的提问

在提问之前，我会解释我提问的目的是更好地理解团队所处的环境，从而决定我是否可以提供帮助。如果不向对方解释我的推理过程并就后续工作征得他们的同意，对方可能疑惑我提问的目的。

1. 谁提出希望得到引导服务？
2. 你是团队成员之一吗？
3. 团队选定了引导日期吗？或者日期还有灵活调整的空间？
4. 团队希望借助引导师的帮助达成什么样的目标？
5. 如果有的话，团队当下正在经历什么困难？

假如初步接洽者是首要客户团队中的成员时应给出的提问

如果接洽者是我马上主持引导的团队成员之一，我会询问该人，以了解与团队处境有关的更多信息。其中的一些关键提问如下。

关注机会的话题

1. 团队想要创造什么样的成果但目前还不存在？
2. 是什么样的原因造成该需求或愿望的出现？
3. 为实现这一改变，你或者他人预计会遇到什么样的障碍？

聚焦问题的话题

4. 告诉我团队当下正面临的问题。有什么具体的例子？
5. 这些问题广泛存在吗？它们何时开始出现？
6. 团队成员如何导致了问题的产生？
7. 这些问题会给团队和整个组织带来怎样的后果？
8. 造成这些问题的可能原因是什么？

推进变革的动机和资源

9. 团队为解决该问题已经做了哪些工作？结果如何？
10. 团队可以利用自己哪些优势来解决该问题？

与引导师共事的经验以及正在寻求的帮助

11. 你之前与其他引导师合作过吗？如果合作过，你认为他的哪些做法对团队有帮助？哪些没有帮助？
12. 你选择我主要是出于哪些方面的考虑？
13. 你认为我可以如何帮助团队实现目标？

描述为团队提供帮助的兴趣和能力

了解了客户的境况之后，我会向客户介绍自己是否有能力为他们提供帮助，以及我对该项工作是否感兴趣。这里需要考虑两种不同的因素。有时接到的一些引导需求我虽有能力完成，但并未引起我的兴趣。如果你有选择的余地的话，请首先考虑那些最能激发你兴趣的引导工作。即便我对某项引导的申请感兴趣，并且有能力满足对方所提出的要求，我也会阐明只有在我与整个团队或团队代表见面会谈后（阶段 2），团队或我才能就彼此是否一起开展合作做出自由并知情的选择。

描述引导方式

描述引导方式可以就我如何与团队一起工作为他们提供相关信息。这可以让团队做出更为自由并知情的选择，了解我的引导方式能否很好地满足团队的需求。

我将分享我的引导方式中的几个因素：① 我如何定义我的引导师角色，以及这给团队带来什么样的结果；② 指引我引导方式的核心价值观和信念；③ 有效团队的基本规则，我将其运用在诊断和干预上，使团队能更为有效地发挥作用；④ 我对团队进行干预的案例。我会举出具体例子说明我在不同场景中会如何表述或如何行动，这可帮助团队更为清晰地了解我的工作方式。我也会说明我开展引导工作的收费情况。我会请团队成员对我的引导方式做出回应，邀请他们对我的工作方式进行提问并提出他们的任何关切。

总结并就下一步行动达成一致

如果客户和我都有兴趣往前推进，我会总结我对客户情况的初步理解，并且与之确认我的理解是否正确。然后我会向客户描述订立合约的余下流程，解释每个步骤的目的，并回答客户的任何提问和关切。

接下来，该由接洽者与其首要客户团队讨论我们的谈话内容。如果该团队对此颇有兴趣，我们将安排一次电话会议或现场会议，我和团队会进一步讨论如何规划引导并决定我们是否进行合作。这是阶段 2 的内容。

回答团队对于时间的关切

我告诉首要客户团队成员阶段 2 的规划会议将花费两小时，有时，相关成员会担心订立合约的过程是否会耗时太久。我给出的理由有二。其一，我认为合约订立流程的主要目的是保证所有团队成员都对引导工作做出承诺。如果没有这份承诺，引导工作很有可能面临失败，团队也会浪费宝贵的时间。其二，有时团队成员会认为没有必要召开规划会议，因为所有团队成员对于引导的目的和方法有一致的看法。我的回答是如果情况真是这样，那么规划会议的确不需要花费太多时间。但是我不会因为客户对于时间的关切就压缩合约订立流程。如果真这么做，我便放弃了作为流程专家的职责，在知情的情况下为团队日后出现的问题埋下隐患。

➡ 有关时间规划事宜，请参考第 11 章“基础型引导”和第 12 章“制定一份现实的议程”。

阶段 2：规划引导工作

阶段 2 的目的是与首要客户团队就是否合作及如何合作达成一致。我们也会就引导工作的日程和行政安排初步达成一致。在这个阶段，我会与需要引导的整个团队会面。如果从行政安排上没法做到与整个团队会面，我也可以与团队代表会面，这样可以听取他们所代表的不同观点。在会议召开之前，我会给他们提供一份会议议程和介绍我所用到的引导方式的两篇文章的复印件“有效团队的基本规则”和“团队引导师聘请及合作指南”。团队成员可以借此做好会议准备，以便在开会时就我的引导方式提问。

“有效团队的基本规则”和“团队引导师聘请及合作指南”可以从 www.shwayzssocates.com 获得。

请参考第 5 章“有效团队的基本规则”、第 11 章“基础型引导”和第 43 章“发展型引导”。

提问并且描述你的引导方式

在会议召开的过程中，我会询问阶段 1 已经询问过的同样一套提问并分享我与初步接洽者分享过的信息。主要的区别在于我现在是与整个团队进行对话并且引导对话。这样我可以观察到团队成员之间是如何进行互动的，并且向他们展示在随后引导中会用到的干预方式。除了讨论我在阶段 1 时给出的提问，团队和我还会处理一系列更为具体的提问，这些问题将成为我们订立合约的基础。

用于订立有效合约的提问

1. 谁是首要客户（也就是说，谁会参加会议）？
2. 引导工作的目标是什么？
3. 会议议程是什么？
4. 会议召开的时间、地点、时长？
5. 引导师、领导和团队成员的角色是什么？
6. 团队应遵循怎样的基本规则？
7. 团队如何评价自己的表现？
8. 如何评价引导师的表现？
9. 引导师的费用及其他收费情况如何？
10. 合约在何时可以变动？如何变动？
11. 如何将合约内容传达给所有的团队成员？

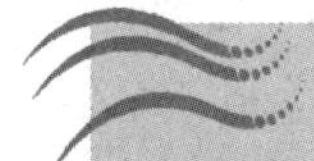

采用何种基本规则及如何运用

专业引导技巧一个的重要部分是核心价值观和基本规则。我把它们视作团队诊断和干预的基础，我会询问团队成员对于使用核心价值观和基本规则是否愿意做出承诺。有些引导师认为团队成员会支持他们自行制定出来的基本规则，于是这些引导师会要求团队自行制定本团队的基本规则。由于这些引导师往往自己也有一套基本规则，因此他们会暗中希望团队成员制定的基本规则与自己主张的基本规则恰好一致。如果团队成员提出的基本规则与自己主张的基本规则不一致，有时，他们甚至会重新修正团队成员所建议的基本规则的措辞，或者提出自己主张的基本规则，以便让他们提出的基本规则得到认可。

我认为，基本规则不必非得由团队成员自行制定以获得他们的承诺；就如何使用这些基本规则，他们需要做出自由并知情的选择。作为团队流程专家，我们对何种基本规则可以造就有效的团队行为应有清晰的认识。分享这方面的专业认识与我们的引导师角色是保持一致的。通过讨论基本规则，我会清晰地阐明我认为什么样的团队行为才是有效的，并且帮助团队成员学会运用它们。由于基本规则在我的引导技巧中发挥关键作用，在规划会议上，我会提出我所主张的基本规则，解释这些基本规则背后的推理，并且鼓励大家就如何运用这些基本规则发问。

在基本规则的推行方面，团队需要做出几个选择。第一，成员需要决定他们是否愿意让我使用这些基本规则对团队实施干预。由于基本规则对于我的引导方式相当关键，如果团队选择不允许我使用这些基本规则，他们其实选择了放弃聘请我作为他们的引导师。在这种情况下（虽从未发生），我会找出团队的关切点。如果我不能满足这些关切点，我会帮助团队寻找其他的引导师。团队需要做出的第二个选择是在引导过程中是否承诺践行这些基本规则。经过一段时间，在团队践行基本规则并对其有了更深理解之后，如果成员对继续使用基本规则有了新的关切，他们可以重新选择是否继续使用这些基本规则。除非团队明确地承诺使用基本规则，否则有效团队的基本规则不能被称为团队的基本规则。

在做出上面的两个选择后，团队和我接着会做出第三个选择：是否添加、删除或修改基本规则。某个团队可能要求添加一条对会议内容予以保密的基本规则（这非常普遍）。在这种情况下，我在意的是对基本规则的任何改动都必须与其背后的核心价值观保持一致；如果某些基本规则被删减，这不会约束我作为引导师对于削弱团队有效性的行为采取干预措施。

➡ 请参考第 14 章“用你自己的语言介绍基本规则和原则”。

总结并就下一步行动达成一致

我会清晰地阐明我是否愿意并能够对团队开展引导，并且明确地要求团队表态是否想聘请我担任引导师。如果我们都同意一起合作，我会给所有团队成员（包括没有出席会议的人员）发送一份备忘录，记录我们在会议中达成的协议。

阶段 3：与整个首要客户团队全体成员达成一致

该阶段发生在实际引导工作的开展之初，目的是保证所有参与引导的团队成员能够对阶段 2 达成的合约做出承诺。如果所有团队成员参加了阶段 2 的规划会议，阶段 3 只需简单回顾合约要点：①目的、工作日程、时间分配；②过程，包括基本规则；③引导师、领导及其他团队成员的角色。

如果参加规划会议的团队成员能够代表团队中各种不同的意见，包括未参加会议的人员的意见，那么该阶段执行起来就比较容易，因为在这种情况下即便未参加会议的人员也会支持在规划会议上达成的合约，引导工作可以顺利推行。但是，如果未参加会议人员的意见没有体现在合约中，这一阶段将变得相当艰难。由于整个团队才是客户，我需要引导参会人员和未参会人员就没能在合约中体现的需求开展一次讨论。开展该讨论很关键，但对于认为合约订立阶段已经结束的团队成员来说，这个过程是令人沮丧的。

阶段 4：完成和评价引导工作

在该阶段，客户团体和我评价并完成引导工作。评价流程和引导条款在阶段 2 已达成一致，但在引导过程中，因为引导的时长和性质，某些条件可能发生变化，导致团队、我本人，或者我们双方都想重新考虑协议中的一些要素。这是合约订立过程中自然而然会发生的事情，在阶段 2 中双方也认同重新订立合约这一程序。

团队与个人谈话之间的两难选择

引导师所面临的一个进退两难的困境是，在开展整个团队的引导之前，是否与团队成员单独会谈。以前，当我单独访谈团队成员时，尤其是我同意对谈话内容予以保密后，他们会告诉我他们对于其他团队成员的顾虑，他们通常希望我在引导过程中解决这些顾虑，同时不向其他成员提及他们的顾虑，以及他们对哪些人心存芥蒂。总之，访谈会给我提供诊断信息，但是我没法根据这些信息采取行动，否则就会违反保密约定，这与我作为引导师的角色相违，因为我替他们提出了本该由他们自行提出的观点，或者与某位团队成员合谋反对其他成员。如果我真的依据这些信息来采取行动，却无法解释这么做的原因，我就违反了保持透明的原则。

如果我没有与团队中的单个成员或者小团队会面，虽然我可以避免上述问题，但是又会引发其他问题。如果团队成员不愿在整个团队面前分享信息，我就会在不了解团队的重要事宜或团队动态的情况下设计引导活动。这样，直到我开始实际的引导工作时，有些话题我还蒙在鼓里。

与其他引导师不同的是，通常我不会采取与团队成员或团队领导单独面谈（除了起初的电话沟通）的方式来解决这个困境，因为我认识到尽管某些话题在引导过程中不会尽快浮现，但这是团队成员的责任。我与客户分享了这一推理。当客户提出在全体团队成员会面前单独见面时，我通常会要求先与全体团队成员一起会面。这样，我可以借此机会与团队一起讨论我们所共同面对的两难困境。与团队一起讨论他们在规划会议或引导过程中分享信息的顾虑，并且探询造成这些顾虑的原因。如果团队成员愿意分享他们的顾虑，我会这样提问："要怎么做你才愿意提出并解决这些顾虑呢？"如果团队成员同意这些条件（例如，不能因为提出顾虑而遭到打击），他们就会讨论他们之前选择回避的话题。

如果团队成员在团队规划会议中分享信息的顾虑得以讨论，我还从未遇到过有团队表示他们不愿意在全体团队成员面前继续讨论规划。假如真是这样，我可能同意与个别成员或小团队进行单独沟通。在这种情况下，如果规划团队能够满足：①同意私下会谈的内容可以在整个团队中分享；②同意提出问题的责任依然保留在团队成员手上。只要有可能，我都倾向于和整个团队进行会谈，其原则是引导师应努力创造条件让每位团队成员可以公开分享尽可能多的信息，这样，团队成员就信息分享的风险做出自由并知情的选择。

阅读此书的某些读者可能是内部顾问、教练、培训师。你们也许会认为，专业引导技巧的确能够改善我的组织，但是作为内部人员来说，我应该如何运用该技巧呢？我并不享有外部人员所拥有的自由或权力，外部人员能说的话我却无法说。我要承担的风险太大了。

其实，不管你是组织的内部人员还是外部人员，专业引导技巧的观念、原则、工具和技巧都同样适用。内部和外部引导角色的有效行为在实质上没有差别。作为内部人员要想减少潜在的风险，提升你为客户服务的有效性有很多种方法。我在《专业引导技巧》第 15 章"在组织中担任引导师"中对这些方法做出了详细的阐述。

> **与经理订立合约**
>
> 作为内部引导师（或者作为服务其他组织的外部引导师），你要首先与你的经理达成一致。这样你可以减少团队、你的经理和你之间产生的潜在误解，是这几方组成了团队。以下是你和经理讨论时，可以用到的关键提问：
>
> - 团队对我提供的引导服务有何要求？
> - 在什么条件下我可以接受或拒绝引导申请？
> - 我需要与你分享有关引导的哪些信息？
> - 如何评估我的引导表现？
> - 如果你是我将提供引导服务团队中的一员，我们需要做出哪些特殊安排？

在组织中担任引导师

请参考第 45 章"引入核心价值观和基本规则"。

在扮演其他引导角色时订立合约

由于订立合约的目的主要是就你与团队是否合作，以及如何合作达成一致，其背后的原则对于引导型顾问、引导型教练、引导型培训师和引导型领导都同样适用，尽管其中的步骤和任务有所差异。例如，如果某位引导型顾问为团队提供咨询服务时，团队成员各自有着不同的需求，顾问和团队需要就是否满足成员的需求，以及如何满足他们的需求达成一致。将这些原则运用于引导型培训师则意味着培训师需要发现参加培训人员的学习需求，即便该培训项目是由组织中其他人负责引进的。尽管教练通常采取一对一的方式，与对方就合作方式达成一致，包括将什么样的信息传达给对方的上司，这非常重要。虽然引导型领导会参与合约的订立流程，但是他们不将其称为“订立合约流程”。当人们加入一个现有团队或一个新成立的团队时，“合约订立流程”才算开始。团队成员与领导就合作方式达成一致，这也是树立明确目标，就所扮演的角色、建立有效的团队文化和规范、问题解决方式、决策方式和冲突解决方式达成一致的组成部分。这些要素都是团队有效性模型的组成部分，只有在所有这些要素全部到位后，团队才能实现良性运转。

无论你是内部引导师还是外部引导师，订立合约的过程都非常重要。事实上，当你在自己组织内实施引导时，订立合约的过程尤其重要。如果小组成员之前与你一同共事过，那么他们明显会对你的角色有一些隐式的期望（不同于你的期望）。订立合约的过程能够使你们双方进行充分的讨论并达成共识。

请参考第 3 章“在不同角色中使用引导技巧”。如欲了解更多案例，请参考第 11 章“基础型引导”、第 18 章“帮助团队厘清角色和期望”、第 35 章“在工作中引入专业引导技巧”和第 57 章“引导型教练”。

不管你的角色是什么，有效地订立合约虽然会花费时间，但是这可以使团队和你更加有效和高效地进行合作。在系统思维中，订立合约的过程正好是“慢就是快”的具体表现。

资源

Schwarz, R. “Ground Rules for Effective Groups” and “A Consumer's Guide to Hiring and Working with a Group Facilitator.” [www.schwarzassociates.com/sfp.htm].

参考文献

Silberman, M. (ed.). *The 2004 Team and Organization Development Sourcebook.* Princeton, N.J.: Active Training, 2004.

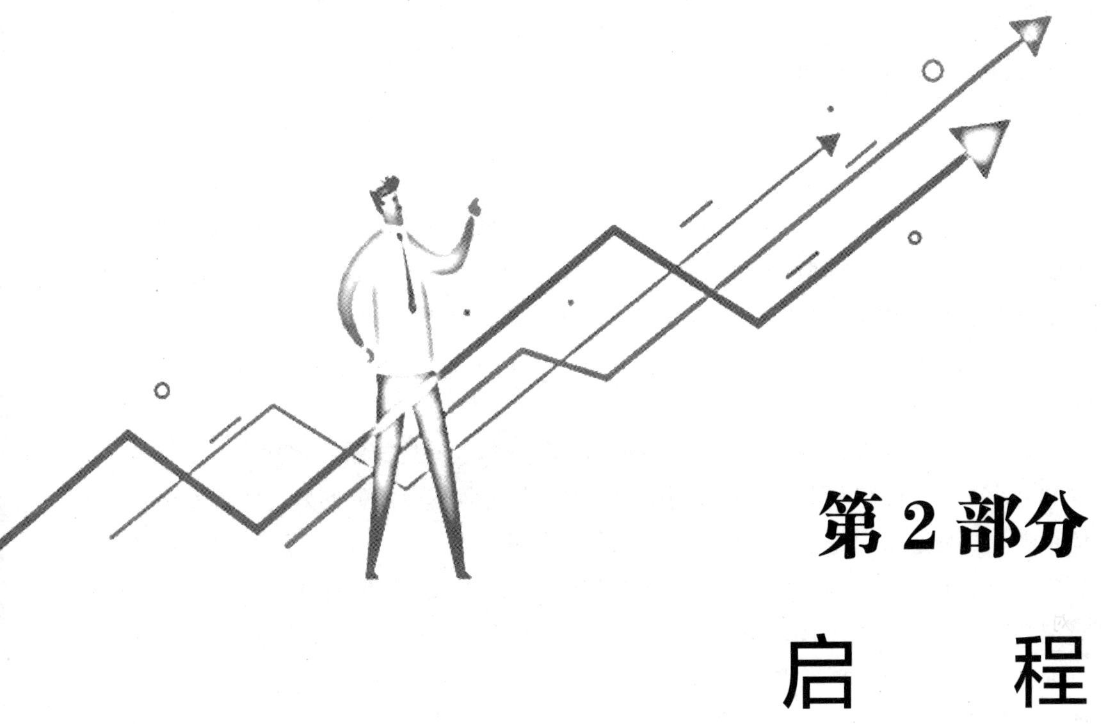

第 2 部分

启　　程

在你理解了专业引导技巧的基本原则后，你就可以运用这一方式去提升对话以及团队会议的有效性。每次对话都是你练习引导技巧的好机会。在每次会议中，你都可以使用这些基本原则来提升信息分享的有效性及决策的质量。第 2 部分就一对一对话、基础型引导，以及在典型的团队工作任务中如何使用专业引导技巧提供了指引，包括进行具体干预的指引，例如，就团队的目的和愿景达成一致、制定团队章程、澄清组织角色和期望等。这些都是众多引导师、人力资源专业人士、组织发展顾问及领导人需经常出面协助团队予以解决的问题。许多正在学习专业引导技巧的人士正努力将他们所了解的基础型引导与新的技能加以结合。第 2 部分中的章节希望能帮助你顺利启程。

首先我们帮助你使用专业引导技巧来搭建对话的基础，无论是一对一对话还是团队对话。第 9 章"共同设计对话的目的和流程"告知你在讨论内容之前需共同设计讨论的目的和流程。一旦你知晓如何建立这一基本结构，你就可以设计团队流程并运用这些流程来主持基础型引导。

第 10 ~ 14 章聚焦在规划基础型引导，以及如何启动你的第一次团队会议。第 10 章"流程设计"讨论了团队流程的三个层次（设计、方法和工具）。本章就挑选合适的流程提供了标准并附上作者曾经成功使用过的议程实例。第 11 章"基础型引导"和第 12 章"制定一份现实的议程"可帮助你将自身对于团队流程的理论认识用于基础型引导中，决定你可以做些什么，不能做些什么。这章提供的实践指引和会议议程样本可帮助你与团队共同设计流程并决定所需要的时间以及如何分配时间。除此之外，这章还包括如果你和团队不能就所需时间或重新分配时间达成一致，你可以做些什么。

第 13 章"开始会议"和第 14 章"用你自己的语言介绍基本规则和原则"可帮助你

设定团队会议的第 1 部分。第 13 章讨论了我们需要与团队达成的各种工作协议，这些话题既可宽至保密协议，也可细到如何管理中场休息。本章就如何做好团队介绍给出了建议并为工作坊和基础型引导提供了一套指引。第 14 章分享了如何将原则浓缩到简短的基础型引导介绍中。如果团队不熟悉这些基本原则或核心价值观，本章还介绍了可用于向团队快速介绍的、可作为焦点工作会议（Focused Work Session）指引的五项基本原则。

第 15 ~ 19 章涉及工作团队的根本问题。第 15 章“使用团队有效性模型”就介绍该模型、诊断团队优势和不足，以及与团队共同计划如何提升团队有效性的要素提供了具体步骤。随后这章讨论了如何就团队有效性的具体要素进行干预。第 16 章“帮助团队聚焦利益而非立场”则分享了其他的决策技能。第 17 章“共创使命和价值观”和第 18 章“帮助团队厘清角色和期望”则讨论了建立团队结构的关键组成部分的方法。第 19 章“运用专业引导技巧来强化工作团队”指出了如何运用专业引导技巧来支持最新研究所发现的打造成功团队和协作型组织的因素。这些讨论聚焦于制定一份强有力的团队章程并为执行官层面的高管团队调整团队章程制定流程。这些内容可帮助你推动任何工作团队顺利起航。

在许多组织中，电子邮件越来越多地成为主要的沟通工具。本部分结尾介绍了在电子邮件中如何使用主要的基本规则来克服沟通中的额外挑战，也就是当你既没法与“对话”人面对面沟通，也没法听到“对话”人说些什么时。第 20 章“在电子邮件中使用基本规则”提供了邮件样本，说明了如何分析这一挑战及如何运用基本规则，并且提供了重新撰写的邮件来示范专业引导技能。

第 9 章

共同设计对话的目的和流程

罗杰·施瓦茨　　安妮·戴维森

如果一场对话的开场良好，那么接下来的整场对话将更富有成效。对我们而言，这意味着先就讨论的目的和流程达成一致，然后再启动对话内容的讨论。安妮·戴维森将其称为 PPC 方法［P=Purpose（目的），P=Process（流程），C=Conversation（对话），合在一起代表对话的目的和流程］。这也代表了基本规则七的一项应用：共同设计下一步行动。无论是一对一对话还是团队会议，这都同样重要。

> 如果一场对话的开场良好，那么接下来的整场对话将更富有成效。对我们而言，这意味着先就讨论的目的和流程达成一致，然后再启动对话内容的讨论。

请参考第 5 章“有效团队的基本规则”。

遗憾的是，人们往往在对话之初就迫不及待地进入内容的讨论之中，却并没有先就对话的目的或他们将会用到的流程达成一致。这样的话，团队中的每个人对对话的目的可能持有不同的理解并且会使用自己的流程来指导对话。这会带来误解并引发不必要的冲突。

共同设计对话目的和流程为人们提供了有效信息，就全身心投入对话之中做出知情的选择。如果首先能就对话的目的达成一致，你可以建立共识用于判定哪些发言与这次对话有关。这样，人们可以让他们的讨论更为聚焦并监控对话是否行进在正确的轨道上。

同样，就讨论的流程达成一致可以为每个人提供相同的路线图。一旦在对话中出现冲突，人们就会担心会议流程是否会被用于服务特定的观点而将他们的观点摒弃在外。如果团队的所有成员都同意这一流程，你就不必过于担心出现这种情况了。在正式的会议中，人们很可能已经有了会议议程，有时甚至已经就会议流程达成一致。但根据我们的经验，一旦对话不是那么正式或只是临时起意的，这时，达成一致的目的和流程往往付之阙如。

> 通过分享会议目的和流程，你可以让你的推理保持透明。通过主张自己的观点并了解大家是否对此还心存疑虑，你可以将主张和探询结合起来。

当你发起某次对话或召开某场会议时，你的头脑里不仅应该有会议目的，还应该有会议流程，这合情合理。通过分享会议目的和流程，你可以让你的推理保持透明。通过主张自己的观点并了解大家是否对此还心存疑虑，你可以将主张和探询结合起来。

对于简单、非正式的会谈，使用 PCC 方法看起来会是这样的情境："杰夫，在你的小城镇项目拨款提案中我希望加入一些内容。你愿意花 30 分钟和我讨论一下，看能否在提案中添加这些内容吗？"［如果是的话］"你看我们什么时候讨论合适？"

表 9.1 是正式会议开场白所用并就目的和流程达成一致的例子。

表 9.1　正式会议开场白所用并就目的和流程达成一致的例子

步　骤	开 场 白
1. 就目的达成一致解释你的目的	"今天我希望大家就如何分摊内部咨询顾问的成本得出结论。"
询问不同观点，就目的达成一致	"大家对本次会议的目的还有不同的意见吗？为了做出这个决策，我们是否还需要解决什么问题？"
2. 共同设计流程	"现在我们已经就目的达成了一致，接下来我想提出会议的流程并期望听取大家的反馈。"
主张流程并分享推理	"我建议先就内部咨询顾问成本分摊事宜澄清我们的利益或需求。换句话说，我希望大家的讨论可回答这样的提问：'无论我们最终决定如何分摊内部咨询顾问的成本，我们的分摊方式有助于……"
	"下一步，我建议就利益达成一致，这样我们可共同找出能尽量满足各方利益的解决方案。当然，能满足各方所有的利益那是最好不过了。"
	"我想如果我们从识别利益开始，我们就能更好理解我们每个人的需求，那样我们就能找到适合每个人的解决方法。"
	"我想看看我们是否能做出一致决定，因为这一决定将影响你们每一位的预算。但我们需要在下班前告知财务部我们的决定。如果届时我们还不能达成一致，我会根据你们所有人的想法来做出决策。"
询问不同观点	"大家对我提出的流程还有什么问题吗？"
就流程达成一致	"我们对流程达成一致了吗？"
3. 开始就会谈内容进行讨论	"好吧，既然我们已经就流程达成一致，让我们开始第一步：识别利益。"

第 10 章

流程设计

安妮 · 戴维森

为了给一场有效对话奠定良好的基础，你和客户共同设计对话的目的和流程；同样，当你主持引导时，为了完成这个项目，你需要清楚地了解引导的目的、流程或路线图。毫不夸张地讲，专业引导师可用上百种工具和方法来帮助团队达成目标，把这些工具和方法组合在一起可生成上千种流程设计。在这些流程设计中，通过有效使用专业引导技巧及其他方式，我们得以提升对话和决策质量。

为了给一场有效对话奠定良好的基础，你和客户共同设计对话的目的和流程；同样，当你主持引导时，为了完成这个项目，你需要清楚地了解引导的目的、流程或路线图。

请参见第 9 章“共同设计对话的目的和流程”。

团队流程的三个层次

我们把流程划分为三个层次。我所定义的流程指的是参与者为了完成一项任务所需执行的一系列步骤或行动。首先，流程设计搭建了整个引导或其主要部分的结构。这一层次更多地体现了与团队会议目的有关的宏观流程，如制定愿景和使命宣言，制定战略规划或起草新的团队章程。方法则是使用推动团队进程的一系列更为具体的流程。问题解决模型和流程图就是使用团队流程方法的具体例子。[1] 在最为微观的层面，工具指的是方法中所使用的单个活动，如头脑风暴、帕累托分析或思维导图等。工具可以在相对较短时间内将团队的体验结构化。

和团队一起工作时，我们会首先确定这次会议的目的和整体设计。而设计可在随后用于指导选择方法。然后我们可以挑选与该方法相匹配的工具来完成我们的引导计划。表 10.1 列举了一些行之有效的流程设计、方法和工具，这些设计、方法和工具可与专业引导技巧结合在一起使用。每个层次都可以通过专业引导技巧的原则和工具得以强化。例如，团队有效性模型可以指导团队讨论团队章程。在问题解决或检验因果关系背后的假设时，基本规则可帮助团队专注在其中的一个步骤上。

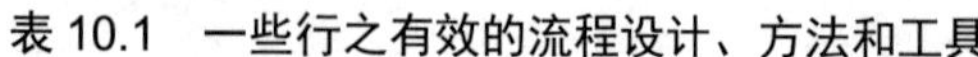
表 10.1 一些行之有效的流程设计、方法和工具

流程设计（目的）	建议团队规模	方 法	工具示例
组建团队	小规模团队（3～12 人）	团队有效性模型回顾	配对介绍（Pairs Introduction） 制定基本规则 团队有效性模型 张贴出来的介绍表
	大规模团队	目的和目标回顾	团队成员画像（Group Biography）
		团队权利陈述 （Chartering Authority Presentation）	角色与责任
愿景/价值观/使命	大规模团队	未来探索（Future Search） 开放空间	利益相关者的挑选 时间表和里程碑 趋势分析
	小规模或大规模团队	未来情境构想（Future Scenario Development）	识别共同主题 公开承诺
	小规模团队	探索会议对话（Search Conference Dialogue） 焦点对话（Focused Conversation）	四项原则和一项法则（Four Principles and One Law） 愿景练习
战略规划	大规模团队	开放空间 平衡计分卡	四项原则和一项法则 力场分析（Force-field Analysis） 趋势分析
	小到中规模团队	ICA 战略规划流程 SWOT 分析 情境规划	愿景练习
问题解决	小到中规模团队	九步骤、七步骤或五步骤问题解决模型	问题界定 差距分析 帕累托图 检查清单 根本成因图 多轮投票 头脑风暴 决策矩阵
		利益识别 （Interest Charting）	“原型方案”设计 （“Strawman” Development） 确定优先次序

续表

流程设计（目的）	建议团队规模	方　法	工具示例
项目设计	小到中规模团队	设定目标/目的/行动事项 利益识别 项目时间表 资产配置图（Asset Mapping）	识别利益相关者 思维导图 目标许愿（Goal Wishing）（集思广益） 控制图 关键路径分析 力场分析（Force Filed Analysis） 故事展板
冲突解决	小到大规模团队（分小组）	利益识别	左边栏目对话
			检验假设与意图 自豪与遗憾（Prouds and Sorrys） 希望与害怕（Hopes and Fears） 项目预试（Product Piloting）
		基本规则，基于对话	
		冥想 焦点对话	
流程优化	小到中规模团队	流程图	检查清单 直方图（Histograms） 流程图
团队建设	小到中规模团队（包括所有团队成员）	团队有效性模型回顾 欣赏式探询 角色和期望回顾 焦点对话	基本规则 心智模式 偏见和防御诱因练习 团队点评 体验性活动

注：本表目的并非意在全面。从目的角度看，这些只不过是我和同事们认为与专业引导技巧配合较好的流程的样本清单。

本章结尾部分的表 10.2 和表 10.3 中的流程设计（议程）说明了一旦团队确定了目的或意图及参与者的人数后，你就可以挑选与任务相配的方法和工具。在小镇愿景练习中（见表 10.2），某大型团队需要找到机会来构思并分享未来的可能情境。小镇的领导人需要对人们最为支持的想法有所了解，但只有将这些想法进行深化并开展深入研究之后，大家才可能在此基础上最终达成一致意见。出于这一目的，创建一个让居民就未来情境开展头脑风暴的流程是一个理想的办法，因此头脑风暴和多轮投票都是可以充分发挥作用并能产生效果的工具。

我建议你们在每个类别中开发一套基本工具并且能够做到解释清楚、引导熟练。挑选的类别能够代表你们正在从事或者希望从事的引导和咨询工作。当然，要清楚每个团队和每次会议都不尽相同。根据经验，你可以开发出一套适合自己及你引导的典型团队的模板，但你需经常检验新的设计和工具。你可在手边放置一些基本流程设计作为参考。作为给你的建议，你可参考本章结尾处所附的资源清单。你需要不断寻找、开发和检验新的流程。

你要小心地将你的设计与客户的具体需求和目标相匹配。明确你挑选流程设计、方法或工具的标准。

你要小心地将你的设计与客户的具体需求和目标相匹配。明确你挑选流程设计、方法或工具的标准。下面介绍的内容是我用于指导自己做出选择的一套基本标准。

流程设计选择标准

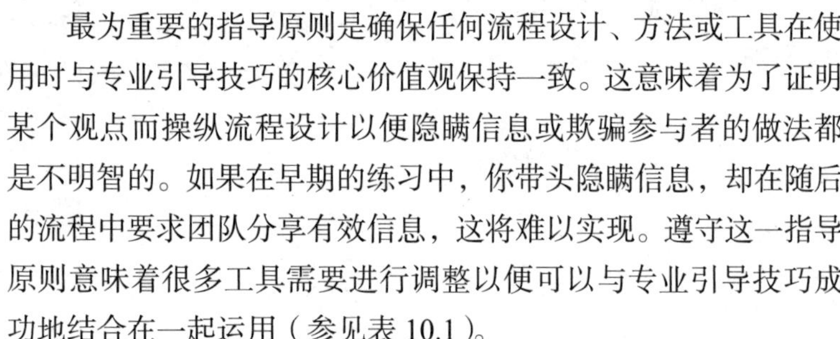

最为重要的指导原则是确保任何流程设计、方法或工具在使用时与专业引导技巧的核心价值观保持一致。这意味着为了证明某个观点而操纵流程设计以便隐瞒信息或欺骗参与者的做法都是不明智的。如果在早期的练习中，你带头隐瞒信息，却在随后的流程中要求团队分享有效信息，这将难以实现。遵守这一指导原则意味着很多工具需要进行调整以便可以与专业引导技巧成功地结合在一起运用（参见表 10.1）。

最为重要的指导原则是确保任何流程设计、方法或工具在使用时与专业引导技巧的核心价值观保持一致。

从总体来说，只要能够分享流程设计意图并得到引导师和参与者的共同认可，这样的流程设计就能够得以成功运用或便于做出调整。换句话说，把专业引导技巧这一方式和其他流程结合在一起的首要原则就是对流程设计保持透明。

从总体来说，只要能够分享流程设计意图并得到引导师和参与者的共同认可，这样的流程设计就能够得以成功运用或便于做出调整。换句话说，把专业引导技巧这一方式和其他流程结合在一起的首要原则就是对流程设计保持透明。

➡ 请参考第 58 章“成为引导型培训师”中有关团队活动与专业引导技巧保持一致或不相一致的具体例子。

以下是基本的流程设计选择标准。

- 目的。团队需要完成什么？如果有问题的话，你和团队在诊断中发现了什么问题？什么样的流程设计能够解决这些问题并让团队能够达成这一目的？
- 时间/时长。项目需持续多长时间？团队分配了多少时间？时间是否足以达成目标？或者目标和时间是否需要重新商定？（大多数团队计划在太短的时间内完成太多的任务。）

➡ 请参考第 12 章“制定一份现实的议程”中有关确定流程设计所需时间的建议。

- 团队规模。一些工具和流程是专门用于规模比较大或规模比较小的团队。通常，规模大的团队经常需要划分为小组来完成任务。确定哪些流程适合当前规模的团队，这一点非常重要，因为你需要决定如何管理大、小团队之间的切换。确保每个小组或个人都有足够的时间或有具体的流程向整个团队汇报和分享他们的工作成果。

- 引导师技巧。将流程设计与你的技能水平相匹配。如果你认为某个流程对于团队而言比较有效，但是你从未尝试过，请知会大家这一点。就是否共同尝试这一流程，看其效果如何，或者与熟悉这一流程的其他引导师一同工作，或者选用不同的流程设计等方案达成一致。
- 与核心价值观保持一致。这一流程能否就该流程的设计和使用意图保持透明？你能够在分享这一流程的所有有效信息之后依然做到有效地使用该流程吗？（例如，其中的一个可选方案就是告诉团队成员这一练习中的关键信息尚未披露出来。如果大家想要成功地完成这一练习，必须自行挖掘出这些关键信息。然后大家可以共同决定是否继续参与这一练习。）某项活动的使用方式是否可以给每位参与者提供自由并知情的选择（包括是否参与）并建立同理心？
- 流程的内在一致性。选用的相关方法或工具是否与团队想要达到的目的保持一致？注意不要选择与目的互为冲突的工具。例如，如果在后续的活动中你希望帮助各小组培养跨部门沟通或协作技巧，你就不要在破冰游戏中要求大家组建互为竞争的小组。组建小组时注意不要强化现有的部门墙。避免选用重复使用的工具。考虑不同的学习或信息处理方式。

设计样本 A：小镇愿景练习

设计样本 A（见表 10.2）是设计一个为期半天的小镇头脑风暴会议，讨论为庆祝千禧年以及建镇 200 周年需要完工的特别社区系列项目。在此之前，该镇曾举办过类似的会议但耗时更长，会议的目的是制定愿景和 2020 年规划。本次会议的目的是更新之前的规划。

表 10.2　设计样本 A："新世纪，新卡勃罗"小镇会议议程

上午 9:45—10:15	报到、享用咖啡、非正式欢迎、各组成员介绍
10:15—10:25	致欢迎词和项目说明
10:25—10:30	会议流程概述 畅想 2011 年的卡勃罗
10:30—10:50	介绍背景信息：主要项目，以及娱乐设施的总体规划等
10:50—11:00	介绍对小组的要求［头脑风暴、张贴（成果）、合并、排序］
11:00—11:40	对各种想法进行头脑风暴 张贴、澄清并合并各种想法
11:40—12:10	回顾并进行多轮投票
12:10—1:00	回顾每个小组选定的优先选项 下一步 参与者的提问

续表

各组的任务
如果在 2011 年完工，哪些项目（无论大小）能够让卡勃罗变成一个更适宜居住的地方？ **头脑风暴的指导原则** • 小组中每个人都要参与讨论，哪怕只提出一个建议。 • 每次一个人发言。 • 头脑风暴时不要进行挑战或批评。 • 可在他人建议的基础之上加以补充。 • 如果没有新的建议，可不发言。 • 在头脑风暴后、张贴之前可添加简要的、说明性要点。 **排定项目优先次序的指导原则** • 记录员会在墙上张贴所有的建议，每个建议一页纸。 • 记录员张贴时会整合相似的建议。 • 每人有 7 个彩色的“粘贴圆点”，请选择你认为最能提高小镇生活质量的 7 个项目，每个项目粘贴一个圆点。 • 如对项目的含义和内容有疑问，你可以在做出选择前咨询项目方案的团队成员，并要求其予以澄清（项目方案的团队编号可在建议栏中找到，你也可以在团队成员的胸牌上找到编号）。
你的分组编号是 5

设计样本 B：委员会聚会

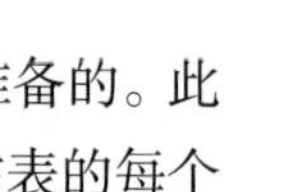

设计样本 B 这一设计（见表 10.3）是为了镇委会成员的年度规划聚会而准备的。此次聚会的一个特别之处是需对经理进行评估。引导师要帮助镇委会就经理评估表的每个项目达成一致，并在随后引导镇委会和经理进行反馈性对话。

表 10.3　设计样本 B：委员会聚会的建议议程

第一天	
下午 5:00	议程回顾、修改、达成一致 回顾引导师角色
5:15—5:45	晚餐、社交
5:45—8:30	和部门负责人讨论
5:45—6:15	警察角色
6:15—6:45	公共工程角色
6:45—7:15	水务角色
7:15—7:30	休息
7:30—8:00	娱乐

续表

8:00—8:30	财政角色
8:30—9:00	简短回顾上一年度的成绩
	休会

第二天

上午 8:00—10:00	闭门会：经理评估和反馈（委员会成员就评估表上的每个项目的评级达成共识并随后讨论每个项目的评级及其理由，并举出经理的具体例子）
10:00—10:15	休息
10:15—11:00	回顾并更新角色与期望：镇委会成员和镇长
11:00—12:30	专题讨论（及工作午餐）
12:30—2:00	讨论新一年委员会的目标和项目
2:00—3:00	就优先事项达成一致 多轮投票 就优先事项达成一致
3:00—3:30	总结和评估

资源

请参看以下资料，了解众多可靠的优秀流程设计、方法和工具。请注意有些与专业引导师方法并不一致。在与专业引导技巧整合之前请使用本章所列出的标准。

Bens, I. *Facilitating with Ease.* San Francisco: Jossey-Bass, 2000.

Bunker, B. B., and Alban, B. T. *Large Group Interventions.* San Francisco: Jossey-Bass, 1997.

Justice, T., and Jamieson, D. W. *The Facilitator's Fieldbook.* New York: AMACOM, 1999.

Kaner, S. *Facilitator's Guide to Participatory Decision-Making.* Gabriola Island, B.C.: New Society Publishers/Canada, 1996.

Stanfield, B. *The Art of Focused Conversation.* Toronto: ICA Canada, 1997.

注释

1. 请参看《专业引导技巧》第 10 章来进一步了解如何将专业引导技巧与其他流程相结合，以及使用这一方法的问题解决模型的详细例子。

第 11 章 基础型引导

佩吉·卡尔森

当我从事基础型引导时，我会帮助团队使用有效流程来讨论一个特定的内容主题。因为引导师承担着关注团队流程的主要责任，基础型引导并不会随着时间的推移而减少团队对引导师的依赖。我并不期待团队可以掌握并将这些技巧运用到未来的讨论中，正如发展型引导所要求的那样。根据我的经验，在使用基础型引导时，我既明了团队借助基础型引导能够做到什么，也非常清楚局限会在何处出现。

基础型引导能够做到什么

def·i·ni·tion 基础型引导能帮助团队使用有效流程来讨论一个特定的内容主题。"基础"一词并不是指讨论的内容主题比较容易或比较简单；一个团队可以使用基础型引导来讨论非常难的话题。

我所使用的"基础"一词并不是指讨论的内容主题比较容易或比较简单；一个团队可以使用基础型引导来讨论非常艰难的话题。例如，某管理团队可能要求引导师帮助他们使用有效的流程技巧来决定在预算紧张的时候需要解雇谁，或者某团队可能需要借助引导师的帮助去识别并讨论在过往的事件中究竟是什么地方让团队成员最终以表现得极为愤怒而告终，因为他们发现相互失去了彼此的信任。以下是我帮助团队解决问题的一些例子：

- 厘清角色与期望。
- 就组织愿景和核心价值观达成一致。
- 设定长期和短期目标。
- 开发新的绩效管理系统。
- 就新任首席执行官的挑选标准达成一致。

据我的经验，团队使用基础型引导可解决的内容话题是没有限制的。

虽然引导师在基础型引导的环境中并没有向团队明确传授流程技巧，但是与引导师一起工作时，团队成员也会常常意识到这一点并理解团队流程的重要性。当我对某团队实施基础型引导时，团队成员已经阅读了"有效团队的基本规则"这篇文章并在会议（有时候是计划会议）开始时，听我简单描述了核心价值观和基本规则。[1] 我会向团队解释，这些是我帮助团队更为有效地开展对话所需使用的工具并询问大家，当我们一起工作时，大家是否有兴趣尝试使用一下。我向他们保证，我并不期待他们能够始终如一地使用这些基本规则。我的角色是帮助团队在讨论时使用这些核心价值观和基本规则。典型的情况是，团队欣然同意在会议中尝试一下这些基本规则。

局限

在基础型引导的团队流程中，我担任监督和干预的主要角色，团队成员经常能够领悟到我正在做些什么并开始自行使用基本规则。例如，当看到我多次干预某一对话时，团队成员可能这样告诉彼此，“我认为我们在这一对话中做出了假设”，“虽然你已经说明了你的立场，但我还是不能理解你的利益所在”，或者“我来解释一下我为什么会这样提问”。这种对基本规则价值及帮助团队有效开展对话方式的认可，能够帮助团队成员监督他们自身的行为并能更为有效地使用问题讨论流程，哪怕引导师不在现场。

当然，困难也会出现。在没有完全理解基本规则的情况下，团队成员在干预时所面临的风险是采用单边控制模式并增加了其他成员的防御心理。例如，当其中的一位成员对另一位成员说“你在做出推论”时，他并未认识到他需要对本人做出的推论（对方做出了推论）予以检验，这就容易造成紧张局面的出现。这种单边干预模式或被称为“基本规则警察”，能带来不良感受并妨碍团队在以后的会议中使用基本规则。

当然，困难也会出现。在没有完全理解基本规则的情况下，团队成员在干预时所面临的风险是采用单边控制模式并增加了其他成员的防御心理。

造成这一问题的根本原因有二。其一，在操作层面上，人们缺乏使用诊断—干预循环来实施干预的相应知识。其二，在更深的层面上，没有经过专业引导技巧培训的团队往往不能理解支撑核心价值观和基本规则的交互学习模式。其结果是在使用基本规则时采用单边控制的方式。在这种情况下，我会实施干预，我会赞扬大家为使用基本规则所付出的努力，但也会补充所需的必要步骤，如加入探询来避免可能引发的单边控制式的陈述。

基础型引导并不一定能够让团队成员就其行为所产生的后果进行深刻反思并从中认识到正是他们自身造成了在他们看来低效的团队结果。

欲了解这些基本规则的介绍，请参考第 4 章“理解指导我们行为的理论”；第 5 章“有效团队的基本规则”；第 6 章“诊断—干预循环”。

基础型引导并不一定能够让团队成员就其行为所产生的后果进行深刻反思，并从中认识到正是他们自身造成了在他们看来低效的团队结果。当团队发现自己一次又一次面临同样的困境时，他们会沮丧，无论讨论的主题是难以达成的激进销售指标还是建立公平和有效的补偿机制。根据我的经验，在此时，对引导师或团队成员非常有价值的提问是旨在帮助团队审视其价值观和战略的“双环学习”提问。[2] 例如，为帮助团队思考其根本性价值观和战略，我会问：“是什么原因导致本团队年复一年制定出这么多项目的清单，哪怕你们表达了想要缩减规模并确定优先次序呢？”虽然在基础型引导情境下也可进行这样的对话，但只有将这样的对话作为发展型引导的一部分，也就是说，当团队成员承诺在工作中学习并使用核心价值观和基本规则时，他们才能更好地做好讨论准备，并且更为主动地讨论他们自身是如何造成了团队所面临的问题的。

一个实例

以下的实例说明了团队在使用基础型引导时所取得的巨大进步，以及引导师离开之后，团队为保持团队的有效性所面临的挑战。

我和某董事会一起工作，该董事会按照各自所代表的成员形成了两大阵营。双方相互指责，积怨颇深。在如何与执行董事有效共事方面，他们的想法也不尽相同。一部分董事会成员指责其他成员没有（按照各自的说法）正确行事。我和他们一起工作了几个月时间，并就董事会其他成员以及执行董事的角色和期望达成一致。

请参考第 18 章“帮助团队厘清角色和期望”。

当他们探讨本人对于其他成员和执行董事有何期望时，他们挖掘出自己对于他人采取的行动和背后的动机所做出的假设。团队成员了解到这些假设通常并不准确，在听取了其他成员的解释和看法后，他们改变了自己过往对于许多事件含义的解读。举行了三次会议后，团队对取得的进展表示非常满意，而且感到现在他们具备了完全不一样的有效共事能力。一些成员把这种体验描述成一次真正的突破，因为这永远改变了他们对于董事会成员角色的看法。

不过半年后检查团队进展时，我发现个人的行为变化貌似甚微，这与他们就其他董事会成员采取的行动、行动背后的动机和行事意图所做出的假设有关。尽管在之前的基础型引导的环境中，他们看到检验假设的价值，但是随后他们并没有采取行动去监督自身的行为：他们承认，当他们开始做出未经检验的假设时，他们重新回到了之前（低效的）的老路上。他们依然认可为厘清角色和期望所开展的工作极有价值，但他们觉得自己很快又重新回到了之前的模式中。

对于使用基础型引导并在解决具体问题时看到有效的团队流程所带来的价值的那些团队而言，他们所获得的相关经验可能最终帮他们在致力于通过发展型引导来持久改善他们在流程上做出自由并知情的选择。

对于使用基础型引导并在解决具体问题时看到有效的团队流程所带来的价值的那些团队而言，他们所获得的相关经验可能最终帮他们在致力于通过发展型引导来持久改善他们的流程上做出自由并知情的选择。

注释

1. “有效团队的基本规则”，请参考 www.schwarzassociates.com。

2. 关于单环学习和双环学习，请参考克里斯·阿基里斯的相关文章，如《好的沟通阻碍学习》。

参考文献

Argyris, A. "Good Communication That Blocks Learning," *Harvard Business Review,* July-Aug. 1994, pp. 77–85.

第 12 章

制定一份现实的议程

佩吉·卡尔森

引导师能够增加价值的一个领域是帮助团队制定一份有助于完成预定目标的现实的会议议程。根据我的经验，制定一份现实的议程可以在很大程度上帮助团队就一次会议可以完成的任务建立合理的预期。通过估算给不同讨论话题分配的具体时长，引导师和团队能够共同决定团队在给定的时段内能够完成多少任务。

> 常见的情况是，当团队估算他们在一整天、半天或一小时内所能完成的任务时，往往过于乐观。

常见的情况是，当团队估算他们在一整天、半天或一小时内所能完成的任务时，往往过于乐观。以下这些例子是某些团队在最初的计划会议阶段给出的时间估算：

“我们希望能够就本社区的愿景和员工的年度工作目标达成一致。我们的会议从早上 9:30 开始，中午结束。”

“我们想就董事会成员的角色和期望达成一致并制定出战略规划用于指导组织未来五年的发展优先次序。董事会同意留出四小时讨论这些话题——大部分成员希望会议不要超过这个时间。”

> 我的工作不是说服团队成员同意自己的时间分配不正确，而我的方案是正确的。我的目标是让每个人分享他们的时间分配方案及这样分配时间的原因，并共同制定出我们认为分配时间最为合理的会议议程。

当我坐下来和团队成员一起讨论会议计划时，我的感受是与会者经常试着把约 9 千克的面粉倒入一个只能装 4.5 千克的面粉袋子里。这种想法完全可以理解。让整个管理团队、部门或董事会聚在一起待上半天甚至更长时间，这可意味着巨大的时间和金钱的投入。所以尽可能地塞入更多的重要话题，这看上去非常有吸引力。

估算时间的一些经验之谈

以下是我估算团队为完成预定议程所需花费时间的一般原则。

把团队人数考虑进去

一般来说，团队规模越大，成员参与讨论所需要花费的时间就越多。这一点看上去不言自明，但在制定会议议程时大家往往忽略掉这点。例如，最近我和一位团队代表一起制定 15 人的董事会会议议程。议程的一部分是讨论并通过员工的薪酬计划。该团队起先分配了 15 分钟听取员工代表的陈述，然后分配了 30 分钟用于讨论。我指出，这意味着每位董事会成员只有 2 分钟的发言时间。我询问这一话题是不是很重要并很有可能出现不同的观点。这两个询问的回答都是肯定的。因此团队决定拿出 90 分钟的时间用于这一话题的讨论，这项安排看上去更为现实。

在一个规模比较大的团队中，一部分讨论可以分小组进行，这是让更多人员参与到讨论之中的有用技巧。不过，如果团队需要最终就某一话题达成一致，非常重要的是在大组讨论时留出额外的时间，以便充分听取分组讨论时可能出现的不同观点和建议。

在议程中留有余地

估算会议议程中每项议题所需花费的时间只是一个预测而已。有时，某一议题处理起来可能比预想得要快。但根据我的经验，更为常见的情况是，讨论比原先的计划需要花费更多的时间。建议团队预留一些缓冲时间，以防某些议程的讨论比预想的计划占用更多时间，这样，引导师可以帮助团队避免因时间限制无法完成每项议程的讨论或团队成员因无法积极参与讨论所带来的沮丧了。

考虑团队的历史和你对团队的了解

这是新组建团队的第一次会议吗？如果是，那么在刚开始时，团队可能需要额外的时间来相互认识并了解各自在团队中的位置。如果团队已有一起共事的经历，可询问团队成员他们通常是否能够在给定的时间内完成议题的讨论，或者他们的对话是否更容易出现拖延的情况。引导师可以协助设定讨论框架并让讨论更为聚焦。在确定会议议程时，考虑团队已有的工作风格（如果有的话），这颇有帮助。运用专业引导技巧这一方式，你的角色不是就团队工作坊开展的方式做出单方面决定或做出未经检验的假设。作为订立合约的一部分，你可以询问团队，同时自己观察团队成员的互动情况。

当引导师与团队在时间分配上意见不一致时

一个团队（或订立合约的团队代表）可能并不同意你对每个议题所需花费的时间做出的估算。这可能是因为团队认为你的估算可能是准确的，但团队没法安排那么多的时间，或者说你的估算太过宽松而团队可能比你预想的推进速度要快得多。会前可能很难共同设计一个方法去检验这一分歧，因为最好的检验就是会议本身。

如何处理这种情况我有两个建议。第一，如果团队担心他们没法完成预定的计划，我可能这样说：

“引导师的一部分职责是帮助你们在议程上有效推进。我想我可以有两个办法来帮助你们。一个办法是在讨论中实施必要的干预，确保大家不要跑题，明确各自的利益，让做出的决策得到必要的支持。

另一个方法，也许是更为重要的办法，就是帮助你们就讨论可能所需花费的时间做出一个现实的估算。如果我们制定了一个比较现实的会议议程，它会缓解团队成员因时间限制而未能完成议程上的每项议题的讨论或未能积极参与讨论而出现的沮丧心情。

这有助于消除你们的担心吗？你们觉得这个方法有什么问题？”

第二，如果团队不同意我的时间估算，我会这样说：

“如果你们认为讨论不会像我估算的那么费时，我认为我们应该使用你们建议的时间安排。但是，如果最终出现时间不够的情况，我希望你们能够理解我没法压缩任务来迁就分配给我的时间。所以，我建议，如果团队没法在分配的时间里完成任务，我将和团队一起设计如何推进。大家有什么建议？”

如果讨论比预期的时间更长怎么办

尽管引导师和团队做出了最佳估算，有时候会议时间还是不足以让团队完成任务。如果时间看上去不足以按时完成讨论，基本规则 7（共同设计下一步）将有助于决定如何往前推进。团队可能决定增加时间、放弃某项议题、计划再安排一次会议或提出其他建议。

需要记住的重要一点是共同设计下一步所需花费的时间。作为引导师，你并不希望在只剩下 5 分钟的情况下与团队讨论这一点。为了避免这种情况的发生，会议期间我会经常核对流程。例如：

“本议题所分配的时间快要到了。你们希望是继续讨论，还是开始下一个议题？”我经常还会加上这样的话，“如果你们继续讨论，我想这会压缩之后议题×的讨论时间。其他人同意吗或者有不同的看法？”［如果团队同意］“既然大家同意了，那么余下的时间你们打算怎么安排？”

引导师的一个重要任务是帮助团队在知情的情况下选择如何安排时间。经常核对流程能够帮助团队做到这点，这就可以避免出现大家由于没有意识到时间不足所产生的沮丧。

引导师的一个重要任务是帮助团队在知情的情况下选择如何安排时间。经常核对流程能够帮助团队做到这点，这就可以避免出现大家由于没有意识到时间不足所产生的沮丧。

每个团队在推进议程上所耗费的时间都不尽相同。不过，在借助合适的提问和仔细的规划之后，引导师能和团队一起做出合理估算，提高会议按时完成的可能性。表 12.1 和表 12.2 是两个聚会的议程样本。表 12.1 是用于一天的聚会，内容是厘清董事会成员和首席执行官的角色和期望。表 12.2 是一个两天的聚会，内容是就一家机构或部门的愿景、任务和目标达成一致。

表 12.1　一天聚会议程示例：董事会和首席执行官的角色和预期

介　　绍

- 介绍与会者
- 回顾并就议程达成一致
- 回顾引导师角色
- 同意基本规则
- 确定聚会期望（如“为确保此次聚会成功我们需要做些什么？”）

董事会成员对于彼此的期望

每位董事会成员完成这一陈述：“我希望其他董事会成员能……”

董事会成员对于主席和副主席的期望（反之亦然）

每位董事会成员完成这一陈述：“我希望主席和副主席能……”

主席和副主席完成这一陈述：“我希望董事会成员能……”

董事会成员对于 CEO 的期望（反之亦然）

每位董事会成员完成这一陈述：“我希望 CEO 能……”

CEO 完成这一陈述：“我希望董事会成员能……”

厘清并就期望达成一致

团队就各自角色的期望达成一致[可分段进行]。

下 一 步

团队就本次会议所采纳的建议/承诺所采取的下一步行动达成一致，这包括如果有人未达成期望所应采取的措施

自我点评

团队成员明确聚会的成功之处及以后需要改进之处

表 12.2　两天聚会议程示例：愿景、任务，目标

介　　绍

- 介绍与会者
- 回顾并就议程达成一致
- 回顾引导师角色
- 就基本规则达成一致
- 确定聚会期望（如“为保证此次聚会成功我们需要做些什么？”）

斯蒂文斯县愿景

- 与会者分享对本县的未来期望
- 团队明确共同的主题和利益
- 团队起草本县的愿景

斯蒂文斯县使命

按照新的愿景，团队起草/更新本县的使命

续表

目标设立
团队按本县的愿景和使命，设立未来 3～5 年目标
排定目标的优先次序
团队同意本县最重要的目标
行动计划
团队明确达成目标所需战略，包括讨论可能需要克服的障碍
下一步
团队就落实会议所采纳的相关建议/承诺所采取的下一步行动达成一致
自我点评
团队成员明确聚会的成功之处及以后需要改进之处

第 13 章
开始会议

安妮·戴维森

任何会议、聚会或工作坊的开场白都将为整场会议定下基调。就如同对话中的开场白一样，这个时候应该为会议搭建结构。我们依照订立合约流程（与整个团队达成一致）中阶段三的步骤和基本规则七（共同设计下一步并检验分歧）来构建会议的坚实基础。在开始讨论内容前，需要就会议的目的和我们一起工作的流程达成清晰且一致的看法。

任何会议、聚会或工作坊的开场白都将为整场会议定下基调。就如同对话中的开场白一样，这个时候应该为会议搭建结构。

会议中的开场白也是示范专业引导技巧原则的好机会，至少，我们可以分享有效信息、解释推理与意图并将主张和探询结合起来（为达成一致做出检验）。我经常注意到工作坊或会议中出现的问题本可以通过多花些时间了解与会者是谁，以及他们的期望是什么而得以解决。如果大家就开展工作的程序性指引达成一致，就可以避免混乱与沮丧的出现。可是我经常看到的情况是，培训师、引导师或领导并没有在介绍和指引上花费什么时间就直奔会议主题了。

本章概述了我们对于“慢就是快”所产生价值的思考，而你做的开场白正体现了这一原则。本章还介绍了我和团队分享的一些例子。

请参见第 8 章“与团队订立合约”和第 9 章“共同设计对话的目的和流程”。

介绍

介绍是人们让屋子里的人听到自己声音的好办法。设立大家发言的团队规范，说明大家需要共担会议成功的责任，有时哪怕冒些不大的风险也要让他们说出自己的想法，在这些方面多花些时间可以给将来带来更多的红利。这是核对并厘清期望的时候。如果确有此必要，我们可以对会议内容做出调整；或者你也可以从中发现哪些期望你没法达成。这也让参与者做出自由并知情的选择：他们是否需要或者想要继续参加会议，或者决定是否将他们的会议目标与其他人的目标统一起来以及如何统一起来。我曾不止一次见过因参与者离开现场而导致某场引导或培训没法继续进行下去的情况。一旦参与者的期望没法得到满足或一开始无人澄清他们可以从中可以获得什么或应该获得什么，这种情况就会出现。

我在介绍上所需花费的时间取决于整场会议的时间。表 13.1 和表 13.2 提供了两个例子。第一个例子与某工作坊有关，我在其中担任的角色是引导型培训师。团队成员会有好几天的时间待在一起，他们将共同参与各项活动来揭示他们的想法、策略及以过往出现的痛苦。我感到其中存在的风险，所以在开场时我投入了更多时间以帮助大家相互认识。我帮助他们获得信息，这样他们可以决定与谁在一起开展密切合作。另外，我还借此机会澄清了所有人可以从这次活动中得到什么。

表 13.1　示例 1：多天会议的介绍

以下是指导你如何向团队做自我介绍的一些建议。我们认为这一介绍非常重要，因为它能够帮助你们相互更好地了解对方，也让你更愿意去承担风险并通过提问来实现最为有效的学习。你可以分享与建议要点有关的信息，或分享与建议要点不一样的信息，或选择不去分享与自己有关的任何信息
我们建议分享的信息和分享这类信息的原因
1. 你的姓名——你希望大家如何称呼你。原因：这样每个人将知道与你沟通时该如何称呼你
2. 你的职业及在组织中的任职时间。原因：这样每个人都知道这个屋子里人们的职业、经验水平以及你的职业和其他人有什么关系。这能够帮助你建立有效的学习伙伴关系
3. 你的一些不为他人所知的重要情况。原因：这是了解和欣赏他人才能的有趣途径，也能帮助你了解团队的共同点和不同点
4.（如果有的话）你对本次培训可能有的关注点。原因：让引导师和团队成员有机会去解决你的关注点并澄清你对此次活动做出的假设
5. 需要做些什么让此次活动成为一次美好的学习体验之旅。原因：让引导师和其他人有机会按照你的期望做出调整，明确哪些预期在此次活动难以达成，并按照你的独特学习风格做出调整

注：这是迪克·麦克马洪和安妮·戴维森为一个为期三天的工作坊而撰写的样例。如果是 24 人的会议，介绍可能占用多至 50 分钟，这样每个人可有 1.5～2 分钟的时间。

表 13.2　示例 2：一天或一天以内的活动介绍

今天你们将有多次机会和房间里的人建立关系并参与到活动之中。为了使我们能更为有效、更加舒心地在一起工作，请和同桌的其他参与者按照以下项目进行分享（或者分享类似信息）。请每桌选举一位参与者担任小组的发言人。这位发言人将负责简要总结你们这一组对这次活动的期待。我们会迅速核查一下看我们能否满足你们的期望以及如何满足你们的期望
请分享这些信息（每人 45 秒）：
你的姓名：
你所代表的团队：

续表

为了确保本次会议物有所值，你希望什么样的事情可以发生（或者你期望从今天的会议中得到什么）：

注：这是一场为期半天的引导活动。

在这样的活动中，人们通常以小组的形式在一起开展工作。除非他们相互已经比较熟络，或者他们同意在会议期间以团队的形式开展密切合作，否则我不会在开场白结束后要求他们组成小组或者允许他们自行选择小组伙伴。在我主持的专业引导技巧培训或大部分会议中，开场时我会将座位排成圆形、剧院式、马蹄形或其他形状，之后我们会重新安排座位来组成工作小组。我们会给参与者提供尽可能多的自由并知情的选择，让他们自行决定在一次漫长的活动中他们喜欢的合作伙伴。如果入场时就让大家按照已经分好的小组就座，而这也是他们随后一起开展活动的小组，那么希望在开场白结束之后重新分组，就会显得比较困难。（当然，为了保持透明，我们会解释让大家的座位排成圆形的理由。）

表 13.2 是一天或一天以内的活动介绍的简单版的提问清单，可以用于会期较短的会议（一天甚至更短）。虽然这类介绍不用费时太长，但是我依然希望能花些时间让大家知道屋子里都有哪些人，并且让大家一起统一目标和期望。

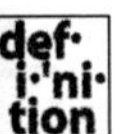

一起开展工作的指南

我把程序性指南与基本规则区分开来。虽然很多团队使用基本规则这样的说法来描述在指南中所包括的很多内容，但我不希望将交互学习的行为策略与其他团队达成的协议混淆起来。在专业引导技巧中我将交互学习的行为策略称为基本规则。

我会从两个方面来使用指南这一术语。其一，指南指的是我们与团队达成的具体工作协议，如我们如何处理会议中的休息和缺勤情况。其二，指南包括一些比行为指南更为宽泛的原则，如要有幽默感、为会议的成功共担责任或在讨论时保持开放和好奇的心态等。如果客户有这方面考虑的话，我们可能加上事关保密方面的指南。所以我的指南说明（请参见工具栏）是包括这类十分重要却不属于基本规则的基础性协议百宝箱。

除了提出这些指南之外，我会邀请团队补充内容。我会观察是否有人不同意指南中的某一项。如果有人对某项指南表示出担心，我们会尝试予以修改以解决他们的担心。在多大的范围中讨论和编辑指南，这取决于所需花费的时间和团队的规模。如果我们不能就遵守指南达成一致，默认的动作就是把它从清单中拿掉。到目前为止，在我经历过的数百次培训和引导中，还从来没有发生过需要我放弃我所提议的指南这样的情况。

“工作坊指南”工具栏是我在引导工作坊和从事咨询时所用的一个例子。我调整了背景以反映引导师和咨询顾问的角色。为了与当前介绍的会议保持一致，我对语言做出了一些调整。例如，我可能拿掉了“现场学习”这样的表述，把“工作坊”换成了“会议”，把焦点从“学习”换成了“会议需要”，或者按照某个团队的要求加上一条具体指南，如在出现火警时应如何应对等。我会把指南分发给大家，这样在会议中大家可用此作为参考。如果指南出现变化而且会议超过一天，我会在第二次的会议上分发修改过的版本。

工作坊指南

1. 共担责任。此次工作坊的成功是引导师和参与者共担责任的结果。请提问并给我们提供反馈来帮助我们更好地满足你们的要求。例如，请让我们知道工作坊的节奏、讨论和活动能否满足你的学习需求。如有需要，可以申请中途休息。挑战我们的想法并分享你们的看法。

2. 中途休息。我们会宣布中途休息、活动开始及结束的时间。休息一旦结束，我们会马上继续原有的会议。当会议重新召开时，大家有责任出现在你们应该出现的位置上。我们注意到，有人可能需要在会议期间接听电话或处理其他事宜。我们鼓励大家在工作坊期间全身心地与团队共处当下，因为大家的发言可以让彼此受益，正如大家可以受益于引导师的引导一样。当然，我们觉得你有责任平衡你自身和其他成员的需要。当重新开会的时间到了时，我们不会派人去召唤你。如果在某个时点你未出现的话，我们不会对你的利益或你对工作坊的承诺做出假设。如果你需要离场并且需要更长的时间，请告诉我们，这样我们就不必担心你的健康或安全了。

3. 示范。工作坊本身就是极具价值的团队行为和有效领导力现场学习实验室。引导师会全力示范我们所教授的技巧，并鼓励你们利用每个机会去练习自身技巧。但是大家都是凡人，所以我们有时候也会表现出与我们示范的原则不相一致的行为。如果你发现了这些行为，请在团队中提出你的担心。如果你看到了特别有效的行为，请指出来，这样大家都可以从中受益。通过观察和讨论引导师和参与者的行为，我们都能有所收获。

4. 保密。我们鼓励你们通过具体的例子和故事来分享经验和智慧。这样，我们可以相互学习，你可以获取如何面对困难局面的建议，而我们也可以清楚地跟上你的思路。同时，我们要求你对他人的故事和实例采取保密措施。如果你想与会议之外的人分享会议中出现的故事，我们要求你：①征得在工作坊中分享故事的当事人的同意；②去掉故事中能够识别出所涉及组织或人员的所有信息。第二个条件经常难以满足，除非你和当事人详细讨论过你将如何分享这些信息。如果你没法做到这点，又担心故事中所涉人员的身份可能被其他人识别出来，而你还没有征得当事人的许可，那你就不要分享了。

5. 幽默。我们认为，对他人的行为保持幽默对于一起有效共事至关重要。虽然我们所做的工作非常重要，但也不能把自己弄得过于严肃或对别人做出过于严苛的评判。对我们的不足和纠结一笑置之，这会很有帮助。作为引导师，我们经常指出我们所教授的原则中轻松的一面。我们邀请大家一起加入自己故事、例子和幽默想法所带来的乐趣中！

第 14 章

用你自己的语言介绍基本规则和原则

苏·麦金尼

我经常服务的团队有时会邀请我去参加一两场会议，或者帮助他们起个好头，或者帮助他们去推进一次特别艰难的对话。此时，团队并不是邀请我去帮助他们学习新的沟通技巧，而只是希望我能提供数小时的帮助。在这种情况下，我会在第一次会议上分享我的引导方式。我会解释核心价值观，然后通过一系列故事和例子来分享指南的简单清单。我会把清单写在白板纸上供与会者在会议中参考。以下是我经常说的话：

我想和大家分享一下是哪些因素让团队变得更加有效或低效，并且给出若干指南。根据我的经验，这些指南可以帮助大家提升今天的对话质量。我的体会是，在沟通时，团队经常采用降低有效性的方法，而他们原本可以做得更好。

在很多会议上，我听到有人说了些话，对此我想马上做出回应。于是我开始思考我应如何做出回应以及我应该说些什么。当我陷入思考的时候，我在等待那个人停止发言，这样我就能开口了。有时候，我表现得过于激动，以至于我会把最短暂的停顿当作我将自己的重要想法和盘托出的良机。你们有过类似的经历吗？（我等着回答。）

我想这个例子背后潜藏的危险是，当我在琢磨如何做出回应时，我再也没法做到倾听他人的发言了。也许我听到了那个人在说些什么，但当我听到这些的时候，我的意图不再是想着去理解那人的想法是从何而来，或者是什么原因导致他说出了这些内容。如果我真的在倾听，我在回应时应该给出提问，这样我可以更好地理解他的意思，而不是在他们发言时琢磨如何表述自己的想法。

所以，我推荐给你们的第一条指南就是，抱着理解的目的去倾听而不是打断别人，因为你没法在别人发言的同时做到边听边说。这条指南对团队适用吗？

第二条指南是保持好奇心并对他人的视角保持开放态度。我经常会和同一批人在一系列的会议中相遇，随着时间的推移，对这些人我会形成看法。我猜你们会说我开始给他们下结论了。我会从他们的行为和反应中寻找蛛丝马迹以便做出预判。很快，我会把他们贴上标签、打包装箱并让他们一直待在那个盒子里，因为这便于我去理解他们。我会这么想“约翰总是和员工过不去，他甚至没有想过去理解一下他们。这家伙就是不明白这点”，或者，“很明显萨丽心中有个秘而不宣的议程。在这样的会议上她从来不愿意保持完全开放的心态，而且总是在事后跟丹交头接耳。我没法信任这个人”。当然，与此同时我也在想，“我心中装着我们组织的最高利益。而且汤姆同意我的看法，所以他也一定把组织的利益放在第一位”。

如果我从上述的想法后退一步，我会考虑有多少人在起床时会这么去想“我迫不及待地想赶到会场上和团队再来一场混战”，或者更甚，“一想到能在团队会议让苏再次发飙，我就激动不已。与人斗真是其乐无穷啊”。我不得不承认，这种可能性不太大。我想，大多数团队成员和我一样，觉得他们心中有团队的最高利益。所以问题的关键是，要对他人的视角保持好奇心和开放态度，这样我才能更好地理解他们的想法为什么和我的想法不一样。与其对他人的想法和视角不加理解就匆忙给出判断，还不如抱着开放的心态去了解他人。对于遵守这条指南你们怎么看？

第三条指南是分享你的提问和陈述背后的原因。人们的天性就是尝试着去理解一个人这么思考或这么表述背后的动机。如果听者不理解说者的动机，他们就开始站在自己的立场上编造对他们而言合情合理的故事了。事实上，我们正在编造你我的故事。

例如，如果我经过大堂时遇到一位级别比我高的人，对他说“你好”，而他却置之不理，我就开始编撰故事了。故事可能是这样的，“他从不跟我说话。他认为我啥也不是。他从不相信我说的任何话”或者是这样的，“他的听力肯定有问题。我注意到那天他跟××也没说话。他得去看医生了，但他太虚荣，就是不愿意戴助听器”，或者“他这么忙，这么有地位，我不应该打扰他，显然他正在想事情”。你是否注意到自己曾经这么做过？你通过编造故事来解释他人的行为、行动或对他们做出评论？为了降低他人给你编造故事的可能性，请分享你的陈述、提问、评论背后的理由，这一点非常重要。这么做会让你的动机和意图更为清晰，这样就不会有人给你编造这样或那样的故事了。你们愿意在本次会议上尝试一下这条指南吗？

第四条指南是聚焦需求和利益而不是解决方案。这会有助于团队做出每个人都支持的解决方案或决策。在很多团队里，我曾目睹过大家为某个解决方案或决策翻来覆去地吵个不停。团队在原地不停打转却毫无进展，这只会徒增大家的烦恼，因为时间一分一秒地流逝了，事情却丝毫没有进展。你们有过类似的体验吗？（常常有很多人点头。）我发现，就解决方案或决策而言，大家先讨论对你们而言最为重要的方面是什么，这会有助于对话朝着更为有效的方向

会议指南

- 倾听（避免打断）。
- 保持好奇心并对他人的视角保持开放态度。
- 分享你提问和陈述背后的原因。
- 聚焦潜在的利益和需求益而不是解决方案。
- 放松并享受今天的活动。

前进。大家讨论你们的需求是什么，与之前的提议相比，这样的讨论便于找到更多的解决方案。你们支持这条指南吗？

我所给出的最后一条指南是，放松并享受今天的活动。我发现，在一起享受乐趣的团队将更有创造力。另外，我们将一起度过一整天，为什么不充分享受这一天呢？大家对遵守这条指南有什么看法吗？

是否有人想就指南清单给出补充建议或修改我提议的指南？

一旦团队同意使用这些指南，我们会讨论使用这些指南将对这一天的沟通产生哪些影响。我会和团队分享一些简单的例子。我会解释说，如果我看到两个人同时发言，我会打断他们，让他们决定谁先说，谁后说。或者，如果团队在寻找问题的解决方案时陷入困境，我会给出提问，请他们澄清需要满足的潜在利益或需求。

我还会解释，我并不期待所有的参与者都会按照这些指南行事，但是我会按照这些指南去主持引导。当团队看上去遇到问题时，我会帮助他们按照指南行事。然后我会询问大家对我的建议及对我使用指南是否还有疑虑。这通常会引导大家就每个人如何运用或试着去运用这些指南，特别是我准备怎么具体运用指南展开简单的讨论。一旦我们达成一致，我们就开始启动会议。

第 15 章

使用团队有效性模型

安妮・戴维森

你正在书桌边忙碌着，这时电话铃突然响起。你只好放下手头上的工作，拿起了电话。简短寒暄之后，那人迫不及待地说：“好不容易找到你了！你可以帮助我们改善团队协作吗？部门负责人之间的配合需要进一步改善，你有时间吗？”

你将从什么地方入手呢？我发现一个最为有用的地方就是从团队有效性模型开始。有好几年的时间我把这个模型张贴在我的电话边，以便于我使用这个模型来指导我如何向潜在客户发问。我把这看成我与团队合作的起点。

诊断团队问题

当我发现致电人是要求我提供服务的团队成员之一（或是与我对话的第一位团队成员）时，我都会基于团队有效性的三个标准开始提问。例如，我会问：

> 当我发现致电人是要求我提供服务的团队成员之一（或是与我对话的第一位团队成员）时，我都会基于团队有效性的三个标准开始提问。

“发生了什么事情让你觉得团队协作需要改善？”或者“团队中还有哪些事情没有发生而你希望发生？”或者更为具体一点，“团队达成工作目标的情况怎么样？”（绩效）

“团队成员在一起做出决策和处理冲突方面做得怎么样？”（流程）

“团队成员的需求得到满足或没有得到满足？”（个人感受）

通常，我不会与一位团队成员进行深入沟通，但是基于团队有效性标准的提问可以帮助我评估该客户是否可以从我提供的服务中受益或我的技能是否满足他们的需要。如果彼此的合作看上去可行，我会和团队或团队成员的代表召开一次规划会议或电话会议。

有关这一流程的更多细节请参考第 8 章“与团队订立合约”。

向团队介绍团队有效性模型

在我早期的职业生涯中，与现在相比，我更喜欢独自诊断。那时我的通常做法是先召开规划会议，并且基于团队有效性模型的要素给出系列提问。现在我偶尔还在用这个方法，特别是在客户做出了自由（在某种程度上也是知情的）的选择后，因为他们不想花费太多时间去讨论该模型。我也许会这样提问："你是如何描述团队目的和目标的？""当你们意见不一致时，大家是如何处理的？"他们的反馈，特别是给出的具体例子，可以就初步诊断团队有效性中的关键问题并考虑采取可能的干预方法提供依据。

现在，我更习惯于在规划或诊断会议上与大家分享团队有效性模型。这样做的好处是：第一，它确保我就团队有效性的每个关键因素提问并可引出例子。这样做，我可以得到更多具体而广泛的数据。第二，对团队成员而言，我可以保持诊断框架透明。他们可以考察这个模型是否切合他们的经验并指出该模型在他们眼里中可能缺失的要素。当我针对团队行为做出诊断时，他们可以明确表示赞同或不赞同。

通过分享团队有效性模型，我可以示范引导指南所需要的透明和好奇心。

通过分享团队有效性模型，我可以示范引导指南所需要的透明和好奇心。团队可以体验到与我合作的感受将是怎样的，我将如何践行价值观，我的引导方式是否切合他们的需要或如何切合他们的需要。另一个好处是，一旦该团队开始学习团队有效性模型，他们可以将该模型视为评估他们团队将来取得的进展或组建他们自己新团队的工具。

介绍团队有效性模型的步骤

在介绍团队有效性模型时，我会花上 15 分钟简要解释团队有效性的标准，指出其中的三个关键因素（团队流程、结构和情境）并且界定几个并非常用的术语，如跨越边界（Boundary Span）。然后我和团队一起用过往发生在团队中的例子和故事来描述问题，共同制订诊断和干预计划。以下是具体的步骤。

第一步：解释模型

首先，解释模型的目的及你介绍它的原因。我会这么说：

"为了帮助我们识别哪些要素有助于团队协作，哪些要素不利于团队协作，我希望给大家介绍一下团队有效性模型。这个模型告诉我们一个合作良好的团队需要具备哪些要素以及这些要素是如何互相作用的。它也可以指明你可以在哪些地方做出改变。如果我们能一起审视这个模型，我想大家可以更为了解我将如何给你们提供帮助，并了解在我结束咨询之后各位将如何继续保持改善势头。大家对我提议花些时间一起探讨一下这个模型还有疑问吗？"

然后，我会简单地介绍团队有效性的标准、三大因素和描述要素的术语。我告诉他们有效性标准和要素是如何相互关联的，并且指出这个团队模型是一个开放的系统：每件事都会影响其他事情。

第二步：请团队成员描述在哪个时间段里团队有效性比较高

这应该是一个具体的事例或决策流程，需要包括团队行为和讨论的例子作为支撑，要求尽可能重现当时的具体细节。在讲述过程中指出团队有效性的三个标准中哪个标准得以满足，并且还需指出团队流程、结构和情境中的哪些要素可支持团队有效性。列举这些要素并借助图 15.1 说明它们是如何相互关联的。这些就是你和团队需要着重发力之处，以便解决这些低效要素。

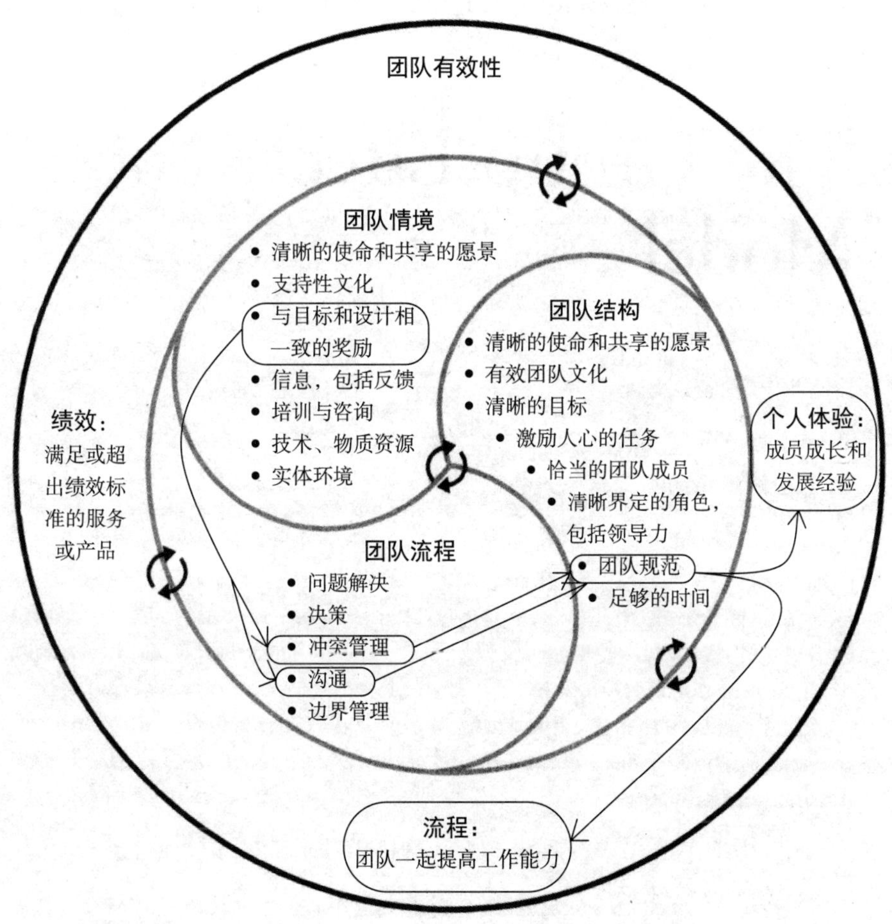

图 15.1　运用团队有效性模型找到问题和因果联系

第三步：让团队成员描述在什么时间段里或在哪件事中团队有效性比较低

指出团队有效性的三个标准中哪些要素未能达成。然后识别团队流程、结构和情境中的哪些要素影响了团队有效性。用线段和箭头连接这些要素，说明一个要素的低效是如何导致模型中其他要素低效的（请参见图 15.1 的例子）。你需要不断地向自己发问："是哪项要素导致了这个问题的产生？这项要素还会影响哪些其他要素？"

第四步：分享你的观察结果并就需要解决的首要杠杆点达成一致

首要杠杆点涉及问题的根本成因，并为解决其他要素打下基础，或对其他几个要素产生重大影响。例如，如果团队不清楚其成员是否合适，也不清楚团队的目的和目标，那么需实施干预的杠杆点就是先澄清使命、愿景和目标，因为目标决定团队成员的需求和角色。

介绍团队有效性模型

某人力资源服务机构总监提出申请，希望我能协助改善所属 10 人团队的有效性。

她说，在六个月之前的一次团队会议上，其中一位小组成员，我们称呼为萨拉，指责这位总监心怀偏见，做出了一系列不公正的决定。她暗示正是总监的种族歧视造成了这些糟糕的决定。在会议中，其他成员一直保持沉默，但会后有好几个人撰写备忘录反驳萨拉，并为总监辩护。这件事发生后，总监感到团队士气不高，会议讨论经常偏离正常轨道，而且团队对于任何行动方案都难以达成一致。该团队负责管理重要的人力资源服务项目并经常接受媒体的监督。过往，他们合作得不错，但是最近大家心生芥蒂，互相埋怨，这在总监看来颇为危险。这不仅浪费精力，而且与管理委员会的利益不相一致。她希望能尽快扭转局面。

我建议在团队中引入团队有效性模型，并且评估团队有效和无效的要素。我们给所有的团队成员发送邮件，询问他们是否可以花上一小时的时间阅读有关团队有效性模型的介绍，并且准备回答三个提问。每位成员都同意做好准备并参加了历时三小时的诊断会议。我们有言在先，在会议结束后，大家可自行决定是否与引导师继续合作以及如何与引导师开展合作。

在会议中，团队成员首先通过提问来澄清他们对于团队有效性模型的理解，然后他们针对以下的提问做出回应。

1. 你对这个团队三个具体的期望是什么？
2. 结合团队有效性模型中的要素，哪些要素有助于你的良好表现？分享一个故事或一个例子来支持你的观点。
3. 模型中哪项要素缺失或需要加强？究竟发生了哪些事情让你认为这些要素需

要得以加强？

在两个多小时的时间内，大家听取了每位成员心中的愿景：如果团队更为有效，团队应如何发挥作用。大家也谈及了每个人眼中的团队优势，以及需要改善之处。团队成员共列出了 18 项具体愿望，这代表了团队有效性模型中的八项要素。我们并不追求就清单上的每个项目都达成共识，相反，我们询问清单上哪些项目可以得到每个人的赞同。在这个案例中，我们达成了共识：团队有效性模型中的六项要素清晰地代表了团队优势，包括共享愿景、清晰使命和目标，以及能激励人心的任务。讨论似乎让团队重新聚焦在他们做出的承诺，以及对可提供的重要服务的澄清上。借用愿望清单及明确需要加强的要素，团队达成共识并将在五个要素上做出改善：沟通、冲突管理、团队文化、团队规范及决策。

因为团队价值观、信念（文化）和规范（基本规则）极大地影响团队成员进行沟通、管理冲突和做出决策的方式，我建议团队先讨论价值观、信念和规范。团队很快设计了完成这项工作的流程与计划表。在随后的数周里，他们将以更加有效和合乎规范的方式提出比较难处理的话题并处理过往事件（包括备忘录事件）。团队成员表示团队有效性模型可以帮助大家专注他们的整体任务，帮助他们认同并发挥他们的优势，而任务看上去不再那么高不可攀。虽然他们从一开始就知道任务不易，并对每个人都意味着挑战，但该模型可以帮助他们逐项厘清各项要素并明了工作的意义。他们现在了解有效或低效行为是如何形成的，这些行为还会影响到更大的系统。团队决定定期重温该模型，以便评估进程并确保各项工作均衡开展。

例子：描绘系统

数年前，在某大型全国性银行任职的一位客户联系我，要求我帮助她改善所在团队的团队协作事宜。同意与其团队会面后，我指导他们通过四个步骤引入团队有效性模型。

团队讲述了他们设计的培训材料和促销文案是如何有效地帮助这家银行的。他们曾获得多个奖项并在银行系统内享有很高声誉。该团队高效运行，大家对取得的成果都深以为豪。他们的使命、目标和任务都非常清晰，并且激励人心。团队成员经验丰富，才华横溢，并且能够在压力下工作。我们将清晰的使命、愿景、目标、任务和团队成员视为团队的优势，另一个优势是他们也能够采取协作的方式共同解决工作中出现的问题。

当我们进行到第三步时，也就是描述什么时候团队有效性不高时，他们告诉我在每个项目上他们都相处甚欢，合作良好，这种局面一直持续到组织启用了新的等级评定系统（Ranking and Rating System）。为了实施新的系统，总部办公室坚持对每位员工实行单独评分和排序以推行绩效工资。虽然团队要求大家共享团队的整体评级，但该规定依然要求从高到低给每位团队成员评分来区分表现。等级评定引发大家相互争论、指责和猜忌。他们以前曾如此紧密地并肩作战，谁也不可能清楚地记得每个人的具体贡献。人们开始怀疑有人窃取自己的工作成果并占为己有，这导致工作士气不断下滑，而整个团队既没有达成个人的有效标准，也没有达成流程的有效标准。

我们用团队有效性模型（见图 15.1）来描绘这一问题以及其内在的因果联系。最为显著的是沟通问题和团队成员之间出现的冲突问题。在已建立的团队规范也就是共同认可团队的集体成果与个人绩效评估之间出现了不一致。正如该图所清晰展现出来的，问题是由团队情境中的要素造成的：奖惩制度与实现自我管理、打造富有活力的团队目标不相吻合。按照团队成员提供的信息，我们同意单靠提升团队协作是无法解决这一问题的。最好的干预方法是帮助团队与制定奖惩制度的人员开展对话，而不是在团队流程问题方面下功夫。

设计干预方案

在你和团队运用团队有效性模型描绘问题之后，接下来的一步就是达成共识：从哪里开始改变以及如何改变。其实，没有一成不变的完美起点，但我们总是可以找到有效之处下手。正如我在介绍团队有效性模型第四步时所说的，我的方法是找到首要杠杆点进行干预。对于银行团队来说，他们的起点就是解决导致冲突发生的奖惩制度。通常，我会首先从团队结构中的要素寻找入手点。一旦团队确定了他们的基本结构，澄清沟通需求、决策流程和工作流就比较容易。就团队的要素如使命、角色和边界等达成一致后，很多冲突都会减少或消失。之后，讨论团队如何处理差异就可能是有效的了。但对我来说，与解决导致差异的根本成因相比，这并不是那么有效。

我的方法是找到首要杠杆点进行干预。通常，我会首先从团队结构中的要素寻找入手点。

尊重团队选择的起步之处。

尊重团队选择的起步之处。我以团队成员的选择为指引，也以他们寻求我帮助的原因为指引。如果这只是一个基础型引导（例如，汇总信息做一个年度计划），我只会讨论团队使命、目标、角色和成员。但如果团队告诉我他们过往虽聚在一起制订过类似计划，但该计划从未得以落实。我会挖掘造成这种情况在团队规范和团队文化方面的原因。我会提出诸如心智模式和防御机制的话题。我会讨论重塑思维所面对的挑战、需要花费的时间及不深入探讨成因所带来的后果。作为咨询师或引导师，我的责任就是倡导深入探询来解决问题的根本成因，以避免这些问题重复出现。但最终，依然由团队自行决定他们将如何花费时间以及讨论所需达到的深度。通常，我们的起点并不总是从最深层面开始。相反，我们会从所有团队成员都全力支持需要解决的要素开始。

请参考第 4 章“理解指导我们行为的理论”和第 43 章“发展型引导”中有关心智模式和防御机制的讨论。

如果你做出了错误的诊断或从错误的地方开始怎么办

好消息是，既然团队是一个系统，在系统中，每个要素都与其他部分息息相关，这样，无论你从何处开始，根本性问题都会浮现出来。你最初的尝试也许并不是最为有效的，团队成员也许会感到沮丧，所以如果能尽快清楚地抓住核心问题，则最理想不过了。但是另一方面，团队必须了解解决困难问题或不能解决困难问题所引发的后果。既然他们做出了自由的选择不去探讨某些主题，运用交互学习模式的引导师也就难以把他们从错误中拯救出来。引导师可以主张去解决某项问题并且解释其本人的逻辑（例如，不解决某个问题所带来的后果），但是不能要求团队去处理某项富有挑战的要素。如果引导师在推动团队时用力过猛，团队会感到他们尚未准备就绪或不太愿意冒险一试，这反倒会引发大家的抵触情绪。尚未解决的问题经常会卷土重来。在我的经验中，如果你和团队一起设计工作内容并得到他们的充分支持来解决你所处理的问题，当问题再次浮现时或团队准备深入探讨这一问题时，他们会邀请你重返现场。

> **既然团队是一个系统，在系统中，每个要素都与其他部分息息相关，这样，无论你从何处开始，根本性问题都会浮现出来。**

> **运用交互学习模式的引导师也就难以把他们从错误中拯救出来。**

欲更多了解有关心智模式和防御机制，请参考第 4 章“理解指导我们行为的理论”和第 43 章“发展型引导”。

避免朝向错误的方向努力

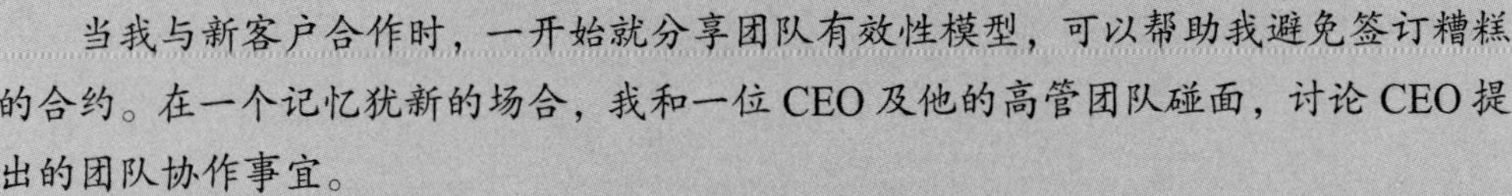

当我与新客户合作时，一开始就分享团队有效性模型，可以帮助我避免签订糟糕的合约。在一个记忆犹新的场合，我和一位 CEO 及他的高管团队碰面，讨论 CEO 提出的团队协作事宜。

CEO 看到了给高管团队提供的参考资料，并且在最近的一次会议中听取了大家有关这个模型的讨论。那些与 CEO 合作密切的助理和部门负责人对于提升团队协作的想法热情颇高。团队通常会召开冗长的月度计划会议。每个人都认为改善团队协作可以帮助提高这些会议的效率和产出。

我安排了与 CEO 及四位未来团队成员的初次碰面，讨论我们是否需要一起开展工作以及如何开展工作。会议一开始，我简要介绍了团队有效性模型，以及作为模板它对于建立有效团队所能提供的帮助。我询问团队成员在其中扮演的角色，模型中的哪些要素业已存在，哪些要素还需要添加或强化。

我的提问结束之后，CEO 默默地盯着这个模型看了几分钟。似乎过了很久之后，他重新抬起头对我说："我刚认识到我的优势是打造组织（团队）氛围，我经常在这个领域下功夫，但是在组织中我很少把力气花费在团队结构的打造上。在大部分情况下，部门负责人都有他们自己的团队，他们应该和自己的团队一起工作，我不想在团队流程上花费什么时间。我认为在这个模型中的其他要素上下功夫不会改变我的工作方式，或能最大限度发挥我的长处。部门负责人的确给我提出过建议，但我真的不想花时间和他们一起做出决策、管理边界、冲突或设定目标、明确角色等，我认为我们组织在这些方面都非常清晰。"

我询问现场的其他人是否同意或不同意他的看法。他们基本同意CEO的看法："他是一个强势的领导，也非常高效。他的确允许我们发表意见，但除非他本人想改变他的领导方式和工作重点，我认为我们并不需要强调团队建设。我们对于彼此的依赖没有那么迫切。我们都清楚自己的使命，这一点非常明确。CEO 给予我们相当大的授权空间让我们自行管理，所以我们需要团队和协作流程来指导这些方面。"

CEO 非常清楚他可以给下属部门在团队建设方面提供支持，但他本人并无兴趣与他的部门负责人在这方面投入精力。我们都同意这场讨论非常有价值。部门负责人要求我给他们的下属分享团队有效性模型，当然，他们也认同最好不要让 CEO 参与其中。但我认为这不是有效利用我的时间的合适方式。借助团队有效性模型可帮助很多高管团队改善团队有效性，但在这个时候使用或在这里使用也许并不合适。如果没有做出清晰的评估就往前推进，我认为付出的努力在长远上来看不仅得不偿失，而且耗费组织资源，也往往事与愿违。

➡ 参考《专业引导技巧》一书基于团队有效性模型的诊断问题清单。

第 16 章

帮助团队聚焦利益而非立场

佩吉·卡尔森

一个有关立场和利益差异的经典故事是这样的：两个小孩拿着一个橙子来到大人的面前，都说自己想要得到这个橙子。这位大人请他们各自陈述一下自己为何需要这个橙子。一个小孩说他肚子饿了，所以他想要这个橙子；而另一个小孩说他需要橙子皮作为制作蛋糕的配料。好了，问题就此解决：聚焦利益而非立场，两个孩子都 100% 得到了他们想要的东西。

> def·i·ni·tion
>
> **立场是对问题的单一回答或解决方案，而利益则是一种需求、愿望和担忧，通常可以有多种满足方式（1991）。**

虽然并不是所有的组织问题都可以如此这般容易解决，第五项基本规则“聚焦利益而非立场”对于解决我们日常工作中所遇到的问题十分管用。立场是对问题的单一回答或解决方案，而利益则是一种需求、愿望和担忧，通常可以有多种满足方式（1991）。

因为人们习惯于快速从自身的利益考量上转换到可满足他们利益的立场上，处于冲突的双方很容易就不同的解决方案发生争执并讨价还价，而不是寻找可满足潜在利益的解决方案。

无论是制定政策，还是决定如何分配稀缺资源或者协调员工间的争议，发现并满足共同的利益才是彻底解决问题的关键技巧。

以下是帮助人们聚焦利益而非立场的方法。

用激发大家思考的一句话作为开始

让一场讨论从一开始就迈上正轨的有效方式就是在陈述立场之前先明确利益。例如，如果某个团队为一家组织设计新的绩效薪酬方案，你可以在一张白板纸的上方这么写：“构思绩效薪酬方案需（考虑）……”团队成员可抛出尽可能多的陈述来完成这句话。每句陈述都以利益的形式表现出来。典型的利益可包括“奖励高绩效者”“保留优秀员工”“利于做好预算”。团队可以审视整个清单，并分享他们心目中绩效薪酬方案必须满足的利益（或部分利益）。

这一方式可以从一开始就让大家的讨论框定在利益上，避免出现过往那种由团队成员从自身利益出发提出各种方案，然后听凭其他成员指出方案中的各种漏洞的情况，这只不过是因为所提出的方案没有包含这部分成员的利益而已。

准备一份常见的利益清单，而不是赞同-反对的两栏目表格

在上述例子中，团队列出了一份利益清单，然后用这份清单来决定哪些利益为绝大部分成员所共有，哪些利益需要排在最为优先的位置，以及一些其他考虑因素。不要在生成利益阶段就开始制作两栏目表格，有时这种表格被称为赞同-反对或成本-收益分析表格。使用两栏目表格涉及先列出一个解决方案，然后列举这个解决方案所带来的利与弊。虽然它原本的意图是帮助团队理性权衡某个特定解决方案的优点再做出决策，但这种形式经常导致团队成员固守某个立场，然后用两栏目表格来佐证其持有的某个立场（赞同）或反对另外的立场（反对）。这个工具无法帮助团队在解决问题时明确他们的所有利益，并创造性地找到满足所有利益或绝大部分利益的立场。

巧妙安排房间里的座位，让大家能够看到彼此的面孔和利益清单

这个观点与费舍尔、尤里和帕顿的想法（1991）有关。他们的想法是将人与问题区分开来。如果团队成员可以看见利益清单并且可以参与到共同利益清单的添加中，那么他们就不太会将其他团队成员看成反对者，或者将其他成员看成阻碍他们达成所期望解决方案的绊脚石。

在讨论过程中利用提问来帮助大家找到利益

找到位于立场之下的利益就像剥开一个洋葱。当你揭开最初的立场这层表皮时，你会马上发现还有另一个立场位居其下。这绝少是因为团队成员对此进行刻意的抵制；相反，这恰恰反映了我们是如何习以为常地从立场出发来思考问题的。

例如，想象一下公司里的培训和组织发展部正就何时举办一系列的领导力工作坊展开讨论。一位团队成员萨拉建议在每月的第三个星期二举行（立场）。如果是我担任现场的引导，并且运用聚焦利益而非立场的基本规则，我会这么提问："在你看来，为什么要选择每月的第三个星期二来举行这一活动？"萨拉也许会回答："如果我们这样安排的话，就不会和托尼举办的管理培训班发生冲突了。"于是我们就了解了她的利益。尽管萨拉的利益已经开始浮现，但是"不要与托尼举办的管理培训班发生冲突"依然还是一个立场。所以我会接着问："你可以说一说与托尼的管理培训班错开来安排有什么好处？"答案也许是托尼需要在两个工作坊担任授课或者萨拉认为参加这两种培训课程的学员是同一批人。

这一剥洋葱式的提问可以帮助团队成员聚焦在他们的利益之上，这与全面质量管理中追问五个“为什么”以找到问题的根本成因的方法类似。这里的关键在于提问必须充满好奇并带有同理心，而不是一味盘诘。在我的经验中，很少有人会紧紧拽住利益不放并对其采取秘而不宣的方式，或者被逼无奈才和盘托出。在大多数情况下，我们发现多个利益会在对话中浮现出来，因为人们习惯于从立场这一角度谈话和思考，所以他们需要花费一些时间才能发现和确认自己的利益。

引出利益的提问

- “为什么在你看来，X（那个立场）是个好的选择？”
- “你可以再说一说为什么采用 X 对你而言很重要？”
- “我听说你建议团队做 X，但是我没有听到你的解释为什么 X 可以满足团队所识别出来的需求。你能再说一说 X 能满足的需求吗？”

注意这些提问并不需要用到立场或利益这两个词语，如果团队成员对这两个词语比较熟悉，你当然可以使用它们。事实上，在发展型引导的情境中，当团队成员自己尝试学习使用基本规则时，你可以通过帮助他们使用这两个词语来予以区分。但是，如果你引导的团队将立场和利益看成专业术语，你就需要运用你的引导技巧来帮助大家聚焦在立场之下的利益，而不要刻意使用这两个词语。

先聚焦利益再讨论

立场可经常帮助我们从关注彼此的差异转移到关注彼此的相同之处上，这利于大家建立共识并找到富有创意的解决方案。

不管是在引导一个城市议会的半天聚会或历时数月在某个组织中教授引导技巧，我经常对第五项基本规则所能发挥的威力感到震惊。帮助团队聚焦利益可从一开始就改变整个对话的基调和方向。先聚焦利益再讨论立场可经常帮助我们从关注彼此的差异转移到关注彼此的相同之处上，这利于大家建立共识并找到富有创意的解决方案。

参考文献

Fisher, R., Ury, W., and Patton, B. *Getting to Yes.* (2nd ed.) New York: Penguin Books, 1991.

第 17 章

共创使命和价值观

安妮·戴维森

团队有效性模型从两个方面强调了清晰使命和共享愿景的重要性：团队情境和团队结构。客户和同事经常询问我们为什么一再强调这些要素。理由之一是意义的改变取决于意义所在的范围。一个组织的使命与其运营单元的使命是不一样的。再次强调这些要素的第二个理由是界定愿景、使命和支撑它们的价值观是非常重要的。

方向模糊或不一致是导致团队失败的一个常见原因。

方向模糊或不一致是导致团队失败的一个常见原因。遗憾的是，这个问题不会在短期内表现出来。团队有可能工作了好几个月之后才发现他们的使命和愿景与组织确定的方向不相一致。我合作过的一个团队一直到制订执行计划这一阶段才发现大家对于愿景、使命和价值观的理解千差万别。团队被卡在那里动弹不得，他们无计可施，只好回过头去重走一遍整个流程。这既浪费时间也浪费资源。

对于愿景的不同看法

在这里讨论愿景，我不想谈论那些让人敬仰的愿景宣言，这些宣言字斟句酌之后被人们镌刻在高悬的牌匾上，却鲜被提及。为了与专业引导技巧的用词保持一致，我认为愿景是一幅具体而又栩栩如生的图画，描绘了团队渴望创造的未来。这里的重点在于梦想而不是词语，在于创造出一幅振奋人心的画面并能激发人们的无限想象，这样才能激励其他人一同加入“追寻远方光芒”的探索之旅。使命则描绘出组织或团队为了生存需要做些什么，也就是其根本目的。价值观则描述了什么是值得尝试的以及你渴望得到的是什么，也就是说，对于组织和团队而言，做什么最重要，赞同什么最重要。

这些年来，愿景的声誉不佳，它在人们眼里沦为时髦和无用的代名词。我认为背后的原因众多。原因之一就是人们过于强调华丽的辞藻却没有认真思考如何将愿景落地，也就是欠缺指导日常行动的行为和目标。原因之二是很多经理对于无拘无束的想象感到不适，他们更习惯于分析具体的数据。对他们而言，憧憬未来似乎过于“矫情”。换句话说，他们不知如何发挥以情感为主或富于想象的右半脑的作用，也几乎从未考虑或相信可将梦想、比喻或情感作为信息的来源。更为基本的是，我认为人们对于在一个复杂组织中如何让使命发挥作用感到比较矛盾。

人们过于强调华丽的辞藻却没有认真思考如何将愿景落地，也就是欠缺指导日常行动的行为和目标。

根据广为接受的理论，一个令人信服的愿景可让人产生罗伯特・弗里茨（Robert Friz）所定义的"结构性紧张"（Structural Tension）。彼得・圣吉在《第五项修炼》中用了一个广为人知的术语"创造性张力"（Creative Tension）。创造性张力来自现实状况与愿景之间的差距。弥补这一差距的渴望成为创造性能量的来源，这种能量能激发人们全情投入到目的导向明确的行动中。愿景越生动形象、具体可见，对差距的界定就越清晰。对差距的界定越清晰，个人或团队就越容易采取具体行动，朝着理想中的未来推进。在我的经验中，当人们通过对话、艺术体验、反思性写作或结合以上各种活动厘清他们的愿景时，无论是个人或团队都能取得进展，甚至彻底改变他们的发展方向。我相信一个强大的愿景意义重大。但我和团队合作的地方不是从那里开始的。

当许多组织尝试去建立一个共享使命并以此作为基础来达成组织一致的方向或做出改变时，这些组织的成长之路却并不平坦。我曾有幸与众多组织长期合作，或间断或持续。有些合作关系已经跨越了十多年甚至更长时间。绝大部分组织都建立了自己的愿景或愿景宣言（或者两者兼而有之）。我曾经多次引导组织去撰写他们的愿景，但绝大部分愿景都被束之高阁。愿景宣言可能被少数领导或创建愿景的人所共享，但对于组织中的其他人来说则未必。当人们需要在日常做出决策或制定目标和工作计划时，人们很少参考愿景中的要素。愿景宣言听起来不错，但在大幅提升组织绩效方面远未发挥应有的作用。

我开始深深地怀疑愿景在大型组织和其他复杂系统中发挥作用的这一假设。在研究了复杂域理论（Field of Complexity Theory）和系统思维后，我发现组织、工作团队或社区团队更多地遵循了复杂适应性系统（Complex Adaptive System）的法则。

成功在复杂适应性系统中意味着"适者生存"，或者能不断适应一直变化的环境，而不是为了缩小差距去选择某个具体的理想却在随后的追寻之旅中发现这个理想变得无关紧要。

成功在复杂适应性系统中意味着"适者生存"，或者能不断适应一直变化的环境，而不是努力缩小与某个具体的理想的差距，却在随后的追寻之旅中发现这个理想变得无关紧要。通过关注适配性，变化得以在每次互动中涌现出来。它并不取决于对未来状态预先设定好的详细设计。每次决定都改变了整幅景观，通过发生在每个参与者之间的复杂共同进化流程，未来得以实现。其结果是那些在恶劣环境中持续发展的组织会将注意力放在追求成长和保持敏捷这些方面，而不是关注某个特定的最终状态。这些组织鼓励大家关注相关信息，并且在不断变化的条件中做到应时而动，反应敏捷。

玛丽・凯瑟琳・贝特森（Mary Catherine Bateson）在她的著作《为生命谱曲》（*Composing a Life*）中，通过对五位杰出女士激励人心的描述，提供了同样的论据。她写到爵士乐的即兴创作对于这五位女士所创造的成功而言是一个妥帖的比喻。“我们中的每个人工作起来就如同即兴创作，在工作中发现创意的踪迹，而不只是追寻早已设定好的愿景。”这份自传告诉我们，在变幻莫测的世界中，基于少数几个清晰的原则，从一项决策跳到另一项决策，从一个机会奔向另一个机会，从一个挑战再到另一个挑战，这样不断进化的人生反而让人们收获更多。哪怕有了愿景，这也是自然涌现出来的，而不是一成不变的。所以，无论对于个人还是组织来说，愿景所担负的角色远比文献所表述的更加模糊和复杂。

强调价值观和目的

在制定共同使命和愿景时，大多数专家都建议首先创建个人的愿景，然后发现共享愿景，最后就减少现实与愿景之间差异的目标或里程碑达成一致。很多人意识到将价值观视为共创愿景的一部分的重要性。价值观成为“装饰在船头的雕像：一个指引人们奔向愿景的行为符号”。虽然我很尊重这些专家，但他们中的绝大多数人，依然低估了价值观及指导原则的重要性（请参考本章节结尾处的资源）。

在我所见到的充分利用团队有效性标准的组织和工作团队中，他们花费了大量的时间去发现或生成共享核心价值观的候选清单。所以现在我首先从核心价值观和目的入手对共享愿景和使命实施干预。

在审视那些历久弥新、被愿景所召唤的组织中，在专家之中，吉姆·柯林斯（Jim Collins）和杰瑞·波拉斯（Jerry Porras）是最为强调核心价值观的重要性的两位人士。他们指出一个基业长青的组织所拥有的愿景是由核心信念与憧憬的未来组成的。核心信念的两个不同要素是核心价值观（指引原则和信条的系统）和核心目的（组织存在的最为基本的理由）。他们的研究强调了帮助组织找到他们真正价值观的重要性，也就是那些他们会时刻坚守的核心价值观，无论这些价值观是否流行或能否提供竞争优势。成功来自坚守这些核心价值观并对改变其他因素保持开放态度，包括组织所仰仗的实际产品或服务。

虽然柯林斯和波拉斯的观点事关组织整体，但是我发现在组织中的所有层面，无论规模大小，只要给予同样的重视，都可催生工作团队的热情。实际上，如果一个组织致力于成为变革型组织、生成型组织（Generative Organization）或学习型组织，其价值观在很多方面都可取代愿景。也就是说，体验、学习和改变共享愿景的方式必须与核心价值观完全一致。首要愿景就是要打造出一个受到价值观驱动的、与时俱进的工作场所。

如果一个组织致力于成为变革型组织、生成型组织（Generative Organization）或学习型组织，其价值观在很多方面都可取代愿景。

干预目的或价值观（也许有愿景）

如果从回顾团队和组织的目的及澄清其价值观开始，我澄清愿景和使命而采取的干预措施会更加有效。我主要按照以下的步骤进行（经常是反复进行而不只是按照次序）干预。

1. 回顾组织目的

当我要求团队回顾其愿景或目的时，我会这样提问："这个团队（组织）因何而存在？你们对社会最重要的贡献是什么或将是什么？ 你们存在的根本性理由是什么？" 如果组织已有使命和目的宣言，现在正好可以对其进行回顾并提出质疑。我鼓励大家对上述使命和目的重新进行深度评估，而不仅仅只是简单编辑文字而已。通常在澄清价值观之后，我会建议重新回到目的上，以确保其保持一致。

2. 就一套基本的真正核心价值观达成共识

在帮助团队发现核心价值并且达成真正的共识上，我在这一环节会比其他步骤花费更多的时间。没有一套"唯一正确"的核心价值观。重要的是团队如何对价值观做出承诺，并且将他们的集体与个人的行为与他们标榜的价值观保持一致。通常，真正的价值观根植于团队的历史中，所以在这个阶段，我们可以制作一个团队时间轴，讨论过往曾发生过哪些重大事件塑造或诠释了这个组织中极为重要的方面。

就核心价值观达成一致应该是一次发人深省的对话，这让我们去审视每个核心价值观对于团队究竟意味着什么。我们会情不自禁地使用一些崇高的字眼如诚实或诚信，但是这些词语对于会议室中的每个人意味着完全不同的行为。一个高管团队曾花费五小时讨论诚实的含义，然后才就如何践行这一价值观，他们应该做些什么和不应该做些什么达成共识。我通常会帮助团队制作一份信念清单，说明哪些假设和行动可以支持这些核心价值观。不管我们在价值观清单中是否会添加新的信念内容，在这个阶段，仔细审查哪些想法和行为与价值观保持一致，这十分重要。

就铭刻在心的核心价值观展开一场富有成效的对话，有必要让团队理解并践行与专业引导技巧保持一致的基本规则。团队成员需要分享彼此的利益，理解共识和内在承诺的含义，详细解释他们的推理过程 并且就重要词汇的含义达成共识。他们还需要明了如何区分标榜理论和践行理论。核心价值观宣言就是理想宣言。我们的实际行为总是落后于理想的实现。当价值观和行为中的差异还没有得以公开讨论时，公开承认这一根本性差异对于解决不断蔓延的冷嘲热讽颇为必要。

想更多了解有关标榜理论和践行理论的内容，请参考第 4 章"理解指导我们行为的理论"；想更多了解有关基本规则的内容，请参考第 5 章"有效团队的基本规则"。

为了生成富有生命力的价值观而开展真诚的对话，团队需要建立心智模式和基本规则，这样的价值观讨论才有意义。我通常要求团队成员阅读相关书籍，随后就心智模式和基本规则安排半天或一天的培训课程。以此为背景，团队可以透彻地审视并对指导他们日常行动的价值观做出承诺。

3. 创造愿景

一幅栩栩如生的、描绘理想中的未来的图画可以让个人和团队备受激励。我会将这作为一个选项。有些团队选择在一段时间内践行他们的价值观。在他们全面感受到什么样的图画与他们的价值观保持一致后，他们才开始创建他们的愿景。如果一个团队想要创建共享愿景或愿景宣言，我建议先从个人的愿景宣言开始。我通常会使用视觉练习、情境卡或反思性写作所用到的一套提问来帮助个人澄清他们的愿望。这带来的一个奇妙结果是人们会经常分享他们非常个人化的故事，并借此阐明为何他们对于个人愿景中的要素感到充满激情。在我的经验中，分享这些故事可以增强彼此的尊重、理解和包容，这有利于创造一个信任和相互支持的氛围。因为团队经常会在某个阶段创建愿景方案或愿景宣言，表 17.1 和表 17.2 提供了我认为不错的练习和提问样板。

表 17.1 发现个人愿景的练习和提问样板

生命轴练习

1. 在一张白纸上，画出你的生命轴。我们把你的生命轴看成你个人历史发展的时间表。从你有记忆时开始直到现在。
2. 将你的生命轴画成一幅图画，高峰代表你人生中的高潮，低谷代表你生命中的低潮。
3. 在每个高峰的旁边写下一到两个词汇用于描述你的高峰体验。用同样的方式处理低谷。
4. 然后回到每个高峰，写下几个词语说明为什么这对你来说是一段高峰体验。

分析你的备注。你生命中的高峰揭示出哪些主题和模式？从中可以发现哪些个人的优势？这些主题和模式可以告诉你将来你可以发现哪些让你个人感到激动人心或重要的事情。

澄清愿景的提问

以下的提问可以帮助你澄清愿景：

1. 你想怎样为了你和你的组织改变世界？
2. 如果你可以创造未来，你想要为你自己和组织创造一个什么样的未来？
3. 生命中有哪些使命让你着迷？（不要太快回答没有什么让你感到着迷的。）
4. 你在工作上的梦想是什么？
5. 对于你的组织（或部门）而言你独有的角色和技能是什么？
6. 让你感到激情澎湃的是什么？
7. 什么样的工作让你沉浸其中、全情投入而又富有魅力？ 如果你一直做这样一件工作，十年后会发生什么？
8. 你理想中的组织是什么样的？
9. 你的个人计划是什么？你想要证明什么？

表 17.2　团队愿景情境

为了帮助团队给共享和渴望的未来描绘一幅具体的图画，我发现让每个人对想象中的场景进行反思非常有用。以下是几个屡试不爽的例子。

情境一

想象 15 年后，《财富》杂志刊载特写，报道圣山产品（你的组织、团队或社区）成为全国最佳雇主之一（或者五万人的最佳社区）。新闻报道团队正前往你们公司为 60 分钟节目做题为“圣山产品为什么如此伟大”的专访。每位团队成员将接受记者的采访并有机会讲述他们在这里工作或生活中最开心的一两件事情。为准备采访，请描述：

1. 你认为圣山产品在过去十年里做了些什么让它如此与众不同？
2. 你认为自己对组织的成功所做出的主要贡献是什么？
3. 你本人对组织感到最为激动不已的是什么？
4. 你期待记者拍摄什么样的照片来展示组织的进步？

情境二

五年后，当你乘坐热气球飞越你的组织或社区时，回想过去的五年中你实现了哪些梦想。绘制一幅图画，代表你眼中为实现梦想所取得的进展梦想。用粘纸、不同形状、符号、文字等来表现，只要能快速表达你头脑中的形象都可以。然后简单地描述你在图画中看到了什么以及它们对你来说意味着什么。

在分享了个人使命后，我们更容易建立共同的基础并就渴望的未来达成一致。有时一致的看法看上去更像一个或两个宏大的目标而不是有血有肉的愿景宣言。重要的是让团队能够拥有具体的、充满挑战和共享的抱负以指导他们日常的行动，并且他们能够清楚地告诉那些将鼎力支持他们事业的合作者。

结果

表 17.3 所显示的劳林堡市管理团队的价值观和信念宣言是我采取以上干预措施之后的最终成果。

表 17.3　劳林堡市管理团队的价值观和信念宣言

以下是劳林堡市管理团队所建立的核心价值观和信念宣言。这些价值观和信念将成为我们管理劳林堡市的指导原则。它们描述了我们的未来并成为我们做出决策和采取行动的基础。这些共同价值观将使我们更加有效。这是我们打造团队协作、澄清我们行动目的，以及推动员工和公众全面了解我们看重什么的基础。我们相信以下宣言可以成为我们行动的指导。

我们珍视：

- 诚实；我们的行动和沟通不可有欺骗和欺诈。
- 协作和团队合作。
- 人们对组织和社区的贡献。
- 政府、我们所从事的事业非常重要。

续表

- 人们在没有威胁的情况下做出知情的选择。

我们相信：

- 只要具备资格，所有公民都可享有均等的服务机会并得到我们提供的服务。
- 我们是公众信托的负责管理人，包括金钱、财产和环境。
- 市政议会—经理人形式的政府管理模式提升所交付服务的效率和效果。
- 我们以礼貌助人的态度服务大众。
- 我们收集有效信息，并且分享所有的相关信息。
- 当每个人对其行动担责时，他们的表现将更为出色。
- 我们根据任职资格与能力来选聘人才，我们将选聘可选的最优人才。
- 每个人都对其行为担责并负责。
- 人们所受到的奖励依据其工作的质量、数量和复杂程度来设定。
- 我们有责任确保城市选聘胜任员工并且为他们提供发展机会，让他们更好地发挥自身能力。
- 我们通过创新改善所交付的服务，每个人都对创新所引发的风险负责。
- 幽默是我们的行为中不可或缺的部分。
- 在我们采取行动前，要考虑每个人所处环境。

从头到尾，价值观成为每个人决策和行动的恒久指南。使用价值观，而不是某个具体的愿景或张贴在墙上的宣言，是主要的取胜秘诀。

该管理团队从 1996 年起使用了表 17.3 的价值观和信念宣言来指导他们的决策。他们所搭建的组织完全遵循了他们的价值观了吗？没有。完全基于这些价值观做出的决策会更加快速、便捷吗？并不完全是。管理社区（或其他组织）的复杂性要求细致考虑每个问题的多重因素并且在不同的利益中做出微妙平衡。例如，为了制定一个新的给排水系统延续政策，团队成员发现他们在全力做好平衡：如何在有效使用市民缴纳的税款与做好环境保护之间做出取舍。最利于环保的方式往往是最为昂贵的方式，而他们所能做的就是在现有条件下做出权衡并找到最适合的方案。但是，团队很少在没有考虑价值观和信念的前提下就做出重要决策，也不会在违背价值观或信念的情况下推进这些决策。决策很少需要重新审视，因为每位部门负责人清楚地理解做出决策背后的理由，所以在执行过程中很少有人不支持有关协议。

自 1996 年以来，劳林堡市管理团队实现了好几个愿景：获得全美城市奖，并且纳入重建市区及棕色地带复垦规划。为了达成以上结果，管理团队与城市管理委员会及一些市民团体开展了广泛的合作。从头到尾，价值观成为每个人决策和行动的恒久指南。使用价值观，而不是某个具体的愿景或张贴在墙上的宣言，是主要的取胜秘诀。对于这个团队以及其他团队而言，心怀核心价值观让他们卓越不凡。

请参考第 46 章“从学习如何领导到领导学习”了解劳林堡市城市经理对其个人历程的叙述。

资源

有些书籍为个人和团队思考提供了有创见的流程和提问，以下是我推荐的书籍：

Block, P. *The Empowered Manager.* San Francisco: Jossey-Bass, 1987.
Collins, J., and Porras, J. *Built to Last.* New York: HarperCollins, 1994.
Justice, T., and Jamieson, D. W. *The Facilitator's Fieldbook.* New York: AMACOM, 1999.
Senge, P., and others. *The Fifth Discipline Fieldbook.* New York: Doubleday, 1994.

参考文献

Bateson, M. C. *Composing a Life.* New York: Atlantic Monthly Press, 1989.
Collins, J., and Porras, J. *Built to Last.* New York: HarperCollins, 1994.
Fritz, R. *The Path of Least Resistance.* New York: Fawcett-Columbine, 1989.
Olson, E. E., and Eoyang, G. H. *Facilitating Organization Change: Lessons from Complexity Science.* San Francisco: Jossey-Bass/Pfeiffer, 2001.
Senge, P. M. *The Fifth Discipline.* New York: Doubleday, 1990.
Senge, P., and others. *The Fifth Discipline Fieldbook.* New York: Doubleday, 1994.

第 18 章

帮助团队厘清角色和期望

安妮·戴维森

厘清角色和期望回答了这些提问“ 我们需要什么样的角色（正式的职责）”以及“ 当人们履行其职责时我们期望他们如何表现”。

不清晰的角色和没有明说的期望经常是团队产生不必要冲突或无效冲突的主要来源。在团队流程层面出现的冲突就其本质而言，往往是由于大家对于核心角色如何界定看法不一，或者对于角色的期望含混不清、前后矛盾所致的。所以，帮助团队厘清角色和期望是对团队结构进行干预最为基本也是最有效的方式之一。对角色和期望进行干预回答了这些提问“ 我们需要什么样的角色（正式的职责）”以及“ 当人们履行其职责时我们期望他们如何表现”。

我们的同事迪克·麦克马洪讲述了在委员会任职的两位委员关系多年不睦的故事。他们的争执影响到其他委员的工作效率和员工满意度。

迪克应邀担任委员会聚会的引导师并协助改善两位委员之间的“紧张关系”。他首先引导大家就彼此的期望展开讨论。“关系紧张”中的一位委员说他希望市长和其他委员会成员停止召开“秘密会议”。他指出与他不和的那位委员经常发起这样的会议。其他所有委员都否认举行过类似的会议。当被问及具体事例时，这位委员抱怨，他“知道”其他委员在参加委员会会议之前会通过电话交换看法，并提供了具体的事例。他的“同案犯”立刻追问是否就是这件事让他“一直以来”心烦意乱。抱怨者说“是的”。“同案犯”的反馈是：“天呀！你是否还记得五年前我曾给你家里打电话，想和你讨论州立大街的事情吗？你告诉我以后再也不要为这种事情给你家里打电话了，所以从此以后我再也没有给你家里打过电话了。我们之所以没有给你打电话是因为怕打扰到你。”

“但是我从没有告诉你们要把我排除在外，”抱怨者说，“我的本意是想说州立大街是件小事，我们可以等到下一次开会时再讨论。”

虽然在某个层面上消除这种误解只需要就一些重要词语的含义达成一致（如“秘密会议”），但在另一个层面上，如果不是就角色和期望开展结构性对话，这一误解也许还不会浮现出来。在这起事件中，委员会成员可以澄清他们并没有做出任何私下决定。他们具体说明了会议前哪些信息得以分享、何时分享、如何分享。由此这两位委员的不睦关系得到显著改善。此次讨论后，他们的良好合作关系持续多年。

我与高管团队合作时也有过类似的经历。例如，他们从未试图去澄清上司的要求，而只是在那里坐等上司发出的指令，并对需向上司汇报什么做出策略性安排。我手头上就有一个记忆犹新的例子。团队成员在一次事关角色和期望的对话中分享道，除非获得总监和助理总监的支持，否则他们绝不会采取任何行动。如果有任何迹象表明他们两人不赞同此事，他们将假定这个项目不会付诸实施。“除非我们确信两位名叫约翰的上司看法一致，否则我们会蛰伏不动。而且只有在我们确定他们两人的看法一致后，我们才会发表我们的看法。”在这一点上，总监和助理总监对于团队成员在工作上欠缺主动性、难以落实决策感到非常不满。由于大家对彼此的期望是基于秘而不宣的隐含假设，这就造成团队成员在工作方向上难以保持一致。这种情况持续了多年，极大地影响了整个组织的绩效。

通常，在引导工作团队、委任和推选委员会、社区项目委员会时，对角色和期望予以厘清是最为系统和持久的干预方法之一。

干预的威力

就角色和期望进行干预效果明显，其威力在于干预厘清了团队有效性模型中的多个要素。

> 就角色和期望进行干预效果明显，其威力在于干预厘清了团队有效性模型中的多个要素。

期望是由团队价值观和信念（文化）衍生出而来的、必不可少的团队规范，所以这些要素需要逐一讨论。角色指的是需履行的更为正式的工作职责和任务。为了厘清角色，有必要重新确定团队成员资格以及边界管理等话题。例如，可以这样提问：“还有哪些其他角色对于团队的有效性产生了重大影响？团队还需要添加担任这些角色的成员吗？”为了更加有效地讨论角色和期望，我们还需要提问：“这些角色是因为什么而进行服务的？我们的角色与我们的目的是如何关联在一起的？我们期待达成什么样的结果？我们的期望是在帮助还是在阻碍我们达成目的？”有时团队发现他们必须退后一步，重新审视他们的使命和愿景。在这种情况下，从角色和期望的角度展开讨论可以让我们关注一个更为基本的结构性问题。

请参考第 17 章“ 共创使命和价值观”。

我经常留意到哪怕团队成员的未来愿景不尽相同，但他们依然可以就目的达成共识。但遗憾的是，每个人都假定其他人了解自己的个人期望（或者应该了解）。一旦某人的表现与他人的期望不相符合时，他们通常都会做出严苛的判断，但不一致之处无人提出。一段时间过后，不断升级的循环开始出现了：每个人都假定那些没能满足他们个人期望的成员并没有全身心地投入到团队之中或“还没有摸清门道”。一旦出现这种情

如果团队已就什么是合适的行为达成了共识，处理起团队成员的低效行为就会容易很多。

况，信息必然没法公开分享，而分歧也无从进行坦诚讨论了。团队成员之间的关系会变得越发紧张，沟通中的分歧也会变得越发严重。由于人们对于如何履行角色存有不同看法，没有能力对此展开深入讨论，这就被看成团队没法解决其他难题的证明。回避难题的代价是团队的创造力和绩效被牺牲掉了。对角色和期望进行干预可以终止这个恶性循环。如果团队已就什么是合适的行为达成了共识，处理起团队成员的低效行为就会容易很多。

干预的步骤

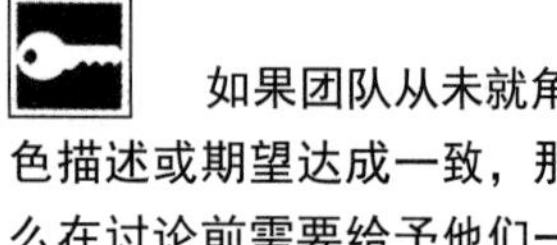

如果团队从未就角色描述或期望达成一致，那么在讨论前需要给予他们一些时间准备。

如果团队从未就角色描述或期望达成一致，那么在讨论前需要给予他们一些时间准备。图 18.1 描述了干预角色和期望的步骤。团队需要事先确认团队需要包括哪些角色，这样成员才能决定谁应该参与讨论。一个由 10 ~ 12 人组成的团队通常可以在 3 ~ 4 小时内完成这些步骤。如果需要重新回顾团队的目的或就新的角色或变化的角色明确角色描述，他们还需要更多时间。需确保每位团队成员出席整个讨论会。一旦有人缺席，为了落实期望并推动决策落地所需的团队承诺必然受到影响。

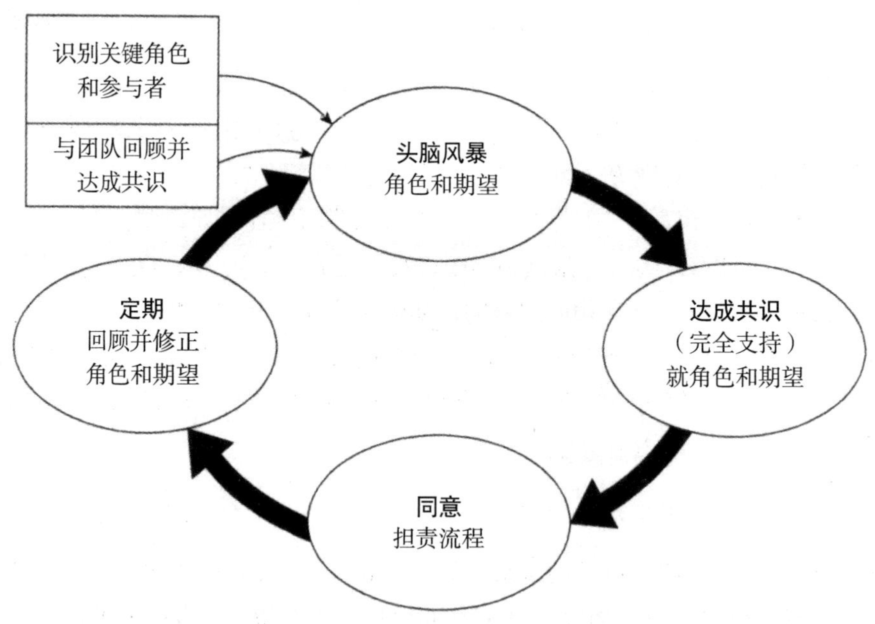

图 18.1　干预角色和期望的步骤

步骤一：识别关键角色和参与者

回过头去看，这么做是显而易见的，但在规划讨论阶段时，人们经常忽略关键角色。每一方都必须按照角色期望，全身心地投入到角色履行中。只有在对话中做到全情投入才可获得承诺并达成共识。与其他团队或委员会共事时，团队经常期望将现有的不同角色（如市长、经理、委员会成员、总监、部门负责人）囊括进现有的团队之中。但有些角色经常被忽略，虽然他们对于团队成功起到了至关重要的作用。这些角色包括引导师、顾问、支持工作团队的经理、推选委员会的文员或某个社区团队的商会职员。

即使那些担负重要联络角色的成员，虽然他们不必以正式成员的身份参与团队会面，但与他们一起讨论并就他们如何给团队提供支持达成一致也非常重要。与新团队共事时，让他们想象一下为了达成所界定的目标，团队需要设立哪些关键角色，这也会很有帮助。反复出现的角色冲突往往源于某些成员虽拥有重要信息，但他们并不认为自己需要在支持某个特定团队中扮演一定角色。团队随后会发现这些成员对于重要的需求并未做出响应，而彼此的关系和工作效果都会受到影响。一场颇有成效的讨论对于参与人数和角色是有限制的，但必须确保最为重要的角色在同一时间、同一间屋子里参与讨论。对于附属角色的期望可以单独通过沟通予以解决。

步骤二：与团队回顾并达成共识

在团队开始讨论愿景、目的或目标陈述之前，我们可回顾或要求团队进行回顾。检查一下看大家是否就团队的目的达成一致，并共同决定在讨论角色和期望之前是否需要厘清角色和期望。例如，如果某团队发现他们并不需要引导师或提供咨询的工程师来参与某个特定项目，那么就无须耗费时间去厘清某个无关紧要的角色，虽然这一角色过往曾经存在或对其他项目有所帮助。目的澄清或改变后，需要重新回顾步骤一，因为当前的目的可能意味着需要新的成员加入讨论之中。

步骤三：头脑风暴角色和期望

团队成员产生了期望清单，明确了每个角色将如何开展工作。现在需要从整体走向具象。如果一位市长或经理也是团队正式成员，首先可以明确每位团队成员对于彼此的大致期望（例如，参加会议前做好充分的准备），然后就特别的职责或添加的职责增加新的期望（例如，代表地区特别小组的委员会或告知其他部门项目的进展）。我们会用这样的一句话作为引发讨论的引子“我希望其他团队成员能……”，然后让每位团队成员完成整句话来反映其本人的期望。

当团队已经了解或希望学习有效团队的基本规则时，我们可以将几个重要原则纳入期望之中。与我们合作的许多团队会这样写出他们的期望清单“就所有重要议题厘清决策规则”或者“在会议前确保所有成员得到有效的相关信息”。通常，我们建议团队阅读一篇有关基本规则的短文。有些团队将基本规则纳入他们的期望之中。但是，期望就其本质而言通常是大而化之，而基本规则更多是单独作为团队规范得以采纳或完善。

步骤四：达成共识（完全支持）就角色和期望

团队很难就头脑风暴得出的角色和期望清单中的每一项都达成共识。这个步骤的目的就是发现共同基础，并且采纳那些得到所有成员完全支持的角色和期望。至此我们就清单中每一项予以厘清并回答了提问，并且询问每个人他们是否支持其中的每一项。看上去这么做显得相当费力，但是它通常可以让我们看到大家在哪些方面还犹豫不决，而这些犹豫之处往往说明还有亟待解决的担忧。为了避免将来出现冲突，现在就审视这些担忧并确保每个期望都能得到大家毫无保留的支持，这非常重要。最后的结果是获得一份大家完全支持并就每个角色列出重要期望的简版清单，这份清单可以有效地指导团队合作共事。

步骤五：同意担责流程

角色描述和共享期望并不能改善团队成员的互动，除非团队成员同意大家为履行角色与期望而共同担责。但这也是很多团队的软肋所在。很多人说他们需要诚实、直接的反馈，但与此同时他们又说如果这些人未能达成期望的话，他们不会直言相告，因为这会让其他人“感到尴尬”或“备受煎熬”。绝大多数人似乎特别害怕提及团队领导与角色和期望的不一致之处。

当人们渴望并需要获得反馈来提升绩效却无人愿意提供反馈时，在这个阶段讨论这个两难矛盾显得颇为关键。需重新让团队认识到反馈对于交互学习的重要性。这里还需指出的是，如果没有提供反馈，这会降低其他成员学习和成长的能力。帮助团队探讨没有提出反馈所面临的风险，如绩效降低、产品质量受损、招募新人和解雇员工所带来的成本增高或被削弱的竞争地位等。这场讨论可以引发对团队规范、价值观和践行理论进入深入审视的阶段。至少，这提供了一个机会来强化团队成员提出潜在的不便讨论话题的能力。团队必须十分清楚，为了满足期望，彼此应何时提供反馈以及如何提供反馈。

步骤六：定期回顾并修正角色和期望

当团队职责发生改变及成员技能得到进一步提升时，角色和期望也将随之发生改变。我们的一部分责任体现在需要定期回顾期望，并评估团队是否能达成期望以及如何达成期望。曾与我们共事的许多团队会每年回顾团队的角色和期望，决定哪些角色与期望需要保持，哪些则需要改变或放弃。即使团队成员出现变化，团队也应该回顾角色和期望并邀请新的成员提出增添或改变的建议。这对新成员融入团队中并为达成期望建立持续的共同承诺非常重要。定期回顾或许只需要花费数分钟，做年度回顾和修正也只需要花费一小时左右。

就干预做出改变和调适

实践中，对角色和期望进行干预的基本步骤可能需要扩充或调整。两个特别有用的调整是职责对照表（Responsibility Charting）和情境卡的使用。

职责对照表

就每个重要角色编制关键职责对照表，对于创建一个新的团队或重组一个工作团队并期待其能一直保持稳定或在某个长期项目中保持稳定，将发挥重要作用。职责对照表将为他们提供更多的帮助，因为该表可帮助团队实现自我管理，由此他们能够指出哪些职责或角色现在需要有人承担，哪些可以在六个月后或一年后承担。[1]表 18.1 提供了一个简单的例子。

表 18.1 职责对照表

角　色	现有成员	六个月后的成员	现有领导	十二个月后的领导	主责经理
系统管理					
• 批准应用设计	×	×		×	
• 制订转换计划		×	×		
绩效管理					
• 季度绩效评估	×				
• 年度绩效评估		×	×		
团队协作					
• 培训新的团队成员		×	×		
• 授予模块培训证书				×	×

资料来源：改编自技术工作团队章程，卡勃罗镇，北卡罗来纳州（2000）。

每个干预步骤中可用的提问

1. 识别关键角色和参与者

- 团队当前所需要的最重要的角色是什么？
- 我们经常面对的每个情境由谁负责？
- 业已存在的正式角色描述和岗位描述是什么？现在需要对其进行回顾吗？
- 近期我们需要从哪位那里获得关键信息和支持？这些人需要成为团队成员吗？无论他们是否为团队成员，如果未能与他们清楚沟通期望，会有什么样的后果？

2. 与团队回顾并达成共识

- 你认为团队的主要目的是什么？

- 你认为团队可以做出什么样的主要贡献？
- 你对团队的希望和梦想是什么？你本人对这个团队感到最有激情的是什么？
- 团队法定的职责是什么？
- 团队负责的关键成果是什么？

3. 头脑风暴角色和期望

- 作为团队的一员，你对自己的期望是什么？
- 你对其他成员的期望是什么？对于那些承担步骤一中所明确的重要角色的成员，你的期望是什么？
- 什么时候你们作为一个团队表现高效？你们为何高效？你希望哪些行为得以继续保持？
- 在什么时候你们作为一个团队表现低效？你们为何低效？你希望哪些行为得以改善？
- 就团队中的沟通问题、担心或彼此的相互抱怨，你是如何看待的？

4. 达成共识（完全支持）就角色和期望

- 所列举出来的期望是否看上去对这个团队不太公平或不太合乎情理？
- 是否有相似的期望可以合并起来？
- 是否会出现清单中列举的期望却连一位愿意全力以赴的成员都找不到？

5. 同意担责流程

- 如果你认为其他人没有达成期望或履行职责，你会如何向其提出来？
- 如果有团队或成员达成或没有达成期望，你会如何做出决定？

6. 定期回顾并修正角色和期望

- 你什么时候回顾这些期望来判断你达成的情况？
- 当成员出现变动时，你会用什么样的流程将新成员的期望融入进来？

进行角色分析是一件细致工作，需要团队召开数次会议才得以完成。这经常需要借助人力资源专家或外部咨询顾问提供的帮助。它是我们就期望开展有效对话、促进团队成长和评估成员表现的基础。

角色和期望样本：来自真实工作团队

团队设定的期望通常反映了他们现有的担心。虽然这里所提供的例子中的文字并没有精雕细琢，但这是我引导过的团队设定并使用过的。在我的引导中，重点不在于文字如何美轮美奂，而在于书面记录的期望是团队一次重要对话的标志物或备忘录。有时候意思也会发生改变，所以对以下陈述进行定期回顾和澄清也颇为必要，这样才能在随后的时间里达成其目的。

管理团队成员对彼此的（期望）

- 协助监督并与我们在整个组织中所履行的使命和目标保持一致。
- 为了取得成功，在整个组织中沟通共担职责："向上沟通"和"向下沟通"。
- 重要决策前，明确谁来做出决策以及如何做出决策。
- 就支持决策的确切含义达成共识。
- 在完成任务与不拘礼节之间达成平衡。
- 除非一个项目足够重要且需要得到每个人的全力支持，否则不要将它放在优先位置。
- 在会议之外互相提供支持。不要在员工面前互相攻讦。
- 在界定困难问题并为将来对话做计划时，将彼此视为良好的意见听取伙伴。
- 通过做好准备工作、提问和坚持就每个重要议题展开充分讨论，我们勇担重任来充分理解重要事宜。

管理团队对 CEO 的期望

- 帮助我们协调工作，而不是代替我们来管理各部门。
- 向我们通报董事会的重要议题和担心。
- 与所有团队成员沟通重要事宜，而不只是与某一两个人进行沟通。
- 当你提出要求时，解释你的推理和意图。
- 虽然某些内容你可能并不喜欢，倾听时请保持开放心态；不要"杀死传递坏消息的信使"。

CEO 对管理团队的期望

- 自己负责获取你所需要的信息；会议召开前了解会议议程，如果有此必要，你可以要求提供额外的信息。
- 监督自身的行为，使之与团队的期望和基本规则保持一致。
- 如果你认为我的举止与期望没有保持一致，请告诉我。
- 为确保会议行进在正确的轨道上以及会议流程得以良好管理而共同担责。
- 监督所有重要项目的进展，定期向我报告结果。
- 为帮助你做出决定，请向我咨询可提供给你的专业资源。

工作团队对彼此的期望

- 为确定优先次序来设计流程，并且在优先次序改变前与每位团队成员确认。
- 与会前做好准备。
- 轮流记录和准备会议纪要和议程。
- 承诺遵守我们制定的时间表，如果出现不可预见的事件造成计划延后请为其他人提供协助。
- 在真凭实据或所能获得的最佳信息来源基础上做出决策。
- 我们尊重彼此的差异，区分沟通风格上的差异与基本价值观所产生的不同偏好的参与方式。

情境卡

有时候团队发现难以就抽象的期望给出答案。一个对角色与期望干预进行调适的有用方法是创建三到五个简短情境卡片，并配以一到两段文字用以反映最近的体验。如果让团队成员回忆一下他们合作良好以及合作不佳的某个时刻，这也会很有帮助。然后，让他们思考以下提问，这样团队可确定他们的期望。

- 想一下团队合作良好时的情境。在这其中每个人都做了些什么来提升效率？你希望彼此继续做些什么来支持团队的高效？
- 想一下团队效率不尽如人意的情境。有哪些事你们没有做，而你希望以后可以做到？
- 你还希望做出哪些承诺或要求其他成员在类似“角色和期望样本：真实工作团队”中所描述的情境中做出承诺？

注释

1. 如欲了解职责对照表详情和更多例子，请参考莫尔曼、柯恩的书籍。

参考文献

Mohrman, S. A., Cohen, S. G., and Mohrman, A. M., Jr. *Designing Team-Based Organizations: New Forms for Knowledge Work.* San Francisco: Jossey-Bass, 1995.

Schwarz, R. “The Ground Rules for Effective Groups.” Chapel Hill, N.C.: Roger Schwarz & Associates, 2002. [www. schwarzassociates.com].

Town of Carrboro, North Carolina. “Technology Work Group Charter.” Carrboro, N.C.: Town of Carrboro, 2000.

第 19 章

运用专业引导技巧来强化工作团队

安妮·戴维森

到目前为止，有关专业引导技巧的大部分讨论都没有明说的一点是，我们在与团队或类似的工作团队进行互动。我早期的工作几乎只关注工作团队，直到今天，我一如既往地给众多组织提供广泛的引导和咨询服务来帮助他们改善或建立以团队为基础的结构。专业引导技巧对于创建工作团队或任何协作型工作系统的实践而言都是有力的补充。

何为工作团队和团队

个人和组织经常就工作团队是什么和不是什么发表不同看法。有些人用团队（Team）来定义拥有某个正式章程并共享具体目的或结果的小组，而用小组（Group）来定义所有的其他的个人集合。在《团队的智慧》（*The Wisdom of Teams*）一书中，凯哲巴赫（Katzenbath）和史密斯（Smith）对团队的定义是“团队由技能互补、致力于共同目的和绩效目标并以共同担责的方式一起工作的一小群人组成”，（凯哲巴赫，1997）特别撰写了《高层管理团队神话》（*The Myth of the Top Management Team*）一书。他指出“所谓高管团队，很少像一个真正的团队那样去发挥作用”，因为许多要素如具体的绩效指标和对任务的共同担责对于他们而言都付之阙如。

在专业引导技巧中，我们交替使用工作团队（Work Group）和团队（Team）。无论何种情况，我们所指的工作团队“由一群人组成，角色明确且互相依赖，为产生某些结果（产品、服务或决定）而共同担责，这些结果可以被评估。工作团队需管理他们与工作团队之外的关系”（《专业引导技巧》）。

无论我们使用的术语是团队还是工作团队，相互依赖的程度和职责的类型随着团队角色不同而有所变化，但其主要因素如相互依赖、共担职责、边界管理都以某种形式存在。

def·i·ni·tion

在专业引导方式中，我们交替使用工作团队（Work Group）和团队（Team）。无论何种情况，我们所指的工作团队“由一群人组成，角色明确且互相依赖，为产生某些结果（产品、服务或决定）而共同担责，这些结果可以被评估。工作团队需管理他们与工作团队之外的关系”（《专业引导技巧》）。

在工作团队中使用专业引导技巧的第一步就是清晰地界定利益，并且为妥善解决这些利益问题起草一份可靠的合约。

在订立合约之初就清晰界定这些重要的术语如小组（Group）、团队（Team）和团队协作（Team Work）颇有益处。更为重要的是发现需求背后的利益。许多人要求开展团队活动或团队建设活动，其实他们所需要的不过是一些协作行为如倾听、共同解决问题或有效管理冲突等。或者他们想打造团队或基于团队的组织并以此作为手段来减少繁杂的层级制或提升服务客户的响应速度。就某个小组是否属于“真正团队”进行辩论意义不大。团队覆盖范围大小不一，可以是具体的工作小组，其负责的领域狭窄有限，也可以是肩负战略职责的高管团队，还可以是基于团队协作并共担职责的组织。在协作型组织中心（Center for Collaborative Organization）（前身为工作团队研究中心）任职的拜尔莱因（Beyerlein）、弗瑞德曼（Freedman）、麦克吉（McGee）和莫兰（Moran）对团队范围有着最为清晰的界定。他们使用三层协作型工作体系予以描述：传统型团队、基于团队的组织、协作型组织。专业引导技巧在全面解决利益问题时，可以发挥相当威力，但是在涉及团队成员、干预方式、时间以及资源承诺等方面存在重大差异。在工作团队中使用专业引导技巧的第一步就是清晰地界定利益，并且为妥善解决这些利益问题起草一份可靠的合约。

为什么专业引导技巧威力如此巨大

专业引导技巧对于造就成功团队和协作型组织的因素或原则采取了精准行动。

在过去的十多年中，一大批新的研究明确了不同情境中工作团队取得成功的关键因素。这些研究得出的结论存在很多一致之处。他们强调团队结构（目的、角色、规范、职责）、支持性组织情境和团队流程技巧如冲突管理和决策的重要性。专业引导技巧对于造就成功团队和协作型组织的因素或原则采取了精准行动。

团队有效性模型具体解决了与团队情境有关的话题如奖励、物质资源和信息等。每项关键性团队结构标准在团队有效性模型中都有提及：清晰的使命和目标、激动人心的任务、界定清晰的角色、成员和团队规范。从本质上讲，该模型中的团队流程要素与研究者发现的高效团队要素一致：解决问题和做出决策、冲突管理、沟通、管理组织边界的能力。

想了解团队有效性模型及其运用，请参考第 2 章“ 团队有效性模型”。

另外，专业引导技巧还增加了团队和小组发展研究文献中所缺失的两个部分。首先，该方式具有内在的一致性和完整性。借助这一方式所提供的工具，人们可以解决所有的成功关键因素。你并不需要为每套技巧教授新的词汇表或者要求团队培养完全不同的基本技能。其次，该方式为提升有效性模型中的组成部分从行为上提供了具体方法。虽然很多方式可识别出成功因素，有些还提供了具体的例子如会议指南等，但很少能像有效团队基本规则这样囊括众多成功因素的工具。与其费心学习一大堆不同的模型如跨界管理、团队章程、决策等，还不如悉心掌握基本规则，这样你可技艺娴熟并始终如一地在各项任务中自如穿行。专业引导技巧为每项团队成功因素以及绝大多数情况下支撑这些因素所需的具体行为提供了坚实基础。

> 专业引导技巧为每项团队成功因素以及绝大多数情况下支撑这些因素所需的具体行为提供了坚实基础。

专业引导技巧如何帮助团队型组织

在我的职业生涯中，我曾经帮助某大型公用事业组织建立自主指导的工作团队。

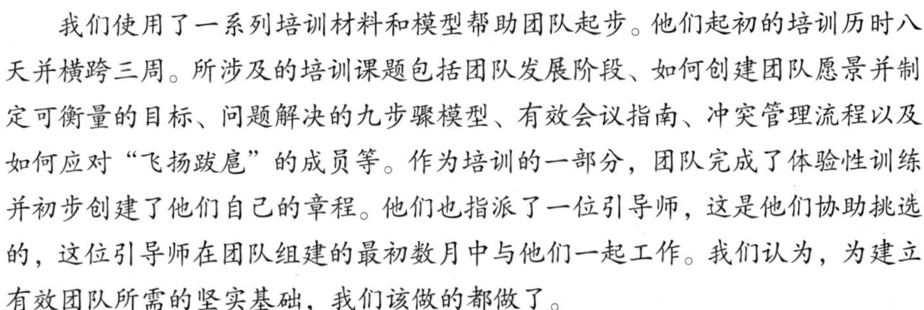

我们使用了一系列培训材料和模型帮助团队起步。他们起初的培训历时八天并横跨三周。所涉及的培训课题包括团队发展阶段、如何创建团队愿景并制定可衡量的目标、问题解决的九步骤模型、有效会议指南、冲突管理流程以及如何应对“飞扬跋扈”的成员等。作为培训的一部分，团队完成了体验性训练并初步创建了他们自己的章程。他们也指派了一位引导师，这是他们协助挑选的，这位引导师在团队组建的最初数月中与他们一起工作。我们认为，为建立有效团队所需的坚实基础，我们该做的都做了。

但结果非常令人失望。除少数几个团队完成了一两个项目以外，大多数团队都以失败告终。在没有引导师提供支持的情况下，没有一个团队可以始终如一地自行开会。由于每次引导师需要给七八个团队提供支持，他很快变得疲惫不堪。回顾时我们发现所有的小组在技能上都存有很大差距。

这时，我开始使用专业引导技巧。在团队领导的会议上，我介绍了团队有效性模型，并且请他们诊断哪些要素运行良好，哪些要素却带来不尽如人意的结果。各位领导虽意见相左，但是每个人都指出了团队有效性模型中的三四个要素存有问题（或全部缺失）。所有人都赞同一点：在我们的团队培训项目中讲授了太多工具和技巧。他们不知道什么时候该用哪个工具。另外，他们依然困惑于不同看法之中并感到自己在没有得到充分信息的情况下就做出了决策。大部分人难以让之前控制数据和流程的经理分发团队所需的报告以便让团队改善或实现自我管理。总而言之，各位领导建议放弃团队流程。

与之相反，我们通过一系列会议引入了早期版本的团队有效性模型，并且在组织的各个层级中开展讨论。随后我们重新设计了培训课程，将其压缩到四天，用专业引导技巧的九项基本规则取代了一些工具。我们开始用团队有效性模型作为制定团队章程的基础，而不是单独建立一个章程系统。我们花费了六个月将这些改变引入到团队中。结果并非完美无缺。我们依然还没能有效解决心智模式的问题，随着时间的推移，这又产生了其他问题。但是改变已经相当明显。由于团队更加聚焦并可更加容易获取有效信息，成果开始显现。一套规模更小、针对性更强的工具让团队将其注意力集中在一套可管理的技能上。所取得的成功为持续改善团队流程提供了活力。负责培养新团队的培训师将两大本手册压缩成一本仅为100页的培训资料。这一团队共建之旅成为将该组织打造成协作更好、利润更高、更加关注客户服务的重要组成部分。

想了解团队章程，请看下文，也可参考第26章“没有交互学习模式的基本规则就如同房子没有地基”。

团队专业技巧如何强化团队章程

团队章程制定流程与支持有效引导或咨询的签约流程类似并且同等重要。制定清晰的工作协议可以为创建有效的工作团队奠定基础。最初将关键成功因素囊括在内就发生在制定章程阶段。早期我与团队合作时，我认为章程虽然有用但并非关键，尤其对于那些内部团队而言，因为他们受制于更为广泛的工作流程且该流程为整个组织所共享。但是我与团队以及主责经理为数不多的合作经历告诉我，必须重视章程制定流程并需慎重对待。

团队章程制定流程与支持有效引导或咨询的签约流程类似并且同等重要。

在我记忆犹新的记忆中，我曾帮助负责修订涉及非办公时间回呼政策的团队制定章程。

在最初的会议上，主责经理对团队说，“无论你们提出什么样的建议，我都会同意，哪怕我本人并不赞成这个建议。凡是你们提出的建议我都会予以回应，只要加班补贴预算涨幅不要超过5%，我希望你们能降低预算。只要合法，任何手段都值得一试。”

几个月后（经过数次失败的尝试后才提交给经理做初步审查），团队向包括CEO和其他高管在内的委员会提交了建议。汇报中，那位主责经理表现出明显的不安。结束时，他跳起来说：“这真是一个糟糕的政策。我不同意这个建议。你们必须回去重新讨论。”幸运的是，这位经理最初的表态已经被写入团队的章程之中。一位成员冒着在他看来不小的风险（站在高管面前）提醒这位经理章程中的内容。这位经理立即道歉，与大家分享了他的担忧，并且同意支持该建议，虽然他本人持保留意见。如果没有这份章程，这位团队成员也许不会发声，他们的建议也将束之高阁，团队成员很有可能中途而退并且对小组流程冷嘲热讽。而与此相反，现在团队的责任感和权威感得以增强，并让其他团队对流程以及得到管理层更多支持充满信心。

这次经验让我体会到就目的和流程达成一致并纳入团队章程之中，这是何等重要。我还意识到我们缺失了章程中重要的一项要素：在团队提出建议的过程中澄清主责经理的角色和职责，这样该经理就会定期回顾小组的工作并且提供他的反馈。由于一开始我们忽略了与该经理在这一点上提前达成共识，我们将他置于一个尴尬位置：他或者不得不接受一个他本人持有保留意见的建议，或者予以拒绝而让员工感到不快。如果没有认识到是我们自己造成了这个问题并需予以解决，我们还将承担疏远其他主责经理的风险。这段经历让我在担任团队顾问时会建议团队思考他们所运作的整个系统，这样才能创建一份更为完整的团队章程。

我开始采取两个步骤：首先，我向团队介绍基本规则，然后邀请他们在制定章程的讨论之中使用基本原则。其次，我会花 10～20 分钟向团队介绍团队有效性模型，并且一起确定对于他们制定团队章程而言最为重要的是什么。我会向他们介绍模型中的基本要素，因为这些要素对于几乎所有团队而言最为重要：清晰的目的、界定清晰的角色、就团队规范达成一致、边界管理或（事件沟通的）升级流程、清楚了解如何获取和分享信息和资源。在这些要素中，还有很多其他事项可以讨论并取得共识，如主责经理的角色和期望、团队可以获得的奖励、如何确保团队目的与组织使命保持一致。即使团队在讨论中没有实践基本规则，我与团队的约定之一就是为了确保讨论有效，我会在干预中使用这些基本规则。当我以身作则践行基本规则时，他们也开始使用专业引导技巧的基本规则或原则作为他们流程的一部分，然后我们共同创建了一份给团队提供支持的不错章程。

> 拥有一份记录团队达成协议的书面文件是比较重要的，但是更有价值的是团队成员所经历的一起制定章程、就含义达成一致并对此做出承诺的流程。

章程是鲜活的文件。仅仅拥有一份书面章程并不能保证团队成功。拥有一份记录团队达成协议的书面文件是比较重要的，但更有价值的是团队成员所经历的一起制定章程、就含义达成一致并对此做出承诺的流程。在这个流程中，一份好的章程也需要针对特定环境做出调整，因为没有两份完全一样的章程。表 19.1 是运用我所描述的流程制定出来的章程摘录。

表 19.1　卡勃罗镇技术工作团队章程摘录，2000 年 3 月

名称：技术工作团队

工作团队目的：

技术工作团队的目的是向管理团队提交与本镇信息系统事宜有关的建议。

工作团队任务

典型的任务包括：

1. 评估技术需求和更新战略计划。
2. 为本镇创建一个集中式计算机信息系统。
3. 向管理团队（部门负责人、助理经理和经理）推荐技术政策。这一领域排在首要关注位置的是遵守公共数据法律。
4. 提出系统标准和服务事项优先次序的建议。
5. 帮助克服“常规事项”和部门项目之间的部门墙。在部门中分享与日常活动有关的技术信息。例如，帮助个别部门决定技术可在其中扮演的角色，并且提供论坛来讨论技术规划中的变化并提出建议。

续表

6. 作为各种想法和试运行项目的催化剂。推荐项目。项目将由实施项目的部门负责。
7. 帮助识别培训需求，与网络管理员和管理团队一起开发培训项目。

对工作团队和成员的期望

管理层对工作团队的期望：

- 制订用于支持团队目的的工作计划并付诸实施。
- 出于担责与信息分享的目的定期向管理团队提供信息。工作团队每年两次向管理团队汇报工作并根据需要向主责经理（镇经理助理）做非正式汇报。管理团队希望工作团队可在尽可能低的层面上做出决策并且避免不必要的报告。
- 在提出建议和做出决策前务必从所有部门得到有效的相关信息。
- 为决策选择提供有效信息的支持。

（事件沟通）升级路径

对于工作团队无法自行决定的问题、建议和决策，将由工作团队提交给网络管理员。网络管理员与项目领导一起商讨并向主责经理汇报。如有此必要或需要的话，项目领导可与主责经理会面或邀请主责经理与工作团队开会。如有必要，工作团队可将问题升级并提交给管理团队，并且由镇经理提交给镇议会。升级可达的最高层级将由涉及的具体问题来确定。

管理团队对技术工作团队的承诺

管理团队对工作团队做出如下承诺：

- 成员将为参加工作团队会议并完成工作团队的任务分配合理的时间。
- 管理团队将在合理的、共同商定好的时间范围内对技术工作团队提出的建议予以回复。基于工作团队的建议，管理团队将与工作团队分享将要采取的行动。如果没有采取行动，管理团队将做出解释。
- 管理层团队和工作团队一起设计方案以认可工作团队对组织的贡献。

主要角色

工作团队的主责经理（负责与管理团队联络）——镇经理助理

引导师——安妮·戴维森将在起步阶段协助工作团队，并且在需要时到场

工作团队协调人——安排会议、预定会议室、负责会议的开场介绍并协助主持会议的项目领导

项目主持人——工作团队成员将负责具体项目并主持与这些项目有关的会议

主责经理的联络人——网络管理员将担任此角色。他会与团队开会，与项目主持人一起工作，并且定期向镇经理助理汇报

其他顾问——根据需要

成员的选择标准

修订过的标准清单可用于挑选工作团队成员。其候选人需：

1. 通晓技术或愿意学习。
2. 愿意尊重其他人的意见。
3. 可广泛地代表组织（兼顾部门和工作层级的代表性）。

续表

4. 愿意花费合理的时间参加工作团队会议并执行团队任务。
5. 愿意接受这样的事实也就是团队将按照章程行事。
6. 愿意为了团队利益工作并完全支持团队的决定。
7. 对成为团队中的一员表示出兴趣。

团队规范

（内容包括专业引导技巧的基本原则和一套简短的会议指南。）

同样的流程适用于管理团队吗

位居组织高层的管理层（至少在传统意义上的层级制组织中）通常并不需要他们共同担责的明确绩效指标。他们的目的也比大多数组织中的团队要宽泛得多。但我发现专业引导技巧的原则和工具对管理层团队而言，就如同对负责某个具体工作产品或流程的团队一样，同样有价值。我相信团队有效性模型中的要素可以有更为宽泛的定义。例如，高管团队的使命和愿景也许难以与组织的使命和愿景区别开来。团队情境中的要素对管理层团队而言也许更有意义，因为正是他们才能够改变某些要素如奖励机制、绩效反馈流程和工作环境等。他们甚至可以改变整个组织的使命。

> **专业引导技巧的原则和工具对管理层团队而言，就如同对负责某个具体工作产品或流程的团队一样，同样有价值。**

虽然高管团队章程中的要素与其他团队章程中的要素有所不同，我认为让高管团队制定书面章程同样也非常有价值。通过审视表 19.1 中卡勃罗镇技术工作团队章程摘录样本可以找到一部分原因。对于需要管理边界以及掌握运作所需资源的工作团队而言，它需要从高管团队也就是管理层那里得到承诺。管理层承诺的内容比起这里的样本要长一些。这些承诺打造了团队可起步运作的框架，而团队所处的情境依然是传统的层级制。换句话说，除非一直等到大型企业的文化发生改变，技术工作团队依然需要管理层提供协助来打造团队工作所需要的运作空间。为了利于管理层团队履行其承诺，每位成员都必须与其他成员一起共担责任，哪怕他们在其他的任务上并不相互依赖。

对于努力打造团队型组织或协作型组织来说，就像学习型组织一样，一份高管团队的书面章程作用非凡。高管团队为整个组织提供战略方向，并且培养用于支持组织转向更为协作流程所需的价值观和行为。“这些团队领导力的重要性不容小觑。除非团队的方式与宏观环境一致，否则组织中的成员将处于新旧运作模式的紧张对峙之中。”（莫尔曼，1995）科恩和莫尔曼就基于团队的组织中的高管团队勾勒出四大类别的责任：①制定和传达公司战略和目标；②设计组织结构和体系；③协调业务单元的绩效管理；④以身作则，践行以团队为导向的规范。他们发现高效管理层团队和低效管理层团队的区别在于“（他们）是否拥有这样的能力来建立共识：他们将带领组织前往何方以及他们将如何带领组织，在多大程度上与团队共同规划与制定目标，在多大程度上团队能像一个团队那样去管理（以及自行管理）”。制定一份书面章程来涵盖这些要素是非常必要的。

这可以给其他员工指明方向（以及顾客），并且以身作则践行所提倡的价值观和规范。

专业引导技巧的要素特别提到高管团队所需的行为，并且可用于帮助其成员来培养共同制定目标的技能。以下是某高管团队所制定的管理层团队章程的要素清单，为了将组织打造成协作型组织，这份清单将发挥重要作用：

专业引导技巧的要素特别提到高管团队所需的行为，并且可用于帮助其成员来培养共同制定目标的技能。

- 管理层团队的目标（战略方向）。
- 成员资格标准（谁将成为团队一员、入围的理由、新成员成为正式成员或临时成员的条件）。
- 管理层的价值观和信念（指导管理层做出决策的价值观和信念重要性的说明以及团队希望体现的具体价值观和信念）。

想了解管理层团队的价值观和信念，请参考第 17 章“共创使命和价值观”。

- 会议指南（团队成员在什么条件下开会或不开会）。
- 决策标准（哪些决策需要达成共识，如何达成共识）。
- 团队规范（专业引导师基本规则）。

制定书面章程的流程与团队的其他流程完全相同。但是我发现，与高管团队合作的早期就涉及心智模式，这更为重要。位居高位的团队成员通常是凭借单边控制模式才得以晋升到现在的职位上的，让他们了解这点非常重要。

如果他们不能就团队赖以生存的价值观做出明确的选择，那么高管团队的章程就很有可能出现内在的不一致，同时也与管理层要求员工遵守的原则不相符。

如果他们不能就团队赖以生存的价值观做出明确的选择，那么高管团队的章程就很有可能出现内在的不一致，同时也与管理层要求员工遵守的原则不相符。显然，这是带来灾难的配方。其结果是他们难以成为一个协作型组织，反而表现出更多的疏离、回避与冷嘲热讽。所以我在起步阶段会花费更多的时间帮助高管团队了解单边控制模式和交互学习模式以及基本规则，然后才着手制定章程。

参考文献

Beyerlein, M. M., Freedman, S., McGee, C., and Moran, L. *Beyond Teams.* San Francisco: Jossey-Bass, 2003.

Katzenbach, J. R. “The Myth of the Top Management Team.” *Harvard Business Review,* 1997, *75*(6), 82–91.

Katzenbach, J. R., and Smith, D. K. *The Wisdom of Teams.* Boston: Harvard Business School Press, 1993.

Mohrman, S. A., Cohen, S. G., and Mohrman, A. M., Jr. *Designing Team-Based Organizations.* San Francisco: Jossey-Bass, 1995.

第 20 章

在电子邮件中使用基本规则

罗杰·施瓦茨

对于很多组织来说，电子邮件已成为主要的沟通方法。相比于面对面的谈话，从有效沟通这一角度出发，使用电子邮件将面临更多的挑战。电子邮件无法传递你的非言语行为，也无法让你观察到其他人对你的行为所做出的非言语反应，由此电子邮件也无法让你马上检查其他人做出的反应和回应。然而，与实时对话不一样的是，电子邮件可以让你在对方“听到”之前回顾并编辑你想“讲述的内容”。

在撰写电子邮件时，我会按照如下几个步骤进行：①动笔前（或者有时想通过写作厘清我想说什么时），我会先思考我想要说些什么；②运用交互学习方式和基本规则来撰写电子邮件；③检查所想表达的信息是否一致；④当我确认所撰写的电子邮件与想表达的想法一致时，我才会单击［发送］键。

记住你并不需要在所有的电子邮件中都遵循这一流程。有些电子邮件不过是针对后勤安排给出简短评论或提问。如果你所传递的信息涉及含混不清的事项，或牵涉不同观点的人士，或在某些方面构成挑战时，我在本章中讲述的流程可对你产生更大价值。

有些基本规则在运用时会有所不同，因为电子邮件没法像面对面谈话那样进行密切互动。如果你所传递的信息涉及含糊不清的事项，或牵涉不同观点的人士，或在某些方面构成挑战时，我在本章中讲述的流程可对你产生更大价值。

运用基本规则

在电子邮件中使用基本规则在许多方面和面对面谈话一样。例如，解释你的推理过程，聚焦利益而非立场。但是，有些基本规则在运用时会有所不同，因为电子邮件没法像面对面谈话那样进行密切互动。

欲回顾基本规则，请参考第 5 章“有效团队的基本规则”。

检验假设和推论

在面对面的谈话中，你可以很快检验你的推论或假设。如果你发现自己的推论和假设不准确，你可以改变你想要表达的内容。在电子邮件中，检验假设和推论需要耗费更多的时间。

在电子邮件中检验假设或推论至少有两种方式。第一，你可以在邮件中陈述你的假设或推论，请他人对其进行检验，在延续你原有的思路撰写新的邮件之前，等待对方的回复。这种方式的好处是你不必浪费时间撰写某个主题的邮件，而回过头来发现这封邮件是建立在无效信息之上的。另外，基于你对团队其他成员所做出假设和推论的错误的程度，你没有继续讨论你对这个问题的担心而这种担心是基于无效信息之上的，这就避免了其他人产生防御性反应。例如，如果你认为某位团队成员没有完成他的工作，你也许会写道："苏珊，上周还没有收到你的提纲，对此我有些担心。我的担心是基于我的推论，即你本应在上周五下班前将提纲提交给我，因为你说过你会在周末前提交。在我继续讨论这一话题之前，我想和你确认一下我的推论是否正确？"

第二，你也可以陈述你的假设或推论，但你会延续你的思路，说明你会继续假定你的假设或推论是正确的，但同时你也认识到这些假设或推论也有可能出现错误。采取这种方式的好处是，如果你的推论和假设是对的，你就不必花费那么多时间来沟通你的想法了。例如，你也许会写道："我认为我们应该使用互联网作为发布数据的独家渠道，因为我们绝大部分目标人群都可以上网。大家对我的假设有什么看法？如果我的假设是有效的（也许它未必有效），那么我们可以通过不同方式来使用互联网。第一，我们可以……第二……"

将主张和探询结合起来

使用这条基本规则的目的是了解其他人对此事是否持有不同观点，并且利用这些差异来做出更好的决定。例如，在面对面的谈话中，你也许会说："在项目启动前，我们可以先花些时间确定我们的角色以及我们共事方式。我之所以给出这个提议是因为在我看来，如果我们在起步阶段花费数小时厘清共事方式，我们就不会在以后陷入困境之中。大家有什么不同的意见吗？"

在电子邮件中，你也可以写下同样的信息。然后你就会面对与检验假设和推论一样的处境：是等待他人回复还是延续你的思路。这种方法带来的好处和不足也是一样的。

分享相关的非言语信息

当你使用文字来表达情绪时，虽然模糊性会少一些，但是在面对面的沟通中，你可以使用语调、面部表情和肢体语言来表达情绪。在电子邮件中，你就只能仰仗文字了。为了在电子邮件中传递非言语信息，你必须将语调、面部表情和肢体语言等想要传递的情绪用文字表达出来。为了做到这一点，在撰写电子邮件时你需留意你的情绪。然后具体描述他人说了些什么、做了些什么（解释你的推理和意图）才让你产生这种感受。你要与他人核对，看他们是否持有不同的看法。你还要考虑到你的感受可能部分来自你自己的行为（例如，你颇为沮丧因为你没有提出原本应该提出的议题）或者与当时情境无关的事情有关。

例如，也许你会说：“我认为上周五你本人会把数据提交给我或由其他人代为转交。我的理解正确吗？如果我的理解是正确的，我感到颇为沮丧，由于上周五我没有收到数据，我们错过了 11 月提交计划的截止时间。我想知道我是否做了些什么影响到你没能及时提交数据？”

共同设计下一步行动来检验分歧

因为在互动性上，电子邮件不及面对面的沟通，我们就很容易采取单边行动。通过向团队建议流程并且询问其他人这个流程能否满足他们的需要，我们可共同设计下一步。例如，我也许会这样写道：“我们在讨论裁员的解决方案之前，可以先明确利益，然后在利益的基础上制定解决方案。你们对这个建议有不同意见吗？”

将不便讨论的话题留到面对面或电话沟通中

哪怕使用了基本规则，电子邮件依然有其局限性。所以我会使用电话，或者借助面对面的沟通方式来讨论不便讨论的问题，或者其他我认为对于我或他人比较困难的话题。听到对方的声音，或者更为理想的是，面对面看到对方，我们可以从中捕捉到更多非言语信息，这些信息对于我们检验推论很有帮助。同处一室（或者至少借助电话沟通）可以彼此产生更多的个人互动。

分析并编辑你的电子邮件

当你更加了解自身的想法和感受（你的左边栏目）并且能够以符合核心价值观和基本规则的方式来分享你的想法和感受时，你的沟通能力将得以提升。无论是通过面对面沟通还是借助电子邮件沟通，这都适用。一般来说，如果你的电子邮件中的信息和你左边栏目差距越大，你的有效性就越低。

请参考第 4 章“理解指导我们行为的理论”和第 27 章“撰写并分析左边栏目案例”。

为了缩小差距，你在检查电子邮件时，请把它与左边栏目进行对比。看一看有没有什么想法和感受你没有写入电子邮件中。你的电子邮件是建立在尚未得以检验的假设基础上的吗？ 你是否截留了某些信息？

在面对面的谈话中，仅仅分享与基本规则一致的左边栏目中的内容是不够的。在艰难对话中，我们经常采取单边控制模式，这就造成我们无法分享左边栏目中的内容。举例来说，如果你在想：“这家伙最近两周都未完成任务，结果是我不得不多做了很多额外工作。这家伙就是喜欢偷懒。我知道她就是想推卸工作职责。”如果你不想以这样的方式分享你的想法，这就对了。如果你真这么做了，只会让对方产生防御，也会让对话变得毫无效果。你可以采取更为基本的步骤让左边栏目的分享变得更为容易，那就是你开始学习运用不同的方式也就是交互学习模式进行思考。

通过改变你的思维框架，你可改变你对当前情境的感受以及你想要表述的内容。例如，当你认为自己是对的而对方是错的时，你是否考虑过其他人持有你所不知道的信息？你也许会询问自己和其他人："有什么信息其他人看到了而我却不知道呢？"如果其他人采取的行动给你带来了麻烦，你可以假定他们原本希望有效行事而且并不想造成这问题。这可以将你的注意力转移到问题上，并且可以基于真正的好奇心开始发问："当你采取这个行动时，你想达成什么目的？"从长远上来看，改变你对困难处境的想法会让你更容易分享你的想法。

为什么这么麻烦

读到这里，也许你会认为我所推荐的撰写和分析电子邮件的方法很麻烦而且浪费时间，毕竟电子邮件的优点就是速度快。实际上，很多电子邮件谈及的不过是简单话题诸如后勤安排（如在何处碰头）等，这只需要一两句评论。虽然在电子邮件中使用基本规则颇有帮助（如就重要的含义达成一致），简单的电子邮件并不需要在发送前给出太多的分析。当电子邮件讨论的是更加复杂的话题、人们有争议的话题或有挑战的问题时，遵循基本规则的流程才显得格外宝贵。

电子邮件速度很快。但如果速度导致人们产生误解，最终这会减缓事情处理的速度，因为误解又生成了新的问题。在邮件发送前使用基本规则并且检查你的电子邮件会事半功倍。

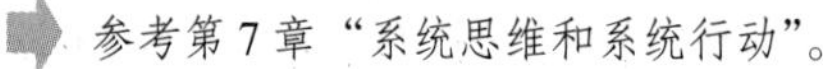

参考第7章"系统思维和系统行动"。

第3部分

深化实践

第 3 部分讲述的是如何进一步精进你的技能。该部分介绍了磨砺你做出诊断和实施干预的技能。这样，你可以更加有效地参与到讨论中并在做出有效的干预之后从容而退。当你开始使用专业引导技巧时，你所需要做的大部分工作其实是在你的头脑中酝酿：不断练习直至你可以上手，在对话中思考你需要说些什么，如何表述，解释为何这么表述等。不断锤炼你的技能，深化你的个人觉知并提升你实施干预的精准度。

例如，在你熟知基本规则并拥有许多可以信手拈来的例子，而且清楚地知道这些例子的来历后，你可以更加自如地使用基本规则。为了让基本规则成为做出诊断和实施干预的有用模板，你需学习如何快速、准确地做出诊断，学习如何改变你自身的对话方式并邀请他人使用基本规则。第 21 ~ 22 章涉及这个流程。

在第 21 章“践行基本规则的方法”中，我们总结了学习基本规则的令人愉悦而且高效的方法。在第 22 章“在正常语速下做出诊断的一些建议”中，我们补充了一些学习建议来帮助你更好地提升你的实时诊断技能。这章讨论了练习诊断技能的机会并深入探讨如何有效管理你的内心活动。这章还进一步指出，在正常语速的情况下做出诊断的关键在于放空头脑，这样你才可以全神贯注地倾听他人的对话内容。此外还提供了建议，帮助你去平复“内心的点评”，这样你才可以做到全身心地关注你面对的团队。同时该章还介绍了在诊断团队行为时需关注哪些关键词汇和短语。

有关开场白与应对专业技巧术语的章节可告诉你在结束诊断并准备实施干预时需要说些什么。第 23 章“开场白”将注意力放在如何开启诊断—干预循环的干预步骤（步骤 4 ~ 步骤 6）。本章针对九项基本规则逐一提供了一个或多个开场白。第 24 章“减少使用专业引导技巧术语”指出对于那些熟稔专业引导的人士而言，其中的许多短语是有具体含义的。但是这些术语对于其他人而言，则未必能够传递同样的含义，其他人反倒觉得我们在要求他们讲述另一种语言。“将主张和探询结合起来”就是其中的一个例子。为了减少专业引导术语的使用，这章提供了有用建议。另外，这章就专业引导技巧的术语提供了可供选择的非术语用表。

第 25 章“现在我该做些什么？”则通过全身心关注其他人，这样你可以在正常对话的语速下，迅速而有效地做出回应来深化你的练习这一主题。罗杰与即兴创作指导格雷格・霍恩的对话比较了即兴创作与有效引导之间的异同。他们总结出来的原则如“将意外视作礼物”及“好的台词来自认真倾听”不仅有助于你在某个场景中全然展示你的能力，而且可以帮助你去实施有效干预。

第 3 部分收尾的两章则是有关心智模式的讨论，这涉及自我觉知与团队觉知的最深层面。第 26 章“没有交互学习模式的基本规则就如同房子没有地基”指出，单凭基本规则难以催生根本性变化。这章清晰地解释了当我们练习专业引导技巧时，了解自身的单边控制模式非常重要。在使用基本规则时，如果我们的意图被单边控制模式所蒙蔽，这将有可能导致基本规则的误用。第 27 章“撰写并分析左边栏目案例”的收尾主题就是深化实践。这是通过提供练习方法论——左边栏目案例分析——来帮助我们和他人深化我们对于心智模式的了解。我们在客户的工作坊乃至我们自己的公司中使用这一练习不仅可以帮助我们从过往艰难对话中吸取教训，还可以帮助我们做好准备迎接即将到来的艰难对话。这可以帮助我们看到并改变我们行为背后的思考，这样，我们才能改变我们的行动。通过使用案例样本，这章说明了一旦发现将专业引导技巧核心价值观与原则结合在一起的机会，你可以如何使用该练习及如何重新设计对话。

第 21 章

践行基本规则的方法

安妮·戴维森

每当人们询问如何学会始终如一地使用基本规则及核心价值观时，我们的回答总是“练习、练习、再练习”。为了全面掌握基本规则，你必须将交互学习模式融入对话中。

有关交互学习模式的话题，请参考第 4 章“理解指导我们行为的理论”及第 26 章“没有交互学习模式的基本规则就如同房子没有地基”。

只有在你熟稔这些基本规则后，你才能做到自如地使用它们。这些规则将成为你做出诊断以及设计对话的模板。当然，这些基本规则也可以成为你观察整个世界的镜头。如果只是死记硬背这九项基本规则，既无太多乐趣，也无多大实际意义。其实你需要在大脑中储存各种实例，这样，一旦需要，你就可以做到信手拈来并在日常的对话中识别出使用这些例子的机会。以下这些总结的建议来自本书的作者、我们的同事和我们的客户。

诊　断

正如佩吉在第 22 章“在正常语速下做出诊断的一些建议”中所指出的，无论是听他人对话，还是收听广播节目或观看电视节目，你都可以关注基本规则。这是练习基本规则的一个非常好的方法。以下是一些具体的建议。

- 制作或购买写有基本规则的小卡片。[1] 随时把这些卡片带着身边。当我第一次学习这些基本规则时，我把这些基本规则贴在我的方向盘旁，人们对此感到非常惊奇。千万不要以为我一边开车一边阅读这些基本规则。我每天要花不少时间开车上下班，其中要经历多次挂挡、起步。一边听收音机的对话节目，一边在挂挡时瞄一眼这些卡片，对于我快速学习这些基本规则颇有帮助。
- 一次选取一项需要关注的基本规则。我经常在收听电台或观看电视节目时做这项练习。例如，我对自己说“在下一档 30 分钟的节目里我要听听可以找到多少未经检验的假设和推论”，或者“我要在节目中找到只有主张却无探询的例子”。我和一些少年朋友开展了类似的游戏。通过使用计分卡，识别基本规则的游戏变得

颇有乐趣。我们都玩得不亦乐乎并感到收获多多。

- 出于强化练习的目的，观看对话特别丰富的电影：诊断使用或没有使用基本规则的片段。我最喜欢的两部电影是《心灵之旅》（*Mindwalk*）和《与安德烈的晚餐》（*My Dinner with Andre*）。在我们的培训工作坊中，我们选用《十二怒汉》（*12Angry Men*）中的片段，这部片子中有上百个使用或没有使用基本规则的例子。当然，练习也不必那么一本正经。例如，《甜心先生》（*Jerry McGuire*）的开场戏中就有大量未经检验的假设，包括杰瑞试图通过其新的愿景与他的同事"分享有关信息"。电影中还有许多未能参与到共同设计之中而错失良机的例子。《心灵捕手》（*Good Will Hunting*）其中精彩的一幕是由迈特·达蒙（Matt Damon）扮演的威尔分享他为何不愿加入国家安全局的理由。这是解释其推理和系统思考的经典段落。带着愉悦的心情观看这些错失使用基本规则和核心价值观的片段，可以更好地帮助我们牢记这些规则。想一想如果剧中的角色使用这些基本规则，整个剧情将为之一变，这其中也充满了乐趣。
- 在会议中识别人们使用或没有使用规则的例子。当你做这项练习时，你可将基本规则卡片随时带在身边。思考一下如果在对话中能更多地使用这些基本规则，人们彼此的沟通是否会更加有效？
- 张贴基本规则海报。如果有一个或多个工作团队希望和你一起学习这些基本规则，张贴海报会很有帮助。
- 对召开的会议进行录音（当然，需得到许可）。这样你可以重放录音并将那些使用或没有使用基本规则之处进行编码。编码意味着识别哪些基本规则得以使用（你可以画一个加号并填上代表基本规则的数字）或没有使用（你可以画上一个减号并填上代表基本规则的数字）。对于引导师和领导而言，这是一项有用的练习，因为这更加真实地反映了他们使用基本规则的实际情况，这有利于加快学习的迁移速度并让他们在实施干预时表现得更为自如。
- 找到卡通人物来说明没有使用基本规则的情况。许多卡通人物的幽默之处在于他们没有使用基本规则。例如，某个客户给他的团队带来一个卡通人物，讲述某些高管没有就重要词汇的含义达成一致看法所带来的隐患。在第一次会议中，某位高管要求员工"将这些文件归档（夹好）"（在英文中，file 既有归档之意，也有矬子的意思。——译者注）。在第二次会议中，大家发现员工在每份文件的中间都夹着一个指甲锉。这看上去有些愚蠢，但让人印象深刻。一位富有创意的同事为每一项基本规则至少找到了一个代言的卡通人物。在我们刚结束的专业引导技巧工作坊中，她给每位学员赠送了一套基本规则的卡通人物。每当我准备进行干预或教授基本规则时，我的头脑中就会闪现出这些卡通人物。

改变你的交谈方式

由于我们经常难以察觉到自身的单边控制模式，所以我们在日常的对话中难以做到与基本规则保持一致，这颇具挑战。以下是练习如何重新设计你的对话的有效方式。

- 选取一项基本规则并在交谈中找到使用机会。经过一段时间后，这种聚焦练习可以帮助你掌握使用基本规则而不是一下子尝试所有的基本规则。
- 如果在会议或对话中你有发言或分享想法的机会，请录音（当然，要得到其他与会者的许可）。会后回放录音并找到你原本可以有效使用一个或多个基本规则但没有使用的例子。把你原本可以采用不同的表达方式并与基本规则保持一致之处记录下来。如此这般练习数次，你会发现，在实际的对话中，那些妥帖的表达会自然而然地跳入你的脑海之中。
- 重新阅读或设计你的电子邮件、语音邮件和会议纪要。在发出你的书面沟通文件或你的语音邮件之前，请再审看一遍，确保你的表达方式与基本规则保持一致，否则重新撰写或重新录制。

有关在邮件中使用基本规则的更多指引，请参考第 20 章“在电子邮件中使用基本规则”。

- 邀请他人提供反馈。询问他们你是否使用基本规则以及使用的情况如何。当然，询问之前你需要给他们解释一下基本规则。一个简单易行的方法是要求他们阅读短文“有效团队的基本规则”[2]。哪怕其他人对于他们本人使用基本规则不感兴趣，他们可以帮助你去识别你在使用时是否与基本规则保持一致。我发现数位密友或同事提供的反馈极为宝贵，他们帮助我捕捉到我虽有主张却未经探询或没有解释推理过程的环节。我的一位同事领会到其中的要旨，在我陈述之后他每天至少有一次机会对我这么说：“那么你的理由是……”这时我们两人都会相视一笑，随后我会纠正错失的机会。

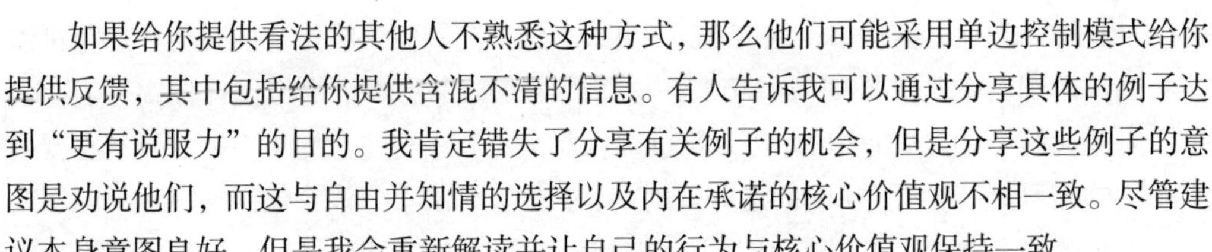

如果给你提供看法的其他人不熟悉这种方式，那么他们可能采用单边控制模式给你提供反馈，其中包括给你提供含混不清的信息。有人告诉我可以通过分享具体的例子达到“更有说服力”的目的。我肯定错失了分享有关例子的机会，但是分享这些例子的意图是劝说他们，而这与自由并知情的选择以及内在承诺的核心价值观不相一致。尽管建议本身意图良好，但是我会重新解读并让自己的行为与核心价值观保持一致。

干　预

一旦你在诊断对话中尝试使用基本规则，这并不比你在使用诊断—干预循环中邀请他人使用规则显得更为困难。显然，只要你这么去做，你就是在践行基本规则，因为主张和探询、使用具体的实例、解释你的推理等都已嵌入在诊断—干预循环之中。另外，有意尝试基本规则的话术来实施干预，这也颇有帮助。人们发现，这对以下行动有用。

- 实践并与他人做角色扮演。创建一个学习团队，其意图是一起实践基本规则。许多客户会组织每周或每月的聚餐学习分享会。那些居住在附近或工作在附近的人士会定期聚会并加以练习。如果仅仅是描述如何使用基本规则，作用不大。更为有效的方式是将人们准备的左边栏目案例进行编码并带入到团队中来，或者按照团队成员的建议安排角色扮演。这样，大家可以就如何使用基本规则或没有使用基本规则互相给出反馈。这样做的好处是可以帮助你练习如何做出诊断，改变自身的对话方式并可随时进行干预。

请参考第 27 章“撰写并分析左边栏目案例”。

- 在印制的会议议程的底部加上一到两个基本规则。我们的许多客户愿意和所在团队一起练习并使用基本规则。他们发现每次练习一到两个基本规则直到大家掌握为止，这颇为有用。他们同意在发出的例会会议议程的底部加印一到两个需要练习的基本规则。每次会议结束后，团队成员会互相点评他们使用规则或练习规则的情况，并就下一次会议是否需要继续练习这些规则还是可以开始练习新的规则达成一致。当团队提升其技能时，识别团队共有的模式并通过练习基本规则来解决这些问题，这很有帮助。我合作过的一个团队习惯于只有主张却无探询，他们为改善这一点付出了相当大的努力。另一个团队的习惯是没有就决策规则达成一致，大家假定沉默就意味着赞同，所以我们练习规则九长达六个多月。
- 将会议录音并一起回顾。这和诊断中所建议的练习类似，但这时团队可以重新回到之前他们认为自己的讨论不甚理想的例子中，并一起重新设计对话。这有助于大家既学习如何做出诊断，又学习如何做出干预。这经常可以帮助团队找到多个没有使用基本规则以及让讨论陷入单边控制模式之中的例子。
- 将基本规则与问题解决或决策模型联系起来。许多团队采用（或可以采用）系统问题解决模型来帮助他们采用始终如一的方式来界定目标、生成有效信息、在生成解决方案之前从多个维度予以考虑。典型的问题解决模型中的每个步骤都可以与两到三个基本规则联系起来，这些规则在每个步骤中都将发挥作用。表 21.1 是我的一位客户制作的，可以帮助他在每个步骤中将注意力集中在少数基本规则的练习上。当然，所有的这些规则都有帮助；团队不应该将他们的注意力限制在少数的一两个基本规则上，但一次聚焦练习少数几个规则在起步时颇有帮助。

表 21.1　将基本规则与问题解决模型联系起来

解决问题的步骤	确保需练习的基本规则……
1. 识别问题或目标	解释你的推理过程和意图 分享所有的相关信息 检验假设和推论

续表

解决问题的步骤	确保需练习的基本规则……
2. 分析	聚焦利益而非立场 收集并分享所有的相关信息 将主张和探询结合起来
3. 评估可选方案	检验假设和推论 解释你的推理过程和意图 讨论不便讨论的话题
4. 检验–实施	共同设计下一步行动来检验分歧 采用可提升团队承诺的决策规则
5. 标准化	分享所有的相关信息 检验假设和推论 共同设计下一步行动来检验分歧 采用可提升团队承诺的决策规则

注释

1. 基本规则卡片和海报可以从 www.schwarzassociates.com 下载。
2. 有效团队的基本规则一文可从 www.schwarzassociates.com 下载。

资源

Good Will Hunting. Miramax, 1997.
"Ground Rules for Effective Groups" article, pocket cards, and posters available at www.schwarzassociates.com.
Jerry McGuire. Columbia/TriStar, 1996.
Mindwalk. Atlas Productions, 1991.
My Dinner with André. Fox, 1981.
Twelve Angry Men. MGM, 1957.

参考文献

Kelly, M. *Everyone's Problem Solving Handbook.* White Plains, N.Y.: Quality Resources, 1992.

第 22 章

在正常语速下做出诊断的一些建议

佩吉·卡尔森

当人们初学专业引导技巧这种方式时，他们经常表示，真实场景中的对话语速让他们感到窒息。当学习了（或听说过）诊断—干预循环并且试图将这一循环付诸实践时，他们经常会询问："你怎么能关注会议中出现的所有互动呢？你怎么能按照基本规则和核心价值观予以检查并做出诊断呢？你怎么能决定是否干预、如何干预，同时又没有落在讨论进度之后呢？"

在本章中，我将分享一些实时诊断的技巧。这由两个部分组成：如何做到练习倾听对话时还能想到核心价值观和基本规则；如何管理你作为引导师的内心活动来提升你倾听团队对话的准备度。

欲了解诊断—干预循环的流程，请参考第 6 章"诊断—干预循环"。

实践机会

你最初的重点是放在如何以新的方式来关注对话：使用核心价值观和基本规则来解读人们互相之间的沟通方式。此时此刻，将你头脑中任何想要（或应该去）在对话中实施干预的念头抹掉。这可以让你清空头脑，只考虑手头上得到的信息，也就是互动中出现的言语和非言语线索，而无须顾及下一步需做些什么。

你最初的重点是放在如何以新的方式来关注对话：使用核心价值观和基本规则来解读人们互相之间的沟通方式。

通过不断实践，我学会了通过核心价值观和基本规则来"看待"对话。我将其中的差异比喻为一位专业棋手和一位非专业棋手如何看待同一盘棋局。我不会下棋，一旦有人要求我回忆棋盘上的棋子布局时，我会感到困难重重。我必须以某种方式死背棋谱，哪怕我记住了，我依然无法理解棋子及其走法背后的原因。对我而言，这纯粹是死记硬背而已，而且我只能记住很少的几步走法。相反，专业棋手自有一套知觉定式（Perceptual Set），这可以让他们看到棋局背后的模式并预判接下来的可能走法。

日常练习时的一些建议

在你日常的生活中，你可以有很多机会练习诊断对话。以下是几点建议。

- 当你观看电视或收听广播时，可以在你的面前放置一份基本规则和诊断—干预循环。你可以练习诊断干预—循环的前两个步骤（观察行为、言语或非言语线索并且推断其含义）。举例来说，情境喜剧的情节多半都是基于未经检验的推论。在很多情况下，脱口秀中的互动也可以很好地说明人们关注立场而非利益，其中还有许多未经检验的推论。鉴于这时你没法在对话中实施干预，这一方式可帮助你将注意力集中在诊断上。
- 你可以在任何场合听到各种闲聊：在飞机上、火车上、公共汽车上、在杂货店排队时或者驱车带一群孩子去足球场时。我并不是指你非得绷紧神经倾听其他人在说些什么。对于大多数人而言，一天中总有这样的时候——我们虽未刻意选择却也在无意之中参与到其他人的对话中。不要把它当成偷听他人的对话，而把它当成练习诊断技巧的机会。正如同观看电视和收听广播的练习机会一样，这种场合可以提供机会让你聚焦在诊断上，而不是采取干预措施，因为人们通常不便在社交场合去干预陌生人的对话（而且这也违反了自由并知情选择这一核心价值观）。
- 另一个练习倾听核心价值观和基本规则的机会是你出席某个会议而你无须作为积极的参与者或担任引导师。当你推断他人使用或没有使用某项基本规则时，可匆匆记下他所使用的具体词语。你也可以想象你是否需要干预、如何干预、为什么实施干预等，但是不要过于担心在那个干预点上你需要说些什么。

在我的经验中，人们通常低估了前三个步骤的重要性，也就是诊断—干预循环中“内圈”的重要性，而是急于盘算他们该说些什么来帮助团队提升有效性。

> **在我的经验中，人们通常都低估了前三个步骤的重要性，也就是诊断—干预循环中“内圈”的重要性，而是急于盘算他们该说些什么来帮助团队提升有效性。**

请记住诊断—干预循环的干预部分（步骤四、五、六）只不过是公开分享和检验你私下做出的诊断而已。通过训练自己倾听日常对话中的核心价值观和基本规则，你就能顺利开启你的有效干预之旅了。

倾听关键词语或短语

某些词语或短语标志着发言者所表述的内容与核心价值观或基本规则不相符。每当我听到这些词语或类似词语时，我都会格外留意他的发言或者他接下来的提问。例如，请看表 22.1。

最后一个建议：某个错失的机会将会再次出现

在一场持续的讨论中，即便我错失了某个关键性诊断，我也无须过于担心，因为机会将再次出现，这一原则会一再显灵。具体来说，大家之间的互动通常会趋于一个相对稳定的模式。

表 22.1 倾听这些短语

当我听到有人说……	我可能推论并检验他们……
“大家都认为××有问题。”	分享一个或更多的具体例子（基本规则三）
“你的意思是……”	就他人的陈述或动机做出推论（基本规则一）
“你不认为……”	这是反问句；做出了陈述但给出了引导性提问（基本规则六），而没有分享他的推论过程（基本规则四）
“我认为处理这个问题的方法是（提出解决方案）。”	陈述立场，但是没有分享立场背后的利益（基本规则五），或者虽有主张却没有探询其他人的想法（基本规则六）
“经理绝不会同意那个主意。”	对经理做出了未经检验的推论（基本规则一），或者拥有与经理利益相关的信息（基本规则二）
“让我们回到正轨上。”	听到团队成员说了些什么，所以认为团队成员跑题了；但没有分享详情（基本规则四）或检查来了解其他人是否认为跑题了（基本规则七）
“福兰克想要说的是……”	解读其他团队成员的评论但没有和那个人确认他的解读是否正确（基本规则六）

哪怕在对话中你也不能马上找到某一部分对话和基本规则之间的联系，或者当某件事情第一次在讨论中出现的时候，你不能确定这时你是否需要采取干预措施，记住，这样的机会还会再次出现。例如，你也许观察到团队成员在尚未探询其他人的想法就做出了陈述，或者你观察到某些成员向他人提问却没有解释他们为何要这样提问，结果造成那些被问到的人看上去处于防御状态之中。这些都是表明团队成员之间的沟通模式出现问题的不错机会。如果起初你对自己的诊断结果没有把握，你还有机会。马上就做出干预并非必不可少也不是非做不可。实际上，当你准备与团队分享你做出的诊断结果并检验这是否靠谱时，与团队分享你所观察到的几个例子，这可以让你的诊断更容易为大家所理解。

> **哪怕在对话中你也不能马上找到某一部分对话和基本规则之间的联系，或当某件事情第一次在讨论中出现的时候，你不能确定这时你是否需要采取干预措施，记住，这样的机会还会再次出现。**

放空你的头脑：在对话语速下做出诊断所需要的内心活动

这个建议的主旨就是不断实践。如果你将日常对话都看成你潜在的实践机会，无论这些对话发生在工作中还是家中，是收听电台节目还是观看电视，那么在正常语速的下做出诊断将不再被你视作畏途。不断练习是必经之路，但仅有练习还不足够。

> **为了克服困难，让自己在诊断实时对话中真正感到应对自如，这还涉及你的重要内心活动。**

为了克服困难，让自己在诊断实时对话中真正感到应对自如，这还涉及你的重要内心活动。对某些人来说，挑战在于对团队成员做出高阶推论（High-level Inference）。根据我的经验，这些问题多半与你担心自己是否胜任引导师的内心对话有关（因为你觉得自己不能胜任这一工作）。

这里就有一个例子。当我刚开始学习专业引导技巧时，对于掌握新的诊断方式来提升团队以及我作为引导师的有效性，我感到莫名兴奋。我喜欢这样的想法，也就是使用一套核心价值观来指导我作为引导师以及团队的有效行为。问题是我一旦认识到这是我需要努力达成的标准时，我就会在整个会议中按照这个标准争分夺秒地对自己的行为开始进行评估。我会做出干预，然后内心的对话就会这样开始："如果我没有要求贾斯汀举例说明她所谈论的内容，那我可以要求鲍勃举例吗？也许团队成员会认为我的立场有所偏颇，没有一视同仁地对待所有成员。"或者"我询问莫莉她是否愿意检验她的假设也就是泰德的会面时间不能超过一小时，但是我没有检验我的假设——她正在做出假设。我是否表现出单边控制呢？"

我过度热衷于在内心中监督我的引导技巧，这让我无法去关注整个团队。每次当我选择"下线"反思刚才发生的所作所为时，我就有可能错失团队中正在发生的重要事件。

我过于热衷于在内心中监督我的引导技巧，这让我没法去关注整个团队。每次当我选择"下线"反思刚才发生的所作所为时，我就有可能错失团队中正在发生的重要事件。

每当我忙于反思时，我有可能错失团队成员新的陈述或提问，也有可能错失某些数据，而这些数据本可以让我建议新的流程或方式来框定讨论。我无法做到与团队一起共处当下。我的思绪经常不是跑得太快就是依然还在反思过去，却没能聚焦当下正在发生的事情。这种模式让我更难于在正常的对话语速下做出诊断，这也让我的焦虑与日俱增，我没法展现出应有的效率。我似乎坠入自我实现循环（Self-fulfilling Loop）中。作为引导师，我的有效性下降了，这不是因为我无法看到团队中正在发生的事情，而是因为我将注意力集中在自己的表现上，这反倒让我忽略了团队当下正在发生的事情，从而错失重要线索。解决这个问题并不需要新的工具或技巧，而是学会与团队同处当下。

帮助我关闭内心对话并与团队同处当下最有帮助的是禅中初心[1]的概念。初心意味着很多可能性：这源于没有先入为主、判断或偏见的想法。对于使用诊断—干预循环的专业引导师来说，我们需要采取低阶推论（Low-level Inference）的方式，也就是理解对话中的信息，而不是采用复杂的有时甚至未经检验的失真结构做出推论，而这些结构是由导致高阶推论的未经检验的假设所造成的。如果没有这些精致复杂的推论阶梯，我们的大脑会更为关注如何探索、观察并看到事物的本来面目，我们会更加好奇，而不是关注如何找到答案。初心的概念和交互学习模式是一致的：它们都强调对新的信息保持开放，心怀好奇而不是做出判断，更为细致地观察事物本身而不是我们看待事物的情感或信念。

初心的另一个基本方面就是处在当下，既不流连于过去，也不超前于当下。正如我在文中的例子中所说的，在我早期的引导工作中，我经常发现自己的思绪不是盘桓在之前的干预之中就是一下子跳跃过快去预测会议随后将出现什么。

为了确保处在当下，我们要记住任何诊断都只是初步诊断，并且还需得到团队的确认（或否认）。这可以把你从关注自己表现的内心自我对话中解放出来，因为你的诊断是否合适或恰当，只有团队可做出判断。

有意思的是，当我愿意去分享我对自己作为引导师的表现做出的评估时，这反倒让我这方面的担心随风而逝。我得以从中解脱，这样我可以全然关注整个团队并仔细关注当下正在发生的事情。

注释

1. 欲了解这个概念的更多信息，请参考铃木俊隆（Shunryu Suzuki，法名祥岳俊隆）《禅者的初心》。

参考文献

Suzuki, S. *Zen Mind, Beginner's Mind.* New York: Weatherhill, 1970.

第 23 章

开场白

罗杰·施瓦茨

当你开始践行基本规则和诊断—干预循环时，你所遇到的挑战之一就是如何遣词造句。如果你已经阅读了本书的其他部分或者《专业引导技巧》一书，你可能发现我们在实施干预时，会采用类似的方式或使用类似的短语。简言之，我们有一套开场白的说辞。也许我们每个人使用不同的语言，但它们都源自相同的核心价值观和假设。开场白颇有用处，因为它可以助你顺利起航，它可以回答这样一个提问："当某人说了×或做了×时，我该说些什么呢？"

> 开场白颇有用处，因为它可以助你顺利起航，它可以回答这样一个提问："当某人说了×或做了×时，我该说些什么呢？"

好的开场白可以创建一个让随后的对话变得更加有效的结构，但开场白并不是用于指导你完成整个对话。你无法预测其他人如何对你做出回应。所以，当结束开场白之后，你需要倾听其他人的回应，然后才能决定如何构思你的下一句话以便让对话有效地进行下去。

> 为了让这个方式为你所用（同时也对你的伙伴有所帮助），你需对自己选用的词语感到自在。

为了让这一方式为你所用（同时也对你的伙伴有所帮助），你需对自己选用的词语感到自在。这意味着当你使用专业引导技巧这一方式时，你要让其他人感到他们是在听你说话，而不是听另一个寄附于你身上的某个人说话（例如，听我说话）。有些人使用两个步骤的流程来找到他们自己的声音：他们先学会做开场白，然后将自己的风格融入其中。其他人则同时使用这两个步骤：从一开始，他们就将自己的语言和风格融入开场白之中。

请参考第 24 章"减少使用专业引导技巧术语"以及第 33 章"找到你自己的声音"。

我所使用的大部分开场白都与诊断—干预循环和基本规则有关。让我们来看几个例子。

诊断—干预循环

诊断—干预循环的每一步干预都有自己的开场白。

步骤四：描述行为并且检验（大家）是否持有不同看法

在这个步骤中，我的开场白将由三个部分组成。称呼干预对象的姓名，重复我认为他们所说的或所做的，检验我的理解是否正确。

例子 A1：“丹妮斯，一分钟之前你说‘这个项目在下个季度前难以开工’，我听到的对吗？”

例子 B1：“路易斯，我想你说的是‘让大家早知道比晚知道好’，你是这么说的吗？”

有时我通过解释我采取干预措施背后的推理和意图来作为开场。

例子 C1：“艾伦，我想检验一下我的推论。一分钟之前你说‘问题是数据缺失’，我说的对吗？”

我不会用“对不起”或“请允许我打断一下”来作为开场。如果我与团队已经有效地订立合约，团队已经同意我采取干预措施，所以我不必为了履行他们要求我去承担的工作职责而道歉。如果我不得不等到别人把话说完后才能开始发言，那么我就无须打断别人了。

想了解诊断—干预循环，请参考第 6 章“诊断—干预循环”以及第 9 章“共同设计对话的目的和流程”。

步骤五：分享推论以及检验（大家）是否持有不同看法

在这个步骤，我的开场白有两部分：分享我的推论，指出这个人或大家没有使用的某项基本规则而他们本该使用，并且检验大家是否持有不同看法。继续之前的 A、B、C 例子。

例子 A2：“我听说你认为连下个季度都没法开始，但我没有听到你说明你的哪部分利益没有得到满足。我有没有漏掉什么信息？”（基本规则五）

例子 B2：“我在想，你并不仅仅是给出了这个提问，而且你对这个提问有你自己的想法，对吗？”（基本规则六）

例子 C2：“听起来你认为卡梅拉不准备去纠正数据，这是你想表达的意思还是有什么其他意思？”（基本规则一）

步骤六：帮助团队决定是否改变行为，如何改变行为并且检验（大家）是否持有不同看法

这个步骤分为两部分：首先，我解释要求对方改变其行为（也就是说，或者运用基本规则或者运用专业引导方式的其他部分）的理由，然后我询问对方是否愿意。在很多情况下，如果对方熟悉基本规则，我会跳过第一部分。

例子 A3："如果你能够解释一下，下个季度动工的方案没法满足你的哪些利益，这样团队可以尝试将你的利益考虑在内，我认为这样会有所帮助。你可以告诉大家你关切的是什么吗？"

例子 B3："你可以分享你的观点，并且询问一下其他人是否持有不同看法吗？"

例子 C3："你想和卡梅拉确认一下你的想法是否正确吗？"

基本规则

我所使用的开场白有很多直接来自基本规则。以下是一些开场白的例子，它们没有用到完整的诊断—干预循环。

我所使用的开场白有很多直接来自基本规则。

基本规则一：检验假设和推论

当你就某人做出推论或者你认为他人对你做出了推论时，你可以说：

"我想你在担心如果我们再增加其他部分，我们就无法赶上最后的截止期限了，我的推论正确吗？"

"我的意图并不是想给你增加额外工作，而是希望确保读者可以得到他们需要的所有相关信息。不过，我也许做了一些自己都没有觉察到的事情。你可以告诉我说过什么或做了些什么让你感到我想给你增派额外工作？"

欲了解基本规则，请参考第 5 章"有效团队的基本规则"。

基本规则二：分享所有的相关信息

当你认为某个人拥有更多的信息却并未分享时，你可以说：

"当你说'并不是所有的人都支持这一点'时，关于这件事你似乎还有些信息没有分享。如果真是这样，你可以和我们分享一下吗？"

基本规则三：使用具体的例子并就重要词汇的含义达成一致

当某人泛泛而谈时，你可以这么说：

"你可以给我举出一个具体的例子吗？这样我就能更好地理解它。"

基本规则四：解释你的推理过程和意图

当你不理解某个人的推理过程时，你可以这么说：

"你可以告诉我你是如何得出那个结论的吗？我还没有理解你的推理过程。"

"当你说到×时，我觉得它不合理，这是因为……"

"我认为那个流程有潜在问题。请先让我解释一下，再听一听你的看法。"

基本规则五：聚焦利益而非立场

当你不理解为什么有人提出或反对某个解决方案时，你可以这么说：

"这个解决方案满足了你的什么需求？"

"这个解决方案不能满足你的什么需求？"

基本规则六：将主张和探询结合起来

当你认为有些人只提问却没有分享其观点时，你可以这么说：

"我认为你并不只是简单地提问，而是你对这一提问有自己的看法。如果是这样，你可以谈一谈你对这件事的看法吗？"

基本规则七：共同设计下一步行动来检验分歧

当你想建议某个流程时，你可以这么说：

"让我提议推进的方式并听一下你们的看法。我建议我们做×因为……有人对这个建议有什么不同看法吗？"

"我的结论和你的不同。我们一起来了解一下我们是如何得出不同结论的，可以吗？"

"我看不出你的看法和我们正在讨论的话题有什么关系。你可以告诉我它们之间的关联在哪儿吗？"

基本规则八：讨论不便讨论的话题

当你想要讨论一个不便讨论的话题时，你可以这么说：

"我想提出一个或许比较困难的话题并且听一听你们的看法。我并不是想去批评任何人，而是希望我们作为一个团队能更好地开展工作。我看到的事情是这样的，我认为这个问题是……你们如何看待这个问题？"

基本规则九：采用可提升团队承诺的决策规则

当你想要确认决策规则时，你可以这么说：

"我希望我们能够就这个决策达成一致，因为我认为我们每个人对最终的解决方案都做出承诺，这点非常重要。为了让整个项目得以整合在一起，我们每个人都需要肩负重要而不同的职责。是否每个人都认为有必要达成共识？"

（如果没人表示异议，继续）“如果我们无法达成一致意见，那么布莱恩和我将在明天做出决定，因为我们需要向副总裁汇报结果。我们会考虑你们每个人的利益以及大家在今天讨论中所分享的信息。有人对这种处理方法还有什么疑虑吗？”

第 24 章

减少使用专业引导技巧术语

罗杰·施瓦茨

美国传统字典中对术语的定义是“特定行业、职业或团队所使用的专业或技术语言”以及“在演讲或书写中带有不同寻常或矫揉造作的词汇，其含义令人费解或模糊不清”。专业引导技巧所使用的术语（如“将主张和探询结合起来”）对于那些了解这种方式的人来说，其含义具体明确，但对于那些不了解专业引导技巧的人来说，则未必如此。在谈到术语的含义时，我没有将诸如“分享所有的相关信息”这样的例子包括在内；虽然人们对于何为相关信息持有不同看法，但大家都能理解相关信息这一概念，并且熟悉这些字眼。

你也许好奇为什么专业引导技巧会包括术语，术语很容易引起歧义，你这么想情有可原。我的回答是术语产生的价值如同术语引发的问题一样：在团队中使用术语，是因为它包括一个为大家所认同的具体含义。术语可以被当作快捷方式用于表达更为复杂的含义。例如，在基本规则“将主张和探询结合起来”中，主张的意思包括分享你的观点、解释你的推理过程、表达你的利益并识别你的假设。而探询的意思则包括通过提问来了解其他人对于这种情况的看法（包括其他人可能看到而你没有看到的情况），而不是将观点嵌入提问中，或者试图告知其他人正确的答案应该是什么样的。

术语可以让团队之外的人觉察到他们可能没有理解一个重要概念。如果你使用日常用语“分享你的观点并询问其他人的想法”，一个不曾接触基本规则的人可能认为他已经知道这句话的含义，但是很有可能他对这一短语的理解与你原本想要传递的意思并不一样。

糟糕的是，使用术语却不加解释会让其他人感到他们被排除在某一特别的团体之外。他们会推断你使用术语的原因是显示自己的专业水准或掩盖你在专业度上的匮乏，或者你想在某种程度上控制对话，或者表现出高人一等。那些在工作坊中学习了基本规则的人会认识到这个问题。有的时候他们会告诉我“我们在工作场合不会这么说话。没有人会使用探询或推论这样的字眼。如果我真要这么说，同事会把我看成外人”。在组织中其他人参加过这一工作坊之后，这也是人们评论他们来参加工作坊的目的：“我来参加工作坊的部分目的就是想要弄明白我的同事们到底在说些什么。”

当然，有些人使用核心价值观和基本规则这类语言时感到从容自如。一旦将术语界定好，他们发现组织中接触过专业引导技巧的人对于使用这些术语也感到得心应手。但是不要假定这些人的自如之感与他们的教育程度或工作性质有关。我曾经主持某城市消防部门长期变革流程的引导，其员工很快就开始使用基本规则的语言，并且将其结合到他们的工作中，但是他们中的大多数人的受教育程度只是高中水平而已。

如果你的团队了解了专业引导技巧的语言，那么你就可以使用这些术语。但是，如果团队或会议中有人不知道这种语言，你或者解释这些术语的意思，或者使用其他语言。表 24.1 列举了专业引导术语的可替代语言。

请参考第 14 章“用你自己的语言介绍基本规则和原则”及第 21 章“践行基本规则的方法”。

表 24.1　专业引导术语的可替代语言

专业引导师术语	可替代语言
核心价值观	
有效信息	相关信息
内在的承诺	承诺
同理心	共鸣
基本规则	
检验假设和推论	**检查你的假设**
“我的推论是……”或“我的假设是……”	“我认为……” “听起来这好像……” “我的感觉是……” “在我看来……”
“我认为你爬上了推论阶梯的台阶”	“我认为你在刚才所说的内容中添加了其他含义”
分享所有的相关信息	
“让我分享一下我左边栏目中的内容……”	“我的想法是这样的……”
“你左边栏目中有什么”	“你现在在想什么或感觉如何？”
	“你头脑中正在想些什么？”
解释你的推理过程和意图	
“你可以解释你的推理过程和意图吗？”	“你可以和我们分享一下你为什么这么觉得（为什么你想要）……” “你可以再说明一下你为什么……” “你可以解释一下是什么原因导致你产生那种感觉吗？” “你可以再说明一下你为什么……”

续表

聚焦利益而非立场	**关注需求而非解决方案**
“你的利益是什么？”	“这觉得这个解决方案有什么地方对你来说不合适？” “先不要管解决方案应该是什么样子的，为了让解决方案有效，我们需要满足什么需求？” “我虽然听到你在讲述解决方案，但我还没有听到为什么这个解决方案对你来说很重要。你可以和我们分享一下吗？”
将主张和探询结合起来	**分享你的想法并询问他们的想法， 陈述你的想法，看一下别人的反应**
“我想先说出我的想法，然后探询一下你对我观点的看法。”	“我想和你分享我的想法，然后听一听你的意见。”
“我只听到了你的主张，但没有听到你的探询。”	“我听到了你分享的观点，但是我没有听到你去征求其他人的意见。”
“我听到你的探询，但没有听到主张，是这样吗？”	“当你提问时，我认为你对这话题有自己的观点，对吗？”
“这听上去像一个反问句。” “这是一个引导性提问。”	“当你提出那个问题时，我认为你对这个话题有自己的观点，对吗？”
共同设计下一步行动来检验分歧	**就下一步行动达成共识，共同设计下一步行动**
“我希望我们共同设计下一步行动。”	“我想和大家一起找到往前推进的方法。你们同意吗？”
诊断—干预循环 “我想就这点进行干预。”	“我想就这点和你讨论一下。”

第 25 章

现在我该做些什么

罗杰 · 施瓦茨　　格雷格 · 霍恩

几年以前我参加了由格雷格 · 霍恩举办的数个即兴创作课程。格雷格担任 Transactors Improv 公司的总监。Transactors Improv 公司位于北卡罗来纳州的教堂山，是南部历史最为悠久的即兴创作剧院。我一直很喜欢观看即兴创作演出，甚至还尝试过数次。

与他人一起创作的同时还要从他人给我的台词中创作出新的内容来，我享受即兴演出带来的紧张与刺激。所以当我首次报名即兴创作培训班时，我期待能够从中学到很多即兴创作的技巧，而且我确实学到了。同时，我也对自己的个性更为了解，并学习了如何通过与他人的互动来共同创造新的内容。

每次即兴创作练习后，格雷格都会让我们点评一下自己的表演。当我听到其他人的点评并且反思自己的点评时，我发现诞生一个好的即兴创作和引导一场好的对话所需付出的努力其实有异曲同工之妙。

最近，我和格雷格讨论了即兴创作和引导原则之间的类似之处。

视意外为礼物

罗杰：在即兴创作中，你唯一能够加工的台词就是你的即兴创作伙伴给到你的那句台词。如果你的即兴创作伙伴看到你正在表演吃东西，那么他可能开口问道："你什么时候变成一个素食主义者了？" 这是你能做出回应的唯一一句台词。你可以从这句台词延展开去并加以发挥，但是这句台词是你创作的唯一来源。

我发现有时我并不喜欢给到我的那句台词，因为我头脑中还有另一句台词，所以我希望我的即兴创作伙伴能说出那句台词。可我越是希望我的即兴创作伙伴提及那句台词，我就越无法把注意力集中到可能的台词上。但是，一旦我将给到的那句台词视为"礼物"，我就开始寻找各种可能性。这时我才能将剧中的内容与我的即兴创作伙伴联系起来。

这与引导技巧类似。我唯一需要面对的表述来自我的客户。通过在字里行间寻找“礼物”，我可以把注意力集中在他们认为重要的事情上并思考如何和他们一起探索这些事情。

格雷格：期望会让你失望。一位钢琴家朋友曾告诉我，有一天他去录音棚录音，但他那天感到心烦意乱，因为他没有做成他原本想做的事情。几个月后，他重听那天录制的节目，结果发现他的表现远比他预想的要好得多。

意外和激情有着微妙的区别。其实你可以把它们视为同样的事物。大多数人对于未知感到害怕。在即兴创作中，你要将意外视为机会或礼物。

在我的即兴创作中，我们关注探索而不是发明。我们不是让某个人提出一个点子，然后命令他人紧随其后。相反，在表演者之间存在着给予和索取（Give-and-Take），这样他们才能发现一个人单打独斗时难以发现的事情。发明事关自我，但是发现和探索却事关集体行为。

一个即兴创作者如果不能对意外保持开放的心态，他就无法做到对真正的探索和发现保持开放的心态。相反，他们只关心如何在个人计划日程上取得进展。我认为这对引导师也同样适用。有时我的学生对课程缺少教学大纲或课程目标感到沮丧，但是我会挑战他们，因为我希望大家把注意力集中在流程上，而不是某个成果或产品上。另外，万一他们的需求与目标不一致怎么办?

好的台词来自认真倾听

罗杰：为了想出一句好的台词，你必须看到其他人给你的台词中的精妙之处。为了看到台词的精妙之处，你必须仔细倾听。我越能做到仔细倾听我的即兴创作伙伴给到我的台词，我就越能充分发挥这些台词的精妙之处，而不只是关注如何创作自己的台词。例如，如果我的即兴创作伙伴对我说：“我无法确定抢劫第一国家银行是否会让我的简历更漂亮。”我可以这样做出回应，表明将抢劫银行放入简历之中的荒谬之处，或者向她解释抢劫银行需要一套专业技巧，而这些技巧是很多组织所看重的。所有这些回答都让我的伙伴陈述中的隐含信息变得清晰起来。如果我的回答与她的担忧息息相关，通过关注她的担忧，我可与她建立关系。我们在同一时刻推动剧情的发展。

在引导工作中，当我倾听人们在团队中讨论某个话题时，我问自己：“他们谈论的背后还潜藏着什么？”“我还可以给出什么样的提问，或者做出什么样的观察来帮助他们能够建设性地分享他们的故事呢？”这些故事往往隐藏在评论之中。当我的倾听到位时，我就可以得到团队成员给予我的“礼物”。通过帮助他们讲述自己希望分享的真实故事，我将“礼物”回赠给他们。

格雷格：倾听在即兴创作中显得非常关键，因为这是接受—给予流程中的一个重要环节，这可以让演员忘记自己头脑中预设的想法。通常人们都在琢磨如何给出反馈，而不是认真倾听。当我们倾听时，我们在学习。我们一边探索，一边发现。当我们发言时，通常都是在谈论自己，我们认为自己知道了什么，或者在谈论过去而不是当下。因此，如果一个好的即兴创作依赖探索、发现和团队的话，倾听就真的能够帮助我们。当然，我们的观点必须有分量而且鲜明，这样其他人可以从我们这里学习并做出回应，这点也同样重要。

这是一个系统：你所得到的台词来自你所给出的台词

罗杰：在即兴创作中，你所得到的台词与你给出的台词有着内在联系。如果你给即兴创作伙伴献上一句不错的台词，你就更有可能得到一句好的台词并加以发挥。即兴创作中的一句好的台词并不一定就是引导中好的表述。例如，一句不错的即兴创作台词可以是一位演员详细地告诉另一位演员出了什么问题，就好像这是真的一样。引导中一句好的表述必须具体，不一定是真实的，但最好是需要探索的假设。

使用引导技巧时，如果你认为大家不够坦诚，你可以想一想你给他们提供的表述。你是否真的在探询？或者你只是想要从人们嘴里得到你想要的内容？你是聚焦立场还是探寻利益？

格雷格：这是即兴创作和引导的区别之一。“你的”陈述比“我的”陈述更为有效，因为我们给即兴创作伙伴提供了有价值的信息。他们通常也会注入更多的情感。在即兴创作中，比起模糊不清的台词，更好的“礼物”是给他人提供无可争辩的证据，证明他们做了一些有价值的事情，或者一些让人难以忍受的事情，或者一些他们不得不做的事情，这样他们必须面对这个真相。这里说明了负面案例的价值，你在引导中不会那么去做。

要具体

罗杰：无论是在引导中还是在即兴创作中，具体的表述给演员和观众提供了可以创作的材料并且推动对话向前进。如果在开始的时候我对即兴创作伙伴说：“听着，罗瑞，这对我们不管用。”然后，我们中的一个人就想要得到更加具体的信息，罗瑞也许会说：“你是什么意思？ 我们正在沙滩上快乐地散步，我们谈笑风生，我觉得我们很好呀。” 如果不够具体，缺乏细节，即兴创作伙伴就不知道他们在谈论什么，那么观众也会如坠云里雾中。

运用引导技巧时，具体的例子可以帮助团队理解每个团队成员究竟在讲些什么，并且能够创建共识。共识可让团队继续往前推进对话。

格雷格：是的，在即兴创作中，你需要直达问题的具体核心。

不要害怕走大路

格雷格：有关即兴创作中的模式问题，通常与最佳搭档有关。在即兴创作和喜剧中，我们的工作模式经常以一组三人形式出现。前两个场景设置模式，而第三个场景要么确认这个模式，要么扰乱这个模式，任何一种都行。例如，两位女士在跳舞，并且说她们多么希望有男士过来邀请她们跳舞。这时一位男士走近她们，并且邀请其中一位女士跳舞。但是她们拒绝了，并且继续谈论她们多么想被邀请。这时，第二位男士走上前去并且发出邀请，又被拒绝了。这个模式得以继续延续下去。当第三次有人出面邀请时，女士可以跳舞，也可以不跳舞，还可以两个人同时和一位男士跳舞。如果第三位男士走近时，询问她们是否想要买套房子，那么这个场景就不合适了。即便这位男士讲述一些有趣的事情，如请她们过去观赏他的宠物龙虾，这也不如我们讨论预料之中的话题那么合适。因为观众和演员都期待继续讨论跳舞这个场景。

当我们即兴创作歌曲时，最为重要的一件事情就是创作结构，而结构涉及模式。吸引人的曲调有着一定的可预见性，当熟悉的曲调响起时，我们会马上喜欢上它。这是显而易见的，因为曲调能被识别出来。某项措施的解决方案未必需要多少原创色彩，但它一定是显而易见的，这是我们的耳朵所希望听到的。

罗杰：在引导或引导型领导中，团队成员同样期望你的行为有迹可循。当有人说“相信我，我认为重组不会发生”时，一个显而易见的提问就是：“是什么让你认为重组不会发生？”如果你或团队成员没有选择显而易见的路径，人们就无法学习，同时团队在这个问题上也就难以达成共识。

更多冒险：挑明问题并且参与其中

罗杰：引导师和引导型领导帮助团队指明团队正小心翼翼关注的重要问题并参与其中，这样才能体现他们的领导力。这么做，他们其实是冒着巨大风险来帮助团队解决真正影响他们的重要问题的。例如，一位引导师也许会指出每次团队领导分享一个与团队成员不同的观点时，团队成员就会改变他们观点来迎合那位领导。引导师会提问其他人是否看到了同样的现象。如果真是这样，是什么原因导致了这种行为的出现。在即兴创作中有类似的原则吗？

格雷格：在一次即兴创作的场景中，当我站到舞台上，单膝跪下，准备求婚时，观众马上就知道这个话题事关重大。在即兴创作中，领导力就意味着提出重要议题并且投入其中，而不是按照循规蹈矩的做法，不管这是什么主题的短剧。

将错误融进团队的体验和学习中

罗杰：专业引导技巧的原则之一是保持透明，也就是说，你需要向团队解释你为什么做正在做的事情。所以，当你犯错时，你也要公开承认，甚至把它当成团队学习的机会。所以，当你犯了错误并且认识到自己的错误（或者有人向你指出来）时，你要承认，并且把它当成团队学习和你个人成长的机会。例如，当你认识到自己只询问了部分团队成员的看法，而没有询问其他成员的看法时，你可以向团队指出这点，并且询问团队成员是否也注意到这点。如果他们注意到了，他们的反应是什么。通过讨论你的错误，你可以得到其他人的反馈，并且就下次你和其他人应该采用不同的方式达成共识，这样你和团队就可以示范如何将错误转化成学习的机会。在即兴创作中有类似的原则吗？

格雷格：当登上舞台时，你突然注意到舞台上的两个角色正处于亲密状态中，你或者尴尬地停下来，或者带着你的“错误”退回到幕后，或者你可以冲进去变成搅局者，或者扮演不想独处的岳父或其他任何角色。总之，当你张开口想要说话时，你会语无伦次，你需扮演一个尴尬的角色，或者一个醉汉，或者一个口齿不清的人。在即兴创作中，事都发生时，并没有书面文字或人告诉你接下来应该是什么样子的，所以你的错误也就不是错误了，只不过是机会或道路上的起伏而已。

相信流程，但不要控制流程

罗杰：我发现好的即兴创作如同引导一样，我们要相信流程而不是控制流程，这一点很重要。引导工作包括要一起创建流程并且使用流程。当我尊重核心价值观和假设时，我就会相信流程。这意味着使用交互学习模式，并且和团队一起设计流程。与其控制谈话并让它朝着我期望的方向前进，不如让谈话从我和团队成员的互动中自发地涌现出来。当我这么做时，我和团队成员都学到了更多，并且对流程本身也更加满意。

有时候在即兴创作的场景中我会变得焦虑。我担心想要说出的台词是否有用或有趣。当然，在这些事情上我花费的力气越多，并且努力推动谈话朝着我想要的“好”台词发展，我就越发不能全神贯注于即兴创作伙伴讲述的内容上，我也无法想出有趣或推动情节发展的台词。让人啼笑皆非的是，越是让观众大笑不已的台词，往往是我事先没有设计过的台词。有关相信流程，即兴创作有些什么相关原则吗?

格雷格：即兴创作就是流程，而不是产品。它不是自我的发明，而是团队共同的探索和发现。

演员必须相信流程。如果有简单的方式可以做到这点，那么世界上就会有更好的即兴创作。经验教给我们要相信流程。当你做一件事却不知道它是什么或者它会变成什么样，而后发现它变得比你原来计划的还要好时，这会教你相信流程。或者当你努力把你的方形日程嵌入一个圆形机会中时，你会被结结实实地打了一个耳光，这时你就学到经验了。

获得这种经验的第一步就是在风险不大时做些简单的练习。

资源

www.appliedimprovisation.com. This Web site offers articles, books, and research about improvisation, as well as links to events, discussion groups, and improv trainers and consultants.

www.transactors.org. Transactors Improv Company director Greg Hohn writes a "Mouthing Off" column on the company's Web site, in which he shares his thoughts about fundamental principles of improvisation. He makes his points eloquently, concisely, and humorously. His writings about improv are equally relevant for facilitative work. In his pieces about Applied Improv, Greg shows how improv principles and techniques can help people become more effective in their organizations.

www.yesand.com. This Web site is a source for many things improv. It includes improv events, improv readings, games, other Web sites, and a bulletin board for finding out anything about improv.

第 26 章

没有交互学习模式的基本规则就如同房子没有地基

苏·麦金尼

专业引导技巧以建立了一套用于提升团队有效性的基本规则而著称。虽然基本规则价值非凡，但单靠基本规则难以引领变革并从根本上提升团队有效性。

请参考第 5 章“有效团队的基本规则”。

基本规则只是将交互学习模式的价值观和假设付诸实践的策略。如果不能理解并拥抱指导基本规则的交互学习价值观和假设，那么基本规则只不过是雕虫小技而已。

> 虽然基本规则价值非凡，但单靠基本规则难以引领变革并从根本上提升团队有效性。

请参考第 4 章“理解指导我们行为的理论”和第 5 章“有效团队的基本规则”。

只使用基本规则所带来的局限

学习基本规则却未透彻理解其所依赖的基础，就如同学习一门外语的词汇却未透彻掌握其语法，或者就像试图去安装一套新的应用软件却无操作系统一样。换言之，基本规则描述了一套全新的行为，但没有就我们为什么需要培养这套全新的行为给出深刻的阐述。

> 换言之，基本规则描述了一套全新的行为，但没有就我们为什么需要培养这套全新的行为给出深刻的阐述。

基本规则帮助我们决定如何改变我们的行为。在具体的场景中，当我们决定说些什么及如何说时，基本规则可以发挥作用。但是，它们不会把人们从非赢即输的思维模式中解脱出来，也不会让人们放弃这样的想法，即为了某个具体的成果而不惜一切代价。只有当我们明白自身的思维方式是如何直接影响我们的行动时，这种转变才会发生。理解这点就意味着理解了我们的践行理论。

我以生活中的两个例子说明此点。

结束了为期两周的专业引导课程培训后，我急于将这些想法带回我的组织中。作为当地政府部门的培训师，我有大量机会将这些概念教授给他人。正巧，在我完成培训两周后，我所在的组织开始广泛推行持续改善项目。目的是通过关注团队合作和授权来改善客户服务。活动第一阶段的任务是培训所有员工关于持续改善的基本概念，第二阶段的任务是培训主管，第三阶段的任务是培训团队。

我很快调整团队培训的课程表，并且将重点放在如何结合专业引导技巧的基本规则和核心价值观上。我们给 16 个团队培训了有关团队问题解决、团队流程和团队发展阶段等内容。但是我们的讨论没有将践行理论或交互学习模式的基本概念融入其中。我期待每个团队成员在讨论具体问题时可以使用基本规则和核心价值观，包括处理团队内部的冲突并提升他们有效合作的能力。但遗憾的是，我期待的情况并没有出现。

绝大多数团队从未使用过大部分基本规则。我自己引导的团队偶尔使用基本规则，但经常采用单边控制模式以图取胜。记得我曾经试图让团队成员就是否继续开会达成共识，因为会议已经超过了计划安排的结束时间。一位团队成员说：“我不同意，所以我们没有达成共识。会议结束了。”然后他就起身离开了房间。我通过他的言行推论，他正在使用单边控制模式来满足他个人的需求，却忽视了其他团队成员的需求，而这恰恰是我当初引入基本规则时极力避免的情况。

还有一次，我邀请一位团队领导确认他通过授权给团队安排任务背后的利益，他拒绝这么做，只是简单地说：“我会让他们知道我是否喜欢他们的解决方案。”最后，他告诉团队需要做些什么，因为他们的解决方案“不现实”。如果他能理解基本规则的有效使用取决于他能否使用交互学习模式时，他就能理解他需要团队去满足他的利益，而团队又必须满足组织的利益，每位团队成员也有利益需要满足。这样做，持久的解决方案才能被识别出来。这样的理解可能给他和团队带来不同的互动方式并可能带来更加成功的结果。

当人们理解了交互学习模式，即你愿意暂时收起对他人或团队的评判并全身心地投入彼此理解之中时，这是我能看到的最大转变。

这种觉察来得并不容易。当人们使用这种模式时，他们已和那些被贴上“麻烦员工”标签的同事共事多年。“如果你认识乔的话，”他们断然告诉我，“你就能明白为什么我们要使用单边控制模式。他没救了！”只要他们坚持自己对标签的看法并坚持认为必须操纵乔，他们就没法有效使用基本规则。交互学习模式之所以奏效，就在于其深刻的信念，也就是人们在特定的环境下会诚信行事。正是基于这种信念，人们才愿意分享自己的推理过程和探询其他人的推理，以便更加全面地理解并深入探究彼此的看法。差异是学习机会而不是

当人们理解了交互学习模式，即你愿意暂时收起对他人或团队的评判并全身心地投入彼此理解之中时，这是我能看到的最大转变。

对他人的评判。当然，只有建立起有意识的觉察才能继续停留在这个思维框架中并且使用基本规则来提升个人和团队的有效性。

深化你对基本规则的理解

理解与服膺基本规则可以有数个层次。采用交互学习模式需要建立深层次的觉察，从而知道如何将每项基本规则作为策略用于支撑交互学习模式的核心价值观。

基本规则一：检验假设和推论

这项基本规则是专业引导技巧的基础。它鼓励心怀好奇并采取与有效信息一致的行事方式。使用基本规则中的第一步，通常也是最为困难的一个步骤就是认识到我们做出的推论，然后学习在日益挑战的处境中检验假设。

认识到我们做出的推论

我早期的挑战之一就是承认我所做出的推论。当我感到身体发热或手心开始冒汗时，我就意识到我做出了负面的推论。这往往意味着我按下了自己的“热点按钮”。在冲突不是那么剧烈的情况下，我只是对某人感到生气或沮丧。随着时间的推移，我认识到这是另一个警告信号，说明我做出了未经检验的推论。还有一个信号是，我评判他人并且自认为知道最适合其他人的是什么，或者至少这个人应该做些什么。

在我认识到我做出了未经检验的推论时，我经常会有这种感觉。例如，我也许会听见我的某位上司抱怨员工给出的方案不靠谱，因为方案没有考虑当前环境中的人为因素，这时我就变得很生气。我的想法可以借助表 26.1 左边栏目的形式显示出来。

表 26.1　原始对话：未经检验的推论

我的想法和感受	对　话
我为团队 A 感到自豪。这是一个需要解决的难题，但他们做得很好。	我：读了团队 A 起草的有关地下电缆铺设的改进方案，你有什么反馈？
“它没法实施？！！”这是什么意思？他们在这个方案上花费了那么多时间和精力。如果你就这么直接枪毙了他们的方案，他们就再也不想在其他问题上费心了。（未经检验的推论）。我不会责备他们！	上司：他们显然在方案上花费了很多精力，但它没法实施。 我：为什么没法实施？
你之前和他们沟通过这些“政治因素”吗？你怎么知道市民不会同意呢？	上司：方案没有考虑当前处境下的政治因素。市民绝不会同意在他们的花园下开挖电缆，即使这是合法的。

续表

我的想法和感受	对　话
你当然不会！你没有分享关键信息，让他们乱闯一气。（未经检验的推论。）你一点也不在乎这个团队流程及它是否会成功。（未经检验的推论。）我们为什么还要费工夫呢？	我：当团队讨论方案时，你和他们分享过这些考量因素吗？ 上司：没有，我从未想过要这么做。唉，他们在一个我们没法采用的方案上花了这么多时间，这真是太糟了。

我花了一些时间才意识到，我的愤怒通常都是建立在未经检验的假设和推论上的。许多情况下，当我仔细检验自己的推论时，我发现我对情况做出了错误解读，于是我也就不再感到愤怒了。

还有一个生活中的例子，我一直在等待一封重要的电子邮件，但一直没有等到。

我是一位马术骑手，并且非常荣幸有机会在即将到来的盛装舞步训练营中接受一位著名骑师的辅导。盛装舞步是马术中的经典骑法。这些训练营非常热门，很难找到合适的训练时间。我非常焦急地等待消息我是否可以参加这个训练营。

遗憾的是，训练营的主办者一直工作到最后一分钟还在协调大家的时间安排。这对我来说是个问题，因为我会在训练营举办的前一周开始度假。在正常情况下，如果出现这种情况，我就决定不参加了，但我还是下决心接受这位骑师的辅导。

由于度假的前一天我依然没有从主办者那里得到任何信息，我带上了新买的电脑，这样我在度假期间也可以收发邮件。活动主办者承诺一旦她协调好时间，她会给每个人发送邮件通知。假期中的每一天，我都会检查我的邮箱。我真的很沮丧，因为我连一封邮件都没有收到。我给活动主办者发过一到两封提醒邮件，但她从未回复。我开始觉得自己被抛弃了。我一定做了什么错事让她感到生气，所以她再也不想让我参加这次活动了。或者有人在我背后跟她说了些什么，所以她决定不让我参加了。当然，这些想法毫无逻辑，我并不认识活动主办者或她的任何朋友，我编造了这些对我来说合乎情理的故事。当然，真实的故事是我压根也没有想到的。

最终我给一起参与训练营的朋友写了封邮件，发现活动推迟了。如果它真的在两周后举行，我就可以参加了。度假回来一周后，我向一位朋友抱怨活动主办者不回邮件这件事，担心我是不是做了什么让活动主办者不开心的事情。我的朋友是一位计算机专家，她说："这种事情我以前也遇到过，我不小心设置了邮件阻拦功能。你的系统上设置了拦截吗？""我不清楚。"我说，"我的电脑是新买的，我的邮件软件也是新的。""回去检查一下，"她建议，"很有可能这就是你要找的答案。”

回到家中我打开收发邮件的文件夹，我以前从未注意过这个文件夹。它的名称是“垃圾邮件”。我打开后发现在里面有主办者给我发的每一封邮件。我尴尬至极。每一封要求她作答的邮件她都回复了。她言而有信，而我却关上了通往明显的解决方案的大门，这是因为我戴上了未经检验的推论给我准备的眼罩。我非常谦恭地回复了主办者并请求她的原谅，因为我一遍又一遍要求她回复我的邮件。

践行理论就你检验推论的方式带来了不同影响。当你使用单边控制模式时，检验推论只不过是为了找出谁是正确的，谁是错误的。它只是在非赢即输的思维模式下记录得分而已。使用交互学习模式将改变你对他人的体验及你本人的体验。

觉察到自己的推论，这是一次释放自我的体验。当我的觉察不断增强时，我开始看到有多少次我其实在编造有关他人意图的故事。通常我的故事中充斥着评判，并且草率地看待他人的动机和意图。简言之，对他人做出未经检验的推论让我无法带着同理心对待他人。

我的挫折感往往都是自找的。一旦注意到自己的推论，我学会了对其做出检验，我不再编造故事去解释其他人的动机和意图，由此我获得了能量。

> 我的挫折感往往都是自找的。一旦注意到自己的推论，我学会了对其做出检验，我不再编造故事去解释其他人的动机和意图，由此我获得了能量。

通过检验自己的推论，对于那些我不能理解的事情我发现总是存在一个言之有理的解释。过了一段时间后我开始采纳交互学习模式的假设，那就是基于所处的情境人们总是试图诚信处事。结果我发现自己做出的负面推论更少了。我开始以同理心看待他人。

沿着推论阶梯走下来

一直等到我和当地的学习团队一起工作时，我才开始认识到自己处理推论的策略。

作为专注于专业引导技巧的六人学习小组成员之一，我发现自己有时会对其中的一两位成员感到生气。在学习过程中，我发觉自己拥有的某些证据让我沿着推论阶梯往上攀爬并附带了愤怒和评判的情绪。只是我不太清楚那些证据是什么。我开始留意这些成员究竟说了些什么或做了些什么。在运用诊断—干预循环做出有效干预之前，我发誓绝不开口说话。

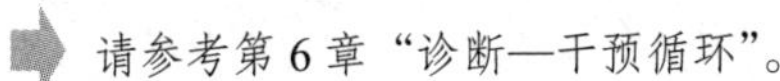

请参考第 6 章“诊断—干预循环”。

我开始记录每位成员说了些什么。慢慢地，觉察开始形成。一位让我感到特别困扰的成员似乎总是在团队中扮演“高人一等”的角色。他非常了解专业引导技巧上的概念，曾多年与某个团队实践交互学习技巧。对于学习小组来说这当然是好事，我们拥有一位知识渊博的成员，但我不确定的是，他与团队成员的互动为何让我感到困扰。我努力收起自己的评判，并且观察他的行为，观察他究竟说了些什么，做了些什么，希望能从中找到促使我做出推论的原因。

过了一段时间后，我开始意识到这位成员做出的陈述是单边控制模式的，他并没有探询其他人的想法，而是不停地讲话，他单边控制模式的陈述就好像他表述的就是事实，而且我们也认同。这让我很难认同他的陈述内容。由于他通常需要占用大块时间（3～6 分钟），这让问题变得更加严重。通过两到三次会议，我识别出他的行为模式，然后我愿意冒险对此进行干预（对我来说这是有风险的，因为我尊重这位成员，也不想让他生气）。正是通过我的干预，就像表 26.2 所展示的那样，我才认识到使用推论阶梯的威力。

表 26.2　有效运用基本规则

想法和感受	对　　话	所使用的技巧
“嗯，这看上去有些冒险。我可不想提出这样的问题。但是他确实这么说过，所以我假定他对大家的反馈持开放态度。”	我：“伯特，在我们最初的一次会议上，你要求这个团队的所有成员在看到你的行为与交互学习模式不相一致时给你提供反馈，是这样吗？”	将主张和探询结合起来
“好的。”	伯特：“是的，我需要你们的反馈来不断提升我的技能。”	解释你的推理过程和意图
“回到信息上。这比我想象的要容易些。”	我：“好吧。你的一些行为让我感到困扰。我想和你分享我看到了什么，有什么感受，并且得到你的反馈。你觉得可以吗？”	分享所有的相关信息 将主张和探询结合起来
	伯特：“当然可以。”	
“哇，你让我印象深刻。”	我：“一分钟前，你解释了你对于交互学习模式基本原则的理解，以及如何最大程度发挥交互学习模式的作用。我不能逐字复述你的谈话，因为你讲了好几分钟。你能回忆起来我所指的是什么吗？”	分享所有的相关信息 解释你的推理过程和意图 将主张和探询结合起来 诊断—干预循环的第四步
“是的，你是这怎么说的。我依然不赞同。”	伯特：“是的，我想我在解释你们可以为自己的立场进行有力的辩护，并按照专业引导技巧的方式行事。”	分享所有的相关信息 运用具体的例子并就重要词汇的含义达成一致 分享所有的相关信息 诊断—干预循环第四步
“识别假设。他就这么不停地讲下去了。我可不想盲从于他。”	我：“是的，我想你说的就是这个主题。我注意到你在开场时提到，很多人在对话中采用非赢即输的方式。你是这么说的吗？”	

续表

想法和感受	对　话	所使用的技巧
“哦，我想他是对的。这听上去更准确。”	伯特：“我想我说的是，我们中的很多人在对话中使用非赢即输的方式，但那不会让我们陷入单边控制模式中。”	分享所有的相关信息
	我：“是的，这听上去更准确。让我感到困惑的是，你没有检查背后的假设。我认为这是一个假设，你认为呢？”	解释你的推理过程和意图
“不,你还没明白？等一下，苏，保持好奇。”	伯特：“你说的是非赢即输并不意味着你在实施单边控制吗？”	将主张和探询结合起来 分享所有的相关信息
	我：“不是，我指的是我们中的很多人会在谈话中使用非赢即输的方式。”	
	伯特：“哦，是的，我想这是一个假设。”	
	我：“那么，我不同意你做出的假设。随后你继续谈了好几分钟你在这个最初的假设上所建立的论据。鉴于你并未征得我的同意，所以我就不想再听下去，而且我觉得有些恼火。你能够理解我为什么会有这种感受吗？”	分享所有的相关信息 解释你的推理过程和意图 将主张和探询结合起来
“我就是这么想的。很好，他会问其他人的意见。我也想知道我是不是唯一一个被这件事情困扰的人。”	伯特：“当然。我没有考虑到我的第一个陈述是假设，它看上去就好像事实。但你是对的，我应该检验这个假设。其他人有什么看法？ 这也让你们感到困扰吗？”	解释你的推理过程和意图 将主张和探询结合起来

欲了解推论阶梯，请参考第 5 章“有效团队的基本规则”。

相比于只是告诉这个人他讲得太多，或者没法跟上他的思路，我能够勾勒出我所听到的内容，并且检查他的看法是否和我看到的一样或有所不同，然后告诉他为什么我难以对他的观点做出回应。通过这样清晰的方法展现我的观点，伯特可以理解他自身的行为及它对我造成的影响。他也可以与其他团队成员核实，看我是不是唯一一个有这样感觉的人。他对反馈持有的开放态度让人佩服，我觉得这是学习团队的一个转折点。我们终于达到了这样一个阶段：在团队中我们开始就自身的行为进行干预，而不只是谈论团队之外我们对行为采取的干预措施或应该采取的干预措施。

有些人首先看到了他们的推论，然后回溯到促进他们做出推论的信息。过了一段时间后，通过练习观察其他人的行为，我开始留意我所做出的推论，然后就可以在现场更快地实施干预。

正如以上所说的，我在沿着推论阶梯往上攀爬时也感受到自己身体上的反应。在会议中，当我感觉自己身体发热或脸色泛红时，我就知道我正在攀爬推论阶梯。与其做出愤怒的回应，还不如利用这条线索来问自己，是什么原因导致自己做出这番推论的。然后我使用基本规则来探询我的担心并进行对话，目的是取得共同理解而不只是随波逐流或努力彰显我是正确的而其他人是错的。

基本规则二：分享所有的相关信息

基本规则三：运用具体的例子并就重要词汇的含义达成一致

第二项和第三项基本规则容易理解，但使用起来同样会遭遇挑战。这些基本规则建议指出具体的人名，起初我对于这样的做法总是感到不舒服。在我的职业生涯中，每当发表观点时我总是泛泛而谈。我会尖锐地指出“员工”并没有支持组织的最新倡议，或者“管理层”做出了糟糕的决策。当被问及“哪位员工”或“哪位经理”时，我对自己说“我不知道”或“我不能说”。很多时候，如果我不得不具体化，我会点出两到三位员工的名字。但在我的心目中，依然觉得这比起将“员工”作为一个整体来提，冲击力要逊色得多。

对重要词汇的含义达成一致可以发挥重要的作用。我留意到很多团队在制定团队规则时会用到“尊重”一词。有趣的是，当我要求大家告诉我，在他们看来“尊重”如果用行为来描述会是什么样子的时，他们给出的定义各不相同。

有一次，在讨论自我感知及组织中的其他人对自己的看法时，一位员工和我谈论对于“尊重”这一词汇的不同解读。我谈到年初我们都参加过的一次会议。在那次会议中，我留意到她和另两位同事在来回传递纸条。她们经常在传递纸条或阅读纸条时发出会心的微笑。我觉得她们的这种行为就像莽撞的少年，让我想起高中女生在教室里传递纸条的情形。我认为这种行为不仅影响其他人，而且是对演讲者的不尊重。

我的假设是这位员工并不是为了表现出不尊重，所以我好奇的是她传递纸条的动机是什么。当时我并没有向她提到这一点，因为我不是她的上司，也很少和她交流。我觉得我所处的位置并不适合说些什么。但是，当我回想起这件事时，我认为这是我的错误。分享这些信息并且了解她的想法可以给我提供信息，而她的反馈也可以为我们两个人提供宝贵的学习机会。

当我们俩在我的办公室讨论时，我问她是否记得这次会议，以及我所描述的行为，她说我的记忆是准确的。我告诉她我对她的行为做出的解读，并且询问她当时的想法，因为在我看来她并不想在会议中表现出不尊重他人。她告诉我，她的想法其实是，比起私下窃窃私语，传递纸条显得更加尊重演讲者。她的同事来自国外，需要在会议中获得额外的信息。我告诉她尊重并不只有一个定义，而团队需要自己定义尊重对他们意味着什么。所以，并不是说她应该或不应该传递纸条。我的建议是，在那种情形下，她应该和团队分享她们遇到的困难，并且询问大家她怎么做才能让大家感觉最自在。（这是基本规则七：共同计划下一步行动来检验分歧。）我解释如果她当时这么处理的话，我绝不会针对她的行为做出任何推论，即使有，我也会很自在地在会议中提出这个问题，因为团队已经在讨论这个话题了。

这个例子说明了在使用这两项基本规则时，有或者没有交互学习模式所产生的区别。如果没有交互学习模式，我也会分享相关信息，并且使用具体的例子以便向大家说明她尊重他人。对重要词汇的含义达成一致意味着她接受了我的定义。以交互学习模式作为基础，我就会对她自身如何看待其行为感到好奇，我的好奇心让我在提出问题时不会过于担心产生负面情绪。

以交互学习模式作为基础，我就会对她自身如何看待其行为感到好奇，我的好奇心让我在提出问题时不会过于担心产生负面情绪。

基本规则四：解释你的推理过程和意图

为了降低大家对我做出未经检验的推论和假设的概率，我学会了解释我的推理过程，无论是在提问时、提出建议时，还是表达我的观点时。当我问“你把我的备忘录放到邮件里了吗”时，我学会了在这之后加上一句，“我这么问的原因是我发现备忘录中还有些错误，我想在你放入邮件之前修改这些错误”。这样，他人就可以直接并清晰地回答我，而无须顾及我的言外之意或猜测我到底在询问什么。

另外，解释我的推理过程可以让他人回应我的具体担忧或想法，从而避免做出未经检验的推论。例如，当我询问助理有关之前给她安排的任务时，我向她解释我的理由，这样，她才能对我做出具体的回应，这一点也很重要。举例来说，我要求助理下班前把这封信寄出去。午饭后，我又追问这件事情。如果不解释我这么询问的缘由，我的提问也许是：“莫纳，那封信你寄出去了吗？”

如果分享我的缘由，这个提问就是这样的：“莫纳，那封信你寄出了吗？我之所以这么问是因为我发现我需要修改信中的一些内容，如果你还没有寄出的话。”第二个例子给莫纳提供了背景信息，这样她不用乱猜我为什么要跟进她的任务安排。通过分享我的缘由，我也减少了她沿着推论阶梯往上攀爬所带来的风险。

如果我在使用基本规则的同时也考虑到交互学习模式，我会分享我的推理过程和意图，这样其他人可帮助我看到我可能漏掉了什么。我并不认为我拥有所有的相关信息，我的推理过程也可能存在瑕疵，我希望其他人能够帮助我看到这些瑕疵。同样，我希望他们能够分享他们的推理过程和意图。当我们发现彼此想法中的差异时，我们可以真诚地探讨这些差异并共同制定双方都愿意做出承诺的方式。但是，如果没有在交互学习模式的基础上使用基本规则，当我向对方解释我的推理过程和意图时，我的目的不过是让对方理解和接受我的观点而已。

基本规则五：聚焦利益而非立场

对我来说最有力的基本规则之一就是“聚焦利益而非立场”。有时候当团队卡壳时，我会基于这项规则提出新的流程，很快，团队会再次往前推进。例如，我曾经主持一个负责组织内部流程持续改造的跨职能部门团队的引导工作。

请参考第 14 章“用你自己的语言介绍基本规则和原则”和第 16 章“帮助团队聚焦利益而非立场”。

团队成员来自组织的各个层级，包括 CEO、部门经理和一线员工。团队创建了由非团队成员组成的大型小组委员会，负责制订员工的奖励和认可计划。

小组委员会在讨论了六个月后向团队提交了精心构思的方案。当我将他们的方案放入议事日程时，我给他们分配了 15 分钟。我认为，团队会很快批准他们的方案，事后证明我的想法是错误的。召开两次会议而且经过两小时的讨论之后，我发现团队陷入了立场之争中。我建议召开特别会议来讨论他们关注的利益，以便就他们提出的方案做出最后决定。

当团队聚在一起参加特别会议时，大家很快列出了他们关注的利益：给员工提供有意义的奖励；奖励所有合乎资格的对象（避免竞争）；创建一个易于实施的系统；将持续改善的徽标印在所有的奖品上（这是立场）；创建一个鼓励员工提供高质量客户服务的系统。

团队随后定义了重要词汇和概念，以确保大家所谈论的是同一件事情。最有争议的一项内容是“给员工提供有意义的奖励”，小组委员会在方案中已经包括了具体的奖项，如衬衣、公文包、支票簿和手提包等。小组委员会希望给获奖者提供清单并让他们从中选择他们希望获得的奖品。一位副总裁的立场是所有的奖品都要印上持续改进的徽标。小组委员会坚持不要这个徽标。他们在员工中做民意调查，员工说他们不想要印有徽标的奖品，因为这不便使用；而且获得的奖品上印有徽标会显得“很俗气”，也令人尴尬。

显然团队需要讨论“必须印有徽标”和“不能印有徽标”立场背后的利益。副总裁说花费纳税人的钱来购买奖品但在奖品上没有持续改善的徽标，他认为这不合乎道德准则。虽然每个人都赞同他们的行为要合乎道德准则，但并不是所有的人都认同他的观点——不印徽标不符合道德准则。不管怎样，大家最后同意了他所关注的利益，要把徽标印上去。

小组委员会仍然认为这些奖品不会让所有的员工感受到激励。他们认为部分员工可能会扔掉奖品。为了满足这个利益，团队想出了一个新的选项：餐馆礼券。这份礼品与采购的奖品具有同等价值，同时又可以给员工提供一份没有徽标的奖品以便挑选。虽然不是每个人都对最终的结果感到激动不已，但是大家都赞同这个方案，并且愿意帮助去落实这个方案。团队成员的基本利益通过这个方案得到满足。

这个流程只花了不到 15 分钟。列出利益可以帮助大家厘清具体的胶着点，以及大家对建议的方案所持的不同看法。与其就某个解决方案或其他的方案争论不休，还不如将对话引入更深层次的驱动因素之中。在这个案例中，这体现在市民眼中的道德准则、责任感和员工眼中的需求、驱动因子之间的平衡。解决方案是可行的，每个人对结果都感到满意，虽然这并不是他们完全想要的。但他们认为这个方案是可以接受的，因为他们理解了其他人的推理过程，并且承认满足每个人利益所带来的价值。

如果团队在使用基本规则时却没有将交互学习模式的心智模式作为基础，成员所列出的利益不过是为了劝说他人认同自己的解决方案而已。另外，他们所说的“利益”在很多时候只是立场，例如，“城市经理说我们必须使用徽标”，或者“我们不想要徽标，因为员工不喜欢徽标”。这些都没有提及城市经理或员工立场背后的利益是什么。一旦错将立场当成利益，团队会陷入反复争论之中，而不是针对潜在问题寻求深层次理解，而找到适合每个人的有效解决方案则更无从谈起了。

与之相反，当团队使用这项基本规则并且有意学习时，他们就会从解决方案上退后一步，反思解决方案对于他们而言什么是重要的。与此同时试图去理解其他成员立场背后的驱动因素和利益。真诚的好奇心和同理心可以让团队成员对于尽最大努力满足各方需求的解决方案持开放态度。

真诚的好奇心和同理心可以让团队成员对于尽最大努力满足各方需求的解决方案持开放态度。

基本规则六：将主张和探询结合起来

这项基本规则所用到的词语主张和探询不是我经常使用的。我觉得可以很容易将这两个词语转换为常见的用语：我只是陈述我的观点（主张），并且询问他人的想法和反馈（探询）。

在运用这项基本规则时，我也许会说：“对于即将到来的裁员，我认为我们应该创建一个新的部门结构……你对我的建议怎么看？”或者“我建议我们现在休息十分钟，是否有不同意见？”

对我来说，运用这项基本规则的关键是承认我的观点未必总是有效的，并询问其他人对我的观点的看法，这会很有帮助。这条基本规则对于会议中难以找到对话线索的团队格外有用。

在这几年中，我注意到不同组织围绕主张和探询这一规则出现不同趋势。有些组织的文化似乎鼓励员工通过使用提问来陈述他们的观点，例如：“难道你不认为我们应该在公司之外召开会议吗？”（意思：“我认为应该在其他地方召开会议。”）“招募更有经验的人不是更好吗？”（意思：“我认为应该招募更有经验的人。”）在其他组织文化中，做出陈述似乎无须询问反馈或建议。几年前我所引导过的一个组织就出现了这样的情况。

在这个组织中，引导会议就像观看60分钟节目中的“观点和反对观点 ”部分。每个人先做出陈述，然后下一个发言人会做出另外的陈述。某些陈述是有关联的，但大部分情况下它们之间没有关联。团队成员会举手示意发言，这样他们可以轮流发言。这一流程并不利于相互关联的对话自然延伸。在会议中运用基本规则六可以帮助团队成员陈述观点并听取对于他们观点的反应，这样，会议得以自然地从一个想法流向下一个想法，而不只是罗列一系列无法将团队带往一个清晰方向的想法。

> **当学习是目标时，真诚的提问自然就出现了，因为每个人都希望能更好地理解其他人的想法和感受。这样每个人都可清晰地分享他们的想法，并对其他人回应的想法持开放心态。**

对于那些没有深入了解交互学习模式却使用基本规则的人来说，他们通常会发表观点，然后通过提问让其他人同意他们的观点。例如，他们会询问，“难道你不同意吗”或“你理解吗”，而不是真诚地提问以便得到更多的新信息，如“你对我刚才发表的观点有什么看法”。当没有带着学习的意愿去使用基本规则六时，就无法生成话头，而真正的有来有往的对话也就无从产生了。

当学习是目标时，真诚的提问自然就出现了，因为每个人都希望能更好地理解其他人的想法和感受。这样每个人都可清晰地分享他们的想法，并对其他人回应的想法持开放心态。

基本规则七：共同设计下一步行动来检验分歧

对我来说，这项基本规则的最大价值在于能够共同设计对话，这样参与者可全情投入沟通中。给他人提供负面反馈对我来说从来就不是一件容易的事，但这项规则给我提供了一种方法，让我感觉更舒服一些。

例如，当我想要给某人提供负面反馈时，我会这样说：“杰尔德，我想和你谈一谈昨天你做的一件让我不安的事情。我想和你分享我看到了什么，然后和你核对一下，看你是否有什么不同的看法。如果我们就发生的事情达成共识，我想和你分享一下我的反馈，并且听取你的想法。最后，如果我们都认为这是需要解决的问题的话，我想和你沟通一下解决这个问题的步骤，你想和我讨论这件事吗？”

共同计划可在两个方面带来好处。首先，它清晰地列明了我想要在谈话中说些什么，而且询问对方是否适合他。其次，我很清楚地表明我并不认为我的观点就是事实，而且我对不同看法持开放的态度。在我的经验中，当我这样给出反馈并随后询问其他人对于我的反馈有何看法时，对方通常会对我说：“苏，你的反馈清楚公正，我不得不惊讶地告诉你我完全没有被评判的感觉。”不评判就是我的目标，我认为这项规则就是达成这个目标的工具。

我对其他人行为的看法有可能是错误的，如果我对此没有持开放的心态，我就无法始终如一地使用这项规则。如果不是真诚地分享我的意图并了解其他人的想法，这只能变成另一种操纵他人接受我的观点（或至少假装如此）的做法，或者按照我推荐的方式来纠正行为。当我带着同理心去使用这项基本规则时，我就可以持开放心态，以便从其他人那里学习新的东西，并且构思出适合我们的下一步做法，而不仅仅适合我一个人。

基本规则八：讨论不便讨论的话题

不便讨论的话题没少得到讨论。在我的经验中，我经常讨论“不便讨论”的话题，只是不会在事关问题根源的个人或团队面前讨论。在朋友中，这会引起很多的闲话。我会与任何人讨论我对珍妮的担心，但除了珍妮（她有一个患心理虐待症的男友）。我会和某位家庭成员谈及我认为有问题的家庭模式，但从来不会在家庭聚会上谈论这点。

请参考第 28 章“进行风险对话”。

随着时间的流逝，我发现冒风险直接和人们讨论不便讨论的话题的好处。如果采用交互学习模式作为讨论的基础，则更加不会让人心生畏惧，这是我这几年来得出的经验。之前我在基本规则一“检验假设和推论”所分享的学习小组的例子中，我花了些时间才找出如何在团队中提出伯特的行为问题。当我采用单边控制模式思考时，我会告诉其他人我对某位团队成员的意见，以及我对他行事方式的感受。幸运的是，我采用交互学习模式与其他人沟通，而他们指出我也许可以直接和伯特沟通他的行为问题。我发现自己害怕这么去做。同时，我也认识到如果不提出这个问题，是我本人造成了我抱怨已久的问题并让其继续延续下去。如果我没有与伯特分享这些信息，他就无法就其行为改变做出自由并知情的选择。深刻反思如何运用这项基本规则并带着了解新信息的意图，我开始收集信息，思考我应如何心怀好奇而不是显示自己正确无误。这对我而言是一个巨大的启示，帮助我带着同理心提出问题，这一方式也适合整个团队。使用这项基本规则时带着自己对于交互学习模式的理解，这让我对自己和伯特都充满了同理心。

> 使用这项基本规则时带着自己对于交互学习模式的理解，这让我对自己和伯特都充满了同理心。

正因为具备同理心，我不再采用过往那种“我是对的，他是错的”的方式。我会花费时间（经过几次会议）观察对话中产生的信息，以便确认是什么原因让我产生了这种负面反应。我保持开放的心态，认为也有可能是我错误地理解了环境，或者也许我是唯一一个对伯特有这种反应的人。如果我的心智模式中没有以这些作为基础，我也许会提出问题让伯特去改变行为来迁就我。或者更糟，我也许会让他离开团队或我自己离开。

基本规则九：采用有助于提升团队承诺的决策规则

人们经常错误地解读了这项基本规则，它的威力也常常难以得以体现。刚接触专业引导技巧的新手也许还不能理解交互学习模式中所用到的决策规则或低估团队对决策做出承诺的重要性。

共识性决策与命令式决策

当人们刚开始接触专业引导技巧时，他们以为所有的决策都需要达成共识。事实并非如此。指导性决策也可以采用与这一方式保持一致的方式做出来。在过往的数年中，总是有人对我说："总会出现我必须实施单边控制的那种情况。并不是所有的决策都能让每个人感到满意。"我虽然同意并不是所有的决策都能让每个人满意这一事实，但并不赞同在某些情况下我们必须实施单边控制。相反，如果你能够分享是什么原因让你做出这样的决策，如果你对于其他人分享的推理过程保持开放的心态并接受来自他人的质疑，如果你考虑过命令式决策可能带来的后果或不曾预料的后果，这些决策就可以采用命令的方式做出。如果享有权力的人总是使用命令式决策并对他人产生影响，那就与交互学习模式不相一致。命令式决策最好适度使用，并且要仔细斟酌预料中的长期后果和不曾预料的长期后果。

有趣的是，提出使用单边控制模式的参与者通常认为有必要在危机中使用命令式决策。他们经常提及警署或消防部门这些难以开展集体决策的地方，他们认为这些部门必须采用单边控制模式。我也看到过这些部门使用命令式决策却依然与交互学习模式保持一致的情况。例如，在消防部门，一个人负责一个小队或一个单位。这个人负责在灭火的紧急关头发布命令。每个人都必须服从他的领导，并且不会质疑他对现场的判断。一旦任务完成，消防队回到驻地，他们会召开关键事件回顾会议。在会议中，所有的消防员会讨论在救火中哪些地方做得好，哪些地方做得不好。

他们就是这样一起学习并共同做出改变来提升他们的工作效率的。因为小队赞同这个流程，所以对这个流程享有内在承诺，这个流程也生成了工作中所需的承诺。这种方法与交互学习模式保持一致。如果没有事件回顾，不允许任何人挑战小队领导的决定，那么这就是单边控制模式了。

内在承诺

遵循交互学习模式这种方式，通过讨论议题，分享他们的潜在需求，利用最终决策或行动让他们的需求（利益）能够得到最大限度的满足，团队成员对决策和行动步骤做出承诺。即使团队成员被例行公事地告知需要他们做些什么，哪怕理由得以分享，决策得到质疑，他们对于决策和行动方案的内在承诺依然会随着时间逐渐减弱。人们只会将他们的精力投放在他们可以施加影响和他们的能力能够发挥的地方。如果他们施加影响的能力被剥夺了，他们的承诺就会消失得无影无踪。

在一个市政组织中，城市经理委派一个小组去筹划员工野餐来庆祝他们的工作进展。我鼓励城市经理和团队分享相关信息，如预算限额及他特别希望的野餐地点等，但他不想这么做。他希望能给团队提供一定的自由空间让他们自行探索想法。团队对委派给他们的任务感到非常兴奋，他们提出了很多新点子以避免将野餐变成另一个无趣的公司活动。当他们向城市经理汇报那些激动人心的创新点子时，城市经理很不高兴。他觉得 5 000 美元的预算大大超过了他的预期，而且野餐地点、野餐食物都太过奢侈。他建议他们选用过往数年用过的地点和食物。团队士气大受打击，并且对我说他们希望城市经理自己去安排野餐。

用下面的例子与上面的例子对比一下：

我曾经在一个非营利组织任职，我的任务是创建并且领导一个小组来挑选愿意到中美洲工作和生活的志愿者。总监将她的挑人标准告诉了我，包括团队中所需的具体人员、志愿者的基本要求，以及我们多久作为团队碰面一次。在接下来的四年里，我担任这个团队的协调员，而且我们作为一个独立的单位工作。我们挑选志愿者的标准越来越丰富，包括志愿者的心理健康程度、语言流利程度，以及经验所告诉我们对于挑选最佳志愿者十分重要的其他特征。作为一个团队，我们感到对这个重要任务负有责任，并且对选中志愿者的出色工作表现深以为豪。

团队也好，个人也好，一旦理解了组织和发起人所关注的利益，他们就更有可能提出有效的解决方案和建议。如果不曾分享这些信息，一旦决策没有满足他们的利益，主管和发起人将推翻团队的决策。

当团队在没有使用交互学习模式的情况下寻求共识时，人数居多的团队成员会迫使人数居少的团队成员接受或放弃他们的利益。另外，人数居少的团队成员会决定采取放弃或折中的方式，而不是试图将他们的利益与其他成员利益整合在一起。当团队使用交互学习模式来寻求共识时，他们认识到目标并不只是为了达成共识，而是代表所有成员做出内在承诺。

当团队使用交互学习模式来寻求共识时，他们认识到目标并不只是为了达成共识，而是代表所有成员做出内在承诺。

结　论

就练习专业引导技巧来说，基本规则必不可少但尚不足够。其威力和价值源于交互学习模式的核心价值观和假设。当更多地采用交互学习模式时，你就会发现同样的基本规则可以帮助你创造出之前你不可能创造的结果和关系。

第 27 章

撰写并分析左边栏目案例

罗杰·施瓦茨

当我和客户一起工作时，我经常使用左边栏目案例来帮助他们反思他们的践行理论。左边栏目案例是案例作者撰写的书面案例，讲述了他所经历的一次艰难对话，以及他在对话中的想法和感受。

> 左边栏目案例是作者撰写的书面案例，讲述了他所经历的一次艰难对话，以及他在对话中的想法和感受。

通过撰写和分析左边栏目案例，你可以：① 识别行为与交互学习模式保持一致，还是与单边控制模式保持一致；② 识别行为背后的价值观和假设；③ 识别你的价值观、假设和行为所产生的可以预料的后果或不曾预料的后果。

欲了解标榜理论、践行理论、交互学习模式、单边控制模式，请参考第 4 章“理解指导我们行为的理论”，也可参考第 4 章中左边栏目案例的践行理论的例子。

左边栏目案例也可以帮助你去识别你的标榜理论和践行理论之间的差距。你可以将左边栏目作为跳板来重新构建你在艰难对话中的思考和行为方式。

> 通过撰写和分析左边栏目案例，你可以：① 识别行为与交互学习模式保持一致，还是与单边控制模式保持一致；② 识别行为背后的价值观和假设；③ 识别你的价值观、假设和行为所产生的可以预料的后果或不曾预料的后果。

撰写左边栏目案例

在第一段中，请描写在工作中你与他人经历过的一次重要却艰难的对话。对话场景必须是你和他人进行面对面沟通，而且你期望自己原本可以处理得更加有效。你愿意与他人分享这次对话，这样他们可以帮助你对自己的行为更加了解。对话所涉及的对象应该是你希望与之改善工作关系的人员，并且能代表你是如何处理这种艰难情境的。如果有必要，你可以修改姓名、职位或其他所涉相关人员的个人信息，这样你和其他人讨论起来会感到更加自在。

在第二段中，你可以描述你在对话中所用的策略。包括：① 你期待的结果；② 你是如何设计对话以便达成这些结果的；③ 对话中具体发生了些什么让你觉得这种对话比较艰难。

然后在新的一页上，将页面一分为二。在右边栏目中，写下你说的每句话、对方说的每句话及你接下来的发言。总而言之，逐字记录你和对方或其他人的对话。不可马马虎虎地描述或总结对话，否则你无法用它来分析案例。在左边栏目中，写下你的所有想法和感受，无论你是否与他人分享过。你写下的想法和感受越多越好。至少写下两至三页的对话。不用担心你没法准确回忆起对话详情、你的想法或感受。尽最大可能回忆对话内容并且在空白处写下你认为你应该说些什么、想些什么，以及你的感受是什么样的。本章末尾的图 27.1 说明了我接下来要讲的内容。

在团队中分析案例

虽然你可以自己分析你的左边栏目案例，但如果你和一位伙伴或团队一起分析案例的话，你可学到更多。如果你和团队一起分析，要求参与对话的每个人事先做好案例分析，或者你也可以与他们一起分析案例。无论是哪种情况，团队成员和案例作者一起分享他们的观察。这种对话也是团队成员使用专业引导技巧的机会，因为他们可以就他们的分析给予反馈并且检验他们做出的推论。

如果你想和一群学员讨论左边栏目案例，你可以用你与团队中的某位成员的对话作为案例。撰写这种案例看上去风险颇高，但也可给你和团队带来更多的学习收获。如果你选择撰写的案例涉及团队中的成员，为了与专业引导技巧的核心价值观保持一致，你必须让他们知道你所撰写的案例涉及他们。如果你愿意的话，可以在团队讨论之前先把你的案例提供给他们查看（或者至少是逐字记录的对话部分）。你也可以询问对方你是否准确回忆了对话内容。有时，团队中两个或更多的人会就发生在他们中的同一场对话撰写案例，这就给我们提供了更多的学习机会，因为你可以看到在同一场景的对话中，每个人未曾表达出来的想法和感受是如何让艰难对话变得更加低效的。

分析案例

我采取首先阅读和分析案例开头的描述、策略，然后才阅读逐字对话、想法和感受的方式来分析左边栏目案例。

阅读和分析案例开头的描述、策略

分析左边栏目案例的第一步就是阅读案例开头的描述、策略。在这部分，案例作者（也许是你）描述了对话所发生的情境、他在对话中使用的策略，以及所导致的艰难局面。在这部分，案例作者至少部分展现出他管理对话的标榜理论，识别对话中的要素是否与单边控制模式或交互学习模式一致。

当你发现案例作者标榜理论中的要素时，在要素下面画条线并做好标记。例如，如果案例作者写道："我认为应该让对话的重点放在事实上，而不是去关注大家的沮丧情绪。"你可给这句话做上标记，并且写道："这看上去像单边控制模式中所采用的尽量减少负面情绪的表达。你认为呢？"

当你阅读案例对话和左边栏目时，你可以寻找案例作者在描述、策略中将他们的标榜理论付诸实践或没有付诸实践的例子。

分析左边栏目和右边栏目

在分析了描述、策略后，你就准备好开始阅读案例的左边栏目和右边栏目。先通读整个案例，这样做会让案例分析容易一些。由此你可以对整个事件有了大致了解。随后当你阅读第二遍的时候再进行分析。

有几种方法来分析对话、想法和感受。我会从左到右阅读案例，首先是左边栏目部分，然后是相关的对话，再阅读接下来的左边栏目部分，等等。这样的阅读方式可以让我了解案例作者的想法是如何影响他的行动的，以及其他人的反应又是如何影响作者的后续想法的。我的一些同事喜欢首先阅读并分析整个右边栏目，然后再阅读和分析左边栏目，最后将这两个栏目联系起来。如果你阅读其他人的案例，你会惊奇地（有时也会很有趣地）发现在你阅读完逐字对话记录后，再去阅读感受和想法这部分时，你对案例的理解发生了变化。

你可以做几个层面的分析。我按照复杂程度与力度的不断递增分为三类：行为和个人事件、模式和结构。

识别行为和个人事件

识别行为和个人事件是最简单的分析。行为或个人事件（如一个想法）代表案例中发生的单一事件。在实际中，它通常对应的是案例作者的左边栏目和右边栏目的互不关联的一块内容，这通常表明案例作者正在使用或没有使用一个或多个基本规则或核心价值观。

基本规则。分析作者如何使用基本规则属于基本分析。当你阅读案例时，注意案例作者的表述与基本规则保持一致或没有保持一致的地方。为了节约时间，你可以在清单上使用与基本规则对应的数字来标注（例如，检验假设和推论是 1，分享所有的相关信息是 2，等等）。如果作者没有使用基本规则而你认为应该使用基本规则，在数字前面加上一个负号。如果作者使用了基本规则，则在数字前面加一个正号。如果作者部分地使用了基本规则，你就在数字前加上正负号。总而言之，我只对作者的对话进行标注。虽然偶有例外，我会在下文中讲到。

为了能够标注基本规则，你首先要阅读案例作者的左边栏目，然后回到右边栏目看他如何分享或隐藏了想法。例如，案例作者经常在左边栏目做出推论和归因，那么看一看在右边栏目中案例作者是否公开检验了他的推论。如果是，将其标注为经过检验的推论；如果不是，标注为未经检验的推论，并且在左边栏目和右边栏目间划一个箭头。通过比较左边栏目和右边栏目，你可以识别出案例作者是否检验假设并分享所有的相关信息，讨论不便讨论的话题，以及解释他的推理过程和意图。

错失的干预。有时案例中的引人注目之处是案例作者没有对案例中的其他人做出有效回应。例如，如果某人没有解释他的推理过程就做出陈述，而案例作者也没有探询他的推理过程。又如，如果某人只是泛泛而谈，而作者回应时没有要求他提供具体的例子。由于未能要求其他人使用基本规则，案例作者的效率也就降低了。

在这些情况下，你可以先标注非案例作者的言论，如以“–4”来表示其他人没有解释他的推理过程，然后划一个箭头指向这个人的言论，并且写道：“这原本是一个探询对方推理的合适地方，你是否有不同的看法？”

核心价值观和假设。当你分析一个案例的基本规则时，其实你也在间接分析它的核心价值观和假设，因为基本规则是基于价值观来运作的。当然，有时你想特别标注核心价值观和假设。例如，当我推断作者就案例中的某个中心话题隐藏了信息从而不利于其他人做出自由并知情的选择时，我会标记为“–自由并知情的选择”。当作者的左边栏目和右边栏目不仅显示他缺乏同理心且采用了处罚方式时，我会标记“–同理心”。例如，案例作者在想：“我会让你好看的！你不能就这样不了了之。你可要明白不要想糊弄我。”

探询案例作者的行为。有时，除了标注案例作者没有使用的基本规则外，探询案例作者为什么不使用它的缘由也很有必要。例如，如果有人没有检验假设，你可以写道：“导致你没有检验假设的缘由是什么？”或者“阻止你检验假设的缘由是什么？”这些提问可以让案例作者思索他的策略及导致他设计这样策略的缘由。你在分析的每个层次上都可以运用这种探询。

识别模式

随着时间的推移，行为构成了模式。在一个简单的模式中，案例作者的行事方式没有与同一个基本规则、核心价值观或假设，或者践行理论的其他部分保持一致。在一个更为复杂的模式中，案例作者用某种方式不断重复使用其中的两个或多个要素。有些模式可在短期内自我揭示出来，如在案例的同一页中出现；而其他模式可能需要更长的时间才得以浮现出来。

当你识别出案例中的一个模式时，一旦组成模式的行为出现，请注明一下。你也可以将模式中的例子给予数字编号，这样当你总结案例时，你就可以很快找到模式出现的地方。

简单模式，重复行为。当案例作者不断违反同一基本规则（或核心价值观、践行理论中的要素）时，简单模式出现了。例如，案例作者也许会一再提出旁敲侧击式的问题，或者未经探询就发表他的观点，或者多次做出未经检验的推论。

两个或更多的相关行为：转为单边控制策略。当案例作者在不同的单边控制策略之间转换时，更加复杂的模式出现了。例如，一个常见的策略就是作者开始使用旁敲侧击式的提问或未经探询就进行错误的主张。有时作者会转为采用不经探询就发表主张的策略。当案例作者感到其他人没有明白自己间接表达的观点时，或者当其他人做出防御性反应时，或者当其他人开始直接提出他们的疑问时，这种转换会经常发生。

案例作者和他人互动的模式。案例作者的行为不会发生在真空中。它是针对他人言论做出的部分回应。在这种模式中，案例作者的行为和他人的行为之间存在着重复关系。例如，在不断升级的主张模式中，每次有人主张其观点，另一个人也以提出自己的主张作为回应。在另一种模式中，如果一个人没有解释他的推理过程，案例作者就会探询他的推理过程。如果案例作者认为推理过程不合常理，他就会认为他人的动机可疑。

识别结构

结构是最深层次和最有力道的分析。不像识别行为和模式，当识别结构时，你帮助案例作者就事件做出了因果解释。为了识别结构，你揭示出案例作者的核心价值观和假设是如何引导他去设计某种策略而这又带来了某种后果。这随后强化了核心价值观和假设。在左边栏目案例中（总体来说也能适用），案例作者的践行理论和实际对话的互动，以及其他人的践行理论和实际对话的互动形成了结构。换句话说，每个人都在对话中将他们的践行理论付诸对话之中。在左边栏目案例中，我们通常只有案例作者的左边栏目，所以我们只能把注意力放在案例作者的践行理论上。有时，我们难以发现案例中的结构。在找到结构前，你必须多读几遍案例。

造成了不曾预想的后果。这一部分结构的主题就是案例作者造成了不曾预想的后果。例如，为了避免让其他人感到尴尬，案例作者向那个人隐藏了相关信息或未去探询那个人逻辑中的差距。从短期来看，案例作者获得了其预想的结果，但是从长期来看，这会带来意想不到的后果。问题也许仍然没有解决，对方也未能改善绩效，最后以案例作者倍感沮丧而宣告结束。

有时案例作者在左边栏目中对出现的某种后果表示惊奇。有时案例作者对后果给出因果解释，但很少有案例作者认识到正是他自己造成了这样的结构。

自我实现、自我封闭的流程。自我实现、自我封闭的流程是造成不曾预想的后果的具体例子。在这种情形中，案例作者得到了他原本极力避免的意想不到的后果。例如，案例作者首先做出推论，认为其他人会陷入防御之中。其后果是，为了确保其他人不陷入防御之中，案例作者采取了旁敲侧击式的策略。这种策略让其他人以简短、模糊的回答来做出回应，这或许是因为其他人并不明白为什么案例作者要这样提问。案例作者将这视作防御行为，并且怪罪于他人。但他没有看到正是他自己最初的推论和策略导致了他原本极力想要避免的防御行为。创造了这个自我实现的流程后，案例作者通常会让它变成自我封闭的流程，因为他的假设是他无法与其他人沟通他的防御行为，因为他害怕这会让对方变得更为防御。结果是案例作者形成了自我封闭的逻辑，这让他没法认识到自己是如何造成这一问题的。

撰写案例总结

在完成了案例中的个人标注和评论后，你可以撰写关于观察和推论的总结。在这里，你可以描述案例作者的核心价值观和假设是如何让他使用某种策略并导致了某种后果的。在讲述过程中要提到案例中的具体例子，探询是什么原因让案例作者这么去想或这么去叙述某个具体事情。当你对案例作者做出推论时，识别它们并且在总结中检验它们。在总结的末尾，探询案例作者对你的分析是否有不同意见。

图 27.1 说明了本章解释的流程及你在其中的角色。

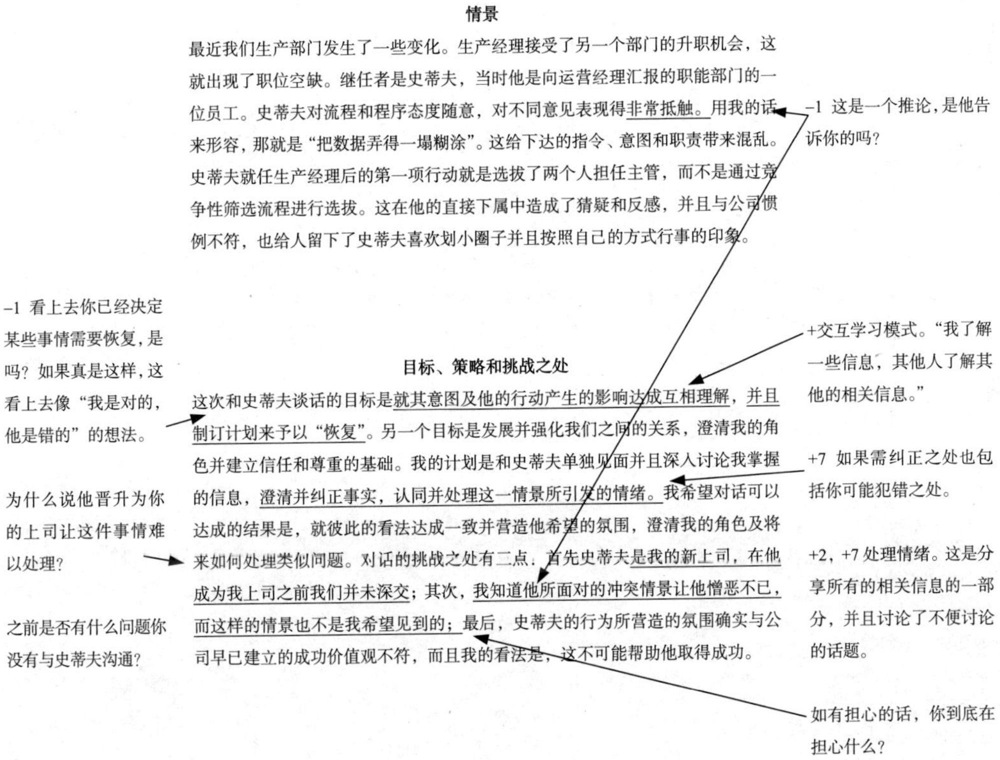

情景

最近我们生产部门发生了一些变化。生产经理接受了另一个部门的升职机会，这就出现了职位空缺。继任者是史蒂夫，当时他是向运营经理汇报的职能部门的一位员工。史蒂夫对流程和程序态度随意，对不同意见表现得非常抵触。用我的话来形容，那就是“把数据弄得一塌糊涂”。这给下达的指令、意图和职责带来混乱。史蒂夫就任生产经理后的第一项行动就是选拔了两个人担任主管，而不是通过竞争性筛选流程进行选拔。这在他的直接下属中造成了猜疑和反感，并且与公司惯例不符，也给人留下了史蒂夫喜欢划小圈子并且按照自己的方式行事的印象。

–1 这是一个推论，是他告诉你的吗？

–1 看上去你已经决定某些事情需要恢复，是吗？如果真是这样，这看上去像“我是对的，他是错的”的想法。

为什么说他晋升为你的上司让这件事情难以处理？

之前是否有什么问题你没有与史蒂夫沟通？

目标、策略和挑战之处

这次和史蒂夫谈话的目标是就其意图及他的行动产生的影响达成互相理解，并且制订计划来予以“恢复”。另一个目标是发展并强化我们之间的关系，澄清我的角色并建立信任和尊重的基础。我的计划是和史蒂夫单独见面并且深入讨论我掌握的信息，澄清并纠正事实，认同并处理这一情景所引发的情绪。我希望对话可以达成的结果是，就彼此的看法达成一致并营造他希望的氛围，澄清我的角色及将来如何处理类似问题。对话的挑战之处有三点：首先史蒂夫是我的新上司，在他成为我上司之前我们并未深交；其次，我知道他所面对的冲突情景让他憎恶不已，而这样的情景也不是我希望见到的；最后，史蒂夫的行为所营造的氛围确实与公司早已建立的成功价值观不符，而且我的看法是，这不可能帮助他取得成功。

+交互学习模式。“我了解一些信息，其他人了解其他的相关信息。”

+7 如果需纠正之处也包括你可能犯错之处。

+2，+7 处理情绪。这是分享所有的相关信息的一部分，并且讨论了不便讨论的话题。

如有担心的话，你到底在担心什么？

图 27.1　左边栏目案例

	我的想法和感受	对话	
−2 是关于什么的？我很好奇发生了什么事情让你不想去谈论这件事情。 −1 未经检验的推论。为什么你不与他检验你做出的推论？我这么问是因为如果你的推论是对的，你没有说明为什么他不愿意待在这里。我可以想象对话将变得更加艰难。	我相当紧张，而且写下了脚本，这样我就不会漏掉什么了。 史蒂夫看上去很坦诚，但是我的感受是我们唯一的对话机会就是当他做错事的时候。 我看得出来他有些紧张。他没有看着我，他肯定不想待在这里。	泰德：我想和你就财务经理的职位碰一次面。我觉得有好几件事情需要解决。首先当然也是最重要的一件事情是，我认为我们的关系必须建立在互相信任的基础上，我处理事情的方式比较直接，我认为我的角色是给你提供反馈、指导和建议，哪怕这有时会让人感到不太舒服。我在这里的目的是解决在我看来出现的不一致问题，给你提供我收到的反馈，讨论我认为必要的行动，并用积极的方式来推动工作进程。	−6，−7 没有探询就发表主张，而且没有共同设计 −3，−4，−5 关于什么？让你想要做这件事的原因何在？你潜在的利益是什么？
	我感觉这不过是随口一说。	史蒂夫：好的。	单边控制模式。我无法清楚地看到你想要确认事实及听到他观点的原因。你的想法是什么？
−1 未经检验的推论。为什么你不去探询呢？ −6 我同意你应该确保事实准确并且达成共识。但是我没有看到你询问史蒂夫你是否遗漏了什么，或者他是否赞同你的说法。你有什么不同看法吗？	我知道自己说得太多了，但是我必须打下基础并提供事实以确保我说的是对的，希望我们能达成共识。	泰德：根据我们之前就财务经理这一职位所做的沟通，你说你现在不想重组这个部门，因为对你来说，保持工作的延续性、稳定性和大家的动力非常重要。我能理解你这么说的原因，这与你之前在财务特别行动小组工作的经历有关。而且通过你的个人关系，你也考虑过几位在你看来适合该职位的颇具潜力的候选人，但你最终认为，没有比吉姆和佩吉更为合适的人选了。而且，你也考察过生产部门，但是你没有发现合适的人选或候选人。你的确和汤姆谈过话，他对这个职位也表示了兴趣，但你认为这不是一次升职机会，而他只对升职感兴趣，所以你们达成共识，他不是这个职位的候选人。	−7 这是个好地方，可与史蒂夫共同设计他想先讨论什么话题。但你自行做出决定了。是吗？ +3，+4 根据你的理解，你非常具体地描述了史蒂夫的行动及这么做的原因。
−1 未经检验的推论。	好吧。我们终于讲到一块了。我松了一口气，感觉有些信心了，也觉得舒服一些了。	史蒂夫：是的。我确实给候选人或我认为可推荐候选人的同事打过电话。但根据我多年的经验，没有人掌握了我所需要的技能并熟悉组织的运作，从而可以保证延续性。	−4 分享你的推理过程和意图。但是我没有看到你向史蒂夫解释你为什么要和他沟通这些内容。 −6 我认为你在旁敲侧击，你的想法是什么？
−1 未经检验的推论，我的推论是如果史蒂夫感觉不安或生气，也许是因为他不能理解你为什么要谈这么多细节及谈话的目的是什么。所以，我的看法是你没有在这点上解释你的推理过程，你和他也没有达成共识，一起去核实这些细节。你是否有不同的看法？ 是什么让你没有去检验你的推论？ 单边控制模式。“我看	这听上去的确比较流程化，史蒂夫似乎也有这种感觉。 开始觉得不舒服，因为史蒂夫开始变得恼怒，而且有点生气。	泰德：我们也谈到了流程。对于任何晋升机会而言，提出申请是标准操作流程。如果你考虑部门之外的人选，需要提出申请。如果你将招聘限定在部门内，你也需要提交申请，当然，没有申请也可以做（但我不建议这么做）。另外，如果你将人选限定在生产部门内，从流程和他人感受的角度来看，你应该与下属沟通，解释你的想法并且在你做出决定前，了解是这个职位是否有候选人需要考虑。 在参加你们部门的员工会议时我们曾在走廊中沟通过，我的理解是你已经听取了相关的看法并与你的团队进行了接触。在你决定给出录用通知之前，大家就你的方向和现在的想法取得了理解并达成共识。基于此点，我同意给他们二人发录用通知书并在第二天向财务团队宣布此事。我们简单地讨论了职级范围，虽然当时没有解决这个问题，你觉得有必要尽快给出录用通知书并且尽早宣布，你说你会将这个职位定在 B4 这一职级上。我同意了并且说我会在几天内再看一下眼合适的职级。	−6 正好可以停下来提问“我漏掉了什么吗”。 −6 这也是一个停下来提问的好地方：“我漏掉了什么吗？” −4 分享你的推理过程和意图。我没有看到你向史蒂夫解释为什么你要沟通这些内容。 −6 又来了，我认为你在旁敲侧击。

图 27.1　左边栏目案例（续）

<table>
<tr>
<td>到的就是事实。”“我的动机很单纯；那些持有不同看法的人动机不纯。”</td>
<td>天呀，这个家伙是在说谎还是在干别的什么？我现在真的觉得紧张了，因为我看不出来还有什么其他解释，除了他在说谎之外。</td>
<td>史蒂夫：是的，我确实和员工沟通过，他们都说吉姆和佩吉是这个职位的合适人选。但是这些流程比较麻烦，根据我的经验，这个级别的职位很少需要提出申请，我是参照之前上司的做法，他们部门中的绝大部分人都是他们招募或任命的。</td>
<td></td>
</tr>
<tr>
<td>我的推论是，感觉你好像在抓某个人的现行，因为你一直在旁敲侧击。当你最终在这里表达你的担忧时，你没有询问史蒂夫他对发生的事情是否有不同意见。（基本规则六）

–2 我认为你是在寻找一些相关信息来证实你的推论：那就是他在撒谎。我很好奇你为什么不与史蒂夫分享这些想法？</td>
<td>更紧张了，开始有点口吃，这让史蒂夫看上去更加不安。

我感觉我好像在抓某人的现行。这可是我的上司。你确定你想要继续这种自毁前程的谈话吗？

这些话堵在我的喉咙里。我真的还想找到有没有其他解释，他在说谎。我们的关系走到尽头了。沉默真的是让人感到不舒服。</td>
<td>泰德：这就是我觉得有问题的地方。首先，我从你的四个下属那里得到的反馈是，在你宣布任命之前，你并没有和他们沟通过此事，实际上在公告出来之前，他们并没有听说这个职位需要招人。有人说他本来对这个职位很感兴趣，另两个人说他们知道组织中对这个职位感兴趣的人。他们都对流程表示失望，看上去你的决定并没有把大家包括在内或鼓励大家积极参与，你向整个部门发出了一个糟糕的信号。

我认为基于上述这些人所提供的反馈，你说你曾与每个人都沟通过此事，并且得到了他们的理解和反馈，这并不可信。</td>
<td>+3，+4 你具体描述了你的担心，也就是史蒂夫不值得信赖；你还解释了背后的理由。

–3 你没有说出员工的名字，有可能你和史蒂夫谈论的不是同一个人。

–6 没有探询就发表主张。</td>
</tr>
<tr>
<td>–8 不便讨论的话题。

我的推论是你很惊奇，因为你相信他没有说真话，你认为他不应该保持平静。我的推论对吗？如果不是这样，那么我认为这反映了单边控制模式的假设：“我是对的，他是错的”“我的情绪是情有可原的”。你认为呢？

部分原因是因为你想让史蒂夫保留颜面吗？</td>
<td>我很奇怪史蒂夫还很平静、镇定，我对于他这句话的措辞感到惊奇“我没有做任何不值得信任的事情”。我宁愿他说“我没有撒谎”。

我有点儿放心了。在他还没有解释完之前，我就想说：“我接受这个解释。”

我感觉我的信心又回来了，我也听得更仔细。你确实和每个人谈话了，但是由于谈话所处的背景，他们可能没有记住？你在开玩笑吧。你想愚弄谁，骗我还是你自己？你想这样保留颜面吗？</td>
<td>史蒂夫：我没有做任何不值得信任的事情。我们来谈一谈我们的误解出现在哪里。我认为我确实和团队沟通了此事。造成误解的原因可能在于讨论所发生的背景，如在哪里讨论及讨论的方式等。例如，我是在走廊上和马克沟通的，我真的告诉他我的一些想法。很有可能对话没有引起他的注意，他甚至不记得还有这样的对话，或者他觉得已经做出了决定，而这只不过是通知他一声而已。我承认做事的方式不如史黛西那么正式，而我也没有清楚表达我正需要听取大家的意见。其中的部分原因是我们的关系出现了变化，过去我们是同事，但现在变成了上下级关系。过去我们更为坦诚，他们也乐意更多地分享他们的想法。而现在我变成上司了，他们也就不如以前那么坦诚了。你觉得我这么说是否有道理？</td>
<td>– 保留颜面。当你说“是的，你说得有道理”时，私下里你却在想：“你想糊弄谁，欺骗你还是我？”我的推论是你这样做，是为了给史蒂夫保留颜面，尽量减少负面的情绪（你和他的情绪），这样才能合作下去。你的想法是？</td>
</tr>
<tr>
<td>单边控制假设：“我是对的，你是错的”。运用交互学习模式，你可以准确描述他的故事的哪些地方在你看来不合常理。你还可以保持好奇心，并且问他是否可以将不匹配的图块拼装好，这样你会感到合乎情理。</td>
<td>我真的希望这能发挥作用，这非常重要。我接受他的说法有点太快，我不会就此罢手，我还要间接表达一下我并没有完全接受他的说法。</td>
<td>泰德：是的，你说得有道理。我希望我们两个彼此诚实相待。我能接受你的说法，你的确和下属沟通过，但基于谈话发生的地点，这种对话也许没有得到完全认可。我相信由于大家缺乏清晰的沟通，这让你的下属产生了一些负面的想法和感受。一个具体例子就是我从你的两个下属</td>
<td>如果你同意我的想法，那么你最终以保留颜面而告终，与此同时你私下认为泰德想要保留颜面。</td>
</tr>
<tr>
<td>“我了解情况；那些持</td>
<td colspan="2">单边控制模式：理性行事。我的解读是你本想向史蒂夫发送一个混合各种含义的信号：“从表面上来说，我接受你的解释，但是私下里我并没有被你完全说服。”我很好奇你为什么要迂回地表达这一信息。我这么提问是因为面对一个迂回的表述，史蒂夫将更容易产生错误的解读。有什么担心让你无法把这清楚地表达出来呢？</td>
<td>– 6 有主张，无探询。可</td>
</tr>
</table>

图 27.1　左边栏目案例（续）

有不同看法的人不了解”。你运用了什么数据来推断他不理解？妨碍你分享这些数据并且检验你的推论的原因是什么？	他真的不知道他的行为对他和团队造成的影响。我对佩吉不太熟悉，但是这对她来说真的不是件好事情，尤其是如果这不是刻意为之，也并不真实。	那里听说你任命了佩吉，这是由于你和她的关系（他们说你们两个人是恋人关系），而不是由于在资格上她是最适合的人选。实际上，大家在说她并不是最适合的人选，并且传播了一些糟糕的流言。	以询问他是否意识到这些事情，或者他对发生的事情是否有不同看法，这是一个好机会。
–1 未经检验的推论。“我了解情况；那些持有不同看法的人不了解”。是什么妨碍你去分享你的想法？	史蒂夫真的感觉到不安，只是没有表现出来。他的表述和他对此事的承认说明这对佩吉造成了负面影响或可能对她造成负面影响。这是我第一次真的感受到我从史蒂夫那里得到真实的反馈，而不是不安或不舒服。	史蒂夫：嗯…… 我不想因为我的过失对佩吉造成任何不利的影响。重要的是我需要得到员工的信任，并且大家在工作中相互配合。我猜测在决策中我应该更加正式，同时让其他人能够参与进来。	–6 旁敲侧击？我的推论是你的心里已经有具体的想法了。对吗？
		泰德：你认为你可以采取什么具体的行动？	
“我明白，他不明白”。是什么妨碍你去说出心中的想法？	你还不能那么做！这不是正式与否的问题，这是信任、诚实、关系和决策的问题。	史蒂夫：我会更加正式而且清楚地表明佩吉是这个职位的最合格人选。	
–2 是什么让你觉得你没有被彻底说服？是什么让你不愿与史蒂夫分享这些想法，并且共同找出你想要从他那里听到什么，你才能被彻底说服？	我感觉其实是我一直在贡献建议和指导。这让我感觉良好。	泰德：我想你需要与下属建立关系并开展一些团队活动。我会和你的每个下属单独碰面，让他们知道你已经收到这些反馈，并且你想讨论这些事情。我也会用你的话去解释你是如何做出决定的，也就是说，你认为你确实和他们沟通过你的计划并且征求他们的意见。这也许是一个很好的机会，让你去谈论你的管理风格、彼此变化的角色并有可能去改变他们的期望，同时开始与他们建立工作关系。我也会帮助他们理解你选择佩吉的缘由，这样不管他们是否同意，至少大家对你做出判断和决定的基础有所了解。一定要将主张和探询结合起来。	运用引导型领导的方法，我主张公开召开会议，因为团队的假设是史蒂夫的行为对团队造成了影响。这样，每个人可以同时接收到相同的信息，并且了解过去究竟发生了什么。我很好奇你为什么要建议单独的私下碰面。部分想法是为了给佩吉保留颜面吗？
–1 是什么让他“破罐子破摔”？你如何看待你被迫给他灵活度让他继续以前的做法呢？	好的！你终于说出了该说的话！但是我还没有被你完全说服。 哦，老兄，你真是有点破罐子破摔了，给你一点“灵活度”让你继续这么做吧！我们有达成共识的基础吗？ 我筋疲力尽了，又有点矛盾。我很高兴我冒险提出了这个问题。至少我现在知道将来如何处理这类问题了，我真诚地面对自己，我也认为史蒂夫有所触动。一想到前面还有很多路要走，我的情绪就不是那么高涨了！我不知道我们最后是否可以解决好这件事。	史蒂夫：是的，我不想在员工会议中谈论这些事情，特别是当着佩吉的面。我的确希望大家能紧密配合，就像一个团队那样去运作，每个人都能参与进来、提问、给出建议和应对挑战。我不想只是为了遵循程序而遵循程序。但如果我需要表现得更加正式和遵循程序，而这利于加强信任和团队合作，那当然好。如果不是这样，而且对业务没有太大帮助，那么我会对此提出疑问和挑战。	
		（我们继续讨论我们将来的关系、风格，以及如何提出问题以及其他话题。）	

图 27.1 左边栏目案例（续）

泰德：

就你和史蒂夫之间的对话，我有些想法。我认为你启动对话时就带有两个未经检验的假设。一个是史蒂夫不喜欢冲突，另一个是他肯定做错事了，所以他需要一个“恢复”计划。正是这两个假设合在一起让你难以公开质疑史蒂夫。当他的看法与你的看法相左或他见到的事情而你却没有见到时，你没法做到心怀好奇。

我可以看到你的假设在对话中多次通过你的策略表现出来。首先，你没有询问史蒂夫的反馈就发表你的主张。其次，你单边控制了对话，而没有去了解史蒂夫是否想和你采取同样的方式进行对话。最后，我认为你运用了旁敲侧击策略。正是上述这些原因让你推断史蒂夫会感到不安和生气。

虽然你说你想要讨论这种情形所带来的情绪，当你认为史蒂夫感受到一些负面情绪时，你的选择不是去检验你的推论。我想这让你感到更加艰难，因为你没法找出你做了哪些事情让史蒂夫感觉不安和生气（假设你的推论是正确的）。

当史蒂夫终于有机会分享他的看法时，你又假设“我是对的，他是错的”，同时又因为你认为史蒂夫不喜欢冲突，你就更加无法细致并心怀好奇地了解与你不同的观点。

结果是，我看到你首先在对话中就你心存疑虑的事情上采取旁敲侧击的策略，然后为了保留颜面，你没有告诉史蒂夫他的解释对你来说不合常理。这把你置于这样的境地：虽然表面上你接受他的解释，但私下里你对此持怀疑态度。因为你不曾告诉史蒂夫你的这些想法，他就没法帮助你采用不同的视角来看待问题，也就无法和你共同商讨如何推进了。

我想这可以解释你在讨论结尾时的复杂心情：你既为自己提出这个问题感到高兴，又为问题没有得以解决感到沮丧。

你的观点是什么？你有不同看法吗？

罗杰

资料来源：本案例由泰德·朗（Ted Lang）（匿名）撰写，这是专业引导工作坊的一部分并已得到他的许可。

图 27.1　左边栏目案例（续）

第 4 部分

直面挑战

专业引导技巧为应对富有挑战的局面提供了颇有价值的指引，这些挑战包括给出负面反馈、与上司的看法相左、在团队中提出不便讨论的话题及举行艰难对话等。第 4 部分解释了参与到艰难对话之中的原因，并且提供了具体的步骤和例子。同时，第 4 部分继续讨论如何提升自我觉知（Self-awareness）这一主题，这样，使用该技巧的任何人都能够认识到正是他们自身造成了让他们困惑已久的问题。

如果不去解决事关重要的问题，就很难有效地参与到项目之中或建立有效的关系。第 28 章“进行风险对话”介绍了什么时候你可能参与到艰难对话或风险对话之中，或者你为何要参与到这样的对话之中，随后介绍了这么做的具体步骤。在本章结尾作者给大家提供了使用专业引导技巧的基本规则和核心价值观来卓有成效地开展风险对话的例子。第 29 章“探讨你对问题成因的影响”帮助我们认识到我们自身是如何造成我们正努力寻求解决方案的问题的。这一章介绍了有助于将我们的思维转换为交互学习模式并有效开展极富挑战对话的策略。第 30 章“直面困难”则重点讨论了人们用于应对艰难对话的低效策略。它挑战了这一假设即指出问题会导致冲突升级。通过改变我们对貌似风险对话的思维方式，我们学会了使用专业引导技巧来直接面对问题并解决问题。本章还包括如何改变难以为继的对话的例子，也就是将给员工提供负面反馈的对话转变为主管和员工可以从中学会如何有效改变他们的行为并且解决他们担忧的对话。

第 4 部分的收尾章节讨论了与团队一起工作时可能出现的难题。第 31 章“对沉默与打断做出回应并帮助大家互相交谈”给出了数项建议，当遇到团队成员或不发言或打断其他人发言时，如何进行干预。它也指出了引导师和领导如何减轻团队成员肩头的责任。第 32 章“是在团队内还是在团队外提出这个话题”讨论了当团队成员在会场之外找到你并要求你做些与你的角色不相符的事情时，如替他们提出他们所担心的话题，或者组织大家讨论或放弃某个特定话题，你该做些什么。这一章还介绍了在这些场景下做出回应的指导原则。你可以示范交互学习模式并提升团队成员解决这些问题的责任心。

第 28 章

进行风险对话

安妮·戴维森

是什么原因让你感到进行这场对话风险如此之大？什么时候你发现自己正在争辩是否要进行这场对话？或者发现自己不得不进行某场对话但你唯恐避之不及？根据我们的成长经历或组织文化，针对上述这些提问，我们可能给出不同的回答。但更为常见的情况是，风险对话包括分享负面反馈，尤其是我们眼中的那些位高权重者，如上司、我们爱戴或欣赏的人、配偶或好友等。我们之所以感到某些对话充满风险，是因为这些对话与我们利害攸关，这就好比对某段关系或某项工作进行长期投资。这些对话之所以充满风险，是因为我们想要做些在我们看来出乎预料或有别于他人期望的事情。这有助于我们清晰地思考是什么原因造成了你眼中的这场风险对话。

为什么要进行风险对话

这并不是说，任何潜在的风险对话一经出现，你都要去面对，你也没法做到这点。但是如果讨论的话题与我们关系重大，那么风险就此出现了。如果不解决彼此关系或团队中所出现的问题，我们就没法发展关系或让彼此有效地融合在一起。一旦我们能够系统地理解对话，我们将认识到如果现在回避对话，将来很有可能出现更大的问题或威胁。事实上，我们经常是自己所抱怨问题的始作俑者。如果不能与上司就其行为开展对话，告知其行为让我们的工作举步维艰，很有可能受影响最大的是我们而不是上司。更为重要的是，直面冲突这一违反直觉的做法与回避冲突的做法相比较，前者更为有效。

请参考第 30 章“直面困难”和第 42 章“如何避免你上司和你的低效”。

组织中与我共事的每个人都可以举出让人信服的例子，说明由于回避艰难或让人不快的对话所造成的严重后果。所以，首先问自己：“如果不进行这场对话，会给你带来什么样的后果？”从长期来看，如果回避冲突所带来的后果同样严重甚至更为严重，那

组织中与我共事的每个人都可以举出让人信服的例子，说明由于回避艰难或让人不快的对话所造成的严重后果。

回避这场对话就变得不负责任了。

如何进行风险对话

针对某些特定的风险对话，后续的章节将提供具体的指引。以下这些一般性步骤几乎适合所有风险对话。

步骤一：澄清你的目的和意图

你所要做的第一项工作是做好自身准备。如果你的意图是让对话变成单边控制模式，也就是说，让其他人去做某件事或相信某事，你所采取的方式很有可能是增加对方的防御心理，也就没法达成你的期望。如果启动这场对话时你带着好奇心，试图去探索其中的背景，发现自己的观点是否准确，以及如何有效地改变自身行为，那么你建立了往前推进的基础。清楚你自己的目的和你对他人的意图，这对于保持透明非常关键。在斯通（Stone）、巴顿（Patton）和海恩（Heen）所著的操作性强、通俗易懂的《艰难对话》（*Difficult Conversations*）一书中，他们指出，每次艰难对话都会涉及三个方面：究竟发生了什么，你对此的感受，以及这种情境揭示出哪些信息（你认为自己的价值是多少，能否胜任或招人喜欢）。清楚自己的看法和情绪将给你打开一扇窗户，透过这扇窗户，你可以了解这是不是一个热点问题，也就是说，你可能做出了未经检验的假设和归因。你还可以判断你的情绪是不是建立在有效信息之上。这些反思性提问囊括在本章，以及第 33 章中的“识别你的偏见与防御诱因”这一练习中。这些练习对于指导你的分析可能有所帮助。

步骤二：搭建对话基础

与日常对话相比，就风险对话订立合约将显得更为重要。如果某场对话让你感到颇具挑战，那么其他的相关人士很有可能也是这么认为的。这类对话耗时甚长。放慢速度其实有时候反而会加快对话进程并帮助你获得更大回报，这是因为进行风险对话可能会强化彼此的关系并利于在将来更为容易地解决某些问题。

请参考第 9 章“共同设计对话的目的和流程”。

搭建对话基础的第一步是就对话的目的达成共识。考虑到所处环境的风险，这一步可能比起日常对话需要更长时间，因为要突出说明你为何进行这次对话，以及你将谈及哪些话题。否则，对方很有可能沿着推论阶梯攀爬而上，并就你的言辞做出负面推论，甚至在你还没有开口前就已经产生了防御心理。

如何共同设计风险对话目的的例子请参考本章。

如果你张嘴就说“我想讨论一下你的绩效”，而不去谈及为何要进行这场对话，以及这场对话的目标，这于事无补。如果你能简要地说明一下你对当前情况的感受，或者至少告诉对方这次对话将显得颇为艰难或充满风险也会有所帮助。在我的经验中，分享你的恐惧可帮助所涉及的相关人士打开彼此的同理心大门，并且让大家更多地倾听意图而不是纠结于某个具体字眼。

当你分享了进行这场对话的原因、你的情绪及你的意图时，你们就可以共同设计对话流程。我发现，所建议的流程如果可以给所涉双方提供机会来参与其中，这一流程将更为有效：

1. 分享他对事情的观点
2. 谈及每个人的感受
3. 澄清需求与利益
4. 共同设计解决方案

步骤三：聚焦在共同设计的流程上

无论你们认同的流程是什么样子的，请大家聚焦在流程之上并完成这些步骤。在风险对话中，大家很容易在问题的来龙去脉上纠缠不已而偏离了讨论的正轨。我建议大家不要这么去做，除非你想澄清某个问题。当我们对某个场景心怀恐惧或对某段关系伤心不已时，我们的推理常常漏洞百出，而历史数据往往也有许多缺陷。为了能就过往问题达成一致看法而花费太多时间并不是有效做法。相反，更为有效的做法就是关注当下，关注现在发生了哪些事情让你感到非要进行这场对话不可，这样你们可以为推动未来的改变而一起努力。

步骤四：就监督进展达成一致并重新讨论

风险对话的解决方案通常需要双方做出一些改变，哪怕上级出于职位升迁的考虑而支持你提升技能。一旦涉及行为改变时，我们需要监督进展，这样的举措很有帮助。我曾看到许多团队就改进流程达成一致看法，但因没法予以监督并庆祝取得的进展而最终放弃了努力。提供持续反馈并不断做出改进，这有利于变革的持续性。所以当对话临近尾声时，尤其是当倾注大量时间和心血的对话临近尾声时，我们需要就如何监督进展并在何时重新会面达成一致。

> 历史数据对于揭示模式非常重要，但不要带着纠正过往所有错误的意图开启对话。

关键时刻

开展对话的风险常常被高估，但是不开展对话的风险往往被低估。在第 38 章中，汤姆·莫尔询问上司他是否会被炒鱿鱼的故事就是一个很好的例子。通常的情况是，那些引导我们评估开展风险对话的数据常常漏洞百出。这些数据往往是发生在组织的其他情形之中有关某人的第三手或第四手的故事。我经常发现这些故事被歪曲，有时甚至还不真实。我怀疑他们继续传播这些故事的目的是将此作为完善组织习惯性防御的一部分，这样他们可以远离实际情况并规避风险，从而能将自身做出的选择合理化。

请参考第 38 章“引导型领导的日常挑战”。

知道自己所处的位置将有助于我们采取行动。如果不知道上述信息，我们将局限于回避与恐惧的生存循环之中，这样我们就没法实现目标和梦想。与此同时，先向前迈出一小步，这有助于你练就进行风险对话的“肌肉”，这是明智之举。如果你能更为熟练地与核心价值观保持一致并使用基本规则，那么对话的风险将进一步降低，让风险对话有所产出也将变得更容易。生活中的关键时刻之一就是发现，通过进行本想回避的对话，我不仅能够更好地欣赏自己，而且能更好地赢得他人的尊重并珍视我所做出的贡献。

请参考第 54 章“用创意和生存循环来观察并改变心智模式”。

生活中的关键时刻之一就是通过进行本想回避的对话，我不仅能够更好地欣赏自己，而且能更好地赢得他人的尊重并珍视我所做出的贡献。

但更为重要的是，从交互学习模式的心智模式来看，每个人或团队享有自由并知情的选择来决定是否与你进行风险对话。同样重要的是，在开启对话之前，你自己要做好准备。如果其他人不想让自己感到脆弱，那就不要勉强，这点也很重要。他们可能需要时间来反思自己，他们做出的选择也有可能是不一样的。收起你的判断包括不要匆忙评价那些做出有别于你的选择的人。通过示范你的同理心，你其实让这一风险对话或不同的风险对话发生的可能性大为增加。

为参与风险对话准备的反思性提问

1. 我为何要进行这场对话？我的意图与交互学习模式一致吗？
2. 如果不进行这场对话，潜在的后果是什么？
3. 如果进行这场对话，带来的可能后果是什么？
4. 我最害怕的是什么？我最深层次的渴望是什么？我的恐惧在多大程度上会自行表现出来？如果我的担心成真，可能发生的最坏的事情是什么？如果我参与到这场对话中，可实现什么？
5. 有什么样的数据促使我想进行这场对话？我所做出的未经检验的假设和推论是什么？
6. 我对这些话题的感觉是什么？我的情绪合理吗？我可以感受到对我本人或对他人的同理心吗？如果不可以，为什么？

开始风险对话

以下内容改编自某一风险对话。这段对话说明了如何与人分享你的目的、意图和推理，并邀请他人参与到讨论之中。订立讨论合约是第一步，这甚至发生在你们共同设计流程之前。

策略	真实对话
解释我想讨论什么及原因。 对我的假设和数据保持透明，而无须在这点上深入细节。 检验我进行这场对话所依据的推论是否准确。	安妮：罗克西，我想这周抽出一些时间和你讨论一下你履新之后对我的看法。我知道我加入这个部门之前，你曾经申请过我现在的这个职位。派姆和利兹告诉我，你由此引发的不满曾延续了相当长的一段时间。我想，虽然有这样的过节，但你我依然相处甚欢，现在你是我的新上司，我担心你是不是依然保留着之前不愉快的情绪。你的看法呢？
解释我的推理。	罗克西：没有那么回事，现在没问题了。
分享如果不进行这场对话所带来的后果。 分享我所担心的相关信息。 主张进行这场对话，探询（共同设计）对方是否愿意参与我所提议的讨论。	安妮：你的回答没有让我信服。你的声音比你往常的声音要柔和得多，但你不敢看着我的眼睛。我的担心是，如果我们不能在一起有效共事，我们两人都没法有效工作。我能够理解你为何旧怨难去，而现在作为你的下属，我也对此感到颇为担惊受怕。我希望大家能坦诚相见，并在工作中找到可以互相支持对方的方式。你愿意这么做吗？
试图满足对方的需求（时间）并提议会议的流程。（在会议之初，我会建议实际讨论流程的设定在结束步骤二“搭建对话基础”之后。）	罗克西：嗯，好吧。但我现在忙得不可开交，我需要招募一位新的助理。 安妮：那我的建议是我们可以计划一小时的讨论时间。我会就我们的对话提出一个流程。一小时后，我们可以判断这场对话是否有效果。如果有效果，我们可以继续讨论或安排下一次的会面时间。如果效果不佳，我们可以商量能够采取哪些不同的措施。你同意我提出的建议吗？
共同设计下一步行动。 庆祝她对此印象深刻并在思想上做好准备，在会面中去探讨她的担心和利益。	罗克西：好的。我们可以在明天 4 点碰面。我对你主动提出商讨此事印象深刻。

参考文献

Stone, D., Patton, B., and Heen, S. *Difficult Conversations.* New York: Penguin, 1999.

第 29 章

探讨你对问题成因的影响

罗杰·施瓦茨

通常我们并不承认我们就是问题的始作俑者，有时正是我们自身造成了那些抱怨已久的问题。

有关例子请参考第 42 章“如何避免你上司和你的低效”中有关亨利是如何通过封锁信息造成了上司的低效的。

为什么难以发现我们对问题成因的影响

从系统的角度来看，我们难以发现自身对于问题成因的影响，这并不奇怪。我们通常难以见到我们的行动所带来的影响，这是因为在我们的行动与其引发的后果之间往往出现时间滞后的情况。当后果显现时，我们要么没有亲临现场，所以难有切身体会（虽然我们可以体验到后续影响）；要么虽体验到后果，却无法将其与我们之前的行为联系起来。无论是哪种情况，我们都没有在行动与后果之间建立联系。

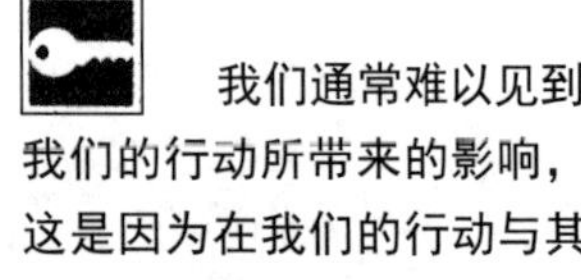

我们通常难以见到我们的行动所带来的影响，这是因为在我们的行动与其引发的后果之间往往出现时间滞后的情况。

你很难发现你是如何影响整个系统的，除非你能够理解你作为其中一部分的系统是如何运作的。任何试图解决某个问题的人，一旦发现解决方案本身又产生了新的问题，才能对此有所体会。而社会系统则更为复杂，因为系统是由互相影响的人组成的。

你无法仅凭一人之力就得以理解整个系统。通过与组成系统的其他人进行交流，并且理解人们是如何通过互动来形成系统的，你才能建立自己对于系统的理解并知晓你将如何影响这个系统。社会心理学家先驱与行动研究的创始人库尔特·勒温曾这样评价：“如果你真的想要理解系统，你需要尝试对其做出改变。”

你无法仅凭一人之力就得以理解整个系统。通过与组成系统的其他人进行交流，并且理解人们是如何通过互动来形成系统的，你才能建立你对于系统的理解并知晓你将如何影响这个系统。

某位人力资源总监感到他的下属没有依据现有的所有信息去解决问题。但从下属的角度来看，他们感到自己难以获得所需的所有信息。在解决这个问题的会议上，其中的一位直线下属提及人力资源总监通常会习惯性地让他们在尚未充分讨论指派任务的情况下就离开办公室。当我询问人力资源总监做了些什么让他们有如此判断时，所有人的回复是，每次他们想要详细解释问题发生的经过，他都会用铅笔敲打着桌子并不断地说："嗯，嗯。"当我追问如果有人用铅笔敲打桌子及口中念念有词地说"嗯，嗯"对他们意味着什么的时候，他们的回复是这表明他本人对此话题不感兴趣，所以希望他们能早一点儿结束谈话。他们甚至还检验了推论，但仅限于彼此之间，而没有与人力资源总监进行核对。听到这里，那位人力资源总监说，那并不表明他对讨论的话题没有兴趣；那只不过说明他在用心听取他们提出的问题。那位人力资源总监说，他本人还奇怪，为何问题还没有得以充分讨论而会议就已经宣告结束了。但是他没能在会议的进程与他对下属未能有效解决问题的担心之间建立联系，因为他和下属都未提出这一话题并对此进行深入探讨。人力资源总监和他的团队都在继续强化他们各自建立的模式。

我们是如何引发问题的

引发问题的方式有许多：

- 我们就所处的情境做出推论并建立假设，但推论或假设未必准确；我们却依然照此采取行动，仿佛这些推论和假设是真的一样。
- 我们没有与其他人分享与他们行为有关的信息；如果他们有此信息的话，他们本可以做出改变。
- 我们没有分享与我们的利益和需求相关的信息，这也就让其他人难以将这些因素考虑在内。
- 我们的行事方式是单边控制模式，而没有考虑其他人的利益和需求。
- 我们给其他人提供的信息含混不清，这就让他们难以按照我们的期望行事。
- 我们创造的结构和流程内含不曾预想的后果，当其他人依照结构和流程行事并带来不曾预想的后果时，我们对此恼怒不已。
- 我们对问题做出不当反应，或者恶化了问题，或者带来了新的问题。

戏剧三角形是思考我们是如何引发问题的另一种方式。在戏剧三角形中，我们通过惩罚他人、拯救他人或扮演无助的受害人来做出回应。

➡ 请参考第 53 章"戏剧三角形"。

了解你对问题成因的影响

我认为，可以从三个方面探讨你对问题成因的影响：个人反思、重新构建及共同探讨。

就你对问题成因的影响进行个人反思

如果还没有人来找你讨论这个问题，与其他人讨论问题之前，你可以先做个人反思。哪怕有人来找你，你也可以要求抽出些时间来对此进行反思。通过反思你对问题成因的影响，你可以减少自身的盲点。[1] 在开启对话前，通过分享你对问题成因的影响，你打造了交互学习的环境。

以下是反思的策略：

- 在讨论他人对于问题成因的影响之前，首先考虑你对问题成因的影响。当你发现其他人对于问题的影响时，你可以询问自己："我是否也有类似的表现？我能承认自己就是问题的始作俑者吗？"有时，我们将自己的行为迁怒或委过于其他人。
- 思考一下，是哪些问题或什么样的情况导致你在回应时采取了防御性立场。如果你知道这些问题是什么，你可以看一下这些情形是否与之相符。（如果你不清楚这些问题是什么，你可以询问那些与你共事的同事或一起生活的伴侣的看法。）

请参考第 33 章"找到你自己的声音"有关识别你的偏见与防御诱因的练习。

- 了解你对于这种情形的感受并询问自己："是什么原因让我产生了这样的感受？"沿着推论阶梯的台阶走下来，你可以识别出产生这种感受的具体行为。如果你不清楚产生这些感受的原因，你可以随后继续探索这一话题。
- 询问自己："当我有此感受时，我会如何做出应对？"利用上述清单及戏剧三角形来帮助自己去识别所作所为是如何造成这个问题的。

将你的个人反思作为潜在的假设，并与问题有关人员一起去探索这些假设。

重新构建你对于自身乃至他人的思考框架

如果你难以发现你对问题成因的影响，你可能是基于单边控制模式的价值观和假设而不是交互学习模式来采取行动。

交互学习模式中的假设并不是非要说你就是问题的始作俑者，但如果你不了解自己对问题成因的影响，你就很有可能是问题的始作俑者。

请参考第 4 章"理解指导我们行为的理论"了解有关单边控制模式和交互学习模式。

交互学习模式中的假设并不是非要说你就是问题的始作俑者，但如果你不了解自己对问题成因的影响，你就很有可能是问题的始作俑者。当你转为采纳交互学习模式的视角时，你从寻找谁是问题的替罪羊转为思考问题的成因，从建立防御转为对探索充满好奇，从骄傲自大转为恭谦低调，从迁怒于他人转为主动担责。这样，你对他人和自身都更具同理心。当你开始转变自己的视角时，你就开始反思你对问题成因的影响。你可能见到之前你未曾见到的事情。

请参考第 34 章“在单边控制世界中成为交互学习者”。

共同探讨你对问题成因的影响

在思考了你对问题成因的影响之后，你可以与问题有关的其他人士一起讨论。无论这涉及单独一人或数人，你要让房间里的所有人都行动起来，这样你们可以拼凑出一幅完整的图画，从中看出系统中的每部分是如何造成这些后果的。以下是你们探讨问题成因的方式。

- 与其他人分享，在你看来你是如何造成这个问题的，并询问其他人的反应。从单边控制模式的角度出发，这无异于给对手提供弹药。但从交互学习模式的角度出发，这是肩负起共同寻求理解的职责。
- 请其他人描述你对问题成因的影响，例如：“你可以具体举例说明我是怎么说的，怎么做的，或者我没有说什么或做什么，从而导致这个问题的发生。”
- 如果你没有发现自己对于问题成因的影响，你可以这么说并保持好奇心：“我以为我是问题的一部分，但我还没有看到我对问题成因的影响。你们是否看到我的疏漏之处？”
- 了解你的行为所带来的后果，例如：“我无法理解我的所作所为如何造成了这个问题。你可以解释一下我是如何给你或其他人带来问题的吗？”如果看到了其他人行为上出现的问题，你可以问：“我比较好奇的是，如果是我本人造成了我所关注的问题，请告诉我你们看到我做了些什么？”
- 分享你的意图并找出其他人是否就其他方面做出推论。例如“我做这事的意图是……尽管我现在看到了方法不奏效，但基于我的所作所为，我好奇的是，你们是如何看待我的意图的？”
- 共同撰写故事或绘制地图，就你和其他人是如何共同造成这个问题的给出因果解释。当你们就问题的成因达成共识时，你们可以共同探讨人们的行为出现了哪些变化从而给人们带来了期望的结果。

请参考第 56 章“将专业引导技巧用于系统思维分析”。

- 对你的行动担责。承认你对问题成因的影响并对结果表示歉意，哪怕你的本意并不想去引发这些问题。
- 了解你们彼此将如何互相提供支持并做出改变，你们对此已经达成共识。要求其他人一旦看到你的行事方式导致问题重新出现，他们需要立刻告诉你。

注释

1. 盲点是认知模型中揭示—反馈四个象限之一，这一模型被称为乔哈里视窗（Johari Window），由美国心理学家乔瑟夫・勒夫特（Joseph Luft）和哈里・英格拉姆（Harry Ingham）所建立。基于该模型延伸出许多变化与工具，请参考 http://www.teleometrics.com/info/resources_johari.html。

第 30 章

直面困难

苏·麦金尼

在专业引导技巧这一方式中，我们主张直面艰难对话。许多人害怕这么做会导致冲突升级，其实与之相反，我们发现这么做通常可以平息冲突，并让整个过程变得更为可控。当然，你首先必须采取一些措施：在你直面艰难对话并有效处理之前，你不得不改变你对困难情境的思考方式。

> 在你直面艰难对话并有效处理之前，你不得不改变你对困难情境的思考方式。

直言不讳

在我的整个职业生涯中，我曾采用多种方式给我的下属提供艰难反馈。在职业生涯早期，有人投诉我“过于直接”或“过于直率”，伤害了他人的感情。今天，我被告知，尽管我“过于直接”，但是我并没有做出评判，而反馈的接收方也乐于听到我所给予的反馈。表 30.1 比较了我之前的直言不讳的风格与现在的直言不讳的风格。

表 30.1 中有关我给珍妮提供反馈的两个不同版本中，最大的改变来自我的新想法和新情绪。更为重要的是，我的想法和情绪发生了改变，而不是我的言辞发生了改变，这是因为绝大多数人可以本能地感受到言辞背后的思想内涵。如果我为人挑剔，正如第一个例子中所表现的那样，当我谈论珍妮的工作表现懈怠时，这种情绪会从我的声音中渗透出来。与第二个例子相比，我的语调听上去也会更为刺耳。在第二个例子中，我的思绪集中在学习上。我对于珍妮告诉我的一切深感好奇并抱有浓厚兴趣。与我之前的评判性思考相比，这样的思考方式会传递出不同的信息。

在第二个例子中，我提供的直接反馈并不涉及对珍妮的表现进行评判。我的目标只是描述问题本身，分享我的反应并听取她的看法。我努力收起我对珍妮做出的评判并诚恳地邀请她参与到对话之中，这也让我从中学到了新的内容。在这个案例中，我了解到，我所设定的质量标准可能过于严苛并且缺乏灵活性；如果我们能一起商讨标准，珍妮可能想出我未曾考虑过的标准；或者至少，如果我们能一起设定标准，珍妮将做出承诺来确保这些标准得以遵循。

表 30.1　直言不讳：采用交互学习模式的前后对比

想法与情绪	逐字对话记录
直言不讳的老版本	
我憎恨这样的对话，但她的工作表现的确比较懈怠。	我：珍妮，你做得怎么样？（旁敲侧击策略。）
	珍妮：还好。有什么事吗？
你的工作水准太差了！显然你没有给予工作足够的关注。（未经检验的假设。）	我：我想和你交流一下你最近负责的文件复印这项工作。
	珍妮：好吧，有什么问题吗？
每个人都可以准确复印。（未经检验的假设。）我给她的资料没错，可是她为什么没把事情做对呢？我做这件事都好几年了，从未出错。（我是对的，她是错的。）	我：你看，这份文件复印得非常马虎，字印得歪歪扭扭不说，有的还印反了，还有的重叠在一起，另外，有的页面漏印了。这给我们组织带来很不好的影响。你需要加倍小心。（有主张却没有探询。）
天哪！我们不要这么夸张，好不好？（理性行事。）	珍妮：什么？我可能的确不如你那么出色，但是我已经尽全力了。
直言不讳的新版本	
我需要让珍妮知道我对其质量不满意。	我：珍妮，早上好。我想和你沟通一下最近的复印质量。你有空吗？（主张并探询，共同设计下一步行动。）
	珍妮：好啊，有什么问题吗？
就我最近所检查的复印情况给出具体的例子。	我：我花了些时间找到你最近复印的两份资料作为依据。我两次都发现存在一些基本错误。例如，这篇有关非暴力的文章给印歪了，而这篇达成共识的文章的首页和封底印反了，其余的四篇文章重叠在一起，而入职培训资料中的有些页面出现了缺失。你是否了解这些情况？（分享具体的例子，探询她的视角。）
恩。看上去我们对于什么是主要问题有不同的看法。	珍妮：我的确发现有些资料印歪了，还有些资料重叠在一起。但我认为这不是什么大毛病，这又不影响阅读。有些文件的首页和封底是印反了，但是这也不值得特别担心。我倒是没有注意到有些页面漏印了。这的确是个问题，我接下来会好好检查的。
了解她对于标准是否持有不同的看法。	我：根据刚才你所说的那些印刷问题不是“大问题”或“不值得特别担心”，我认为我们对于什么是可以接受的质量存有不同的看法。你认为我的说法准确吗？（对其想法，既主张也探询。）
好的提问。	珍妮：准确。我们的标准的确不一样。这个标准是你定的而我又不得不同意，我们能一起设定标准吗？

续表

想法与情绪	逐字对话记录
我猜她可能想要提供帮助，因为她是执行人。这听上去靠谱。	我：这是个不错的想法。我猜测我们可以一起设定标准，因为这与你我都有关系。你的看法如何？
我要求他们正确做事，这个标准太高？	珍妮：好的。我想基于同样的理由来帮助你设定标准。我觉得你的标准定得有点太高了。
	我：嗯，你能说明一下为什么你认为我设定的标准太高了？
这倒是个有趣的视角。我之前没有想过这点。	珍妮：当然。我认为我们应该从读者的角度来设定标准，而不是照搬完美无缺的标准。我认为读者并不期待 100 页的资料毫无瑕疵。为了做到零缺陷，在这方面耗费功夫不值得。
我不知道你将如何设定标准。	我：这是个有意思的想法，但我挺好奇我们如何来设定标准。你对此有何看法？（真诚探询。）
这个想法倒不错。我们总是自认为知道大家的想法。这可以给我们提供宝贵的反馈。或许我的标准过于严苛，超过了普通读者的需要。	珍妮：我们为什么不直接把评估材料包括在其中，邀请大家对印刷质量给出反馈呢？这也可以给我们提供一个机会去了解他们对内容的看法，看这些资料是否真的有帮助。
	我：这个想法听上去不错。我愿意尝试一下。

这里还有另一个例子能够说明因我的想法和情绪发生改变而产生的威力。在过去，如果我给某人的行为贴上“撒谎”的标签，我可能这么想：“他知道他在撒谎，但是他对此毫不介意。他这么做完全是为了他自己。”对这样的人采取直截了当的方式，告诉他我知道他在撒谎并且他做的一切只是为了他自己，这只会导致冲突升级，因为这些只是推论和归因。尽管我的推论可能是正确的，但是，相比于基于可观察的行为做出的低阶推论，对于诸如“撒谎”这样的高阶推论我难以做出检验。除非改变我的想法和情绪，否则我难以做出低阶推论。

除非改变我的想法和情绪，否则我难以做出低阶推论。

请参考第 5 章“有效团队的基本规则”中的推论阶梯。

就高阶推论采取直言不讳的表述很有可能如许多人所害怕的那样会带来许多麻烦。但是，如果我能改变自己对于他人的想法，包括所涉及的具体对象，我依然可以对有可能减少冲突的方式采取直言不讳的表述（或者至少，不一定增加冲突的可能性）。当我看到这种行为时，我可以对自己说：“扎克在撒谎吗？是什么原因导致我这么想呢？扎克告诉我，他会支持我的升职，但评估委员会告诉我，三个推荐人中有两位认为我还没有准备好。我知道玛丽极力支持我，所以我认为扎克肯定是这两个人中反对我升职的一个。我要去问一下他。”

有效实施的策略

当给予直接反馈时，就对话策略保持透明也会很有帮助。如果使用专业引导方式来给予反馈，我可以这么说："汤姆，我想就你昨天在会议上的表现给出一些反馈。鉴于我所给出的反馈并非完全正面，所以我对此有些担心。但我有兴趣了解你看待这个问题的视角是否和我的不一样。我希望了解我的看法是否有误。你愿意和我讨论这件事吗？"

采用这种方式，我设定了更为具体的对话目标——"反馈"和"了解"。另外，在表述的过程中，我的情绪充满真诚——"担心"。这可以帮助汤姆了解我的头脑里在想些什么。

如果汤姆愿意与我对话，我将继续保持透明。正如我所建议的反馈流程那样："我可以描述一下我在会议中的所见所闻，了解一下你对此的看法与我是否有所不同。基于我们两人对此的看法，我可以分享我的反应并听取你的反馈。我非常清楚，我对于会议的观察与你的看法会有所不同，我想了解是不是那么一回事。你怎么看待这样的对话方式？"

我向汤姆解释了分享我的想法并听取他反馈的最好方式。如果之前汤姆对于这种方式还不太清楚，我希望他可以理解我不想评判他在会议中的"表现如何"；我真的是去探讨我的反应，以及我的看法与他的看法是否有所不同。我希望我们都能从中有所收获。我认为，这可以给汤姆提供具体的信息来帮助他全身心地参与到对话中。我不想通过欺骗或操纵让他同意我的看法或为了迎合我而改变他的行为。

保持礼貌所带来的危险

专业引导技巧这种方式违反我的直觉。我从小到大受到的教育是要保持礼貌。保持礼貌在我看来意味着，有时候与直言不讳相比，你还不如说些善意的谎言。有时候人们认为我过于直率并建议我表述时要讲究一些策略。而依据这样的反馈，我学会了不要告诉人们那些在我看来会伤害他们情感的事情。我学会了诚实，但只是在一定程度上。对于我而言，我并不总是十分清楚在什么程度上我越过了礼貌的界限而变得粗鲁起来，所以随着时间的推移，我距离事实越来越远。

保持礼貌所带来的不曾预想的后果

这样的"礼貌"行为会带来一些不曾预想的严重后果。其中最为常见后果之一就是我所见到的那些绩效不佳的经理。许多时候，我见到许多绩效不佳的经理得以提升，哪怕他们的行为尚不足以证明他们可以胜任这一岗位。随后他们因为难以胜任而被炒鱿鱼。或者，与之相反，某位绩效不佳的经理从未获得提升的机会，因为无人给他提供具体的反馈，告知他该如何提升绩效。无论是何种情况，他的同事或其上司总是说那位经理是“一个好人”，没人愿意去“伤害好人的情感”。所以他们都不愿给这位经理提供具体的反馈，而这些信息原本可以帮助这位经理改变他的行为；当然，他也可以选择不改变。这里需要指出的是，不是他们阻拦了他的晋升之路或让他离开公司的，但正是因为他们没有分享相关信息，使得这位经理无法就其是否需要改变做出自由并知情的选择。

保留颜面

避免伤害他人感情的另一个策略是当问题出现时给予对方暗示。我希望对方能够理解微妙的暗示并纠正其问题直到我满意为止。这可以让对方从尴尬中解脱出来，也可以让我回避因给出负面反馈所面对的压力。当被朋友问及他的奇特发型是否“很酷”时，我的回应是：“的确很时尚，但是我喜欢去年你带有刘海的发型。难道你不喜欢那种发型吗？”或者当我看到朋友萨拉在社交场合滔滔不绝时，我可能说：“如果贝琪一直说个不停，那好吗？她看上去不明白其他人也需要发言。我希望她能理解我的暗示。”我希望萨拉能够理解其中的相似之处，并按照我给贝琪提出的建议就此打住。有趣的是，许多朋友对我深表同情，因为这种策略对他们不管用。“我看了她好几眼。她为什么还不明白，依然说个不停呢？”或者“我一次又一次地告诉他我是多么喜欢意大利餐。但他为何依然建议我们今年去英国旅行呢？难道他的耳朵聋了吗？”

> 直言不讳而无须评判可以让每个人拥有所有的相关信息，这样，大家可以就如何往前推进工作做出自由并知情的选择。封锁信息，哪怕我们意图良好，也会让对方失掉挑战我们观点或接受我们观点的机会。

我认为，暗示策略让人感到纠结，因为这是基于我们的假设——其他人可以猜到我们的想法。其实，这需要双方都加入猜测的游戏中：发出暗示的一方需要猜测哪些暗示可以奏效，而被暗示的一方则必须识别出暗示并猜测其背后的含义。在人们得到暗示的信息后，他们经常说：“你为什么不直接说呢？”他们对自己不得不猜测其他人的想法感到沮丧。使用这种策略会导致冲突升级。如果任何一方错失线索，另一方都会沮丧不已并表现出愤怒。

直言不讳的益处

为何直言不讳能带来益处呢？直言不讳而无须评判可以让每个人拥有所有的相关信息，这样，大家可以就如何往前推进工作做出自由并知情的选择。封锁信息，哪怕我们的意图良好，也会让对方错失挑战我们观点或接受我们观点的机会。

暂时收起评判是习得性行为，需要不断投入时间和加强训练才能培养出来。当我遵守这种行为准则并且有意识地改变我的思考方式时，我的情绪也出现了改变。当我面对艰难或冲突性对话时，我不再感到害怕或焦虑了。另外，理解基本规则给我提供了必要的技巧去有效地表达自己。

我们的咒语：直面冲突

教授课程时，我们经常说："各位，我们鼓励你们直面冲突。"但人们畏缩不前，有时候还报以大笑。在团队中担任引导师时，我经常被鼓励要避开冲突或有技巧地转向其他话题。指出冲突就等于念着咒语说："冲啊！冲啊！冲啊！"稍有脑子的引导师都不会把团队逼到这样的境地。但我的发现是，回避冲突并不意味着你可以真的避免冲突；这只意味着你把冲突给推后了，或者将冲突转入其他场合或将其延后（有时甚至是数月或数年）。通过挑明冲突或将团队的注意力集中到冲突之上，你可给予大家一个选择的机会去处理冲突（假设他们同意你的看法）。

> 回避冲突并不意味着你可以真的避免冲突；这只意味着你把冲突给推后了，或者将冲突转入其他场合或将其延后（有时甚至是数月或数年）。这就是我们为何说要直面冲突的原因。

挑明一个挑战性问题并不意味着团队选择在那个时刻或在随后的某个时刻去公开处理这个问题。这只是给大家提供信息就下一步的行动做出选择。但在许多时候，当我指出团队成员看上去出现不一致之处的时候，我要求大家澄清他们的立场并解决分歧，随后他们就能更快地往前推进工作。

我经常将怒气冲冲的双方带到一块，当着我的面交流。

在我工作的某个组织中，曾出现数位主管抱怨同一个人的情形。他们经常跑来向我寻求帮助，请教如何处理他们与这个人的关系。曾有一段时间，我单独给每位主管提供教练辅导，但当我随后看到某种模式再次出现时，我建议所有的主管与这个人一起开会并作为团队给他提供反馈，以便听取他本人的回应。当会期临近时，大家的焦虑不断上升，但会议本身进展顺利。每位主管都分享了是什么原因导致他们出现这样的担心，并询问那个人对这些事件是否持有同样的看法。他们分享了他的行为对他们造成的影响，并听取了他的看法。作为一个团队，他们提出了如何在下一阶段建立更好工作关系的建议。在会议中，每个人都了解到对同伴收起评判、基于核心价值观行事及在沟通中采用基本规则所带来的效果。此次会议虽然历时三小时，每个人都认为会议很高效，而且成果显著。

我们的经验

这虽然只是我和同事的经验，但是，当我们在真实的场景中实践专业引导技巧时，总体来说，冲突减少。对我而言，这看上去颇为矛盾，一种告诉我要直接找到当事人去讨论艰难话题的方式，一种直面冲突的方式，反倒让我的压力得以释放，也让我不得不管理的冲突得以减少。的确如此。

> 当我们在真实的场景中实践专业引导技巧时，从总体来说，冲突减少。

我的最大改变是，当我收起评判并直接面对当事人说出我的担心时，这让我看到了我可能只看到整个拼图板中的一块积木的可能性，也让我看到了我对情境的解读出现错误的可能性。这种方式让我心怀好奇并真诚地探索其他人在这个问题上的视角。我承认，我可能反应过激或触动了某个人的热点按钮，或者我的评估虽然是正确的，但对方也想就我们的关系做出改变。到目前为止，每当我鼓起勇气去面对艰难话题或挑明问题并公开处理问题时，我还从未感到遗憾。

第 31 章

对沉默与打断做出回应并帮助大家互相交谈

罗杰·施瓦茨

有时团队成员变得沉默不语、互相打断彼此的发言，或者向团队领导或引导师表述他们的看法而不是面对整个团队说话。本章讨论解决这些问题的方式。

回应沉默

在某位团队发表看法或给出提问之后，整个团队陷入沉默之中，我的第一反应是保持安静并继续等待。我的策略不是去关注如何让大家在沉默面前感到自在并让他们开始交谈；我的策略只不过是想给大家一个机会去思考他们是否想说些什么，这其中包括那些天然需要更多思考时间才能做出回应的内向型团队成员。如果我对沉默表现出不适并采取干预措施，我将减少其他团队成员做出回应的机会。

如果过了一段时间大家已有足够多的时间做出回应（大约半分钟），我会使用诊断—干预循环来打断沉默，并询问大家导致他们保持沉默的原因何在。

我可能问："当约翰询问大家对于领导力是否还有问题时，大家都没有发言。我很好奇，沉默意味着什么？"

请参考第 6 章"诊断—干预循环"。

有时人们通过回答约翰的提问做出回应，这样，对话得以沿着现有的话题继续讨论下去。还有的时候，人们通过讨论他们为何保持沉默而没有回答约翰的提问来做出回应。例如，佩德罗可能说："这个话题难以讨论。"如果佩德罗没有继续解释为何这个话题难以讨论，我会询问："你可以解释一下为何这个话题难以讨论吗？"在这点上，我将对话的焦点从原有的话题上转移到探讨与这个话题有关的担心上，并且了解大家需要做些什么才能回到之前的话题上。如果佩德罗回答了这一提问，我会询问其他人的观点是否与他的看法一致。

在大家识别出让他们感到这个话题难以讨论的原因之后，我会问："你们需要什么样的帮助来继续这个话题的讨论？"这可以帮助大家去识别他们需要满足的利益来重启讨论，并了解他们将如何满足这些利益。

有时候佩德罗或其他团队成员可能不想说出导致对话难以开展的原因。保留大家就是否参与对话做出自由并知情的选择的权利，这点非常重要。在实践中，你可以这么说："我想表明的是，是否继续这场对话，这是你们的权力。如果你们选择不再继续讨论这个话题，请让我知道。"

处理发言被打断

打断发言是保持沉默的另一种表现形式。当还有人在说话时，其他人已开始说话，我们的推论是打断发言的情况出现了。打断发言可以通过被打断人的反应来识别。例如，当乔伊斯说话时，伊恩开始发言，这时我会转向乔伊斯并开口说："乔伊斯，当伊恩开始讲话时，看上去你还没有说完，是吗？"乔伊斯可能回应："我其实已经说完了我的想法。"这意味着伊恩的发言没有影响乔伊斯去表述她的看法，以及他人对于其讲述内容的理解。但如果乔伊斯的回应是她依然在说话（暗示她还没有说完），这时我会转向伊恩并说："伊恩，你可以让乔伊斯说完吗？"这一干预基于"共同设计下一步行动"这一基本规则。通过打断他人的发言，伊恩在发言中采取了单边控制模式，而这阻碍了乔伊斯去分享她所拥有的所有相关信息。

如果伊恩想继续在乔伊斯或其他人结束前发言，我会挑明他的行为模式并询问："伊恩，我想与你分享我所见到的模式并听取你的反馈。在这场会议中，当我数次指出你在他人结束之前就开始发言时，你同意我的表述并表示会让大家说完，但你依然如故。我的看法对吗？"如果伊恩同意我的看法，我会继续说："是什么原因导致你总是打断他人的发言呢？"

通过这样的提问，团队了解到发言被打断的原因（从伊恩的视角），以及如何解决这一问题。例如，伊恩可能解释他的另一场会议将在 10 分钟后开始，而他感到会议进展太慢。他也可能抱怨大家只是在重复各自的观点，对他而言，这是在浪费时间。无论他说些什么，这可以让大家暂时聚焦在发言被打断的原因上，这样，大家就可以一起思考如何解决这一问题。

促使大家相互交谈

当你以引导师、领导、咨询顾问或培训师的身份采取干预措施时，你将团队的注意力集中到你的身上。暂时来讲，有此必要。但如果这种情况持续下去的话，你将成为对话的中心，团队成员将通过你来进行沟通，而不是在他们之间进行沟通。这是一个问题，因为这会增加大家对你的依赖，并降低了大家培养自身能力的可能性。

你可以通过选择你干预的语言来将对话的舞台重新交回到团队成员手上。在上述沉默不语的例子中，当我询问佩德罗为何这个话题难以讨论时，如果我说："其他人是否有不同的看法？"这时，我依然是对话的中心。但如果我这样问佩德罗："你是否愿意了解大家的不同看法？"这时我将对话的舞台交回给大家。假定佩德罗愿意这么做，这就促使佩德罗与其他团队成员开始互相交谈。让团队成员在对话中保持活跃的原则是对大家做出干预而不是对佩德罗做出干预。这让干预朝着发展型引导的方向前进。作为这一原则的延伸是让大家使用规则六"将主张和探询结合在一起"。这样，他们可以邀请彼此做出回应。

使用干预来将流程结构化，你可以尽量减少自己成为对话中心的可能性。假定你向团队建议采用某一特定的问题解决流程。通过一次性完整描述整个流程并寻求大家的共识（而不是分段介绍这一流程），你减少了随后可能做出干预的次数。你可能这么说："我希望向大家推荐问题解决流程并听取你们的反馈。我认为，你们首先要就问题界定的流程达成一致，随后识别你们解决问题需要满足的利益，然后讨论可能的解决方案，最后决定一个或多个能够满足利益的解决方案。我向大家做此推荐的原因是，我认为这可以提升产生有效解决方案的可能性，这样大家也会对这个解决方案做出承诺。大家对使用这一方式有疑问吗？"

最后，如果你是引导师，使用"我们"这样的用语可能将你不合时宜地包括在团队对话中。例如，在有关项目截止时间的对话中，如果你这么说："我们如何确保截止时间是现实可行的？"你向大家发出的信息是，你是做出决策及讨论有关内容的一分子。如果你使用"你们"这样的用语将团队与你区隔开来，至少你可以使自己远离内容的讨论。

第 32 章
是在团队内还是在团队外提出这个话题

罗杰·施瓦茨

如果你曾担任过引导师，可能有某位团队成员在课间休息的时候找到你并请你提供帮助：如在团队中提出某个议题，或者想方设法不让团队讨论某个话题，或者把团队对话引向某个特定方向。有时，你也可能想和某位团队成员单独沟通，可能是要求这位成员更为配合或减少发言。所有这些场景都有可能让你偏离引导师角色，这会降低团队成员的责任感，并让你与某些团队成员合谋来对付整个团队。

指导原则

专业引导技巧的几个原则可以帮助你在这些情况下找到应对之策。原则一是团队是你的客户。这意味着作为引导师，你需要对整个团队负责而不只是对其中的一部分团队成员负责。这也意味着你回应团队领导的方式和你对其他团队成员做出回应的方式是一样的。原则二是大家为自己的信息负责并承担后果。这意味着允许其他人探询他们的推理过程。原则三与原则二的逻辑一致，提出的问题允许拥有相关信息的其他成员做出回应。这意味着如果某些团队成员担心其他团队成员会拖累整个团队，他们可以在整个团队面前提出这种担心，因为所有团队成员对这个问题都拥有相关信息。原则四是保持透明。这些遵循共同核心价值观与假设的原则可以成为你行动的指引。

原则

- 团队是你的客户。
- 大家为自己的信息负责并承担后果。
- 提出的问题允许拥有相关信息的其他成员做出回应。
- 保持透明。

当有团队成员朝你走过时

团队成员肖恩在课间休息时朝你走过来，他要求你引导一下现有的话题讨论方向，

使大家的讨论不要再聚焦在图像部门外包这一话题上。如果你同意这么做的话，你就没有遵循上述的原则并会给整个团队及你自身带来麻烦。代表肖恩提出问题会将所有的责任由他转向了你，而这些责任原本应由他来承担。如果没有向整个团队提出这个问题，那么团队在落实这一举措之前，大家就没法对肖恩的要求做出回应。结果是，你将肖恩而不是整个团队看成你的客户。换句话说，通过单方面按照他的要求行事，却没有与整个团队商量此事，你就是在与他合谋对付整个团队。

为了满足肖恩的要求，你可能还会违反另一项原则：保持透明。如果有团队成员意识到你在巧妙地引导对话方向并询问你这么做的原因，你很难就你的策略给出解释。

理解他们的担心和你的担心

无论这个要求只是替某个人提出某个话题，或者采取了某项行动而没有解释你这么做的原因，对这样的要求做出回应包括解释你所见到的后果，对他人的利益（和假设）保持好奇并找到满足这些利益的方法，而不至于引发我之前所列举的那些负面后果。

你可以这么说："肖恩，如果我按照你的要求提出这个话题，我认为这会给整个团队带来问题，其中也包括你和我。我愿意解释我所看到的问题，但首先我好奇的是，究竟是什么原因让你来找我并想把讨论的方向从外包这个话题上引开，而不是由你本人向整个团队提出来你不想探讨外包这个话题？"

在肖恩做出回应后，你可以探讨他的利益和担心并陈述你的利益和担心。正如我们从单边控制模式中所了解的那样，团队成员有时对他们本人提出某个艰难话题表示担心，因为他们希望尽量减少负面情绪的表达，或者想保留其他人和他们自身的颜面，或者兼而有之。他们不知道如何提出这些话题并让讨论变得更加有效。另外，他们也担心提出这个话题会让对话更加难以朝着他们期待的方向发展。

请参考第 4 章"理解指导我们行为的理论"中有关单边控制模式的介绍和第 43 章"发展型引导"中有关发展型引导的介绍。

如果这是发展型引导的一部分，你可以帮助肖恩去深入探讨他的践行理论及该理论如何带来不曾预想的后果。在基础型引导中，简单地向他解释不曾预想的后果、引导师角色的界限，并提出由你来教团队成员如何提出这个话题，这些已经足够了。你可以说："基于几个理由，我无法按照你的要求去做。如果我这么做的话，我将负责解决你的担心，并私下采取单方面措施引导对话去满足你的利益而不是整个团队的利益。结果是，团队成员将丧失机会来决定他们是否想讨论这个话题。他们无法做出自由并知情的选择。这与我和整个团队达成的履行引导师职责的协议不相一致。你是否有不同的看法？"

如果肖恩有不同的看法，请探讨其中的差异。如果他同意你的看法，你可以说："如果你认为团队不需要花费时间去讨论外包方案，我鼓励你来提出这个话题。我愿意花几分钟和你讨论如何提出这个话题。如果你真的想提出来，我会帮助你来引导对话并让对话更为有效。你的看法呢？”

如果他对此表示兴趣，你可以花几分钟来教他如何在整个团队面前提出这个话题。这与你作为引导师的角色完全一致。当团队成员开始承担职责来解决他们自身的问题时，团队将变得更为有效，他们也就不再那么依赖你这位引导师了。

这和团队领导的角色一样

无论肖恩把你当成团队的一员还是把你看成团队领导，你都可以采用同样的回应方式。整个团队是你的客户。

如果是团队领导推荐你来担任引导师，由他来支付你的薪酬，或者他对你的职业生涯产生了很大的影响，为了顺应其提出的要求，你将面临更大的压力，这很自然。但如果你这么做只是为了迁就团队领导，那么你向所有的团队成员发出了一个信号：你的标榜理论只能在难度不大的情况下发挥作用。如果你未能示范你要求团队成员展现出来的行为，那么你降低了自己的可信度。在专业引导技巧这种方式中，这套原则适用于所有的团队成员，无论他们享有怎样的地位或拥有怎样的权势。

> 在专业引导技巧这种方式中，这套原则适用于所有的团队成员，无论他们享有怎样的地位或拥有怎样的权势。

这适用于两个方面

作为引导师，如果你在课间休息时走到某位团队成员的身边，要求他们提出某个话题或去影响他们的行为，这与团队成员找到你所引发的问题是一样的。这往往源自同样的担心：保留他人或你本人的颜面。

考虑一下这样的情境：你认为某位团队成员崔西在对话中发言太多并妨碍其他成员的发言。一旦你在会议室之外找到崔西并提醒她这点，你就将原本由团队成员承担的责任转移到了你自己身上。如果你在休息时找到她，并询问她是否可以给其他团队成员更多的发言机会，这是你基于所观察到的团队行为做出的可能推论，并单方面要求她改变其行为。你可能注意到她发言的时候，某些团队成员在摇头、叹气，检验这一推论的唯一方式是直接询问团队成员他们行为的含义。而检验你的推论的唯一方式是让所有的团队成员听到所有的相关信息。这么做时需要大家都在场，也包括崔西。

如果使用基本规则和诊断—干预循环在团队会议上提出这个问题，你促使所有的团队成员互相分享所有的相关信息。你可以这么说：“我注意到当崔西说话时，你们中的某些人做出了回应。我想和你们检验一下我的推论是否正确。蒂姆、李、西拉，我注意到在她说话的 15 分钟里，你们不是摇头就是叹气。我有看错吗？（如果他们同意你的看法，继续）我在想，你们是否对她说话的内容及她叙述的方式有所疑虑。我的解读对吗？（如果他们同意，继续）你们能否具体说明一下你们对她的担心是什么？”

通过这样的干预方式，你在按照交互学习模式行事并给大家做出示范。与其思考如何为团队成员或你本人保留颜面，不如帮助团队成员打造一个环境，让他们为解决与他们有关的问题担责。

第 5 部分

走自己的路

要想学会有效使用专业引导技巧，仅仅记住核心价值观和基本规则还远远不够。因为专业引导技巧建立在心智模式和价值观之上，这是伴随你一生的学习之旅，并且会深深地打上你的个人烙印。第 5 部分的开篇章节第 33 章“找到你自己的声音”提供了真实且独一无二的想法和建议，使专业引导技巧与你的生活融为一体。

第 5 部分其余的章节分享了人们开始学习并使用专业引导技巧之后所发生的故事。在第 34 章“在单边控制世界中成为交互学习者”，苏·麦金尼介绍了在人们学习了专业引导技巧回到组织后发现，他们是所在组织中唯一一个尝试使用专业引导技巧的人。这时他们通常会提出疑问：“当我开始使用该技巧但无人明白我在做些什么时，这时会出现什么情况？”或者“如果其他人不了解该技巧，我能使用它吗？”在第 35 章“在工作中引入专业引导技巧”和第 36 章“我在组织中运用专业引导技巧所遇到的挑战”中，苏和彼得·希尔就大家回到组织后如何引入专业引导技巧给出了建议。他们分享了工作坊结束之后回到“家”中的经验教训。在第 37 章“锦鲤池塘里的一条鲤鱼”中，苏珊·威廉姆斯介绍了她最初的一些尝试并突出介绍了她认为特别管用的原则。

第 33 章

找到你自己的声音

安妮·戴维森

当人们开始学习专业引导技巧这一方式时，他们通常有两种反应：第一种反应是他们对于“像罗杰那么说话”（或像安妮、佩吉、苏或任何其他咨询顾问及其他引导师那样说话）感到绝望。通常他们会对自己最初付出努力却难以做到快速且流利地使用核心价值观和基本规则而感到局促不安。第二种反应是他们并不希望像我们这样说话。他们认为，我们所用的语言晦涩难懂、佶屈聱牙。他们说，他们没法想象自己在日常的工作环境中使用基本规则的那套说辞。或者他们曾经历过某些同事在结束专业引导技巧工作坊之后“不停地做出推论直到他们厌烦不已”，所以他们认为使用这些原则并不是那么受待见。

请参考第 24 章“减少使用专业引导技巧术语”。

这两种反应都是合乎情理的。我们通常的回应是找到替代说辞并不断练习。这是有用的策略。我们早就指出，参加专业引导工作坊只是学习之旅的开端。我们中的所有人都需要不断学习。除非经过经年累月的不断练习，否则我们难以熟练掌握这一技巧。我们依然会不断犯错，我们依然会纠结于如何遣词造句，但是我认为，起初这些提问和我们的回答都集中在如何产生或不产生某种具体的行为上。我认为，更基本的提问是如何在使用这一方式的时候找到你自己的表述方式。

更为深入的自我觉知之旅

找到你自己的表述方式更像朝圣之旅而不仅是一趟旅行。所谓朝圣之旅，并不是指前往神殿的旅行，而是指带着崇高目的漫长旅行或搜寻，也就是探索真理或智慧之旅。正如谢尔登·柯普在其影响深远的《如果你在路上遇到佛陀，杀掉他！》一书中所指出的那样，我们中绝大部分渴望学习的人都会将模仿与学习混淆。我们习惯性地认为，如果我们能模仿某位老师直到我们精通某种行为，我们就能产生同样的结果。但模仿某位富有领袖魅力的大师只会让我们表现出内在的空虚，仅有形式上的笨拙模仿而没有灵活、自发地掌握真正的内容。我认为，除了练习并找寻你自己的措辞，你必须在使用这一方式时发现自己独一无二的个性。只有这样，你才能真正做到使用自己的表述方式。当你开始练习这样表述时，你究竟选择使用什么词语就显得不是那么重要了，因为人们更愿意在更深层次上感受你的存在并倾听你的真正意图。

我们中绝大部分渴望学习的人都会将模仿与学习混淆。

如何发现你的表述方式并让其浮现出来，这更多取决于你本人的经历，以及你独有的学习风格与天赋。快捷的答案是不断进行反思性练习并找到深化自我认知的一种或多种方式。这里有许多可选方案，如冥想、瑜伽、日志记录或借助诸如 MBTI、FIRO-B 等工具。有些人发现通过撰写左边栏目案例来培养觉知就足以增加他们为获得深刻洞见所必需的体验。对于另一些人而言，他们将反思练习与修行联系起来。究竟什么样的方式能有所帮助，这取决于个人。

请参考第 55 章“专业引导技巧与 MBTI”。

当在引导中、对话中甚至观察中能更好地建立自我觉知时，你就能更好地关注当下。当你能更好地关注当下时，你就能更好地调节你的思绪并就你的回应方式做出选择。正因为你可以将专业引导技巧与你本人的天赋有机地整合在一起发挥独特的协同效应，所以你才能生成真实的信息并进行有效传递。

正因为你可以将专业引导技巧与你本人的天赋有机地整合在一起，发挥独特的协同效应，所以你才能生成真实的信息并进行有效传递。

在本章中，我给你提供了一些适合我的具体建议或其他人推荐的建议。我希望你去尝试这些建议。在尝试之前，我提醒你注意两点：其一，请不要贬低自己或摒弃你在参加专业引导技巧工作坊之前所掌握的知识。你的确需要就核心价值观，需要对出现的一致之处或不一致之处进行深刻反思，但在反思时，请带着好奇心。你想继续保留哪些行为或你认为哪些行为不再适合你的目标，请进行反思。

其二，当开启这趟学习之旅时，你需要找到自己的表述方式，这不是一件容易的事情。本书的主要作者都曾纠结于如何找到自己的表述方式。有时，我们发现自己使用的语言和基本规则其实是单边控制模式，这是因为我们出现了防御心理，因而获得了不曾预想的结果；有时，当某些事情偏离我们原本的意图时，我们得到了同事的善意提醒并从中获得提升。如果你希望自己的声音可以始终如一地击中他人的心弦，这需要不断的历练和时间的沉淀。让大脑安静下来，不断增长的自我觉知将帮助你找到自己的表述方式。

找到你自己声音的贴士

以下的活动与练习可以帮助我们和其他人进行正念反思并将专业引导技巧真正地引入我们的工作与生活中。

生命旅程练习

使用表 17.1 中的生命轴练习来更新你对于个人长处与才能的觉知。你可以将提问进行延伸：你如何将专业引导技巧与长处和才能结合起来？你所擅长的哪些事情可以通过将基本规则和核心价值观清晰地整合在一起从而得以提升？你的长处将如何帮助你去使用或解释这一方式？你将如何修正你所熟悉的方式，从而更好地与专业引导技巧保持一致？

偏见与防御诱因

经常回顾表 33.1 中的练习来识别你的偏见与防御诱因。当你接触或刚刚接触专业引导技巧时，或者当你偶尔剖析你的单边控制模式的思考方式与行为时，这些练习颇为有用。

表 33.1 练习：识别你的偏见与防御诱因

引导师需要了解他们的系统偏见与个人问题（例如，对于控制的需求），以减少这些偏见及个人问题浮现出来的机会，这样你可以避免做出错误的诊断或难以采取有效的干预措施。这个练习可帮助你去识别你的偏见与防御诱因。步骤如下：

1. 就你自身而言（或者某些熟知你的人，以及你所信任的人，并且他们愿意提供真诚反馈），识别以下情况：

- 什么事情会让你大动肝火？
- 什么样的团队情境会让你感到窘迫或威胁？
- 发生在你身上的哪些事情让你真的不喜欢？
- 你最珍视的价值观或信念是什么？
- 你有哪些个人偏见？

2. 从清单中选择一个或更多项目。想象一下，在某种场景中，某一项降低了你做出准确诊断并在团队中采取干预的能力。面对团队中的某个人或多个人，想一想你对这个问题的感受是如何导致你做出未经检验的推论和归因的。

五项主要原则与反思性提问

我们都知道干预及规范行为所需的基本规则颇有帮助。但我发现，更有帮助的是培养自己聚焦核心价值观的方式。我将这种方式界定为五项主要原则：同理心、好奇心、透明、承诺与担责。你可以问自己：

- 我对这个屋子里的其他人和自己是否持有同理心？
- 我是否保持开放与好奇？我想学习什么、了解什么或质疑什么？
- 我是否分享了我的真实想法？我是否示范了我们希望一起共事的透明方式？[1]
- 我是否承诺同处当下并与在场的其他人一起工作？我是如何展示的？我是否和现场的人一起工作来帮助他们自行找到答案而不是告诉他们需做些什么？
- 我是否让自己对本次会议所做出的贡献担责？我所做的事情他人是否可以自行处理或本该由他们来做？从长期来看，我的工作方式是否利于减少他们对我的依赖？我是否让其他人对于他们的选择担责？

这些有助于反思的提问可以在结束对话或引导之后提出。

（我是这样做的吗？）

自我评估的工具

诸如 MBTI 和 Hermann 大脑优势工具（Hermann Brain Dominance Instrument）[2]等有助于深化你对于自身学习与沟通方式的觉知：请将这些工具用作反思的镜子，而不是作为对你个性的限制性描述。例如，当出现需要向其他人大量解释概念，以及思忖如何借助比喻来帮助大家掌握这个概念的情况时，这些工具有助于我去理解我的直觉偏好给我带来的优势。我的 ENFP 性格对于激励他人非常有帮助。但当需要我用语言描述事物或实施干预时，我没法做到如罗杰那般精准。知道自己在吸收信息和思考信息上的主导方式和性格偏好，可以帮助我珍惜自己的长处，我也知道何时自己需要支持或寻求其他人的帮助。

正念练习

呼吸训练、身心练习，如瑜伽，太极及其他绝大部分冥想可以为平静思绪并学会专注当下提供指引。借助瑜伽练习，我的专业引导技巧得以大幅提升。在我经常练习瑜伽后，我在关注他人时积聚了更多能量，而我的注意力也得以提升，内心的不安情绪得以平复。我学会了放手，通过深呼吸来自如地调整意念。在聆听对话时，我在头脑中经常生成各种比喻。[3] 如果没能培养出相当程度的专注力，你很难做到全身心倾听左边栏目中的想法，倾听来自内心深处的声音，并发现你需要改善的方面，你也就没法做到在此刻将变化与当下结合在一起。

日志与绘图

日志和绘图是触及自己的无意识想法和渴望的绝佳方式。我发现，撰写反思日志可以帮助我去发现对于自身和体验的看法，尤其是在我结束了引导后不久。[4]

有意识的练习

人们经常告诉我，为了能在使用专业引导技巧时找到自己的声音，他们日常所面对的一大障碍是练习这种方式的频率不够。我不知该如何回应这一说法，对此我深感惊讶并感到困惑，因为我觉得每次对话都是练习的良机。我经常使用这些原则来规范我与他人的对话，或者将这些对话视作全神贯注于我左边栏目案例的想法及在类似场合中更好了解自身的机会。这一技巧的确需要在对话后进行反思。多年来，我就如何在会议中更好地表达自己的想法撰写备忘录，过了一段时间后，由于我不断进行书面练习，我发现自己可以流利地表达自己的想法。如果对话进展不顺，我会思考如何使用自己的语言而不是术语来进行更为清晰的沟通。渐渐地，我能够快速构建表达想法的框架并在对话中做出回应。

请参考第 21 章“践行基本规则的方法”。

小心措辞

我建议大家小心措辞。有许多单边控制概念根植于我们日常所采用的表述方式及遣词造句之中。我们经常对他人使用命令语气，哪怕我们原本希望给其他人提供知情的选择。例如，“把那些内容写在挂图板上”而不是“我认为把那些内容写在挂图板上会有所帮助，你认为呢”或“你是否愿意去做这件事情，因为在我看来这件事情对于大家会有帮助”。我们选择的许多词汇往往内含各种隐喻，而这些隐喻会让我们陷入单边控制模式之中，哪怕这不是我们的本意。例如，“让我们讨论一下如何‘部署’这一计划”。（“部署”是军事用语，常被看成单边控制概念，哪怕这并不是使用者的本意。——译者注）

真正的意图比遣词造句能传递出更为强大的力量，但词语选择不当既可能在我们的头脑中造成混乱，也可能对他人理解我们的意图带来混乱。另一种有意识的练习方式是将你的对话予以录音（当然，需得到其他人的许可）并做自我点评，以便事后重新设计对话。我有时会问自己：“我还可以选用哪些词语来更好地表现我的个性？”

结论

在使用专业引导技巧时，找到你自己的表述方式，这需要投入大量的时间和精力。这项工作并不容易，其一，这意味着你必须放弃固有的表述方式，与此同时，你必须找到新的方式。这一学习旅程充满挑战。但从事这项工作，可给你的个人发展和内心的平和带来巨大红利。每年我都会尝试正念练习，我发现自己又迈上了更高的台阶。

资源

Cameron, J, with Bryan, M. *The Artist's Way.* New York: Putnam, 1992.

FIRO-B Self Scorable. Palo Alto: CPP, 1996. *FIRO-B PROFILE.* Palo Alto: CPP, 1989. Available to qualified users. [www.cpp.com.]

Herrmann International. *The Hermann Brain Dominance Instrument.* Lake Lure, N.C.: Herrmann International, 1989. [www.hbdi.com].

Myers-Briggs Type Indicator Self-Scorable. Palo Alto: CPP, 1998. *Myers-Briggs Type Indicator Form Q.* Palo Alto: CPP, 2001. Available to qualified users. [www.cpp.com].

Progoff, I. *At a Journal Workshop.* Los Angeles: Tarcher, 1992.

Tolle, E. *The Power of Now: A Guide to Spiritual Enlightenment.* Novato, Calif.: New World Library, 1999.

注释

1. 参考柯普的书，了解有关透明的更多启发性思考。

2. 有许多有用的工具经过了检验与核实，如 MBTI、FIRO-B、Hermann 等。请参考第 55 章“专业引导技巧与 MBTI”。

3. 有关这方面的资料如埃特哈特・托利（Eckhart Tolle）的 *The Power of NOW*，可以让你开始尝试自己的正念练习。

4. 有关日志技巧与视觉化表达，请参考茱丽亚・卡梅隆（Julia Cameron）的 *The Artist's Way* 或易拉・普罗高夫（Ira Progoff）的 *At a Journal Workshop*。

参考文献

Cameron, J., with Bryan, M. *The Artist's Way.* New York: Putnam, 1992.

Kopp, S. B. *If You Meet the Buddha on the Road, Kill Him!* New York: Bantam, 1972.

Progoff, I. *At a Journal Workshop.* Los Angeles: Tarcher, 1992.

Tolle, E. *The Power of Now: A Guide to Spiritual Enlightenment.* Novato, Calif.: New World Library, 1999.

第 34 章

在单边控制世界中成为交互学习者

苏·麦金尼

当人们刚了解专业引导技巧这一方式时，大家对于自己在工作中如何使用它表现出担心，毕竟组织中的其他人并不理解他们的所作所为。如果其他人依然采取单边控制模式的行事方式，他们会对改变表现出害怕和恐慌。他们担心组织中的其他人会将他们的新行为解读成操纵自己的新策略。我的经验是，这些担心情有可原。人们的确透过单边控制模式这一视角来错误地解读新的行为。但与此同时，我依然可以在这样的环境中改变我的行为，并让我的行为与专业引导技巧这一方式表现得更为一致。

践行基本规则也会有所帮助，但更有帮助的是改变自身的视角：由评判转为心怀好奇。

我所学到的第一点是，我没法在一夜之间改变自己，我也没法在一夜之间改变整个组织，当然，我也没法在一夜之间改变其他人，但我会朝着这个方向努力。我想掀起一阵魔浪，将整个世界打造成交互学习模式的世界。随着时间的推移，我了解到，当先尝试微小的改变时，我最容易取得成功：检验我所做出的假设或询问其他人是否愿意检验假设；分享我的推理过程或询问其他人的看法；要求团队说出解决方案背后的利益。随后我了解到，践行基本规则也会有所帮助。当我改变自身视角由评判转为心怀好奇时，这种改变对我的能力提升产生最为深远的影响。哪怕在压力重重的情况下我依然可以做到与交互学习模式保持一致。

其中的一个挑战是大家知道你是谁，或者至少他们是这么认为的。他们并不总是支持你为改变所付出的努力，因为这需要他们也做出改变。

如果你所在的工作环境中仅有你一人在尝试这一方式，要想实践这一方式并掌握其中的技巧将更加困难。其中的一个挑战是大家知道你是谁，或者至少他们是这么认为的。他们并不总是支持你为改变所付出的努力，因为这需要他们也做出改变。

当人们并不知道你是谁，而你又是唯一一个尝试这一方式的人时，你的成功机会可能更大，这只不过是因为其他人并没有将你使用交互学习模式看成你的个性发生了改变。相反，他们把这一方式看成你个性的一部分。

这两种情况我都经历过。我发现，在新的环境中独自尝试交互学习模式反而更容易。

当我走进新组织的大门，然后开始检验假设，分享我的推理过程并对其他人的看法心怀好奇时，其他人只不过将这看成我个性的一部分。当我试图在熟人面前使用专业引导技巧时，我为使用基本规则和遵循核心价值观所付出的努力常常遭遇更多的抵触。我认为，这可能与大家和我已经共事多年并且熟知我的个性有关。以往，我在所有的场合表现出单边控制模式。大家已经就我的为人处世、思维方式及在不同场合下我会做出怎样的反应持固定的看法。当我结束培训并试图在类似的场合下表现出迥然不同的行为时，基于大家对于我过往的行为动机所建立的假设和推论，其中某些人会对我的改变感到难以理解。我认为，他们会把这种改变看成新策略或新计谋，以便让他们去做些我希望他们做的事情。即使在这样的情境中，我依然会保持好奇心并不断尝试新的方式来表明我的改变是持久的。

就改变行为寻求支持

如果你在熟悉的环境中尝试去改变自己的行为，以下策略将使这些改变来得更为容易。其中的一项策略是，让其他人知道你在尝试新的方式。如果其他人可以给你提供反馈，告知你做得如何，这会对你颇有帮助。另一项策略是，你找到可以给你提供帮助或可以教练你的人士。外人可以帮助你去反思你从同事、主管或下属那里获得的与你行为改变有关的反馈。

在我接受专业引导技巧培训数年之后，我的一位同事也参加了专业引导技巧的培训。他邀请我加入一个学习小组，这个学习小组距离我的住处有一小时的车程。作为组织中唯一一个践行专业引导技巧的人，我感到颇为孤独，所以我马上应承下来。我参加这个学习小组的活动长达半年之久。参加这样的学习小组对我很有帮助，理由颇多：学习材料就在身边，我可以随时查看。我可以看到其他人如何使用专业引导技巧。当我纠结于如何掌握专业引导技巧时，我可以得到其他人的支持。一旦有人发现我们并未与这一方式保持一致时，我们有机会对彼此做出干预。学习团队会使用左边栏目案例、角色扮演和对话来练习其中的技巧并讨论哪些可行，哪些不可行。这是有效利用时间的方法。

所有人遇到的挑战是，改变通常让人感到怪异，而且未必总那么有效。当我努力确保我的行为与专业引导技巧保持一致时，我并不一定总能取得成功。如果你的第一次尝试并不成功的话，你可以要求其他人保持耐心并允许你可以再次尝试之前的对话。当我练习时，如果某次对话无效，我会重新找到对方并请求重启对话，这样我可以与专业引导的核心价值观与基本规则保持一致。没有人拒绝我“再做一次”的邀请。对话在第二次总会得到改善。

> **许多人会采用单边控制模式来给你提供反馈，他们的反馈也体现了这一模式，了解这点很重要。**

许多人会采用单边控制模式来给你提供反馈，他们的反馈也体现了这一模式，了解这点很重要。将单边控制式的反馈转化成让你的行为与交互学习模式表现得更为一致的信息，这绝不是一项简单的工作。例如，我曾听到这样的反馈："当你总是询问我的观点是否有所不同时，我不喜欢你的这种询问方式。既然你希望用你的方式做事，那你为何还要这样问呢？"这样的陈述和提问要求我留意对方正在做出推论：我希望按照我的方式采取行动。与其因误解而产生不快（因为我的意图并不是要求他按照我的方式去做事），还不如关注我可以做些什么让他们觉得那不是我的真正意图。这可能是我不断重复询问"你还有什么不同看法吗"造成的，但也有可能是对方已经从不同的角度给出了回答，我却依然在挑战他并与其争辩我的观点是不是更准确。还有一种可能是，我对自己说了些什么一无所知。寻求并接受反馈，这是公开示范表述核心价值观的新方式。预计你所听到的某些反馈为单边控制模式，这可以帮助你做好准备。

你只能改变你自己

> **多年的历练让我开始意识到，我的愤怒多半是没有道理的。一旦我可以降低推论并对假设做出检验，我就会发现自己经常对所处的环境做出错误的解读或产生误解。**

当我开始更为关注自身的单边控制行为而不是关注如何改变他人时，我开始注意到发生在自己身上的一些事情，而我之前没有注意到这些事情。例如，当我听到什么事情让我感到全身发热并开始从头到脚冒汗时，我会从两个层面来认识这种感觉：我的怒火被点燃了；另一种可能的线索是，我对于刚听到的事情做出了未经检验的假设。我发现我并不善于识别自己做出的推论和假设，而全身发热的感觉是非常有用的线索。随着时间的推移，我可以更快地识别出究竟是哪些话语让我对其他人做出了负面的推论。多年的历练让我开始意识到，我的愤怒多半是没有道理的。一旦我可以降低推论并对假设做出检验，我就会发现自己经常对所处的环境做出错误的解读或产生误解。

一旦我的"热点按钮"被按下，我就学会了如何去识别这种情况。我也发现，关注究竟是哪些话语促使我按下"热点按钮"对我颇有帮助。我开始认识到，一旦我所持有的坚定信念遭到挑战，我就会陷入防御之中并感到恼火。我的一个固有信念是我既能为员工仗义执言，又能理解并代表高管的观点。当有人在会议中所叙述的内容与员工告诉我的内容出现矛盾时，我就会马上火冒三丈。例如，有员工告诉我，他们热爱这个组织，但当管理层没有严肃认真对待他们的要求时，他们就会感到沮丧不已。在一次会议中，某位高管认为员工只会"发牢骚，他们并不在意自己在组织中已拥有的一切"。我知道（这里的关键词是知道，这时我的单边控制模式的警报被拉响了）这种说法站不住脚。我感到怒火中烧并准备立刻反击。在我看来，一旦大家对员工的评价出现负面看法，我很容易做出过激反应。

随着时间的推移，当我能更为一致地使用专业引导技巧时，我开始注意到，自己与人相处时的冲突变得越来越少。通过对此进行反思，我意识到，通过检验我对他人做出的假设并和他人分享我的推理过程，与之前相比，我编撰的“故事”在不断减少。以下就是一个例子。

我正在引导某个大型会议并做陈述性总结。当我结束时，一位高管说她有不同的看法，但在我看来，她陈述的观点与我陈述的观点是一样的，只是措辞不同。我被她的陈述弄得有些糊涂，心里想：“这难道不是重复我刚才陈述的内容吗？她究竟有没有听我的发言？”（这就是我对于她做陈述的原因在编造故事或给出解释。）但我记起了自己学过的技巧，所以我询问她：“邦妮，听上去你好像认为你刚才所说的内容与我讲述的不一样。我的理解对吗？”她说：“是的。”我回应道：“那我就有些奇怪，因为你的观点和我的观点是一样的。”我转向大家并询问其他人的看法：“这两种观点究竟是不同的还是相同的？”团队给出他们的回应，而且邦妮和我都了解了彼此的视角。相比之前那样容易发怒，我变得更加成熟。我没有采取贬低邦妮的做法，说“邦妮，这些是我刚才说过的内容”并让团队讨论继续向前推进。我认可她的说法，对我可能错解她的说法持开放态度，并更加全面地探索我们两个人的视角。作为回应，邦妮从未有被轻视、误解或忽略的感觉。这些貌似毫不起眼的观点交换，随着时间的不断累积，最终改变了人们对我的看法。

没有确保成功的灵丹妙药

当然，总有那些时候，哪怕你示范了交互学习模式，你依然无法解决问题。在我的实践中，我曾试图在由上至下的层级制或命令—控制式的环境中使用这一技巧，那时我还是新手，对于采用交互学习模式尚不熟稔。

在这个组织中，CEO 聘请我进行培训，我的上司给我提供反馈，还有一位外部导师帮助我反思自身的行为，以及我的行事方式是否始终遵循专业引导技巧。虽然该做的准备工作都做了，我依然和 CEO 发生了正面冲突。

CEO 试图改变组织的文化，从之前的由上至下做出决策的方式改为尽可能由基层做出决策。这种文化改变要求员工愿意自行做出决策并能偶尔挑战他们的上司。CEO 经常抱怨，哪怕是他手下的部门负责人也不会公开挑战他的观点。一旦他说出某个观点，部门负责人就会同意，哪怕不是所有场合都这样，但至少大部分场合就是这样的，对此他感到沮丧不已。

我获悉了他希望改变这种文化的想法并理解了他的纠结所在：部门负责人缺乏公开挑战他的意愿。作为他聘请的变革推动人，我认为，我应该示范与交互学习模式保持一致的行为，而这与他的愿望也是一致的。在会议中，我公开表明不同的观点并向他提出挑战。遗憾的是，这种挑战从未获得热烈反响。相反，我经常受到遇冷嘲热讽的回应。在遭遇一次激烈的冲突之后，我找到 CEO 并和他商量如何解决这个问题。我认为，与交互学习模式保持一致需要我与 CEO 分享我的担心，并试图找出让我们一起有效共事的方式。我与他分享了我的担心。我对这种情形的看法是，我知道他希望改变文化，并要求员工可以公开表达不同观点并挑战他的观点，他希望我去改变这种文化，他同意我的观点。我认为，我所能做的就是示范他正在期待的行为，他对此表示同意。但当我尝试着这么去做时，他却表现出恼怒并破坏我为之付出的努力。他同意是这么一回事。他认为我的行为在挑战他，他并不喜欢这点。我请教他的看法以了解我该如何破解这种窘境。他没能提供什么更好的建议。

寻觅你自己的最佳之路

有了这次经历之后，我很快决定重新寻找一份新的工作。我希望和那些愿意接受我挑战的领导一起共事，因为他们将这些挑战看成促进行为改变的良机。我认为我可以成为一名成功的单枪匹马式的引导师，我觉得你也可以选择一条不同的道路。

有时，寻觅一块更为适合的“土壤”来练习并掌握专业引导技巧听上去更为靠谱。基于我们的天性、兴趣、职业目标及其他需求，这是我们每个人需要做出的选择。

有时，寻觅一块更为适合的土壤来练习并掌握专业引导技巧听上去更为靠谱。基于我们的天性、兴趣、职业目标及其他需求，这是我们每个人需要做出的选择。无论你做出的选择是怎样的，只要你全身心地投入专业引导技巧的核心价值观和技巧的练习之中，你终会发现某些组织环境更具挑战性，而某些组织环境更利于你的行事方式与此保持一致。决定如何打造更为适宜的环境，这取决于你我中的每个人。

第 35 章

在工作中引入专业引导技巧

苏·麦金尼

在专业引导技巧工作坊结束之后，我们经常听到许多人说专业引导技巧改变了他们看待世界的方式。但遗憾的是，许多人在第一次分享专业引导技巧时依然带有单边控制模式的思维。

悲催的第一次尝试

在刚接手当地政府员工培训师这一职务不久，我就参加了专业引导技巧的培训。培训结束数周后，我开始与组织之前聘请的外部咨询顾问一起，雄心勃勃地引入了持续改善流程这个项目。该项目的重点是强调团队协作。我们计划于最初的数月内，在 16 个团队中开展培训，推行这一新的概念。我坚持在所有的团队中引入专业引导技巧的 16 项基本规则。[1]

那位咨询顾问不太愿意改变之前他为这家组织开发的培训资料和设计的培训流程，这情有可原。我告诉他，这一全新的团队引导方式非常棒，我们一定要在培训中引入这种方式，否则我们将错失良机。他最终同意这一方式可能有所帮助，但建议修改基本规则的措辞，因为他发现这些基本规则中充斥着大量术语，理解起来颇为费劲。我坚持自己的立场并向他解释这些基本规则不能修改，因为这涉及版权事宜。另外，我的同事告诉我，基本规则在他们的组织中已经奏效，并建议我不要低估员工理解及使用基本规则的能力。

那位咨询顾问好奇我为何对于这一方式如此执拗。我也记不清楚他的原话究竟说了些什么，但“教条”这个词可能与他的原意差不多。最终，他勉强同意了。于是我在培训课程中加入了 16 项基本规则的内容。所有的团队成员参加了为期两天的课程，其中包括四小时的核心价值观和基本规则的概述。在课程结束时，我询问大家是否愿意使用基本规则（我认为，要给予大家自由并知情的选择）。从整体上来说，大家认为这些基本规则颇有道理并同意在团队中使用它们。

过了一段时间后，显而易见的是，只有少数几个团队继续使用基本规则。我所服务的两个团队只有在我提及这些基本规则的时候才会使用这些基本规则。如果没有我出手相助，没有人会对使用这些基本规则表现出兴趣。我清楚地意识到，我引入的方式没有奏效。

现在回想起来，那时我虽然表现得非常热情，可是有些基本规则被我忽略了！在我刚结束专业引导技巧培训的那段日子里，我虽然心潮澎湃，但并没有完全内化交互学习模式的真正含义。当我试图通过恪守专业引导技巧基本规则的原有表述，从而保护知识产权时，我对它的心智模式缺乏深入理解，并且我引入这一概念的方式其实就是典型的单边控制模式。单边控制模式只会激发他人的防御与抵触心理，这个案例也毫不例外。当咨询顾问向我提问时，我对他说的话一个字也没有听进去。我并没有对他的视角心怀好奇，也就是说，我没有真正探询他的观点。我完全忽略了他为项目的基础工作所付出的努力。正因为我对他表述的内容毫无兴趣，共同设计下一步来推进工作也就无从谈起了。

我的另一位同事汤姆·莫尔也热衷于在他所领导的部门中引入基本规则。完成培训回到工作岗位之后，他将专业引导技巧基本规则卡片放在他衬衣前面的口袋中。他兴高采烈地将卡片分发给他所遇到的每个人，就好比新生孩子的父亲分发香烟一样。他告诉每个人，这对他及他的部门而言，是“新的工作方式”。他的员工对他所宣称的新的工作方式不以为然，因为在他们看来这一方式将很快消失。数年之后，汤姆修正了他引入基本规则的单边控制模式，并改变了整个部门的工作方式，使之与专业引导技巧更为一致。

请参考第 38 章“引导型领导的日常挑战”。

更为成功的尝试

几年之后，我在某中型国际性非营利组织中担任组织发展总监。在应聘过程中，招聘经理要求我解释在组织中引入专业引导技巧背后的理念是什么。我感到我必须分享足够的信息，否则招聘经理没法就是否录用我做出明智的决定。但我意识到，除非他本人也愿意去深入了解这一引导方式，否则他没法完全理解我使用这一方式所带来的可能影响。

在面试中，我详细说明了交互学校模式的核心价值观、基本规则、心智模式及践行理论。我解释道，我希望在对这一引导方式感兴趣的组织中工作。我想了解该组织是否有合适的“土壤”来引入交互学习模式。我告诉招聘经理，组织需要花费一定时间才能对这一引导方式有足够的了解，否则组织无法决定是否需要引入这一引导方式。我也告诉他，如果组织决定将来不引入这一引导方式，我会选择放弃加入组织，因为我的目标是在那些愿意在日常沟通、培训、政策与程序制定中使用这一引导方式的组织中工作。

令人欣慰的是，招聘经理录用了我。当接手管理职位时我发现，该组织所提供的基础远比我之前所服务的那家政府机构要坚实得多。在加入该组织的第二年，员工有机会看到我示范专业引导技巧，他们开始模仿我在会议中的用语。例如，在会议中，当大家就下一步应做些什么出现僵持局面时，我会建议大家就解决方案背后的驱动因素予以说明。我告诉他们，这些驱动因素在我看来就是“利益”。一旦能识别出利益，我们就更有可能找到满足各方需求的解决方案。这有助于将会议向前推进。过了一段时间后，当大家遇到类似的情况时，就会有人站出来说：“我来扮演苏的角色，我建议大家找出解决方案背后的利益，这样我们可以找到各方都能接受的解决方案。”我不认为他们能完全理解这一引导方式，但他们知道什么能够奏效，而且他们愿意自行尝试去使用这些技巧。当我们开始在整个组织中引入专业引导技巧时，这是一个巨大的红利。

与我共处一年后，高管团队感到他们就是否给中层管理团队提供这样的培训已经掌握了足够信息。另外，他们还了解到中层管理团队对培训的看法。当参加培训的第一个团队的全体成员推荐其他同事也来参加这个工作坊时，高管同意在整个组织中推行专业引导技巧的培训，对象包括所有在海外办事处工作的一线员工。直到今天，该组织依然继续培训专业引导技巧，并努力确保全体员工的行为与核心价值观和基本规则保持一致。

在大型组织中奏效的成功方式

在过往的七年中，我曾目睹某大型组织在盖尔·杨（Gail Young）的影响之下，是如何慢慢拥抱专业引导技巧并培训数百名员工去修订公司政策的。盖尔·杨在北卡罗来纳州梅克伦堡县的土地使用和环境保护署任职。最近她分享了如何在组织中引入专业引导技巧。她解释道，她从未刻意在组织及组织中的人员中推行变革。在她结束了专业引导技巧培训之后，盖尔承认自己的行为并没有与专业引导技巧的核心价值观和假设始终保持一致，这让她感到颇为困惑。她觉得自己在过往的对话中所设定的目标往往带有操纵的色彩，对此她并不满意。因此她做出承诺，让自己的行为与内在价值观始终保持一致。这一个人决定给组织带来了缓慢却持续的变革。

在对本人的行为改变做出承诺后，盖尔觉得有必要让周围的同事知道她在做些什么。最初做到这点颇为困难，因为她是组织中唯一一个接受过专业引导技巧培训的员工。她的第一步是与领导团队的其他同事分享这一方式的有关信息。她与大家分享了核心价值观和基本规则的短文，并解释这是她所采用的全新沟通方式的基础所在。她要求愿意阅读这篇短文的团队成员一旦发现她的行为比以前更有效或更无效时，给她提供反馈。

领导团队成员同意了。对盖尔而言，领导层会议成为尝试新的技巧的场合。她现在更愿意心怀好奇并探询其他人的观点，核实自己对于其他人的看法是否准确。她分享自己的推理过程并探询其他人的推理过程，帮助团队聚焦陈述背后的利益。起初，大家对于这些变化感到迷惑不解。数月之后，他们自己对于参加专业引导技巧培训表现出兴趣。

甚至在他们参加培训之前，团队成员开始模仿盖尔的说话方式。其中一位团队成员说："在试图解决这个问题之前，我们为何不先了解一下我们各自关注的利益呢？""你是否对此做出了假设？"在参加了第一次专业引导技巧的培训之后，团队成员对盖尔说："噢！我终于明白了！我知道你为何这么说了。"这就如同我的第二次尝试，也就是在非营利组织中引入专业引导技巧时所发生的情况一样。

第一次培训成功举办之后，盖尔所在的组织继续为员工提供每年两到三次的培训。内部培训师队伍也得以建立。通过在县、市政府中建立的伙伴关系，这一引导方式得以推广到市政府中。

我从这个例子中学到了很多。我喜欢盖尔对自身风格的点评："对我而言，每个人自行选择自己的方向和需要做出的改变，这非常重要。我的选择需要来自朋友的支持，但我从未期待其他人选择同样的道路。这是我的基本信念。对我而言，这意味顾及他人的尊严并尊重他人。"

示范新的行为的威力

> 通过关注自身的成长，我们可以更全面地领悟专业引导技巧的内涵，并规避因教化那些顽固不化者而坠入采用单边控制模式的常见陷阱之中。

在组织中引入专业引导技巧的最佳方式是展现与核心价值观和交互学习模式一致的行为。当汤姆·莫尔和我采取单边控制模式来告诉其他人，专业引导技巧是适合他们运营业务的最佳方式时，我们已经品尝了这种做法带来的苦果。这样的做法不仅与专业引导技巧不相一致，还会引发大家的抵触情绪。

通过关注自身的成长，我们可以更全面地领悟专业引导技巧的内涵，并规避因教化那些顽固不化者而坠入采用单边控制模式的常见陷阱之中。这些变化也会引发新的问题，如长期共事的同事发现某个人的沟通风格与语言出现了变化并对此感到好奇。通过让同事参与到自己的学习之旅中，正如盖尔所做的那样，我们就可以在组织中启动示范行为的流程了。最终，通过改变自身行为，我们能更为成功地帮助其他人了解专业引导技巧的价值所在。

注释

1. 1994 年印刷的第 1 版《专业引导技巧》有 16 项基本规则，而 2002 年的第 2 版《专业引导技巧》则减为 9 项基本规则。

第 36 章

我在组织中运用专业引导技巧所遇到的挑战

彼得·希尔和 Brushy Fork 学院的员工

当彼得·希尔提到他参加了专业引导技巧培训并学习了新的引导技巧时，我的第一反应是："天哪，他总是学些新玩意儿，学些让我的生活变得更为复杂的新玩意儿。"

彼得的解释

为期一周的专业引导技巧培训临近结束之际，我有机会再次登台参与角色扮演：模拟回去后如何将所学到的内容介绍给组织中的同事。我主动尝试，因为我有信心大家会愿意接受这一方式。私下里我在想："这有什么难的？"我在角色扮演中的伙伴却另有想法。当我开始展示所学到的新想法与技巧时，他们开始不断向我提问，而且这些提问往往带有言外之意。等一下，我觉得我的同事不会做出这样的反应。不过，我的伙伴在角色扮演中的表现真的不错，通过这样的演练，当我回到工作岗位上时，我已经准备好迎接挑战了。

我负责管理 Brushy Fork 学院，这是一家社区领导力培养中心，有四位员工。引导是我们工作的重心。我们的许多运作原则在我看来就是基于交互学习模式的，如将学员而不是我们自己视为社区的真正专家。但专业引导技巧给我提供了全新的方式去思考如何采用与这些核心原则更为一致的运作方式。专业引导技巧培训中的角色扮演帮助我认识到，哪怕在我们的组织中已经有这样的支持性概念框架，我在引入这一方式时依然需要深思熟虑并富有创意。从角色扮演中获得的一项重要收获是，组织的负责人外出学习了新的方式，在体验这一方式的效果时员工能享有多少自由并知情的选择，这其实仍然有限制。

组织的负责人外出学习了新的方式，在体验这一方式的效果时员工能享有多少自由并知情的选择，这其实仍然有限制。

我开始起草书面沟通文件，这样我就可以思考如何介绍这一方式。在文件中，我试图借助一些例子来介绍基本规则，通过与我的陈述相对照来说明基本规则是如何发挥作用的。

大家好！

我想和大家分享一下上周我在培训中学到的内容。培训强度大、挑战高，但收获也相当多。我对自己的引导风格有了深入了解，并且对如何让我的引导方式变得更为有效有了一些想法。我对于将引导方式付诸实践颇有兴趣。我希望对此感兴趣的人可以帮助我来评估引导方式，以及我运用引导方式的水平。另外，如果大家有什么顾虑的话，请不用担心，在这个实验中我就是那只小白鼠。

交互学习引导方式基于四项核心价值观及十项基本规则（那时有十项基本规则）。

核心价值观：

1. 有效信息
2. 自由并知情的选择
3. 内在承诺
4. 同理心

基本规则：

1. 检验假设和推论
2. 分享所有的相关信息
3. 使用具体例子并就重要的词汇的含义达成一致
4. 讨论不便讨论的话题
5. 聚焦利益而非立场
6. 解释你的推理过程和意图
7. 将主张和探询结合起来
8. 共同设计下一步行动来检验分歧
9. 讨论不便讨论的话题
10. 采用可提升团队承诺的决策规则

我的观察是，这些核心价值观和基本规则与我们学院所采用的方式是一致的，但在某些方面，这些核心价值观和基本规则更为清晰。这也为我们思考如何运用这些想法提供了更具体的方法。我希望一开始就与大家分享这些信息，因为这些都是相关信息（请参考基本规则二）。我的意图是给大家提供足够的信息，这样，你们可以就自己是否与我一起探索这一方式做出自由并知情的选择。（我在解释我的推理过程与意图，这是基本规则六；另外我遵循了“自由并知情的选择”这一价值观。我并不要求每个人都能接受这一方式，除非你们有机会去核实并回答了提问。）

开始尝试的一个比较好的方式是了解它。在这个网站上有关于专业引导技巧的简介：http://www/schwarzassociates.com/sfa.htm。

另外，我还有一篇短文介绍价值观和基本规则。如果你们愿意阅读这篇短文，请让我知道。

我希望大家聚在一起讨论一下，这样，通过分享培训中学到的内容，我可以具体说明相关的情况。我们也可以观看他们在培训中拍摄的我引导和点评的录像，这可以给我们提供具体的例子来了解这一方式是如何工作的。然后我们讨论这一方式并商量如何将这种方式与我们的工作结合起来。我认为，我们需要专门安排时间，而不是占用常规的员工会议时间。这个讨论可能需要持续两到三小时。大家对此有何建议？（我将主张和探询结合起来：基本规则七。）如果你们就如何推进这一事项还有其他建议，请让我知道。

借助这个开场白，我认为我可以继续向前推进并开始谈论专业引导技巧。当进行深入探讨时，我们可以在员工大会上使用一些基本规则。这不是一项容易的工作，正如我的一位员工所观察到的："起先，彼得并不清楚如何与我们分享他所学到的内容。"另一位员工则更为一针见血："正因为彼得对他教授的内容尚不熟练，所以他的行为看上去有些生搬硬套。'蒂娜'，他拉长语调说道，'根据你刚才所说的内容，我是否可以推断……'我认为他并不清楚自己该说些什么。如果你让我也要这么刻意表达看法的话，我也不知道该说些什么。"

在一起奋斗了数周之后，我们终于能抽出一天的时间深入探讨这一方式。我提前和大家分享了我的左边栏目案例，并借助罗杰的备忘录向大家解释了如何撰写左边栏目案例。我鼓励每个人试着去撰写他们本人的左边栏目案例。我建议大家观看我在培训中做角色扮演的录像，这样大家对于培训是如何开展的能有所了解。

然后我们开始探讨培训中引导师所面临的窘境。这可以帮助大家建立共享的思维模式，了解我们是否可以借助更好的工具来帮助大家解决这些问题。我们花费时间讨论了价值观、基本规则、单边控制模式与交互学习模式及诊断—干预循环。我们为此安排了足够的时间，这样我们就有机会交流、反思并将这些技巧用于工作中。每当大家看到我在视频中笨拙的样子时，他们就都开心不已。

员工的点评

当罗杰要求我去总结一下我与员工分享的内容时，我们都认为，听取员工的想法是一个好主意。当我要求大家分享他们的观察时，我非常欣慰地发现，大家都认为专业引导技巧颇有帮助。

随着时间的流逝，当我看到彼得运用这些新技巧时，我意识到他的所作所为其实和我在家中的做法是一样的。当我看到某个小孩在家中的角落里生闷气时，我会走上前去询问他在想些什么。我意识到彼得所采用的是一种更为亲切、柔和的方式。这种方式可以让讨论产生最大效果。

我不仅开始在工作中领悟到这种新的引导方式的美妙之处，而且我开始注意到，在我的个人生活中，我之前经常忽略这些基本规则。我明白了当我难以理解某个情境中发生的状况时，通常是因为我在听取观点时带着先入为主的想法，而不是通过提问来加以澄清。我现在会表现得更为小心。这样，我生活中出现的混乱情况也就更为少见了。通过提问来理解问题远比直接跳到结论上要有效得多，那些结论通常是错误的结论。

不，我并没有中彩票，我也不是当选总统，乔治·克鲁尼（George Clooney）还没有给我发出邀请呢。但我更愿意通过提问来给其他人提供信息，这样我的沟通技巧得以提升。我猜测每隔一段时间我们都需要学习些新东西。

——蒂娜·柯林斯（Tina Collins）

我的初步印象比较正面，但我并不清楚我在工作和生活中该如何运用这些基本规则。我对彼得在员工会议上介绍这些基本规则的反应是，这些规则可以让我们更好地在一起共事。我对此表示赞成。彼得引入这些基本规则时颇为小心，并且已经考虑到我们对此一无所知。有一项基本规则让我印象深刻——“检验假设和推论”。我的天性是基于我的偏见做出高阶推论。我不仅在工作中如此，在生活中也如此。在和妻子的谈话中，我会很快做出假设。我开始检验假设和推论，并要求我的妻子通过举例来说明我做出了推论而未经检验。将这一基本规则作为框架，我们之间的沟通得以改善。

——范·格瑞维特（Van Gravitt）

当彼得引入有效团队的基本规则时，我正忙于处理问题。我曾和 Brushy Fork 领导力项目团队一起工作。在这个项目启动三个月后，他们遇到了冲突，根据当地的政治状况，冲突会威胁团队的存在。

我的第一反应是告诉他们我们应该做些什么，但作为引导师，我应该克制住自己而不要说出我的观点。与此相反，我们应该通过教授他们技巧来帮助他们自行解决这个问题。彼得和我就如何运用有效团队的基本规则进行了讨论，尤其是聚焦利益而非立场；解释你陈述、提问和行动背后的推理过程，以及讨论不便讨论的话题等。

我感到基本规则对团队颇有帮助，但我并不清楚我能否有效地掌握这些基本规则。我发现有效团队的基本规则并不那么容易记忆，所以我将这些基本规则张贴在办公室的墙上及电脑边，这样当我与团队成员谈话或发邮件时，我可以经常参考它们。当然，我依然担心我是否能自如地运用它们，尤其是当我也是团队成员之一的时候。

对我而言，把基本规则用在自己身上显得更具挑战性。所以我认为我会刻意使用基本规则。之所以表现出刻意，目的是让使用基本规则变得带有强制色彩。

当我解读并内化每项基本规则的含义时，学习使用基本规则会花费一些时间。

——唐娜·摩根（Donna Morgan）

彼得的总结

对我而言，我依然挣扎于如何在我的日常生活中使用这一方式。在最近一次的会面中，罗杰对我说，我们无法一下子掌握所有的基本规则，但我们可以营造有利于大家继续使用这些基本规则所需的支持性环境。

第 37 章

锦鲤池塘里的一条鲤鱼

苏珊·威廉姆斯

我在一家以使命驱动组织发展的公司中任职，相比于行业内的其他公司，这家公司已经有了一些进步。我带着学习专业引导技巧并推出改进版的目的参加了专业引导技巧工作坊。虽然在工作坊结束之际我真的希望能学到一些有用的技巧，但我依然希望与之保持一定的客观距离。（这里作者将罗杰及其同事比喻为锦鲤，而将自己比喻为鲤鱼。也就是说，与罗杰等人相比，她貌似对专业引导技巧有所了解，其实距离专业水平相去甚远。本文作者担任《专业引导技巧》（*The Skilled Facilitator*）的编辑，所以她在参加工作坊的时候与其他人的目的有所不同，她希望自己尽量保持客观的态度来观察工作坊的效果。——译者注）但这被证明难以做到！

我认识到专业引导技巧就其本质而言是一种真诚和开放的沟通实践，这可以用于所有的人际互动并且理应如此。

我认识到专业引导技巧就其本质而言是一种真诚和开放的沟通实践，这可以用于所有的人际互动并且理应如此。这是让人感到兴奋的方式，一旦你学习了这种方式，它看上去颇为简单。既然是这样，我们为何不能始终如一地坚持按照这样的方式行事呢？

参加了为期一周的工作坊后，我回到了工作岗位上，我准备采用罗杰·施瓦茨书中的想法并付诸实践：在我的团队中尝试、在会议中尝试，甚至与街边的路人也尝试一下。我们本应开展真诚的对话，我们本应放弃推论阶梯，我们本应告诉彼此事实本来的面目。在动身参加为期一周的专业引导技巧工作坊之前，作为学员，我们需要撰写个人的左边栏目案例，这点非常重要。我原本对自己真诚待人深以为豪，并一直认为自己采用直截了当的沟通方式。而我的左边栏目案例清楚地表明，我的行动与我的思想是如何的不一致，这让我深感不安。另外，在结束了专业引导技巧工作坊之后，我原本以为我所学到的知识可以帮助我驾驭偶尔划过脑际的单边控制式行为，但事实并非如此。

在回到工作岗位后，我准备采取付诸实践的行动。我很快就意识到这其中的工作量。尽管我向其他人解释了这一方式（而且其中的某些人因为阅读过这本书，对专业引导技巧并不陌生），但是我依然发现我的工作方式与我对着干。

我认为，专业引导技巧的特征之一就是它会强迫你放慢速度，并总是考虑其他人的观点。我很快就意识到，这会妨碍我达成目标（单边控制模式重新抬头）。专业引导技巧非常不错，但前提是完成任务所需的时间或面对的压力还没有让我感到窒息。如果我需要考虑每个人，那如何做到快速决策呢？更为重要的是，这和我有什么关系（单边控制模式重新抬头）？最后，如果我发现自己身处单边控制的环境中，而只有我一人采用交互学习模式，那该怎么办？我本应示范交互学习模式的行为，说出观点背后的推理过程，不做任何评判……但我发现自己做不到。

专业引导技巧的特征之一就是它会强迫你放慢速度，并总是考虑其他人的观点。

我最终意识到，我所谓的“示范”行为其实不过是罩着虚假面具的单边控制行为。这让我感到羞愧不已。从单边控制模式转为交互学习模式绝非易事。虽付出巨大努力，但所取得的效果依然让人难言满意。假如没有得到团队的引导（正如我参加为期一周的工作坊那样），我就不知道如何实践学习过的内容。如果我做到言行一致，我可以赞美自己一声。我也可以邀请其他人质疑我的假设，但通常我只会在我信任的人中去尝试。如果我对他们没有信任，要想让我这么去做，这非常非常困难。我也清楚自己经常基于单边控制模式行事，而自己对此还毫不知情。

这不是我如何克服自己偏见的成功故事，但我认为这依然是一个小小的成功故事。现在我更能觉察到自己的偏见。虽然我并非在所有的时间都遵循基本规则，但至少我现在知道自己所做出的选择。与其自以为是地给自己的行为找借口，还不如承认自己的行为让自己陷入防御之中。有时我会发现自己的单边控制行为并改变行为方式，但有的时候则没办法做到。

在结束了为期一周的工作坊后，或许依然有两样东西一直跟随着我：给予其他人质疑的权力（检验推论），以及如果有问题，则一定要出声（讨论不便讨论的话题）。现在我更觉察到自己的偏见。无论对于我本人还是对于其他人而言，由于推论和假设是我们的第二天性，当看到自己在日常生活中做出了那么多推论和假设时，我们都会大吃一惊。同样，我也会认为哪怕在自己的家庭生活中、日常沟通中所蕴含的某些期望其实也带着不易改变或根深蒂固的假设，除非我们对自身提出挑战，并且改变对话方式，否则这些假设将难以改变。要想每天都这么去做，只怕难于登天。

或许依然有两样东西一直跟随着我：给予其他人质疑的权力（检验推论），以及如果有问题，则一定要出声（讨论不便讨论的话题）。现在我更能觉察到自己的偏见。

对于讨论不便讨论的话题这一基本规则，有时候颇为有趣并且值得一试。帮助最大的举措依然是诚实地提出那些让你感到不快的事情或那些你想极力避免的事情。这对我而言尤为困难，因为这是我的弱点：我是一个逃避者，我渴望取悦他人，我不希望发生冲突。但是，它们自有办法找到机会浮现出来。所以如有必要，假设这些问题没有得以解决，我会采取直接的方式来处理这些问题。

第 6 部分

领导和改变组织

我们的很多客户使用专业引导技巧来推动所在组织发生重大改变，即改变他们管理和领导组织的方式，我们称为引导型领导。有些人就是带着这个目的开始的；还有些人开始尝试专业引导技巧这一方式，并且看到这一方式所带来的威力及其蕴含的潜力，他们开始朝着组织变革迈进。我们尚不清楚哪家组织完全采用引导型领导这一方式，但我们看到很多领导者（无论正式或非正式的领导者）与他们的同事一起朝着这个方向前进。第 6 部分介绍了我们的客户的经验并且深入探讨了与根本性组织变革有关的概念和两难窘境。

在第 38 章“引导型领导的日常挑战”中，我们的同事汤姆·莫尔分享了他九年来在组织中运用专业引导技巧的经验。在第 39 章“学会如何践行我们的哲学”中，贝琪·莫尼尔-威廉姆斯（Betsy Monier-Williams）描述了她在组织中运用引导型领导的经历。

为了激发根本性变革，团队成员必须了解他们是如何造成团队低效的，以及他们可以做些什么来提升团队效率。罗杰在三个相关章节中谈论了这个系统问题的不同方面。在第 40 章“帮助团队理解他们对系统的影响”中，他使用了一个案例来帮助团队去识别无效行为的成因，以及如何打造高效团队。在第 41 章“我无法使用这种方式，除非我的上司也这么做”中，他解释了团队成员是如何造成团队低效的，因为他们假定只有当他们的上司使用专业引导技巧时，他们才能使用引导型领导这种方式。罗杰提供了与你的上司讨论这一方式的几个步骤。最后，在第 42 章“如何避免你上司和你的低效”中，罗杰描述了我们如何与上司（以及组织）一起造成了我们所抱怨的问题。另外，他也提供了向上司提出这些问题的步骤，以便使问题得以解决。

接下来的四个章节审视了发展型引导。先从如何帮助团队学习使用专业引导技巧开始，然后延续到深层次的个人和组织变革。安妮·戴维森和迪克·麦克马洪在第 42 章“发展型引导”中，描述了发展型引导和基础型引导的区别，以及个人、团队和组织、引导师在开展这项工作时面临的挑战。他们继续在第 44 章“对践行理论实施干预的指引”中描述了在发展型引导中如何对践行理论实施干预，并且分享了当人们试图去改变根植于组织中的习惯性防御时所面对的窘境。这些习惯性防御是为了让人们避免感到尴尬或受到威胁。在第 45 章“引入核心价值观和基本规则”中，杰夫·科易（Jeff Koeze）讲述了引入引导型领导技巧并坚持学习所带来的成功和遇到的挑战。

乔·赫夫曼（Joe Huffman）在 1996 开始尝试打造学习型组织并采用引导型领导。在第 46 章“从学习如何领导到领导学习”中，他分享了自身的经验：他作为城市经理加入一家组织中，而这家组织的高管团队已经开始使用专业引导技巧这种方式。这章和杰夫·科易所撰写的第 47 章“反思引导型领导”介绍了该组织实施专业引导技巧时面临的优势、挑战和问题。

接下来的第 48 ~ 51 章讲述了如何将专业引导技巧运用于改善组织政策、结构和流程。在第 48 章“将专业引导技巧整合到组织政策和流程中”中，罗杰和安妮讨论了现行组织政策和实践（如人力资源、会计和财务）所带来的不曾预想的后果。他们提供了探讨如何改变这一政策的流程。在第 49 章“360 度反馈和专业引导技巧”中，佩吉·卡尔森讨论了 360 度反馈中的匿名方式如何削弱了其本想达成的结果。她说明了如何重新设计 360 度反馈来促进学习和提升责任感。在第 50 章“实践 360 度反馈”中，伯恩·斯金纳（Bron D. Skinner）介绍了他如何运用专业引导技巧来改善 360 度绩效反馈，以及当他收到负面匿名反馈时是如何处理的例子。在第 51 章“调研给组织变革提供了有效信息吗”中，佩吉进一步探讨了匿名反馈所带来的问题。

在第 6 部分的结尾章节中，作者讨论了如何拓展专业引导技巧。我们的客户习惯于询问我们该技巧能否在美国之外使用。在第 52 章“在多元文化中使用专业引导技巧”中，安妮提供了在其他文化中运用专业引导技巧的成功案例及所面临的挑战，并提供了如何在其他文化中运用该方式的建议。

第 38 章

引导型领导的日常挑战

汤姆·莫尔

我担任韦克郡公共图书馆的馆长。该郡包括罗利市(Raleigh)和北卡罗来纳市(North Carolina)。图书馆共有 17 个分馆，为 70 万名居民提供服务。在过去的九年中，我在组织中引入引导型领导这种方式。我首先告知同事我正在使用这种方式，并要求他们一旦发现我没有使用专业引导技巧，或者出现与我所倡导的价值观不一致的行为时，他们需要向我指出来。

请参考第 46 章“从学习如何领导到领导学习”和第 47 章“反思引导型领导”来了解引导型领导在所在组织中引入这种方式的故事。

这之后马上出现了两个问题。第一个问题是员工是否信任我，真的相信我欢迎大家提出批评。他们还从未体验过我虚心纳谏这样的做法。第二个问题是我对于自己担任的引导型领导这一角色尚不熟练，所以还从未表现出与核心价值观一致的行为。更糟糕的是，我对自身出现的不一致行为还一无所知。这些不一致行为多到足以让大家忙上一整天。虽然我真诚地付出努力，并希望各位员工参与到流程改变中来，但我原有的单边控制模式是如此的顽固，这让他们难以看到我想要做出的改变。

这之后马上出现了两个问题。第一个问题是员工是否信任我，真的相信我欢迎大家提出批评。

事后来看，我可以记录所发生的一切。借助左边栏目案例及来自教练和辅导员所给出的反馈，我对自己的单边控制模式感到非常不舒服，所以我开始采取放弃—控制模式行事。

请参考第 4 章“理解指导我们行为的理论”了解放弃—控制模式。

为了取代过往给出指令的工作方式，我采取的是“你来决定”或“我不介意，无论你们的想法如何，你们的想法都是最好的”的工作方式。我任命了委员会来解决这个问题。我只是模糊地界定问题并设定数个评估指标——如果非给不可的话。例如，我组建委员会就图书馆材料离馆登记检查一事起草指引。我告诉他们为了解决业已存在的问题，他们需要就解决方案达成一致。但是我事先并未识别问题，也没有就可接受的解决方案设定评估指标。当委员会陈述第一稿方案时，我的心凉了半截。他们所建议的严苛规定只会让图书馆材料离馆登记检查变得极为困难。为了惩罚那些滥用者，他们所设定的规则和规定限制了所有的读者。他们规定的方式至少在我看来，不仅没有防止滥用者规避这些规则，而且让遵守这些规则的读者感到为难。

我真的被这样的窘境所带来的冲突给逮了个正着。委员会是我委任的（我还真的说过"谁有兴趣都可以参加委员会"），而且我还告诉他们，无论他们做出怎样的决定，我都会接受，但他们所提出的建议我真的无法接受。如果听凭委员会做出的决定而置之不理，市民将面临更为糟糕的服务水准；但如果我告诉委员会这样的决定让人无法接受，我又不得不与我之前赋予他们自主权的决定相违背。

我发现，从操作角度来看，放弃—控制模式与单边控制模式相比，效率并不更高。问题在于，我并未认识到我在使用单边控制模式行事。我很难回头重新开始，尤其当委员会对决定做出承诺时。我唯一可做的事情是向委员会解释，我没能给委员会提供合适的评估指标及方向，去帮助他们识别应有的指标是什么。我把这些指标提供给委员会，我相信委员会绝大部分成员认为我不喜欢他们提出的建议。对我而言，这是获得我想要的结果的另一种方式。"那你为什么不早一点儿告诉我们你想要什么呢？"他们问道。尽管我试图成为引导型领导，我却没有推动任何事情。我与委员会共事的方式根本就谈不上展现领导力。

这就是引导型领导方式所面临的挑战。这通常需要你作为领导采取完全不同的行为方式和思考方式。当你开始尝试时，那些直接向你汇报的员工会对你所说的持怀疑态度，而更多的员工则根本不相信你所说的。我所在的组织在过去的九年中已经实施了引导型领导方式。不同的经理在不同的时间段里接受了这种不一样的行为方式与思考方式。有些经理声明他们已经这么做了；有些经理则一声不吭，他们正尝试如何去落实这种领导方式。无论他们起步时采取什么样的方式，几乎所有的经理都面临来自员工的怀疑与担心。他们中的每个人都从单边控制模式转向放弃—控制模式，哪怕他们清楚地知道其他人这么做并没有取得成功。我认为，采取放弃—控制模式这一举措在无意之中变成刻意为之。其实我们每个人心中都认为，我们之前的行事方式未必那么糟糕，只是未表达出来。

> **尽管各种窘境持续不断地浮现出来，引导型领导这一方式依然是领导组织的有力方式。错误再也没有被掩盖起来，反而变成学习的机会。错误被讨论，这样可避免再次犯同样的错误。我们分享采取行动或做出陈述的理由，这样可避免误解。**

尽管各种窘境持续不断地浮现出来，引导型领导这一方式依然是领导组织的有力方式。错误再也没有被掩盖起来，反而变成学习的机会。错误被讨论，这样可避免再次犯同样的错误。我们分享采取行动或做出陈述的理由，这样可避免误解。

我们的组织开展了充分对话。最近与我共事的领导团队花费了一小时向我说明，按照我的提议所采取的行动可能带来的后果。我认为，就我们期望提供的服务而言，我可以出示相关的事实和数据，这样，图书馆经理将被迫同意我提出的方案。他曾经说过，他不愿意在这项服务上投入必要的资源。我认为，我所拥有的信息一旦公之于众，他将别无选择而只得同意。领导团队向我表明，我将面临非赢即输的“战斗”。如果我这么做的话，我无法承受出局带来的损失。他们也指出，与我“战斗”的那位图书馆经理也无法承受出局带来的损失。团队采用单边控制模式框定了他们所提出的建议。我认为，他们这么框定的原因是，我首先采取了这种方式来框定我提出的解决方案。对于我提议的行动可能引发的后果，我们展开了坦率的讨论。他们向我指出了我采取的行动中的单边控制的成分。这或许是主管与同事之间典型的对话方式，但这些团队成员从组织角度来看是我的下属。在其他组织中，我认为这类对话应该在休息室或走廊中进行，也就是任何我不在的场合。

我们能有这样的讨论是因为我们已经达成明确的共识去谈论这个棘手问题，并全面审视所提议的行动带来的后果。我们发现，与采取行动之后得到不曾预想的后果相比，在行动之前举行这样的对话所带来的痛苦要小得多。

我们依然面临日常的挑战。为什么我可以发现你的行为不是引导式，而我却无法看到自身同样的行为不是引导式呢？当我们反思时，我们会发现这样的挑战滑稽可笑。

> 我们依然面临日常的挑战。为什么我可以发现你的行为不是引导式，而我却无法看到自身同样的行为不是引导式呢？当我们反思时，我们会发现这样的挑战滑稽可笑。

在一次团队会议中，讨论变得热烈起来，大家讨论的声音也越来越大，一些未经检验的推论和假设不断浮现。大家的语速也越来越快，不同的人都抢着在同一时间发言。突然，团队中有人大声说道：“每个人都在大声叫喊！你们都在做出未经检验的假设。这绝不是引导型领导方式。”那人随后安静下来，而整个团队也陷入一片寂静之中。干预发挥作用了，因为每个人都放低了音量，开始检验假设和推论并轮流发言。只有借助反思我们才发现，实施干预的那位团队成员将干预所想改变的行为都引导出来了。她大声喊叫，她并未检验她本人的假设和推论。当然，她不得不在其他人谈论的时候横插进来，这样才能让其他人听到她的声音。这绝不是仅有的一次我注意到类似事情的发生。我也不知道为什么，我们总是采用自己竭力避免的方式来阻止这样的行为出现。

在其他时刻，挑战会让人更加心烦。为何要花费这么长时间去学习如何使用引导型领导这一方式呢？这真的是否太难还是我比较愚钝？根据我的经验，引导型领导并不是如教科书般的烹饪手册。许多领导力模型或技能看上去不难学习，运用起来也简单易行。这些模型就像烹饪手册中的菜谱一样。先加一勺盐，来一点肉蔻，再来两杯面粉，倒上牛奶，最后加些发酵粉。当把这些材料混合在一起时，你就可以做出生面团了。你一旦摸清窍门，做起来就不难。无须借助菜谱你就能做出好的面团来。

引导型领导这种方式并不过于依赖某种配方，而是将价值观和行动明确地匹配起来。我在学习这种方式之前，我曾说过我至少相信其中的两个核心价值观：分享所有的相关信息并寻求内在的承诺。而我正好没有按照这些价值观行事。当然，我并没有觉察到自己没有按照这些价值观行事。为了使用这一领导方式，我必须让这些核心价值观变得清晰可见，并且在我的觉察之中多待一会儿。我会选择与核心价值观保持一致的行动。

基本规则就是与这一方式的核心价值观保持一致的行动。这不是其他领导力模型中设置好的菜谱，只有当你采取与核心价值观一致的行动时，这些举措才能奏效。

记得我刚接触引导型领导时，我对这种方式感到颇为生疏。引导型领导要求我采取的行为方式是我之前从未考虑过的。我还记得有一天我曾告诉罗杰・施瓦茨，我担心会丢掉自己的饭碗。他给出一系列提问来了解我为何会那么想，但我能告诉他的只是我从图书馆经理那里获得的一种感觉。最后他说："你为何不去问一下他本人呢？"我至今都还记得这个建议给我带来的恐惧感。"既然我都担心自己的工作快没了，那我为什么还要问他？这不很愚蠢吗？"罗杰回答："还有人比他更清楚你会不会丢工作吗？最坏的结果是什么？"我想了一下，回答："他会说'是的'。"罗杰随后说："那你至少知道你现在处于什么位置，你再也不用陷入盲目的胡思乱想中。另外，如果知道了他的想法，你也可以采取一些行动，你甚至可以询问他，你需要做些什么才可以保住这份工作。"罗杰的逻辑非常清晰明了，我无法反驳他。

第二周我与图书馆经理安排了会面时间来核实我的最大担心，结果得以证实。图书馆经理说，我的确身陷麻烦之中，而且面临着丢掉饭碗的危险，这让我痛苦不已，我无法记住接下来的谈话都说了些什么。这意味着我要申请与他再次会面，并找出我可以做出哪些改变来保住饭碗。那是八年前的事情了。那位准备让我离职的图书馆经理两年后告诉我所在的部门，我是有效践行领导力的范例，也是其他部门的学习榜样。通过践行引导型领导，我能够更好地满足图书馆经理的期望并改善我所在组织的运作方式。

我每天都努力成为引导型领导。每天我都会经历失败。其中一个失败例子就是我曾在某个大型会议上询问某位员工："你还有什么地方不明白？"偶尔我也会取得成功。其中一个成功例子就是我们部门因所编制的预算报告准备充分和汇报理想而得到表扬。这是因为我使用引导技巧把大家召集在一起编制预算。我们再也没有必要玩数字游戏了，因为我们分享了预算是如何构成的，以及为何在每行会出现不同的数字。有时成功悄无声息、让人满足并鼓励我们继续保持下去，我的上司曾对我和我的团队说："我喜欢参加你们的会议，因为你们知无不言、言无不尽。在这里我感到比较轻松。"我一直将这一较高评价铭记于心。

实践引导型领导方式是我职业生涯中最为艰难的一部分。我必须了解核心价值观，并且我采取的行动需要与这些核心价值观保持一致。有时这与起步阶段相比显得要容易一些。但在更多的情况下，我们依然处在非常艰难与紧张的局面中。我从不后悔采取这一方式，我也不会考虑其他方式。我的生命因为有这样一段经历而变得丰富多彩，我所在的组织也能更好地面对每天所遇到的挑战。作为组织的领导，我需要不断学习并继续将核心价值观付诸实践，而组织也将在诊断问题，以及寻找尽可能少地带来不曾预想的后果的解决方案上变得更为有效。工作将变得更为快乐，因为我们知道，无论挑战多么艰难，我们都可以使用这一方式。我们也清楚，在艰难挑战下，我们会彼此支持。

第 39 章

学习如何践行我们的哲学

贝琪·莫尼尔-威廉姆斯

本章讲述了组织由传统管理模式转向交互学习模式时所遇到的一些问题。尤其表现在你虽然倡导“自由并知情的选择”，但在现实中你否认员工享有自由选择的权力。声称遵循交互学习模式却采取单边控制行事方式则是发生在我的组织中另一个屡见不鲜的问题。我所在的组织是一家全球规模的航空航天生产供应商，已转为实施引导型领导。通过分享我的个人经历，我希望我可以用文字描述我在担任引导型领导变革推动者时的一些心得。

热忱比胜任力更重要

结束专业引导技巧强化培训工作坊后，一回到公司我就马不停蹄地与所有人分享我的感受。在我看来，引导型领导这一方式与我的个人生活乃至职场工作结合得如此之好，以致与大家分享时，我都会激动不已。我认为，其他人只要愿意去尝试一下，就可以看到这种方式带来的好处。一旦听说有人声称这一方式对他们不奏效而他们还未参加过工作坊时，我就会对他们的说法表现出无法容忍的态度。我无法做到心怀好奇并真诚询问他们为何这种方式对他们难以奏效，其实我内心中的真实想法是“这种方式当然行！你为什么不去尝试一下呢”。在绝大部分时间里，我并未做到真诚发问，而只是告知他们：“这种方式当然行！你试一下就知道了！”只要有人愿意听取我的介绍，我就会向他们兜售引导型领导，很快，我就赢得了“罗杰信徒”的绰号。当第一次听到这个绰号时，我感到颇为吃惊。分享我的经验当然不是问题，问题是我采取了单边控制模式。在我早期刚开始使用这种方式时，这是一段不断重复出现的经历。这种情况之所以出现，是因为我虽然对刚学会的技能感到激动不已，却没有意识到我的思维方式并未转变为交互学习模式。觉察到我依然按照单边控制的心智模式行事，这是我在组织中有效推进变革的第一步。

两周后，我走进了副总裁和总经理的办公室，并与他们分享我在工作坊中的体验。我告诉他们，除了支付我攻读硕士学位的费用，他们送我去参加专业引导技巧工作坊是公司在我身上所做的最好的一笔投资。副总裁背靠椅子，扬起了眉毛，询问：“真的吗？

为什么？”我与他分享了左边栏目案例分析、技巧练习，以及我认识到之前自己是一名多么令人讨厌的引导师。参加这个工作坊之前，一旦团队中有人提出在我看来与讨论无关的话题，我会大声叫嚷：“时间快没了，别跑题，赶快回到正题上。”是的，我的确让团队回到了讨论的轨道上，但代价甚大。我用力关上大门，不仅将团队成员在会议上鼓起勇气表述的观点拒之门外（其实事后表明这与讨论的话题紧密相关），也将其他观点拒之门外。

我之前采用的单边控制模式还包括说服少数人同意大多数人的观点，这样我们可达成一致，以便及时进入下一个话题的讨论。但由于决策并未真正达成一致，结果实施起来就会经常走岔路，因为代表少数人的不同观点往往在这时又会重新浮现出来。专业引导技巧帮助我意识到，其实还有更为有效的引导方式。当我分享完这些让大家眼睛一亮的经历时，总经理甚感欣慰，离开时我对他说：“您应该去参加这个工作坊。”（我依然执迷于用单边控制模式来对待交互学习模式。）他说会考虑我的建议。我的第二站是来到辅导员的办公室。她担任财务经理。她曾帮助我去培养我的财务敏锐度并拓展我的领导力技能。她已经提前做好准备。她从我的上司那里听说了相关故事并对参加工作坊表示了兴趣。

拓宽视野

两个月后，财务经理、总经理及公司半数高管参加了引导型领导工作坊。我相信那是我们组织拥抱引导型领导的开端。三个月后，余下的一半高管也参加了工作坊。在工作坊的最后半天，整个高管团队共 12 位经理组成一个团队开始练习他们所学到的技能。这是他们的集体选择，使用基本规则来打造一个更加有效的团队。一天半的培训结束后，高管团队询问我下一次工作坊何时举办，这样他们可以派遣下属参加。引导型领导这种方式初见雏形。下一步举措就是将引导型领导工作坊引入工作现场，这样员工可有更多的机会参加工作坊。

单边实施交互学习模式

我开始与罗杰·施瓦茨及他的顾问安妮·戴维森、苏·麦金尼及佩吉·卡尔森等一起开展工作。他们帮助我去培养担任工作坊讲师的技能。在每次引导型领导工作坊结束后，就如何将引导型领导这种方式与组织中已经在用的其他方式结合起来，我们会举行讨论。罗杰认为，你很有可能发现“组织中的某些结构、系统和流程与核心价值观及基本规则并不相符”[1]。我们也不例外。至今我的脑海里依然记着这样一个不相符的事例。

总经理和我商定，组织中所有的引导师必须参加引导型领导工作坊，否则他们就无法继续担任引导师，那时他是我的上司。我们都认为，工作坊所传授的技能对于打造自我赋能的工作团队极为重要。为实现这一目的，所有 19 位引导师都必须参加工作坊。在接下来的第二年里，这些引导师开始参加工作坊。

在其中的一次工作坊中，我站在学员的前面宣布开始“整合”之旅的讨论，其中包括在过去的两年中与我共事的引导师。我强调第一步是辨识组织结构、系统和流程中出现的不一致之处。我引以为豪的是，我不仅发现了组织中业已存在的不一致之处，而且为改变这些不一致之处我付出了努力。我认为自己是真正的引导型领导！然后我注意到，某些引导师开始翻白眼并悄声低语。我就他们讨论的内容做出了推论，所以我决定和他们核实一下“当我提及改变这些不一致的时候，我注意到你们有些人在翻白眼，我认为你们对此有自己的看法，我的推论正确吗？”一位引导师回应道：“是的！”“你可以和我们分享一下你的想法是什么吗？”“没问题！其中的一项核心价值观是自由并知情的选择，而且你说你会遵循引导型领导的方式，我说的对吗？”“当然是！”我回应道。“但是你作为主引导师为何做出这样的决定呢？你要求所有的引导师不仅需要参加工作坊，而且必须使用这些技巧才可继续担任引导师，在这里我并没有看到你给我们提供了任何自由并知情的选择。”我在众目睽睽之下被抓了个现行。罗杰的话重新萦绕在我的脑海。

> 我和上司造成了这个系统问题。我们做出了影响整个系统的决定，但是这个决定与我们要求引导师使用的核心价值观并不一致。

我和上司造成了这个系统问题。我们做出了影响整个系统的决定，但是这个决定与我们要求引导师使用的核心价值观并不一致。我们“要求”他们使用引导型领导这种方式，但他们本应该享有自由并知情的选择来决定是否使用引导型领导这种方式。引导师因此而感到心烦意乱和困惑不安。我的上司和我被视为引导型领导这项活动的发起人，重要的是，在同事的眼里，我们的行事方式必须与这种方式保持一致。从我们做出这项决定到引导师指出我的不一致，时间已经过去了八个月。我的推论是，在过往的八个月中，这些引导师一定视我为虚伪之徒。“所感知到的就是事实”这句话出现在我的头脑中。尽管我并非刻意否认引导师拥有自由并知情的选择，但看上去交互学习模式对他们而言至关重要。吸取教训后，我们不再要求引导师使用引导型领导这种方式，引导师和我达成一项共识，我们使用不同的引导工具来提升团队有效性，其中一个工具就是引导型领导。

由上至下打造团队

2001 年我所在的组织开始打造工作团队。在过往 50 多年，组织一直倡导并奖励个人主义，现在转而强调团队打造，这意味着组织文化出现重大改变。这是管理层的直接决定，并未听取员工的想法，他们只是被告知工作将以团队形式开展。在转向采纳团队文化时，我们经历了典型的接纳变革的变化过程：早期是少量的改变者，然后是绝大部分改变者，再就是迟缓的改变者，以及那些在工作团队中从来就感到不自在的人。为了解决最后这部分人的问题，我有时会把这些总唱反调的人拉入突如其来的对话中，并向他们“兜售”团队的概念。我向他们喋喋不休地宣传应该加入的各种理由。尽管我一再声称需要听取他们的看法，但我表现得并不真诚。在我看来，这个问题是组织的惯例：虽然组织认为反馈必不可少也非常欢迎反馈，但在实践中，组织从未听取反馈，也未使用这些反馈。如果在对话中要求员工（或团队成员）提供看法，那只不过是为了找到理由，以便在回应中指出他们所犯的错误。与其费心寻找团队不适合他们的理由，还不如一遍又一遍地向他们推销团队的概念。当员工不同意我的看法时，我告诉管理层应该摒弃这些人，因为他们永远也不会认同这个项目。

在随后的三年中，如果员工对于打造团队缺乏内在承诺，打造团队将难以取得成功，这一局面变得非常明显。当我和其他人一起开始使用引导型领导这种方式时，许多团队成员退到一旁摆出“做给我看”的姿态。当被问及时，他们会说明他们的观点与需求，但他们等着看我是会打断他们还是听取他们的意见。引用塞万提斯《堂吉诃德》中的一句话“证据在布丁里”。团队成员说，他们看到了在我和一些经理身上发生的变化。他们感到我们是真诚地关注他们的利益与需求的，他们这么认为是对的。我相信，通过在每天的工作中示范引导型领导行为，其他人就会看到你的变化。

绩效管理

另一个引人注意的事项是绩效回顾系统。这是一个特别重要的话题，因为这与组织的目标紧密相连，尤其是与员工彼此尊重与信任这个愿景相关。对我而言，互相尊重与信任意味着在讨论他人的绩效时给予真实的反馈，这就是同理心。其目的是寄希望于他们可以选择去改变他们的行为来实现更好的结果。我们的管理层团队也支持这个想法：如果员工得到合适的反馈如需要关注的领域及需要提升的领域，员工会选择去改变自己。事实上，绝大部分员工只是得到正面反馈。任何负面或建设性反馈的措辞都是模糊不清并缺乏具体事例的。管理层期望员工做出改变，却没有给予诚实的反馈与具体的情境。大部分员工自然无法知道他们应该做些什么去提升绩效了。

我个人与此有关的经历发生在 1999 年。当时我正在位于西海岸的一家工厂里工作，我的时任上司通过电话告知我绩效回顾结果。他说到我的工作干得不错，我的薪水将得到增加，然后询问我是否还有问题。由于我并不清楚我究竟在哪些地方表现得不错，我也就无法在将来的工作中有意识地去重复这些做得不错的地方。他对于我的工作有何顾虑之处也未挑明，这让我毫无头绪，不知该如何去提升绩效。整个流程让我沮丧不已并感到愤怒。我们再也不需要这样的绩效回顾来作为员工培养的体系了。

两年之后，我在组织中担任新的角色，我有了新的部门与上司。我看到年度绩效回顾系统出现的改善。2003 年，组织的管理团队将绩效管理作为一项新的举措提出来。诚实反馈是这项方案的基石。我的上司参加了引导型领导工作坊，并准备将学到的技能用于日常的工作中。我最近一次年度绩效回顾所遵循的流程与之前的绩效回顾完全不一样。这次，我的上司与我先分头填写绩效评估表。我将我的评估结果电邮给他后，我们共同计划合适的见面时间。在讨论开始的时候，我的上司分享了这样一个事实，那就是他注意到我的绩效回顾与其他同事相比显得更令人生畏。当被问及为何是这样时，他的回答是："因为你生活在引导型领导之中，你呼吸的是引导型领导的空气，你教授的也是引导型领导，所以我知道如果没有分享我的推理过程，你会提出各种各样的问题。"他是对的。笑过之后，我们共同设计需要遵循的绩效讨论流程。我们讨论了我的优势和需要改善之处，并设定了明年需重点关注的领域。我们就每个话题分享了具体的例子，包括来自挑选出来的内部客户提供的反馈。在正式的绩效回顾之前，我已与他们见面讨论过我的绩效表现。在谈话的结尾部分，我们讨论了明年如何做绩效回顾。我们的建议是，在正式的绩效回顾中包括一位挑选出来的内部客户，这样我的上司和我可以马上听到各种反馈，这有助于证实所得到的信息并考虑任何值得改善之处。

从头至尾，我的绩效回顾取得了令人难以置信的满意结果。这不是绩效回顾的完美引导方式，但这是朝着带有更多引导色彩的绩效回顾系统迈出的重要一步。

变革要素

> **虽然他们中的每个人并不是在所有时刻都始终如一地使用或能成功使用引导型领导方式，但重要的是，他们中的每个人都对变革做出了内在承诺。**

仅仅依靠上司或其下属参加工作坊就想推动沿袭了 50 多年的组织文化发生改变，这还远远不够。这种方式需要我们的思维乃至我们的价值观和假设发生根本性改变。我认为，我们转为交互学习模式结合了四个事件：其一，我的伙伴兼主引导师格雷格·索尔诺基（Greg Zolnowski，他第一个参加了专业引导技巧强化工作坊并鼓励我去参加）与我针对组织的中层和我们的引导师和团队一起倡导了这种方式。在我们的日常对话中，他和我分享了提问背后的推理过程，我们也要求其他人这样分享他们的推理过程。在团队会议中，当团队成员做出推论或假设时，格雷格和我会鼓励他们与同事核实他们做出的推论。通过示范引导型领导方式并展示出其积极成果，我们在引导师和团队成员之中催生了兴趣。其二，高管团队选择在他们的会议中使用有效团队的基本规则。他们也看到了积极成果，这表现为大家对于做出的决策有了更多的内在承诺，而之前不便讨论的话题也得以讨论并解决。其三，高管团队选择去推广这种方式。他们安排下属参加引导型领导工作坊，从而由上至下扩大学习成果。其四，组织承诺去帮助内部员工提高这方面的能力，这表现为投入时间和金钱培养我和格雷格成为引导型领导的培训师和教练。

让上述事件变为可能的一个最为关键的方面是：在我所提及的每个事件中，所涉及的个人就实践引导型领导方式均做出了自由并知情的选择。他们尝试着让自己的思维、价值观和他们日常生活背后的假设发生变化。虽然他们中的每个人并不是在所有时刻都始终如一地使用或能成功使用引导型领导方式，但重要的是，他们中的每个人都对变革做出了内在承诺。由传统管理方式转向交互学习领导方式的变化不会一夜之间发生。这是每个参与者共同参与的旅程。

在最近登记引导型领导工作坊的学员名单时，基于员工的绩效回顾结果，有些经理提出希望他们的员工可以参加这个工作坊。他们认为自己手下的员工需要参加这样的工作坊。当我向他们探询“需要参加这样的工作坊”的具体含义时，他们的回应是这种方式可以纠正员工的沟通问题或个人问题。我的推论是经理期待他们的员工在参加工作坊之后也去使用这种方式。这时我的头脑中拉响了警报。这些经理正在造成我曾经给引导师带来的问题：他们声称自己赞同引导型领导这种方式的核心价值观如自由与知情的选择，但事实上，他们没能允许他们的员工就是否采纳这种方式做出自由并知情的选择。

我感到经理的意图是想去帮助员工，而不是给他们制造混乱。你可能好奇已发生了什么。我对此没有结论。我与经理召开会议讨论我所见到的不一致之处，但直到我可以听到他们的看法之前，我没有答案。

在整个过程中，我了解到一个人也可推动变革。我周围的人并非人人参与过专业引导技巧工作坊，但这并不妨碍我使用这种方式。我发现通过示范这种方式，其他人开始模仿我。我听到有人说：“就这一部分我的想法是……你是怎么看的？”他们或许并不知晓交互学习模式，但他们更为经常使用具体的例子来加以阐述，并经常分享陈述背后的推理过程。我希望他们对于引导型领导方式的体验可以帮助他们做出自由并知情的选择，这样他们也可以拥抱这种方式。这在我身上发生过，也在整个组织中继续发生。

放弃单边控制模式并非一夜之间就可以成功。在情感对立的时刻，我依然会努力挣扎着从交互学习模式的角度去思考。我并非时时成功，谢天谢地，我并非孤军一人作战。在工作场所中，格雷格和我依然每天互相教练对方，我们成为终生的学习伙伴。我的上司、运营经理及财务经理和总经理都相信，我们的引导技术是组织朝着成功创造以团队为基础的环境中不可或缺的一部分。格雷格和我相信我们正在给组织带来改变。每个人在不同的时刻都可以给组织带来一些改变。

注释

1. 请参考《专业引导技巧》第 16 页和第 335 页。

第 40 章

帮助团队理解他们对系统的影响

罗杰·施瓦茨

请参考第 29 章“探讨你对问题成因的影响”。

在本书的其他章节中，我们已经探讨了团队成员是如何对他们所在的系统产生影响的，以及不便讨论的问题是如何降低团队效率的。在刚刚学习了引导型领导这种方式后，一个我曾服务过的团队就这两个问题进行了探讨。这个团队由一位负责公司几个主要部门的副总裁和他的部分下属组成。他最近刚由公司的其他部门转任到现在的岗位。团队急于将他们刚刚学会的新的思维模式和技能付诸实践。我的任务是帮助他们理解他们自身是如何造成他们现在所处的低效情境的，以及将来他们该如何减少这种情况的发生。

否认团队共识

团队的讨论从拖累团队工作进展的不便讨论的话题开始。

一个不便讨论的话题是由副总裁即团队领导约翰提出来的（为了尊重我与组织的约定，此处我用了化名）。他说：“我想和大家谈论这样一个事实，那就是每当大家在团队会议中就某项决策达成了共识之后，你们中的某个人会在事后找到我，并且告诉我团队需要重新考虑这项决策。”

约翰解释，大家已经就做出战略决策时必须达成一致这点达成共识，因为只有这样，才可以让所有的团队成员对此做出承诺。他继续解释，曾出现过团队中的每个人都在会后找他，希望他改变团队已经做出的某项决策。他说，如果有人希望了解详情，他可以给出具体的例子说明哪位同事曾找过他商量改变哪项决策。几位团队成员随后主动声明他们曾在团队做出决策后找过约翰。团队同意这种说法即每位团队成员都曾做过类似的事情。

约翰继续讲述这个问题给团队带来的负面后果。他说这已经削弱了本部门达成目标的能力，并且破坏了团队密切合作的能力。

我询问大家为什么选择事后找约翰商讨此事而不是在会议中提出他们的担心。一位团队成员丹说，约翰是一位令人生畏的上级。如果他们当着所有成员的面给他提供反馈，这不是件容易的事。其他几位成员也附和这种说法，但我认为这样的解释并不靠谱。

> 我说："如果约翰是一位令人生畏的上级，我不明白为什么你们认为会后与他单独沟通就会变得容易。我认为这反而会让沟通变得更具挑战性，因为你没法获得其他团队成员的潜在支持。我说得对吗？"

我说："如果约翰是一位令人生畏的上级，我不明白为什么你们认为会后与他单独沟通就会变得容易。我认为这反而会让沟通变得更具挑战性，因为你无法获得其他团队成员的潜在支持。我说得对吗？"

李解释，约翰并不是问题的根源所在，还有很多其他影响因素。首先，曾经有一段时间团队成员采用非赢即输的策略。他们担心其他团队成员会在会议中否定他们的想法。还有一位成员补充道，如果会后去找约翰商量，他们就可以增加以他们希望的方式做出决策的概率。其他团队成员也同意这种说法。在团队会议上，团队成员之间的对话总是充满各种主张却没有探询，所以很快就会出现某个观点被否定的局面。

其次，团队成员对于他们观点之间存在的差异不愿意保持完全开放和诚实的立场，因为他们担心这会伤害其他人的感情。而在会后找约翰商量的举动被看成富有同理心，这样他们可以间接处理而不是公开讨论不同的观点。

我询问他们，当人们会后去找约翰表达自己对业已达成一致的决策的担心时，会发生什么事情。团队成员说，他们会就自己的担心与约翰分享一些额外信息。约翰这时会说团队成员需要听取这些额外信息并告诉他们应该在下次会议中分享这些额外信息。约翰同意他的确是这么告诉大家的。我询问团队成员："当约翰这么回复你们时，你的推论是什么？"团队成员说他们认为约翰含蓄地支持他们在这个话题上的观点，因为他告诉大家，团队需要知悉这些额外信息。实际上，通过采取单边控制模式的方式并找约翰私下商量，他们自认为更有可能在这个话题上占据上风。我说："约翰正好在这里，你们为何不与约翰确认这点呢？"当他们与约翰确认时，约翰说他并没有支持他们主张的观点，他只不过是希望他们尊重大家已经同意的流程，并且把这个话题交由团队一起讨论。

> 我说："约翰，你将这描述为不同的团队成员在一段时间内形成的行为模式。我所好奇的是，你对这个模式的形成负有怎样的责任？我之所以这样说，是因为当某位团队成员在团队达成共识后第一次来找你时，你所采用的回应方式本可让这种行为消失。但是，这种行为反倒扩展到其他团队成员那里。我们可以来看一下你在其中的责任吗？"

当他们回到团队中再次提出这个话题时，有时新的信息的确改变了决策，但更多时候，他们会继续讨论。由于大家在接下来的会议中分享了额外信息，哪怕做出了同样的决策，但大家对这项决策所做出的承诺会增强许多。

我说："约翰，你将这描述为不同的团队成员在一段时间内形成的行为模式。我所好奇的是，你对这个模式的形成负有怎样的责任？我之所以这样说，是因为当某位团队成员在团队达成共识后第一次来找你时，你所采用的回应方式本可让这种行为消失。但是，这种行为反倒扩展到其他团队成员那里。我们可以来看一下你在其中的责任吗？”

约翰认为，当大家在团队中已经达成共识还去办公室找他时，他没有对此表现出不悦。他之所以没有告诉大家他对此不悦，是因为在他看来这是他的职责所系。虽然他不喜欢这样的做事方式，但他认为他的工作就是要倾听大家的看法。有时约翰会想是他本人造成了这个问题，所以偶尔他会离开会议现场，在他看来这么做会有所帮助。

把碎片拼装在一起组成系统

从团队的故事转换到帮助团队去理解他们所形成的系统，这涉及好几个步骤。以下是我经常用到的步骤。

步骤一：让团队讲述他们的故事

当有一个人开始讲述故事时，其他人会添加更多的细节和不同的观点。我们需要对故事的脉络达成一致，并且识别出还有哪些地方团队成员存在不同看法。如果你觉得有些情节不对劲，请提问，就像我不能理解为什么大家宁愿单独去找约翰沟通而不愿在团队会议上提出看法一样。不要担心故事起初难以完美地拼凑在一起，那是因为有些信息被遗漏了，而这正需要你和团队成员一起去深入挖掘。

步骤二：识别整个故事中的关键决策点

当团队成员讲述故事时，需要识别出其中的关键决策点。在上述团队达成共识的故事中，我可以找到的决策点有：① 当一部分团队成员将团队会议框定成劝说其他成员相信他们的立场是正确的，并且尽量减少负面情绪的表达时；② 当团队成员决定他们无法在团队会议中“提出自己的主张”时；③ 当他们决定在会议达成共识后单独去找约翰商量时；④ 当约翰对第一个找他的人做出回应时；⑤ 当约翰对后续来找他的人做出回应时。如果无法很快找到决策点，你也不用担心。在整个故事没有完全弄清楚前，这些决策点是不会清晰显现的。

步骤三：探讨团队成员在关键决策点上采取行动的流程

识别他们用于指导行动和做出决策背后的价值观、假设和推论。这包括帮助团队成员运用推论阶梯来辨识他们使用了哪些信息作为他们推论的基础，以及这些信息是如何引导他们采取相应行动的。例如，团队成员相信，在团队之外采取行动可让他们更有机会影响决策并避免冲突。另外，他们对约翰的回应所做出的推论也强化了他们的看法。而潜藏在看法背后的是团队成员的一个更为基本的价值观：控制谈话以便让自己的立场获胜。

有关推论阶梯，请参考第 5 章“有效团队的基本规则”。

步骤四：找出关键决策带来的后果

询问团队成员他们采取行动的后果是什么。引导型领导这种方式提供了数个需要关注的后果：① 决策的质量；② 对决策做出的承诺；③ 有效实施的时间；④ 工作关系；⑤ 个人满意度；⑥ 组织学习。约翰的团队起初发现第一个后果出现在他们的团队中。单边控制模式和交互学习模式给我们提供了更为具体的后果，如在理解、信任和防御方面发生的改变。

请参考第 4 章“理解指导我们行为的理论”，你也可以使用团队有效性模型（请参考第 2 章“团队有效性模型”和第 15 章“使用团队有效性模型”）来了解产生可能后果的具体之处如目标、角色或边界管理等。

通过询问整个团队，团队成员得以了解他们个体的行为是如何造成了他们不曾了解的后果的。这就是约翰了解到当单个团队成员在决策达成共识之后单独找他，他的行动是如何维系了他所抱怨的行为模式的。

步骤五：生成含有因果关系的故事并与团队一起进行检验

在这个阶段，你可以生成一个故事，就团队起初讲述的故事做出因果关系的解释。你与团队检验你生成的故事。团队成员在步骤一所讲述的故事是有关“已经发生了什么”的故事，这是在行为层面上讲述谁做了什么及在何时做了这些事情。这个故事也许还包含一段时间内人们的行为模式。你在这个步骤讲述的故事是“它是如何发生的”。它可帮助团队成员深入了解他们的行为所打造的结构是如何导致这件事情演变到这一步的。它将人们的思索和感受与他们如何采取行动及由此而引发的后果建立起因果联系来（践行理论的三个部分）。

欲识别故事的主题，请参考第 7 章“系统思维和系统行动”中的系统思维法则边栏。

单边控制模式提供了空间让我们去编写含有因果关系的故事。在这个案例中，一个短篇故事大概是这样的。

（1）团队成员带着这样的信念参加会议：会议的目的就是说服其他团队成员同意他们在某个战略话题上的立场。他们认为公开表示不同意见会给团队成员带来负面情绪。（2）为了将这些信念付诸实施，他们采用了单边控制模式，即强烈地主张自己的观点却没有探询其他成员的不同观点。（3）因为不同的团队成员使用相同的单边控制模式，一旦他们发现自己的策略难以奏效是因为其他团队成员能更为有效地使用同样的模式时，他们无法提出这个问题，没有让其他人关注到他们自身的单边控制模式。（4）当团队成员在某个特定话题上表现出执着的立场而他们的观点无法占据上风时，他们无法找到让其他人参与其中而无须担心产生负面情绪的方式，于是他们在会议中选择假装同意这项决策。（5）他们试图通过赢得团队领导约翰的支持来影响团队决策。他们认为约翰对他们会后所提供的额外信息会做出积极回应。（6）当他们与约翰单独沟通时，约翰担心团队没有获得决策所需要的全部信息，所以他告诉这位成员在下次会议上分享这些额外信息。约翰对于这位团队成员没有在最初的会议上分享出这些信息感到沮丧，但他没有流露出自己的不满，也没有询问这位团队成员为什么没有在最初的会议上提出这些问题。相反，有时约翰试图通过离开会议这种单边控制模式去解决这个问题，却没有让他的推理过程和意图变得透明。（7）因为约翰要求团队成员在下次会议中再次提出这些问题，他们就错误地推论约翰在这个问题上支持他们的立场，因此在团队成员心目中，会后去找约翰私下商量并且在下次会议上获得他的支持的做法得以验证。（8）在某些情况下，团队确实改变了他们已经做出的决策。这个结果强化了约翰对此深感沮丧的流程。（9）这个模式随着时间的变化继续演变，战略决策的实施被迫推迟，而约翰希望在团队中打造共享领导力的想法也被迫推迟。从约翰的观点来看，如果他的团队成员互不信任、互不支持，共享领导力是无法实现的。

记住，你所讲述的因果关系的故事中包含一套假设。因为这只是一个因果解释，根据定义，它还包括你就团队所持有的价值观和信念所做出的推论，这些价值观和推论指导团队采取相应的行动。通过和团队成员检验你的推论，你可以核实推论的有效性，同时根据需要予以调整。

记住，你所讲述的因果关系的故事中包含一套假设。

你所分享的因果关系的故事也许难以揭示整个谜底。如果你和团队感到好奇，还可向你与团队成员提出更多需要考虑的疑问。例如，当他多次看到这种情况发生时，约翰为何不在团队会议上提出这个问题呢？团队成员是否发现当他们做出决策后，依然有人向团队继续提问呢？如果是这样，那么他们为什么对此保持沉默呢？是因为他们有时也使用同样的策略吗？还是因为他们认为约翰批准了决策，所以就不去挑战他呢？团队成员对这些提问的回答可以让团队更为深入地了解践行理论及它所带来的不曾预想的后果。

通过生成一个因果关系故事，你可以帮助团队进入下一个步骤：识别改变的杠杆点。

步骤六：识别改变的杠杆点

当团队就他们是如何造成了不曾预想的后果得到因果解释后，他们就可以找出发生改变的杠杆点。在这里需提出的问题是："如果你能够采取不同的行动或思维方式，在故事中哪个点上你可以做出明显改善？"

“如果你能够采取不同的行动或思维方式，在故事中哪个点上你可以做出明显改善？”

这些杠杆点通常与步骤三中的关键决策点有关。通常效果最为明显的杠杆点发生在故事早期并与团队成员的价值观和信念有关。在例子中，团队成员非赢即输的价值观已经启动了整个因果价值链。只要他们依然将会议目的视为让他们的立场占据上风的话，他们就极有可能采取单边控制模式，无论他们的目标是案例中的目标或其他的目标。反之，如果他们开始运用交互学习模式的框架来看待会议，他们所采用的策略及与之相关的结果就会大为不同。这个改变可以带来很多其他的改变。其他的两个杠杆点出现在人们对虚假的赞同深表沮丧及会后去找约翰商量时。通过改变这两个杠杆点上的行为，团队就有可能改变结果。

步骤七：探索需做些什么来促使改变发生

在这个步骤中，你与团队探讨需要做些什么，通过采取不同的思维方式和行动，这样团队成员可以明显地改变事情的进程。在这个例子中，团队和我发现了好几个改善之处。团队成员同意在会议中提出他们对会议的担心和不安，而不是事后去找约翰来影响流程和结果。他们同意，当他们发现其他成员虽表示赞同但缺乏诚意时，他们会在现场探询并探讨问题的成因。约翰同意，如果还有团队成员像过去一样在会后找他，他会表示他的沮丧及好奇心，并且询问这位成员为何不遵守团队新达成的共识。最为根本的是，团队同意从单边控制模式转为交互学习模式的思维框架。这包括当团队成员采取单边控制模式时，要求团队成员提供帮助并且帮助大家做出改变。这个改变对他们之间的互动产生深远影响。在战略决策会议中，与其他措施一起，这可以帮助团队成员减少采用非赢即输的策略并且提升团队会议中的对话和决策质量。

欲了解团队用于推动改变的工具，请参考第 9 章“共同设计对话的目的和流程”、第 29 章“探讨你对问题成因的影响”、第 30 章“直面困难”、第 32 章“是在团队内还是在团队外提出这个话题”、第 42 章“如何避免你上司和你的低效”和第 44 章“对践行理论实施干预的指引”。

第 41 章

“我无法使用这种方式，除非我的上司也这么做”

罗杰·施瓦茨

当人们听说引导型领导这种方式后，他们会说：“如果我的上司采用这种方式，那会真的很起作用，但我无法使用这种方式，除非我的上司知道这种方式了。”有时人们还会进一步说：“我无法使用这种方式，除非我的上司开始使用这种方式。”当我与那些给出这些评论的人做进一步讨论时，我们发现正是他们自己做出的这些推论阻碍了他们将这种方式引荐给他们的上司。

当然，如果其他人知道这种方式，那么你使用这种方式时会显得容易一些，尤其是当你的上司也使用这种方式时。在这种情形下，你没有必要全面解释你为何使用基本规则和核心价值观（这也是我们提供内训工作坊来帮助大家一起学习这种方式的原因）。但是，你担心其他人不知晓这种方式，这看上去不会是一个主要问题，因为通常他们并不担心如何与他人一起尝试这种方式，他们担心的是上司不了解这种方式。

这关上司什么事

当我询问是什么因素导致他们在与上司一起使用引导型领导这种方式会更为困难时，大家通常的回答是他们的上司不想听他们的介绍，或者说“你不了解我的上司”。他们抱怨他们的上司凌驾于他们之上，并且对其职业生涯产生负面影响。有时他们会谈及其他人是如何因为“挑战”上司而面对负面后果的。通常，他们的担心基于未经检验的推论之上，虽然并非总是如此。

当我与他们进一步探讨这种方式时，他们的看法更为清晰：他们一部分的践行理论包括这样一种信念：如果某人比他们享有更多权势，他们就没法让这些位高权重者听从他们的想法。就其本质而言，他们的推论是“如果我有权力可以对他们实施单边控制，我就能成功地让他们使用交互学习模式”，或者“如果有人比我享有更多的权力并且使用单边控制模式，那么我向他们推荐引导型领导这种方式会比较冒险”。

请参考第 4 章“理解指导我们行为的理论”。

无论是何种情况，他们在寻求某种保证，这样他们不会因为在其领导面前尝试使用引导型领导而付出代价（或在其他更有权力的人面前）。这么想合情合理，但没有人可以给予这样的保证，除了他们的上司。

与上司交流

如果你身处类似情境中，你可以采取的方式是与你的上司就你使用引导型领导这种方式进行交流，从而降低风险或减少你的担心。你没有办法控制你的上司如何做出反应，但是你可以控制自己的思考和行动方式。通过改变你的思考方式及与你上司的对话方式，你可以增加让你的上司做出不同反应的机会（但无人可以确保这点），包括分享相关的信息，促使你和你的上司做出自由并知情的选择。这可降低你的风险。

与上司对话的步骤

1. 告知你的上司你学习了一些可提升工作效率的方式，你期望与她讨论如何与她一起使用这种方式。询问她是否对讨论这种方式感兴趣，这样她可以看一下是否对与你一起使用这种方式存有疑虑。

有关开场白的介绍，请参考第 9 章“共同设计对话的目的和流程”、第 28 章“进行风险对话”和第 30 章“直面困难”。

2. 关于对话，如果你对上司作何反应心存疑虑或认为这是在冒险的话，那么请与她分享你的疑虑。一定要识别你的担心并与你的上司就任何导致你担心的推论或假设做出检验。如果你需要获得你的上司所赋予的保证以减轻你的风险并继续推进这次对话，向其解释为何你需要寻求这种保证并询问她是否愿意提供这些保证。

3. 简单解释引导型领导这种方式。举出具体的例子说明之前在你看来你与上司合作不佳的例子，以及由此给你和上司乃至其他人带来的负面后果。询问你的上司的反馈并与之核查她是否持有不同的观点。

有关这种方式的介绍，请参考第 35 章“在工作中引入专业引导技巧”、第 36 章“我在组织中运用专业引导技巧所遇到的挑战”、第 45 章“引入核心价值观和基本规则”和第 29 章“探讨你对问题成因的影响”。

4. 解释你将如何采取不同的行事方式，这将如何改变你和上司之间的互动及这种改变带来的后果。向其指出通过改变你的行为，你有时也会要求你的上司改变她的行为，这可能是提供不同的信息（如提供她的利益关注点或推理过程）或向你发问。询问上司的反馈。

5. 询问她对于你在她面前使用这种方式是否担心，如果有的话。进一步探讨担心并共同设计解决方案。

6. 询问你的上司，当她认为你的做事方式与你介绍的方式不一致时，她是否愿意给你提供反馈。

7. 总结你认为你们达成的一致之处并核对不同看法。

这章简单总结了你和上司交流引导型领导方式的关键步骤，但没有深入探讨对话的细节。例如，步骤 4 谈及的是系统论的观点，那就是通过改变你的行为，你可以期待其他人做出改变。我还没有谈及你询问你的上司她是否愿意使用这种方式。我的观点是，你的上司并不需要因为你使用这种方式而去采纳这种方式。你所需要的是改变你的思考与行事的方式，无论是从你的领导角色出发，还是从与你上司对话的角度出发。

第 42 章

如何避免你上司和你的低效

罗杰·施瓦茨

在人们学习了引导型领导这种方式后，他们经常说由于他们上司的所作所为导致他们难以充分发挥这种方式的有效性，但他们的行事方式减少了上司改变其行为的可能性。请看以下的例子。

亨利认为他的上司亚瑟的工作就是给他和下属带来麻烦。当亚瑟将任务委派给亨利时，亚瑟没有给亨利分享为完成工作所需的所有相关信息。结果是，当亨利完成任务并回头向亚瑟汇报结果时，亚瑟并不认为任务已经完成；相反，他又分享了额外信息并要求亨利就已经完成的工作做出新的调整，只有这样，才能被视为完成了亚瑟布置的任务。亨利经常认为亚瑟一开始就应该提供这些信息。由于他没有这么做，这意味着亨利不得不将同样的工作重复做两次，这就造成亨利错过了完成该项任务的截止时间，并不得不推迟亚瑟布置的其他工作任务的截止时间或降低工作质量。因为亨利和他的直接下属需经常组成团队来完成任务，亚瑟的行事方式也影响亨利直接下属的工作计划。他无法理解为何亚瑟不和他分享那些至关重要的信息。

亨利从未向其上司提及他的行为模式。就类似的问题，亨利曾尝试过给他提供反馈，但是亚瑟对此颇为恼火。他没有做出任何改进。他听到其他人也说亚瑟并不采纳大家提出的反馈建议。亨利决定不再向亚瑟提及此事。

但是，亨利向他的同事及其他人提到了亚瑟造成的问题。他与下属也抱怨过此事，他们奇怪为何非要把活干上两遍才罢休。

你造成了你所抱怨的问题

如果从系统思维的角度看待这一情境，其实亨利造成了他所抱怨的问题。的确存在这样的可能性，也就是亚瑟并不了解正是他的行为给亨利及他的团队带来负面的后果。在系统中，因与果在时空上被区隔开来，这样我们经常难以将我们的行为与其所带来的后果联系起来。

请参考第 7 章“系统思维和系统行动”。

亚瑟可能没有注意到，由于不得不重复工作，亨利不得已延迟了其他项目或降低项目的质量，这其中的部分原因与他有关。事实上，亚瑟可能并没有把他要求亨利重复工作看成问题，这样的话，他也就无从将这与负面的后果联系起来了。

在系统中，每个人都只看到了系统的一部分。亨利看到亚瑟的行为造成了在他看来不必要的重复工作及错失了截止时间。他看到了这些后果是因为他对此有直接体验。如果亚瑟对这些后果没有直接体验，他就只能是依靠他人来了解这些信息。与此类似，亚瑟可能看到亨利没有看到的方面。例如，亨利的假设是亚瑟没有分享信息，但这未必准确。相反，原因可能发生在亚瑟这个层面，也有可能发生在亚瑟上司的那个层面，这导致他不得不给亨利提供额外的信息，而在他起初给亨利布置任务的时候，他手头还没有这些信息。同样，为了便于亨利理解这点，他需要从亚瑟的角度看待问题，因为亨利并没有在亚瑟的系统中工作。

由于没有与亚瑟分享他的担心，亨利也就没法让亚瑟了解其行为带来的后果。这也让亚瑟无法就其是否需要改变行为做出自由并知情的选择。由于没有分享这些信息，亨利降低了他所寻求的做出改变的可能性。

不去分享我们对系统看法的理由通常是有缺陷的。亨利有理由不与亚瑟分享信息，但他的推论可能存有缺陷。当他和其他人给亚瑟提供反馈时，亚瑟陷入防御之中。假如亨利和其他人在给亚瑟提供反馈的时候采取的是单边控制模式，这会导致亚瑟陷入防御之中。如果真是这样，亨利就是导致亚瑟产生防御的始作俑者，而亨利正是以此为借口不给亚瑟提供反馈的。亨利的推理是自我封闭的：这促使他将问题归因于亚瑟，并且屏蔽了他去了解自己所提供的反馈造成对方陷入防御的可能性。

当我们没有与身处系统中的其他人分享我们对系统的看法时，我们就没有与他们分享那些有助于他们改变其行为的信息。

有关单边控制模式的后果，请参考第 4 章“理解指导我们行为的理论”。

换句话说，亨利并没有创造必要的条件去检验亚瑟的防御是否源自他本人的行为。如果真这么去做的话，亨利需要采用交互学习模式来给亚瑟提供反馈并了解亚瑟是否依然身陷防御之中。

私下抱怨却未提供反馈，这并不公平。亨利没有必要继续抱怨亚瑟，与此同时，他没有给亚瑟提供反馈。如果亨利决定不向亚瑟提出这个问题，他也需要承认他的缄默不语是造成这个问题的原因之一，这就意味着他没有权力去抱怨。如果你没有主动担责与人们沟通此事，你就无法让人们对他们的行为担责。

如何避免造成你上司的低效

与你的上司讨论这些话题的流程和与其他人交流这些话题的流程是一样的，尽管与你上司的对话看上去会更具挑战性。步骤如下。

这些都是基本步骤。其他章节就谈话的方式提供了有用的建议。请参考28章“进行风险对话”。

1. 告诉上司你想和他讨论的问题，并简单地解释你谈论这些话题背后的利益。询问他是否愿意参加。

请参考第9章“共同设计对话的目的和流程”。

2. 建议流程（以及随后的步骤）并询问他们对这个流程是否有疑虑。
3. 一起重新设计流程来满足他和你的利益。
4. 向他描述你所见到的行为模式并提供具体的例子，包括你对后果造成的影响。检验你对这种情形做出的假设和推论。询问其是否有不同的观点。就发生的事情达成共识。

请参考第5章“有效团队的基本规则”中的基本规则一和推论阶梯。

5. 描述你认为对你、你的上司和其他人带来的后果。询问是否有不同的观点并达成一致。
6. 探讨问题的可能成因。就导致你上司所面对的当前处境怀有好奇心和同理心。
7. 澄清彼此的利益并共同设计解决方案，来分析成因并满足各自的利益。

请参考第16章“帮助团队聚焦利益而非立场”。

第 43 章

发展型引导

安妮·戴维森　　迪克·麦克马洪

发展型引导帮助领导、团队和组织在其运行方式上产生根本性改变。引导型领导学会了改变他们的心智模式并深刻反思他们的行为，示范核心价值观，并且教练其他人掌握交互式学习模式。如果一个组织希望成为协作型变革组织，或更具灵活性，或成为学习型组织，那么在工作团队中更为广泛地培养这些技能就显得非常重要。他们必须改变组织的政策、程序，并最终改变正式或非正式结构中所有的其他要素，使之与他们所信奉的愿景和价值观保持一致。

培养领导和发展组织

在《专业引导技巧》一书中，罗杰区分了基础型引导和发展型引导。根据他的定义，在基础型引导中，引导师通过干预来帮助团队解决问题或完成任务；在发展型引导中，引导师也试图帮助团队学习流程技巧。他说："在发展型引导中，团队试图在解决问题的同时培养其流程技巧，结果是，一旦遇到其他难题，团队不会像以前那样依赖引导师。"引导师所做出的干预就是"帮助团队学会如何做出诊断和改进流程。基础型引导和发展型引导的根本区别在于前者是帮助团队解决问题，而后者教授团队如何自行解决问题"。

def·i·ni·tion

从本质上来说，我们认为发展型引导的目的在于帮助人们反思其行为与思维模式并促使其发生改变，包括促发深层次的个人和组织学习。这些工作可帮助团队成员和组织反思他们的心智模式和核心价值观并促使其发生改变。

自从罗杰给出发展型引导的定义后，他和我们都意识到这个定义并没有完全道出发展型引导的精髓。

从本质上来说，我们认为发展型引导的目的在于帮助人们反思其行为与思维模式并促使其发生改变，包括促发深层次的个人和组织学习。这些工作可帮助团队成员和组织反思他们的心智模式和核心价值观并促使其发生改变。

这与理查德·贝克哈德（Richard Beckhard）给出的有关组织发展的定义完全吻合："现在我将组织发展定义为'通过全面及系统的努力，借助行为科学知识和技能，将组织改变到一个新的状态'。"我们认为存在一个发展型引导连续体（见图 43.1）可帮助个人或组织在每个选择点上促进学习，可能的开始点和结束点显示在图 43.1 中。

0	0	0	0
帮助团队学习基本规则：培养自我引导大部分对话的能力	帮助团队学习并对心智模式及践行理论的基本问题实施干预；培养冲突处理和问题解决的自我引导能力	帮助团队诊断和解决更为广泛的系统问题；改变政策和计划，使之与共享的价值观一致；识别并解决窘境	帮助团队识别并改变个人和组织深层次防御模式；帮助团队培养教授他人及引领组织变革和转型的能力

图 43.1　发展型引导连续体

这一延展性的发展型引导连续体所涉事项与基础型引导不同。它对引导师的技巧提出更高要求，并且给所有参与者提出更大挑战。本章总结了这些区别、挑战及对于成功发展型引导所需关键因素的思考。

基础型引导和发展型引导的区别

客户很少提出要求做发展型引导。相反，团队也许会对深层次的团队协作表示兴趣。大家希望创建等级平等、灵活性更强的组织文化，或者希望更为彻底地解决问题。我们可以和团队先从基础型引导起步，在这个过程中团队成员可能意识到不继续深入探讨价值观、信念、心智模式和防御机制，其付出的努力终归收获有限。一旦目标是寻求个人和组织的转变，对话就变为更为漫长的订立合约或重新订立合约的讨论。我们将工作的重点转为生成一套共享的价值观，以此来帮助团队成员的行事方式与交互学习模式的哲学观保持一致，而不是与单边控制模式保持一致，并试图去理解个人和小规模团队的习惯性防御模式是如何升级为组织层面的防御模式的。同时，我们会讨论更为广泛的团队结构问题，如角色与任务定义、边界管理及组织政策和流程。

请参考第 11 章"基础型引导"。

复杂、重复的订立合约的流程

这是融培训、咨询、教练和引导为一体的工作。在接受心智模式、系统思维和基本规则的培训后，团队可以就是否运用这些知识及如何运用这些知识来帮助他们达成其目标做出更为知情的选择。

在一个典型的基础型引导中，订立合约通常需要花费一到三小时，包括接触性对话和规划会议。而在发展型引导中，不仅会出现同样的对话，而且需要更为详细地描述期望是什么。我们发现向其他人描述或预测这一工作的深度绝非易事。当一个人还从未仔细地思考过自身的思维模式是如何造成问题时，向其解释该层面的工作将是什么样子的，做到这点非常困难。

我们相信，最为成功的方式是向团队描述发展型工作中所面对的挑战，分享一些团队可能参与的学习活动的例子（如左边栏目案例讨论），建议分为数个阶段进行，然后再重新回顾合约。同时，合约的内容也不尽相同。通常这不仅是一份引导合约。这是融培训、咨询、教练和引导为一体的工作。在接受心智模式、系统思维和基本规则的培训后，团队可以就是否运用这些知识及如何运用这些知识来帮助他们达成目标做出更为知情的选择。

发展型引导的合约通常是在不同阶段订立合约的过程，这需要经常不断回顾和重新设定。

进行更深层次及更为耗时的干预

针对个人和组织改变所实施的干预大多是基于个人的践行理论和核心价值观、团队和组织的价值观及信念，以及团队有效性模型和系统思维（本书的其他章节探讨了这些干预话题）。在每个案例中所采取的干预手段更为强调自我反思。我们鼓励参与者修正他们的整个行为设计系统。我们认为，讨论自我揭示的程度和所涉及的风险非常重要。团队必须全情投入这项工作并且清楚如果风险太大，他们可以重新做出选择。

请参考第 15 章“使用团队有效性模型”、第 17 章“共创使命和价值观”、第 44 章“对践行理论实施干预的指引”和第 56 章“将专业引导技巧用于系统思维分析”。

这些干预耗时甚长，而且团队难以在一次会议中完成多个实质性任务。通常，一份粗看上去再简单不过的日程因为需要对践行理论或系统采取干预而需耗费团队的大量时间，但这可以激发实质性团队学习和团队未来流程的改进。当团队自认为他们可以迅速做出决策时，他们会贸然采用单边控制模式或非系统化方式。所以，我们认为，为了帮助团队做出实质性改进，确保足够的会议次数和时长十分关键。我们不会建议设定一个固定的时间。一个七至八人的团队一个月内拿出一到两个整天的时间在我们看来是合适的。如果没有就投入足够的时间做好约定，一旦间隔时间太长，团队之前所学习到的内容和延续性将面临巨大损失。与我们约定时间过少的团队一般效果不佳。失败将难以避免。

在现实中，根据目标不同，发展型引导需要数月甚至数年的努力。一般来说，当投入大量时间之后，团队才会取得一些微小可见的进步。团队在面对日常的工作压力时很容易失去热情或动力。我想在开始阶段就确定好需投入大量时间及帮助团队重新框定他们对时间投入的想法，这非常重要也极有帮助。在这里，系统论的思维“慢就是快”将为你提供很大帮助。[1]

请参考第 7 章“系统思维和系统行动”。

对组织价值观和信念予以澄清和进行干预

请参考第 17 章“共创使命和价值观”中对于如何帮助发展型组织厘清核心理念、目标和指导原则的重要性。

如果在组织或部门层面与高管团队一起合作时，这种干预方式是发展型引导方式的基础之一。团队价值观也许包括交互学习的核心价值观，针对特定团队和情境采用更为具体的价值观非常重要。目的、价值观和信念的陈述就如同一幅模板，据此我们可以检验并重新设计政策和程序并使之与交互学习模式一致。仅仅宣称你希望政策建立在有效信息之上，以便你做出自由并知情的选择，这样你可获得内在的承诺并赢得同理心，这是远远不够的。它必须更加具体：如果价值观是有效管理资源并提供创新的顾客服务（它经常需要更多的资源），那么某项特定的政策或决策应如何平衡这些价值观并与交互学习模式保持一致呢？通过富有成效的对话去挖掘出利益、假设和践行理论等不同层面的问题，这样你可做出选择。

当我们澄清价值观和信念时，对参与者而言这也是发展型引导面临风险之际。和我们合作的人都有一套完整的让他们感觉舒适的价值观。让自己的这套价值观和信念接受挑战绝不是一件令人愉快的事情。但是我们发现，如果不从根本上质疑价值观和信念并让人们感受到脆弱，个人和组织将无法发生改变。总体来说，更深层次的干预需要在讨论之初并经常让大家面对恐惧和威胁，这在发展型引导中非常关键。如果不清楚地说明这些可以预见的风险，参与者可能感到被蒙蔽或被操纵了。

对组织习惯性防御进行干预

def·i·ni·tion 所谓的组织习惯性防御，指的是为了避免让人们感到尴尬和受到威胁而采取的政策和实践。

所谓的组织习惯性防御，指的是为了避免让人们感到尴尬和受到威胁而采取的政策和实践。这些政策和实践意在对人们实施单边保护的同时掩盖人们受到保护这一事实。掩盖这些做法存在的事实导致这些做法的原因及不曾预想的后果变成不便讨论的话题。常见的组织习惯性防御包括不与高层公开唱反调，不与上司分享在你看来他们是如何造成这一问题的，以及不愿提及某位难以胜任工作的团队成员的资格问题。掩盖指的是人们否认这些事情正在进行中，避免讨论这些事情，或者用“所有的组织都是这么做的”这句话将其合理化。表 43.1 可对我们推测出来的习惯性防御所做出的诊断予以检验。

表 43.1　防御常规做法一览表

标榜的价值观	习惯性防御
自主、授权、责任	人们不愿为工作质量担责 不伤害他人的感情：单边保护
胜任能力	上司的能力很少受到质疑，或者提供评论的人会受到某种轻视
高质量的工作，资源管理良好	不去面对绩效问题或低效（如加班过多）
学习型组织	抵触学习，至少是技术学习，因为胜任能力评判标准是不变的；如果需要更多的知识或信息，则被他人认为能力不足

根据阿基里斯的定义，习惯性防御在组织中得以固化，是因为组织中的个人使用单边控制模式来指导他们彼此的互动："因为大部分人采取类似的行动，这些行动就变成了日常生活的一部分。由于有这么多人频繁地采取这些行动，这些行动变成了组织规范。这些行动被看成合理的、明智的和现实的。"也就是说，这些行动变成自我实现和自我封闭。其负面后果通常不会马上显现出来。看起来我们刚经历了一场艰难的会议，会议中无人感到不安，团队也同意我们提出的想法。但是经过一段时间的延迟之后，问题就浮现出来。延迟的时间可能是数周、数月或数年，所以我们无法将后续的负面后果和早期的防御策略联系起来。但从长期来看，习惯性防御导致了低效、冷嘲热讽与绝望，这就是阿基里斯称为的"组织的莫名问题"（Organizational Malaise）。

发展型引导的目的是改变这些根深蒂固的行为模式以创造更有成效的成果。发展型引导连续体的终点是改变固有的个人和组织习惯性防御，从而推动组织的变革和转型。但是看到并理解这些行为中的互动要素依然相当困难。当大家身处日常的工作之中时，这通常需要漫长的引导参与其中并对团队实施观察。如果不观察实际行为，引导师只能看到其标榜理论或听到他们对事件的理性解释。识别并改变习惯性防御是最能发挥杠杆作用但也是最具挑战性的干预之一。我相信我们仍然在学习如何有效地做到这点。

> 发展型引导的目的是改变这些根深蒂固的行为模式并创造更为有效的成果。

个人、团队和组织所面临的挑战

有关基础型引导和发展型引导之间差异的讨论常常指向一些从事该项工作所需面对的特别挑战。表 43.2 对此做出了总结。除了时间和个人风险问题，大家还经常搞不清楚正在发生什么或取得了哪些进展，直到引导师和参与者与流程相处一段时间之后。个人必须面对害怕变革这种心态，以及他们作为初学者尚未熟练掌握相关技能就不得不出现在同事、下属和上司面前所表现出来的种种不适。而且在一段时间内，新的方法似乎耗时更长，而且成果更为低下。这就是我们容忍高度模糊性的部分意义所在。在随后的时间里，我们也许还是不明白防御机制在日常工作中是如何运作的。我们难以判定防御机制作为组织规范业已存在并造成团队成员继续使用这些机制，抑或团队成员自身拥有这些防御机制并将其散布到整个组织中。真相通常是两者皆有。但是如果不弄明白这些，会让人感到不舒服。如果我们与某人共事多年并曾有过争吵，或者组织的政策与程序依然带有未经检验的假设，试图与交互学习模式保持一致也会让人感到不适。

> 如果我们与某人有过交往或组织的政策与程序依然带有未经检验的假设，试图与交互学习模式保持一致也会让人感到不适。

表 43.2　发展型引导面对的挑战

团队成员面对的挑战	团队和组织面对的挑战	引导师面对的挑战
对冒风险有一定的容忍度，在同事和上司面前表现出脆弱	为干预和明确的进展投入足够的时间	引导师除了面对团队成员需面对的所有挑战，还需要面对以下挑战：
学习新技能时表现出难以胜任	对承诺有着清醒的认识，做出知情的选择来支持所有的努力	对个人的引爆点和防御性行为有更深的了解
处理与他人之间的以往过节；承认过去的数据有误，这是由于我们看问题的方式不同所决定的	决定并分享指导性价值观	在组织变革、系统思维和专业引导技巧等各个方面都具有丰富的知识和经验
进行深刻的个人反思	在相当程度上容忍模糊不清	在提供专业支持和避免造成学员依赖之间取得平衡
有些情绪会打断你设计新行为的努力，你需要面对这些情绪	所处的工作环境中的政策与你的意图不一致，因此需要进行重大调整	在服务个人和团队所需的多个角色（培训师、教练、引导师、咨询顾问）之间保持平衡
毫无防御地接受反馈	避免因噎废食，因为每件事情都会对其他事情产生影响	随着相处时间增多，要管理这样的倾向性：自己更像团队中的一员而非引导师
	虽然面对可以察觉的威胁和未知的结果，依然坚守承诺	当面对的问题越过引导的边界而变成心理治疗时，能认识到这点

如果过往我们与同事的关系不佳，这往往是因为我们对他们做出一系列高阶推论或归因。这让我们感觉到我们无法在对话中和对方使用交互学习模式的基本规则和核心价值观，我们甚至也不愿做出这样的尝试。基于多年难以轻易消除的错误数据，我们虽然希望尝试使用新的方法，但依然感觉自己总是陷入已有的模式中。绩效评估流程就是一个很好的组织案例，人们一方面努力尝试用某种方式（如分享有效信息），另一方面却被要求执行与之相反的一项政策（所有的反馈必须是匿名的）。

欲了解这种窘境及如何处理这些不一致之处，请参考第 48～51 章。

当团队开始提升他们的系统思维能力时，会出现另一个挑战。一些看上去直截了当的问题，如改善工作完成率会变成棘手的系统问题。绩效教练谈话将演变成检视系统中的其他部分是如何导致糟糕结果的。这很容易让团队萎靡不振或放弃努力，特别是当我们难以对成果进行衡量时（学习效果的提升、个人满意度改善）。对于这些挑战和窘境，我们并没有简单的答案。每种情境都需要做出不同的反应。如果能够指出这些问题并且明确地讨论这些问题将有所帮助。

对于引导师的特别挑战

引导师除了面对单个团队成员所面临的所有挑战，还将面对其角色带来的特殊挑战。引导师的角色通常融培训师、引导师、咨询顾问和教练为一体。在某个特定的时候，要清楚地知道自己所扮演的角色，并且在该角色上表现得体，这绝非易事。我们很容易在扮演培训师或咨询顾问的角色时诉诸专家的角色，由此增加了团队对引导师的依赖。当我们引导的团队希望就挑选一位新的团队成员去设计交互学习模式流程时，我们同意在其中担任咨询师。这颇为有趣，也让人耳目一新，效果也相当不错。但是数月之后，我们发现团队成员在做出决策时依然指望我们这些引导师，而这些决策原本应由他们自行做出。我们本应该对这种情况保持高度警觉，或予以提前解决，或在行为发生改变前能很快地诊断出来。团队所产生的依赖拖累整个项目进展达数月之久。

发展型引导师在组织变革、个人发展、系统思维、心智模式和专业引导技巧的各个方面都需要具备更为丰富的知识和经验。引导师必须在头脑中储存多个诊断框架，哪怕面对模糊不清的情况，也可从中挑选合适的框架用于诊断。引导师必须长时间记住行为模式，并且使用这些数据，结合具体的例子，自如地运用复杂的践行理论并做出系统干预。在复杂情况下做出诊断和实施干预的能力将随着实践不断增长。

> 发展型引导师在组织变革、个人发展、系统思维、心智模式和专业引导技巧的各个方面都需要具备更为丰富的知识和经验。

客户告诉我们，他们的很多收获来自在实际的情境中看到引导师以身作则地使用专业引导技巧。我们也认为这的确很重要，这不仅体现在客户的收获上，同时还体现在我们作为专业引导技巧的倡导者的可信度上。适用发展型引导的情境将更加有挑战性，例如，当某人情绪极为激动时，这要求我们在更为艰难的情境中示范并践行各种技巧。我们认为掌握基础型引导技巧后再学习发展型工作，这颇有帮助，特别是当一个人还不是一位训练有素和经验丰富的组织发展的从业人员时，情况尤其如此。

在发展型引导中，还需要对个人优势、引爆点及防御模式有更为深入的了解。在对践行理论进行干预时，我们很容易将自己的因素掺杂进去。有时我们很容易在组织防御的话题上直接跳到结论上，但这往往只是我们过去工作经验的投射，而不是对当前情境的清醒认识。当你和团队相处甚长时，渴望接纳的需求及友谊的自然建立会让我们更倾向于像团队成员，而非扮演引导师的角色。这里有一条需精心管理的微妙边界。彼此的熟悉可以帮助你捕捉并对习惯性防御和深层次的个人问题实施干预，但是你自己也有可能身陷其中。在一次记忆犹新的经历中，我们与某个团队共处相当长的一段时间后发现他们的习惯性防御包括不为会议做准备，而我们也不再会为会议做准备。被团队接纳及与团队相处甚欢也让我们更加难以察觉我们自身的践行理论与标榜理论之间的不一致之处。

与另一位引导师一起共事可以帮助我们解决其中的一些挑战。如果有一位知识丰富的合作者，他可以给我们提供反馈，当他做出干预时，我们可以深入思考整个过程并在团队会议后一起加入反思中。在团队会议后，撰写详细的流程备忘录也能显著提升我们的学习水准及与团队合作的效率。在撰写备忘录时，我们可以厘清我们的诊断、担心和观点，以及我们自身的高效和低效行为模式。我们会深入讨论我们自身对团队问题的影响，我们也可以和客户分享这些备忘录。他们可以帮助我们检验我们的思维模式是否与交互学习模式一致。正是在流程备忘录的讨论之中，我们发现自己已经陷入团队的“未做好准备”的防御模式之中。

最后，了解自己技能的局限也非常重要。有时发展型引导提出的一些问题需由经过专门培训的咨询师或治疗师来处理。底线是你必须知道什么时候是你的能力所及和引导本身所能达到的极限。

有关识别你的技能界限指南，请参考第 57 章“引导型教练”。

关键成功要素

我们并不了解某个组织所发生的根本性变革是否来自发展型引导。我们的确有一些持续付出产生良好效果的例子。

欲了解这些例子，请参考第 36 章“我在组织中运用专业引导技巧所遇到的挑战”及第 46 章“从学习如何领导到领导学习”。

与我们合作的一些客户曾给他们的所有员工或绝大部分员工培训专业引导技巧原则。我们可以分享众多领导改变他们的生活的例子。

从组织发展的标准来看，我们的工作还不成熟，并且需要时间的磨砺。我们看到大家采取了一些行动，也放弃了一些行动。我们并不认为在组织中有一个正确的起点或一个固定的方式来开展发展型引导。表 43.3 中所列的清单包含了我们认为的成功要素。帮助个人和团队去学习和培养深层次的觉察是我们做过的最富有成效的工作。我们相信通过使用专业引导技巧的原则并以此作为指南，可以帮助组织有效改善其目标设定与达成，并且帮助大家在鼓励彼此的付出时有更好的共事方式。

表 43.3　发展型引导的成功要素

• 清晰的个人和组织价值观和信念
• 知识和经验丰富的引导师，能示范并践行交互学习模式
• 参与者做出承诺，愿意学习并且花时间努力让自己成长
• 个人愿意在个人学习道路上承担风险
• 个人愿意参与有力的自我反思
• 清晰并且不断更新工作合约
• 为团队成员提供技能培训并最终提升组织能力
• 衡量团队成长和组织的成功发展
• 团队领导（无论是否为组织高层领导）参与教练他人并努力示范并践行交互学习模式的价值观和信念

注释

1. 有关团队如何重新框定其对时间的看法，以及为解决时间限制所采取措施的策略，请参见圣吉和其他人有关“时间不够”的讨论。

参考文献

Argyris, C. *Overcoming Organizational Defenses.* Upper Saddle River, N.J: Prentice Hall, 1990.

Argyris, C. "Good Communication That Blocks Learning." *Harvard Business Review,* July-Aug. 1994, pp. 77–85.

Beckhard, R. Foreword. In E. E. Olson and G. H. Eoyang, *Facilitating Organization Change: Lessons from Complexity Science.* San Francisco: Jossey-Bass/Pfeiffer, 2001.

Senge, P., and others. *The Dance of Change: The Challenges to Sustaining Momentum in Learning Organizations.* New York: Doubleday, 1999.

第 44 章

对践行理论实施干预的指引

安妮·戴维森　　迪克·麦克马洪

运用发展型引导需要对践行理论出现的问题实施干预。只有当人们去审视他们的心智模式是如何驱动个人行为时，有助于引导型领导培养的深层次个人反思才会发生。对践行理论进行干预将推动并指导这一反思。通过审视植根于流程和结构之中的价值观和假设，我们可利用这些干预来推动团队和组织的发展。

请参考第 4 章“理解指导我们行为的理论”中探讨人们践行理论与标榜理论之间的差异和第 43 章“发展型引导”。

当你帮助个人或团队去探讨他们的核心价值观和假设，或者探讨你从他们的行为中推论出来的核心价值观和假设与他们所声称的他们在意的行为之间存在的差异时，你就对践行理论实施了干预。对践行理论实施干预可帮助人们看到他们的行动是如何造成不曾预料的后果的。他们也许会看到其他人在对话中变得小心翼翼，或愤怒，或看到其他人扭曲了组织政策的原本意图（例如，通过使用低效流程来增加客户付款的小时数）。只要能识别出不曾预料的后果，你就有机会去审视践行理论是如何指导与结果有关的行动或决策的。换句话说，这些干预帮助人们从抱怨他人转为思忖自身是如何造成这些麻烦的，并随后考虑如何寻找方法来为推动积极改变做出自己的贡献。

以下描述的是某位引导师对践行理论实施干预的情境，包括引导师表述的内容。在这个例子之后，我们将审视对践行理论实施干预的步骤并提供额外的指引。

案例：对汤姆的践行理论实施干预

汤姆是工作团队的成员之一，致力于使用交互学习模式中的核心价值观。桑迪是工作团队的发展型引导师，他愿意帮助团队成员改变他们思维和行为，从而让他们的思维和行为与他们的意图一致。汤姆经常主动要求担任团队会议中的记录员。桑迪发现，汤姆在白板纸上总是逐字逐句地记录大家的发言，哪怕讨论出现跑题的情况。在会议中，桑迪和其他团队成员发现，他们经常要把大家的讨论拉回到正轨上。许多时候当其他人开始提出解决方案时，他们的团队却依然在尝试如何界定问题。桑迪的推论是，汤姆在白板纸上记录的团队跑题的讨论对于团队跑题也有影响。汤姆刚刚总结完团队给出的问题解决方案，而团队正忙于对可接受的解决方案必须满足的利益清单进行头脑风暴。桑迪与团队达成共识，如果他认为有助于团队成长，他会把践行理论中出现的问题提出来。他决定对汤姆的践行理论实施干预。

桑迪：汤姆，我注意到你刚才总结了萨利的建议，即团队采纳 XRAY 软件包作为标准。对我而言，那看上去更像解决方案而非利益。我的理解是团队正在就利益展开头脑风暴。有没有什么地方我还没有看到？

汤姆：嗯，没有。我猜测那就是解决方案。

桑迪：萨利，你的看法呢？和他一样还是有不同的看法？

萨利：或许是的……在我看来。我有点跑到前面去了……

桑迪：这就是你在白板纸上表现出来的模式，汤姆。在我看来，你总结的发言内容与团队正在讨论的话题处于问题解决流程中的不同阶段，这导致了整个讨论跑题。随后你不得不重新回到之前讨论过的步骤上。而我或团队中的其他成员需要花费大量的时间对此进行干预，以便把大家的注意力重新聚焦到他们同意讨论的话题上。我想和你分享几个例子，看一下你是否同意这就是之前发生的状况。你愿意这么做吗？

汤姆：没问题，如果这对大家有帮助的话。

（桑迪分享了数个例子，汤姆和团队同意桑迪对于团队中已发生事情的看法，以及这对于团队讨论带来的影响。）

桑迪：我认为探讨汤姆和团队对于导致这件事情的发生的想法非常重要。我们现在能花些时间讨论这件事情吗？（团队同意这么做）汤姆，你是否同意你逐字记录了每位团队成员说的话，哪怕他们的发言与讨论主题明显无关。你没有去检查他们的发言是否与讨论有关，或者这些发言如何与讨论关联起来，我说得对吗？

汤姆：是的，我同意这种说法。

桑迪：在这些情境下，你是怎么想的？难道你没有看到他们的发言跑题了吗？如果他们的发言的确跑题了，那你为何还要去记录这些发言而不是去询问他们一下呢？

汤姆：嗯，我的确认为有些发言与主题无关，或者位于问题解决流程的其他阶段。但是我认为一个好的记录员就是要原封不动地记录大家的发言。

桑迪：如果你去关注有些发言跑题这一事实并且不去记录这些发言，在你看来，会发生些什么事情？

汤姆：我认为这会让他们在团队面前感到尴尬不已。如果我说你的解决方案跑题了，你是不是会感到不舒服，萨利？

萨利：我会感到不舒服。

桑迪：我不是让你逐字复述你刚才所说的内容，汤姆。我们可以花些时间来思考一下你可能说些什么，如果你愿意的话。但是首先让我们来探讨一下是什么原因导致你什么都没有说。我认为除非我们知道你的想法，否则我们难以知道在这样的情境中你需要些什么或想要些什么。你同意我的推理吗？或者你有不同的看法？

汤姆：我明白你的意思了。

桑迪：好的，如果你说你认为萨利的发言是解决方案而不是利益，你认为会发生些什么？

汤姆：我不想将大家的注意力吸引到这样一个事实上：萨利犯了一个错误。这会让她在众人面前感到难堪。

桑迪：如果你这么做了，你担心会发生些什么？

汤姆：我想她会感到不开心，也就不再想发言了，而她还有一些好的想法。另外，当她有机会担任记录员或主持会议的时候，她会对我使出坏招或想办法让我出丑。

桑迪：就这种情境，我想提出不同的思考方式，然后想听取你的看法。可以吗？（汤姆说“好的”。）我认为你没有指出某个人的发言跑题与你的交互学习模式的价值观并不相符。看上去你顾及了萨利的颜面，并且单方面保护了你自身。我认为，这与你通过减少负面情绪的表达来实施掌控的价值观更为一致。结果是，萨利和其他团队成员进行有效的学习，没有从中学到界定问题与提供解决方案之间的区别，或者只有当完成了问题解决流程中的每个步骤后才开始讨论解决方案的重要性。有时你可能错失发现某个成员的发言如何与主题保持一致并且发挥作用的机会。从长期来看，这可能让团队做出低效的决策。就已经发生的事情及其后果，你是否同意我的推理，或者你有不同的看法？

汤姆：你说得有道理。但这么做可不是件容易事！我该怎么做才能产生不同的效果呢？

桑迪：首先，当你指出其他人的低效行为时，例如，某位团队成员处于问题解决流程中的不同阶段，这对你意味着什么，我认为你要采取不同的思考方式。与其假定你会让他人感到窘迫，还不如假定他们愿意学习如何提升他们的工作有效性，哪怕这一学习过程可能带来某种不适。如果你假定我们都会犯错，这不是什么见不得人的过失，反而是绝佳的学习机会，那么你就会思考现在如何更好地学习而不是不断重复犯错。而且你会看到，如果你能尽最大努力去帮助团队中的每个人去学习并能竭尽全力表现自己，这样你们可以产生高质量的工作成果，这非常重要。你对我刚才所说的内容，有何反馈？

讨论的结果是，如果汤姆将来一旦看到发言跑题，他同意与桑迪一起去设计该说些什么。桑迪或许也希望借此机会指出团队陷入习惯性防御之中的问题：团队表现出来的行为与汤姆类似。他们没有向汤姆提及他把跑题的发言记录下来，这么做是为了保护他的颜面。汤姆和团队行为看上去就像根深蒂固的单边控制模式。桑迪可以围绕此问题检验其推论，并帮助团队看到每个人是如何为习惯性防御的形成做出“贡献”的。然后桑迪可以帮助团队商定如何向彼此提出类似的问题，从而避免让他们合谋来延续这一惯例。这就将讨论上升到了更高的层面，好处是可以帮助团队成员认识到，有时他们对于彼此的保护是无效的。当团队成员对彼此行为做出干预并承认这是团队习惯性防御时，可以降低汤姆之前所提及的面对惩罚的风险。

请参考第 43 章“发展型引导”。

干预流程

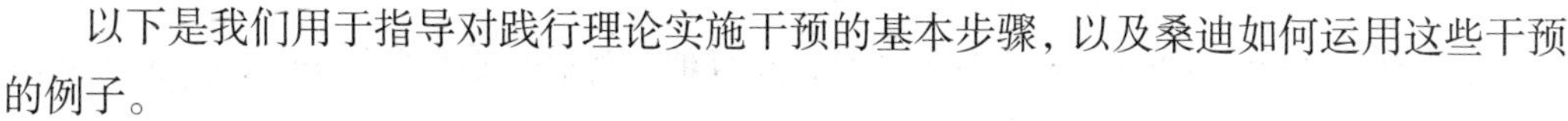

以下是我们用于指导对践行理论实施干预的基本步骤，以及桑迪如何运用这些干预的例子。

请参考第 6 章“诊断—干预循环”。

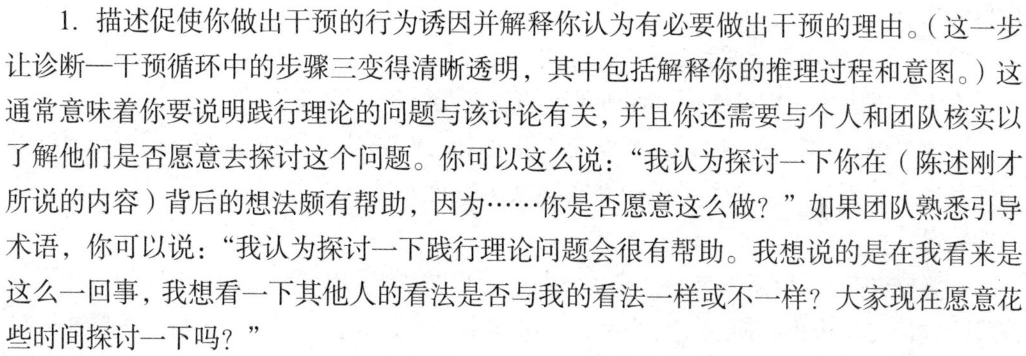

1. 描述促使你做出干预的行为诱因并解释你认为有必要做出干预的理由。（这一步让诊断—干预循环中的步骤三变得清晰透明，其中包括解释你的推理过程和意图。）这通常意味着你要说明践行理论的问题与该讨论有关，并且你还需要与个人和团队核实以了解他们是否愿意去探讨这个问题。你可以这么说：“我认为探讨一下你在（陈述刚才所说的内容）背后的想法颇有帮助，因为……你是否愿意这么做？”如果团队熟悉引导术语，你可以说：“我认为探讨一下践行理论问题会很有帮助。我想说的是在我看来是这么一回事，我想看一下其他人的看法是否与我的看法一样或不一样？大家现在愿意花些时间探讨一下吗？”

其他的探询可以与你解释为何实施干预的理由结合起来，包括“你愿意探讨一下与此事有关的推理过程吗”，以及“你是否愿意检视一下你的推理过程背后的假设”。

例子中的桑迪已经和团队就践行理论实施干预订立合约，所以他可以一直等到步骤二，与他们共同商定现在是否需要在这个问题上花费时间。首先，他描述了他所听到的和看到的情况，并且他与其他人核实了他们是否同意他的推论：汤姆在白板纸上总结了解决方案，而团队中的其他人正在讨论利益。他需要从那里开始，这样可以确保他所见到的是一个与模式有关的有效例子。

2. 假定你得到的回复是同意探讨践行理论，或者你手中有长期合约允许这么做，你可以陈述你所观察到的行为模式并检验大家是否持有不同的观点。（这是诊断—干预循环的步骤四，包括解释你的推理过程和意图。）描述行为并检验大家对此是否持有一致的看法，这非常重要。因为你通常需要使用一个复杂或冗长的陈述来作为你做出推论的基础，识别践行理论的问题是一个高阶推论。

桑迪识别出总结跑题发言的模式并解释了他的推理过程，通过分享他认为给团队带来的后果，他需要检验两件事情：他们是否同意他采用的例子准确地代表了汤姆和团队的行为；他们是否同意他的推论即这一模式对团队产生了负面影响。如果团队同意的话，正如他们所做的，他可继续向前推进。如果团队看到的情境不一样，那么桑迪需要做出探询来理解他们的观点与他的观点有何不同及为何不同。此步有用的探询包括：

"我描述的情况与你记忆中的相同还是不同？"

"我所描述的情况准确还是不准确？"

"你认为这些行为会产生我所描述的那些效果吗？或者你看到了什么不同的结果？"

"你认为我所描述的模式会影响你的工作吗？如果会，将如何影响你的工作？"

3. 邀请与此有关的每个人去解释是什么原因导致他采取这种方式。继续探询根深蒂固的假设和推论。这会涉及检验不同层面的假设，包括提出这个问题或不提出这个问题所带来的长期后果。

如果汤姆指出萨利的发言是解决方案，并且他认为后果是萨利感到窘迫，那么桑迪检验了汤姆的想法。有用的探询可能包括：

"你有哪些想法还没有说出来？你左边栏目的想法是怎样的（如果他正在撰写左边栏目的案例）？"

"过往什么经历让你采用这种方式去思考该情境？"

作为可选方案，你可能陈述你所见到的正是践行理论发挥作用的情况，然后邀请做出相关评论的人和你一起探讨你的推论是否正确。或者当践行理论发挥作用时，你可以探询其他人的看法（只要不是引导性或操纵性提问），并要求团队与你一起探讨正在发生的情况。

4. 分享你的践行理论推论（这是诊断—干预循环中的步骤五）。使用这个步骤可以将践行理论与单边控制模式或与交互学习模式中的核心价值观、行动策略及后果连接起来。如果团队采纳交互学习模式的明确价值观，你可以将践行理论与其中的一个核心价值观联系起来。换句话说，对践行理论实施干预可帮助团队去探索他们的意图、行为和后果之间存在的潜在差距。

例如，桑迪向汤姆的团队指出，他们试图尽可能减少负面情绪的表达（单边控制模式的假设）。当其他人的发言跑题时，这导致汤姆采取保护颜面的策略，从短期来看（后果），学习机会将丧失，从长期来看，做出了无效决策。桑迪可能这么说：

"我认为，为了让大家不要把注意力放在跑题的发言上，你为了保护参与者的颜面做出了一些假设。你是否认为这些就是你行动背后的假设，汤姆？"

"我想在这里说明一下，我对你的推理过程有一些看法，然后我想听听你的反应。我猜测你的考虑是……（描述你所推断的践行理论）。"

"这一看法在我看来好像没有与……核心价值观保持一致。你的看法与我的看法相同还是不同？"

"单边保护其他人的方式就是尽量减少负面情绪的表达。我们这么做是为了实施控制。换句话讲，其背后的假设就是，如果我们将大家的注意力引导到跑题的发言人身上，我们会让他感到窘迫。如果我们让他感到窘迫，他或其他团队成员就会表达负面情绪。如果是这样的情况，我们的假定是我们就无法控制讨论。你是否认为这样的推理对此有效？"

5. 帮助团队决定是否需要重新框定或如何框定他们的思考方式，并且重新设计他们的策略，与标榜的价值观与信念保持一致（这是诊断—干预循环的步骤六）。在这一步中，让引导师提供不同的思路去框定手头上的问题将很有帮助。给他人提供单边保护的需求背后经常有互相冲突的假设：其他人是否具备处理负面反馈的能力？他们是否带有良好的意图？由于未能针对其他人的行为提供准确反馈而带来的糟糕后果，通过对这一后果进行重新框定，引导师可以帮助团队探讨他们在过往所使用的逻辑是否存在缺陷，并就是否有意识地采纳不同的假设做出自由并知情的选择。

桑迪帮助汤姆和他的团队去思考掩盖错误、放弃学习机会所带来的后果。在这一步，辨别无效策略带来的短期而非长期后果，如用低效的工作业绩与员工流失来抵消不让他人在此刻陷入窘迫，会很有帮助。或者，桑迪也可以和大家一起讨论这样的情况：假设别人情感过于脆弱而无法面对诚实的反馈，又和大部分人对学习和成长的渴望不一致。假定与此有关的人同意改变他们的思考方式，桑迪可以做出这样的陈述并提问：

"你还可以做出哪些假设来帮助自己采取不一样的行动并带来不一样的结果？"

"就（这一话题）……我想提出不同的思考方式。从中你看到了哪些逻辑缺陷，如果有的话？"

"如果你可以重新设计你的陈述（或方式）并使之与团队的价值观保持一致，你会怎么做？"

一旦团队成员开始转变他们的思考方式，为了帮助他们践行所言，让他们所用的实际词语、短语与情境中新的框架保持一致会很有帮助。如果他们希望找到一个或多个例子来获得反馈，我们可以提供示范并请他们自行尝试。

对践行理论实施干预的总体原则

对践行理论实施有效干预，要求我们仔细倾听任何决策流程背后的未经检验的假设。在我们的经历中，如果团队正忙着处理他们手头上的工作，或者就某项内容展开对话，如果能有专业引导师在场，践行理论是最容易被识别出来的。当引导师看到践行理论的问题可能造成他们所标榜的价值观和意图与行动和策略中固有的价值观和假设存在差异时，引导师可以对此实施干预。

在我们的经历中，如果团队正忙着处理他们手头上的工作，或者就某项内容展开对话，如果能有专业引导师在场，践行理论是最容易被识别出来的。

践行理论可以在三个层面上展示出来：① 作为个人问题，正如开篇例子中所描述的汤姆试图给萨利提供单边保护；② 作为团队习惯性防御，如团队成员没有公开表示与上司的不同看法或就汤姆的低效提出挑战；③ 作为组织惯例，如与团队的核心价值观不一致的政策。随着时间的演变，团队可以看到，如何重新界定某个场景中的践行理论。

先订立合约

在做出干预之前，与团队或个人就践行理论订立实施干预的合约，这点非常重要。这些干预将触及更深层次而不仅仅就基本规则做出干预。所以，这些干预更耗费时间，需要团队成员表现得更坦诚并进行反思，也会涉及更多的可以觉察的风险或威胁。通常，你不会在基础型引导中就践行理论做出干预（一天或两天的工作坊），这是因为，你已经与团队订立了完成具体任务的合约，而无须顾及团队或个人的发展。另外，基础型引导也难以产生所需的数据去支持你对践行理论实施干预。

为了与团队订立清晰的合约，团队需要介绍单边控制模式和交互学习模式的概念。这可以帮助他们理解标榜理论和践行理论之间的差异。与团队成员沟通这些概念并让他们理解其中的含义非常重要。通常，这包括仔细界定术语并分享具体的例子和故事。

有关思维模式、践行理论和标榜理论的介绍，请参考第 4 章“理解指导我们行为的理论”。

就践行理论实施干预的优点，以及引发的可能后果如个人风险与额外的时间投入等开展一场公开讨论，这颇为重要。只有这样，团队成员才能就是否继续讨论践行理论做出自由并知情的选择。重新订立合约也需遵循这样的方式，因为只有当团队对这样的干预有所体验时，他们才可能就他们的参与真正做出自由并知情的选择。

如果团队拥有一套清晰的价值观，对践行理论实施干预会变得更加容易与清晰。这样，标榜理论和践行理论的关系得以清晰的描述。我们经常援引这样的例子与团队开展真诚的对话，那就是他们是如何标榜类似的价值观却拥有另一套践行理论的，这就导致他们的行为与价值观出现不一致，或者需要在情境中重新界定价值观。例如，为了避免他人因自身的行为陷入潜在的窘迫境地中，我们中的大部分人会采取单边保护的践行理论。我们认为，避免分享这些信息，或者被问及时给出一个无关痛痒的谎言，这些是可以接受的。但是，我们中的大部分人忽视了，这其实与我们所标榜的诚实的价值观不一致，尽管其他人没有看到其中的差异。通过讨论类似简单而又常见的差异，我们可以帮助团队掌握基本概念并向前推进，从而可以在更深层次上检验与他们的标榜理论出现的不一致之处。

遵循诊断—干预循环

就像其他干预一样，践行理论的干预模式遵循了诊断—干预循环的六步骤。事实上，使用该循环中的步骤更为重要的理由有二。其一，这些干预通常基于一段时间的行为模式或一套复杂的互相关联的假设之上。每个团队成员需要知道你实施干预的数据来源（实际发生的言语和行动），以及你实施干预时所依据的推论。因为你在对根深蒂固的假设进行干预时，你需要多次重复该循环才能完成践行理论的干预。其二，因为他们需要的是更多的自我揭示，对践行理论实施干预往往会让人们产生防御心理。准确使用该循环通常会降低产生防御的可能性，因为你所干预的团队或个人可准确地捕捉到你的逻辑。

请参考第 6 章“诊断—干预循环”。

循环中的步骤五可能需要重复数次，哪怕其他步骤并不需要这么做。这个步骤通常会变成一系列的解释和提问，这可以帮助你去探索他们行动背后的推理过程或探索其他的假设，以指导你重新设计下一步的行动。

在干预中使用基本规则

对践行理论实施干预时，你所做出的陈述或给出的提问需与基本规则保持一致。示范对话中的桑迪帮助团队成员检验假设和推论，给出具体的例子并解释其陈述、提问与行动背后的推理与意图。在使用诊断—干预循环时，通过陈述其对团队行为做出的观察和推论并加以检验，他将主张和探询结合起来。他与团队和汤姆共同商定是否要花费时间在干预上并讨论话题的次序（例如，先核实汤姆的想法，然后帮助他思考该说些什么）。引导师示范基本规则非常重要，因为这确定了交互学习模式的基调，当引导师不在现场时，可帮助团队学习如何有效地使用基本规则来讨论潜在的艰难话题。

请参考第 5 章“有效团队的基本规则”。

从差距最为显著的地方开始

我们习惯于建议引导师从差距发现的地方开始。践行理论的问题对于个人或团队而言不那么容易发现。当你进行干预时，从标榜理论与践行理论中差距最为明显的地方开始，这可以帮助团队跟随你的推理过程。他们可以更好地理解这些差距所引发的可能后果。如果最为显著的差距是与交互学习模式的核心价值观不一致的政策，我们会发现，从结构层面开始实施干预效果最为明显。通过讨论政策背后的假设，大家可以更加容易探讨支持这项政策的员工所持有的价值观和假设。

有一个记忆犹新的例子。某团队制定的更为严苛的差旅政策带来了不曾预想的后果，造成大家将宝贵的时间花费在无效的文案工作上。许多人尝试绕开而不是遵守这项政策。随之而来的是更为严苛的规定及更为糟糕的执行效果。如果从不曾预想的后果与预想的后果开始切入，团队可以探讨这项政策背后所嵌入的价值观和假设（例如，不可轻信员工，所以必须予以严格控制）。这样大家可深入探讨经理提倡更为严格控制的践行理论，以及他认为人们如何对正确行事做出承诺的假设。尽管他提倡承诺，但他的行动强调的是遵从。如果不是首先帮助他和他的团队看到他们的践行理论是如何在组织结构中发挥作用的，就难以提出这个话题并讨论个人的践行理论。

在另一个类似的例子中，团队成员在会议中例行公事般地听从上司的指令。我们开始在团队习惯性防御层面实施干预，这促使大家探讨与上司持有不同看法的价值观与假设。另外，信息与团队成员的行为有关，与某个具体的个人的关系不那么明显，所以我们的干预从团队开始。团队和引导师可共同商定在层面一、层面二或所有的三个层面上来探讨践行理论是否合适。

对践行理论启动干预从来就没有唯一合适的地方。我们建议你可以从模式表现出来的地方入手。随着时间的推移，个人和组织可以培养出察觉并审视更为微妙和更具挑战的践行理论问题的能力。他们学会重新界定核心价值观与假设，这样可最终提升整个团队乃至组织中所有员工的有效性。

第 45 章

引入核心价值观和基本规则

杰夫·科易

Koeze 是一家生产和销售果仁巧克力的小型家族公司。这家公司有 35 位员工，公司成立于 1910 年。1996 年 9 月我加入这家我父亲所持有的公司，他经营这家公司长达 30 多年。公司里的每位员工都接受过如何使用核心价值观和基本规则的培训，还有数位员工，也包括我，参加了专业引导技巧工作坊。在本章我将介绍我是如何对在本公司中引入核心价值观和基本规则产生兴趣的。另外，我还将介绍我们是如何与罗杰·施瓦茨一起引入这种方式的。

背景

1996 年 5 月我在位于教堂山的北卡罗来纳大学政府管理学院担任教授。罗杰·施瓦茨、迪克·麦克马洪和佩吉·卡尔森都是我的同事。和他们共事时，我对专业引导技巧并不陌生，我曾参加过他们举办的为期两周的团队引导课程。当罗杰努力尝试说服政府管理学院的教授和行政管理部门在会议上采用核心价值观和基本规则时，我曾目睹整个事件的发展经过，虽然他的努力最终以失败告终（但行政管理部门的员工决定采用这种方式）。但由于教授传统上习惯于单兵作战，另外，我的行政管理经验并非十分丰富，所以我对这种方式的熟悉更多停留在学术层面。我的相关技能也有限。

1996 年 5 月，我离开大学加入 Koeze 公司，并聘请罗杰在随后的数月中主持系列会议的引导工作，我的父亲和我及所有向我父亲汇报的员工参与界定我在公司里担任的角色，并规划相应的流程来帮助我接替我父亲在公司里担任的职位。罗杰在这些会议中的绝大部分任务是担任基础型引导而不是发展型引导，但参与者享有相关信息来评估罗杰和他的方式。

在整个公司引入引导型领导

当过渡工作在 1997 年春天接近尾声时，我提出有无这样的可能性，让过渡团队在日常工作中采纳核心价值观和基本规则，而不仅仅在过渡期间采用这种方式。我们在 3 月的会议上讨论此事并计划安排罗杰在 5 月提供深度培训。其实，这就是向发展型引导过渡，目的是帮助我们在组织中引入引导型领导方式。

请参考第 43 章“发展型引导”。

规划团队通过电话会议制订工作计划，罗杰随后给整个团队提供了备忘录并勾勒出培训安排。

请参考第 27 章“撰写并分析左边栏目案例”。

一旦提出要收集左边栏目案例，反对意见就开始冒泡了。一位团队成员在启动阶段就选择拒绝参与。其余人在罗杰主持的电话沟通会议上也表示了他们的担心，这些担心主要是围绕这是否会揭开团队中已有的伤疤及这样做所面对的风险。在后期的反思中，几位员工谈到了他们对于撰写案例的顾虑。其中一个人撰写了好几个案例，但他只愿意在团队中分享最没有挑战性的那个。

和罗杰分享了他们的担心后，团队中每个成员都同意撰写案例。其中的几个案例涉及团队成员之间的挑战事项。其中的一个案例特别有意思，因为两个人撰写了同一个话题，这样，我们可以分析两个“左边栏目案例”。

接受培训并就使用核心价值观和基本规则获得大家的同意，整个团队有意将培训推向整个公司。我们邀请三位非过渡团队的成员与原来的团队成员一起参与培训的规划。和罗杰一起，我们决定安排一次全体员工会议来讨论核心价值观和基本规则，这样每位员工就是否参加可做出自由并知情的选择。会议在 6 月早期举行，这个月末罗杰会回来继续培训我们。最终，每位员工都参加了培训并同意使用核心价值观和基本规则。

原有过渡团队中的成员享有类似的机会，就其是否参加培训做出自由并知情的选择。有几个人说，他们虽然可以做出拒绝参加的选择，但是他们非常清楚，如果他们发现自己与整个公司文化出现脱节，最终他们将不得不离开公司。几乎所有人都说，他们感受到了新总裁“推行此项目”所带来的真正压力，他们以为其他人也是这么想的。

就引入所做的一些反思

在 Koeze 公司推行核心价值观和基本规则的主要特征是，关注流程中每个步骤的选择。在每一步：聘请罗杰担任撰写顾问，过渡团队转用发展型引导，整个公司采纳核心价值观和基本规则，我们给员工提供了选择，听取了他们的看法并讨论他们的关注点。

我的确好奇他们是否知道他们正在做些什么，尽管有好几个人说，他们马上就察觉到核心价值观和基本规则要求他们做出让人心烦的改变。根据我参加专业引导课程和与罗杰及其团队共事的经验，我知道如果想要掌握交互学习模式的核心，必须不断实践。基本规则如“将主张和探询结合起来”看上去并无多大伤害。事实上，唯一让人感到惊恐的是“讨论不便讨论的话题”这个基本规则。

践行理论的改变可以带来非常深刻的转变，并将带来思考和行为方式的根本性转变。从来就没有简单易学的方式告诉某个人这是什么，或者对于某个人而言这意味着什么。

践行理论的改变可以带来非常深刻的转变，并将带来思考和行为方式的根本性转变。从来就没有简单易学的方式告诉某个人这是什么，或者对于这个人而言这意味着什么。

持续学习的挑战

过渡团队从 Koeze 公司采纳核心价值观和基本规则的那刻起就清楚，我们需要不断提升技能。问题是如何提升。从财务角度讲，持续聘请罗杰和他的团队超过我们的承受能力，而当时并无专门的引导型领导或引导型管理的公开课。所以过渡团队聚在一起讨论是否需要把员工送到专业引导技巧的公开课上接受培训。[1]

我们认为这是最佳选择并决定负担两位学员的费用。我们的一致看法是，第一年应该派遣我们的生产经理和人力资源总监参加培训。然后，每年派遣一到两位员工参加。我们已经提供了一些基础性培训，并在内部坚持不断回顾基本规则。我们也聘请罗杰和他的团队来帮助我们解决难度比较大的话题，尤其是当我们最有水平的人也深感为难时，因为他们也被直接牵扯到某些难题之中。

我们对每个人的期望是，我们中的每个人在彼此交流时总是使用核心价值观和基本规则。正如预期中的那样，大家在技能、承诺乃至专业上取得的进步各有不同。由于缺乏外部顾问始终如一地参与发展型引导的导入和技能提升，我们的进步不是那么理想。我们本可以做一些提升自己的事情但也没有去做。我探讨过阿基里斯所建议的录音与转录对话（Taping and Transcribing Conversation），但是对此我们没有做出承诺。我们的自我点评很快沦为例行公事，因其作用不大而最终停止。

但是，也有些传闻中的证据表明事情还是有些不一样。一位曾在大型汽车厂和家具厂工作多年的新入职员工最近提到，他非常惊讶于我们公司的开诚布公与直言不讳的氛围。我的感觉是，在某些情形下，我们所接受的培训让我们可以应对艰难话题，尤其是那些事关薪水和绩效的话题。如果没有接受过这样的培训，这些话题或被回避，或处理不当。

我认为我们的思维比以前也略有改善，因为我们小心翼翼地检验假设和推论。在最近的一次会议上，一位哲学教授评论，他非常震惊地听到大家如此执着地询问彼此的推论，他本人非常希望在他自己的会议上，大家也能同样在意彼此做出的推论和构建的假设。

在我父亲 1997 年的退休晚会上，员工表演了小品。其中的一位朗诵了含有核心价值观和基本规则的幽默短文，是由我父亲常挂在嘴边的话改编而成的，其中的几句话是“听我的还是听大家的”“谁付你薪水”“你没看到公司法人处写着谁的名字吗”。

但我依然看到我们使用单边控制模式来保护自己。我依然可以看到大家顾及颜面，或避免艰难对话，或按照防御模式行事，或习惯性地陷入单边控制模式之中。事实上，尽管我们都接受过培训，我最近还是遇到大家避免给其他人就其表现提供负面反馈的情况，这是公司文化的一大特色。

越挫越勇

尽管面对艰巨的挑战，但所有人都说他们不会放弃所学习的核心价值观和基本规则。

当我询问原有的过渡团队中的员工对他们在核心价值观和基本规则上的体验做出评价时，有两个相关的观点浮现出来。第一个观点认为，尽管花费 6 年的时间在学习上，但是老的习惯岂能一朝一夕就发生根本性改变？所以，使用核心价值观和基本规则依然是一个相当艰巨的挑战。

尽管面对艰巨的挑战，但所有人都说他们不会放弃所学习的核心价值观和基本规则。这就涉及激励他们前行的动力是什么。答案包含在第二个观点之中：核心价值观和基本规则给他们发出自己声音的机会。培训之后，他们有了表达自己想法的工具，而原本他们觉得应保持缄默；借助交互学习模式，他们觉得发言的舞台更为宽阔，哪怕不完全是这样，但所提供的空间也足够大，这让他们真正感觉到发表自己看法的必要而不是沉默不语，因为他们期待自己的声音会得到真正倾听。

注释

1. 有关 Roger Schwarz & Associates 的公开课和内训课请登录 www.schwarzassociates.com。

参考文献

Argyris, C. *Knowledge for Action: A Guide to Overcoming Barriers to Organizational Change.* San Francisco: Jossey-Bass, 1993.

第 46 章

从学习如何领导到领导学习

乔 · 赫夫曼

北卡罗来纳州劳林堡市的一天清晨，从家中的窗户向外望去，路面被下了一夜的近一英尺厚的大雪覆盖，其实这个城市很少下雪。我是城市经理，当有人来电询问我今天是否要关闭公共和行政管理人员办公室时，一想到安全是最重要的，我很快回复道："关闭市政大厅。"我自认为处置得当，反应迅速而又果断。如果我没有这么做的话，其他人会认为我缺乏领导力。

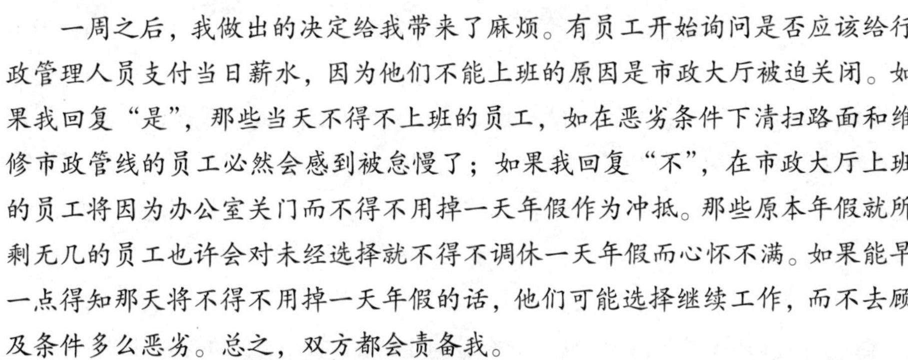

一周之后，我做出的决定给我带来了麻烦。有员工开始询问是否应该给行政管理人员支付当日薪水，因为他们不能上班的原因是市政大厅被迫关闭。如果我回复"是"，那些当天不得不上班的员工，如在恶劣条件下清扫路面和维修市政管线的员工必然会感到被怠慢了；如果我回复"不"，在市政大厅上班的员工将因为办公室关门而不得不用掉一天年假作为冲抵。那些原本年假就所剩无几的员工也许会对未经选择就不得不调休一天年假而心怀不满。如果能早一点得知那天将不得不用掉一天年假的话，他们可能选择继续工作，而不去顾及条件多么恶劣。总之，双方都会责备我。

我颇为沮丧。我自认为是一个好的领导。在我的头脑中有一个有效领导的清晰模样：哪怕身处艰难处境却依然可以快速、有效地做出回应；这是一位英雄人物，他愿意授权并让员工参与到工作中。当时并无明确的政策可资借鉴。我做出了自认为还不错而且相当快速的决策。而现在，我却不得不花费宝贵的时间重新回到我之前做出的这项决策上。我需要倾听两边的争辩，无论我做出什么样的决策，必然有一方赢而另一方输。为什么一个如此简单的决策会带来不曾预想的后果并让这么多人不开心呢？他们的不满会带来什么样的长期后果呢？

这不是我第一次遇到这样的问题。有很多次我需要为先前自认为还不错的决策而到处救火。我们中的领导人又有多少次不得不一而再、再而三地反复处理某件事情？员工为什么期待领导做出这类决策呢？难道他们不能自行找到答案吗？难道这就是所谓的员工授权吗？不，我们需要秩序和控制，不是吗？应该有规则。如果没有规则，事情就会一团糟。我陷入两难窘境。实话实说，我必须承认之前我曾多次像这样被卡住了。我按照之前被教授的方式去实施领导。我运用了最新概念。我不是独裁者。我让员工参与到影响他们的决策中，但这耗时太长，从个人角度来讲并不那么令人满意，而且并不像绝大部分书中所说的那样容易发挥作用。

我找到了脱困的方法。我自认为找到的领导方式不仅可以激发员工担责，解决很多之前被认为是无解的窘境，而且可以创建致力于学习并对其服务对象做出更为积极响应的组织。这个解决方案并不仅涉及管理技巧，而是一个自我发现之旅，可让那些旅行者的人生变得更加丰富多彩。它拓宽并加深了有关人际互动的理解，并成倍提升了基于有效信息做出良好决策的能力，而且能够得到其他人的理解和支持。

学习如何领导

我对管理原则的理解起初形成于我所参加的公共行政管理硕士课程的学习，以及随后在北卡罗来纳州埃尔金镇和哈夫洛克市九年中担任城市经理的经历。在这些职位上，我了解到层级制的局限，所以我试图通过与员工建立强有力的人际关系来缓解层级制的影响。当时我真的不知道应该如何运用在我看来能在组织中更好发挥作用的领导方式，对此我至今记忆犹新。

现在回想起来，当我在某种程度上将其他人融入组织中时，我所使用的方式其实就是我现在所知道的单边控制模式。实际上，我利用聪明的员工帮助我做出决策或提出建议。我对改变自己的观点和想法难以持开放态度，而且基本上我是利用现有的层级渠道来完成任务的。

在 20 世纪 90 年代中期，发生在我身上的几件事情促使我去反思自己的管理风格。有好几次，因与我共事的员工管理团队持有不同看法，我不得不就已经做出的决策或提出的建议做出重大调整。举例来说，在某次会议上讨论新的预算计划中需新设立岗位的优先次序时，我极力主张先考虑新的技术岗位，而大多数人主张先考虑新的消防负责人的岗位。我们最终决定先考虑消防负责人的岗位。尽管起先我觉得自己勉强同意了团队的想法，过了一段时间后我才意识到大多数人做出的决策好于我独自一人做出的决策。更重要的是，随后消防部门所做出的重大改进都源自新任命的这位消防负责人的建议，而推迟考虑技术岗位也没有带来什么负面影响。

几年后，我渴望在自己的职业生涯中迎接更多的挑战，但是不知道需要面对哪些挑战。我读过几本颇具影响的管理学书籍，其中包括彼得·圣吉的《第五项修炼》。这本书关注的是如何创建一个学习型组织。我赞同其中的一些观点，但不知道应如何将这些观点付诸实施。

1998 年我听说劳林堡市的城市经理这一职位出现空缺。通过研究这个职位的相关信息，我了解到该市正在尝试组织发展的实践，这参照了彼得·圣吉《第五项修炼》一书中的概念、阿基里斯的著作和罗杰·施瓦茨的进一步研究成果。当我在《受欢迎的政府》上阅读到劳林堡市打造学习型组织的倡议时，我认为参与到这些活动中是件自然而然的事情，而且这是一个简便易行的方法，能够帮助我找到我一直在苦苦寻觅的方式。在我的聘用面试中，我告诉他们我与管理团队合作的经验，以及非常乐意接受劳林堡市打造学习型组织这一做法。

在劳林堡市的工作经历

任何认为我理解劳林堡市正在发生的事情或学习所需的新技能不是一件难事的想法很快被证明是错误的。起初，我依然大量使用过往数十年中我习以为常的管理方式。劳林堡市政府的管理团队成员巧妙地对我做出回应。我感觉到管理技巧绝非仅仅阅读几本管理书籍并认同一套价值观和信念这么简单。

该管理团队在发展型引导师迪克·麦克马洪和安妮·戴维森协助下，其表现与我之前共识的团队大相径庭。迪克和安妮与团队一起共事三年。在这三年期间，团队所掌握的表现和沟通方式对我来说十分陌生。回首往事，我怀疑最初的几个月对于团队来说应该也非常艰难，因为我不知道我自己有多少东西不知道。慢慢地，我开始追赶上来。

在不放弃控制的情况下实施领导

一开始，我就了解到，作为一位城市经理通过让团队参与到决策中，我并没有放弃控制。虽然这不是学习型组织的要求，管理团队已经选择了在做出实质性决策时必须达成共识。一开始，我不知道在议会—城市经理这种政府组织形式下，达成共识应如何与履行议会赋予我的职责保持一致。过了一段时间后，我开始认识到，共识可帮助我们做出更好的决策，尤其在那些与政策相关的议题上。在劳林堡市，我们在分析数据、发表各自不同观点并听取不同看法之后才达成共识。我了解了一个有效团队无须借助“非赢即输”的态度来谈判或捍卫立场。相反，当有人提出某个观点或主张某个立场时，他需要陈述其背后的推理过程并分享相关信息。在团队讨论中，有人要求澄清数据。如果有人提供了新的数据，团队会做出不同的决策。如果有人不赞同某项行动，这个人必须说明他为什么不赞同并且提供相应的数据。如果新的数据确有不同，也许大家会共同决定改变之前的决策。如果数据没有得到分享，那么持不同立场的观点也就无法站住脚。

这个流程的好处对我来说变得越来越明显。其中一个记忆犹新的例子就是如何应对下雪天关闭办公室的窘境。

管理团队希望成立员工委员会来制定关闭办公室的政策，邀请直接受到影响的人员参与决策，这看上去比较合适。我们也认为，我们未必清楚员工的利益并拥有相关信息，而这些有助于制定有效政策。管理团队成员列出了需要员工委员会考虑的他们认为合情合理的利益。如果不曾分享他们的担忧和关注点，管理团队就是在放弃履行其职责。为了制定一项应对恶劣天气的政策，管理团队给员工委员会提供了一份需要得到满足的利益清单。

请参考第 17 章“共创使命和价值观”，

当管理团队收到建议的政策方案时，一位团队成员对此表示了不满。但是，通过讨论和澄清，很明显这份方案满足了管理团队的利益。对于满足了自身利益的方案却依然表现出防御态度并不予以支持，这是件困难的事情，特别是当管理团队需要示范与价值观和信念保持一致的行为时。当我向市议会提出该份方案时，我对于这份方案获得通过表现出相当的自信，我还分享了员工在政策的制定过程中所发挥的重大作用。

市议会一致通过了这份方案。如果我们采用其他的流程，那么很有可能政策的弊端在付诸实施的时候才会被发现。

看到不一致之处

> 过了一段时间后，我认识到自己也是问题的成因之一，从中也看到了自己行为中出现的不一致之处。

在我理解了学习型组织的相关概念后，我开始看到其他人行为中表现出来的不一致之处。每当我看到接受培训的员工的行为与我们标榜的价值观和信念不相一致时，我总是感到吃惊。但是，过了一段时间后，我认识到自己也是问题的成因之一，从中也看到了自己行为中出现的不一致之处。在讨论中我还发现，当其他人发表看法但没有说明他们看法背后的推理过程时，我可以马上识别出来。过了一段时间后，我认识到，我在发表观点或挑战某人的观点时，并未清晰地分享自己的推理过程。

另外，我对其他人做出的推论并没有去检验，也没有要求他们予以澄清，这是我行事不一致之处。在我逐渐认识到自身是造成这一问题的成因后，我开始出现了转变，对此最为妥帖的描述来自安妮·戴维森，也就是从“不知道自己不胜任”到“知道自己不胜任”，再到“知道自己胜任”，直到“不知道自己胜任”。

持续学习

我发现与接触相同概念的人一同练习新学到的知识特别有用。参加过培训的员工或其他人经常愿意告诉我在他们看来，我或组织中的其他人表现出的言行不一之处。通过这种自我探索流程，我更加清楚地了解了我的有效和无效行为模式及其后果。其中的一

个最好例子来自一位参加了早期学习型组织概念培训课程的员工。

> 我从其他人那里听说这位员工认为培训并非物有所值。在课间休息时，我向他寻求意见。他正准备告诉我他所看到的管理团队成员表现出来的不一致之处。他的具体担心来自管理团队在公用设施延伸项目中所使用的一套流程。他认为，管理团队在调研居民对于污水管线安装质量的看法时，还应将其他人纳入决策流程中。他尤其认为自己应该参与到决策之中，因为他就是这个项目的巡视员，居民调研反馈结果将直接影响他。
>
> 我询问他是否可以和接受培训的同事们一起讨论这件事，他同意了。结果是大家就其担心管理团队没有将相关人员纳入决策中展开了有效的讨论。他也分享了他对于管理团队的其他看法。虽然并非所有讨论的问题全部得以解决，但了解组织中其他人的想法让我意识到示范与价值观保持一致的行为的重要性，以及就与我们标榜的原则不相一致的行为所产生的后果进行反思的必要性。

将董事会纳入其中

2001 年 2 月，市议会举办了系统思维的培训课程，作为他们年度静修的一部分。迪克·麦克马洪所分享的一个观点是，在市议会成员参加学习型组织培训之前，管理团队需要框定他们所带来的问题。给市议会提出的建议包括既要提供支持某项行动的信息，也要提供反对某项行动的信息。只有这样，市议会才能对最终做出的决策负责。这种方式与单边控制的哲学相反，单边控制哲学体现在避免让市议会接触到令人不快的信息，或者为了获得其支持而不去分享某些信息。决策的可靠性和能否获得内在承诺看上去取决于市议会的决策流程从一开始就分享所有的相关信息。

持续挑战

在参加了管理团队的大部分引导会议之后，通过识别运作良好的事项，以及可以改善或有待改善的事项，团队不断进行反思和学习。基于同样的精神，我列出了到目前为止我在学习中所经历过的挑战。

帮助他人看到其不一致之处

当我初到劳林堡市时，我与组织中的任何员工从未有过任何来往。正因为我在接触学习型组织原则之前与他们素无来往，所以我无须害怕他们看到我的不一致之处。但是，当我开始将培训中所学到的知识运用到实际工作时，组织中的员工仍然可以发现我行为中所表现出来的不一致之处。鉴于我尚在学习阶段（其核心是不断付出努力），我知道自己会不时产生无效或防御的行为。一些参加培训的员工说他们也看到管理团队中表现出的不一致行为。

我运用这些讨论来帮助自己了解应该如何在以身作则和表现一致等方面做得更好。但是，我也是直到最近才开始帮助他人了解他们自身在问题中的责任。我认为我可协助劳林堡市打造学习型组织的下一步举措是，帮助他人了解他们的不一致行为是如何共同造成了低效结果的（不管是有意还是无意）。

学习的主要机会之一是帮助员工设计如何主持艰难对话，以及协助员工跨越传统组织的边界。这意味着警官可以和财务官员讨论某个问题，而不仅仅是与警官的上级讨论此事。任何员工都可以来找我，而无须担心被视作打上司的小报告。有趣的是，当我帮助员工设计如何主持一场艰难对话时，或者要求他们运用学习型组织的原则时，员工从中收获颇丰，与此同时我也发展了自身的技能。另外，如果我坚持这项原则，通过展示这种方式的合理性及其带来的价值，我不仅示范了这种方式，而且帮助大家持续保持这种行为。

请参考第 40 章“帮助团队理解他们对系统的影响”和第 42 章“如何避免你上司和你的低效”。

我认为，减少不一致行为所带来的防御，以及对反馈做出无效回应的最好方式是以身作则。这就要求学习本身不要变成无谓的防御。例如，如果我将污水管线巡视员的最初评论视作威胁并且对此做出防御反应，我就扼杀了他讨论问题的意愿，并强化了他对管理团队行为的看法。同样，如果以非防御态度对我自身存在的不一致行为做出回应，我就可以示范如何开展有效的回顾。如果需要给出负面反馈，采用高效的问题解决技巧特别有效。正因为这些技巧不易掌握并需要耗费相当时间才能学会，任何有志于使用这些技巧的人都需要对学习做出重要承诺。

在组织外的尝试

与组织外的人士互动时使用学习型组织原则，这将显得比较困难。哪怕你成功地去掉了那些术语，对于不熟悉学习型组织的人来说，你的行为依然会让他们感到迷惑不解。

请参考第 24 章“减少使用专业引导技巧术语”。

例如，我认为劳林堡市管理团队的一个有效方法就是坚持某些原则。这些原则指导大家分享相关信息，讨论不便讨论的话题。鉴于事关他人的私下负面谈话通常效率低下，团队试图重新框定他们的想法，并对于他人的行为分享各自的想法和担忧。在一个充斥着情绪或政治操纵的环境中，一个人如果不了解讨论不便讨论的话题背后的意图，很有可能将我们的行动错误地解读为缺乏同理心或公然表示反对。我本人时常发现，当我本想与董事会或管理团队分享信息时，我经常被不熟悉学习型组织原则的人士所误解。想要清楚地解释自己的推理过程和意图是一件极富挑战的事情。

耗时太长

另一个问题是有人认为学习型组织的决策过程耗时太长。考虑到运用系统思维和共同决策所需付出的努力，一项深思熟虑的行动所花费的时间比依赖一个人或现有政策做出决策当然需要耗费更多时间。初到劳林堡市时，一位员工告诉我某项决策耗费了太长时间而我应该做出决策。我的推论是这位员工认为我没有履行我作为城市经理的职责，并且认为我将自己的权力让给了其他人，这个推论让我怀疑我是否在有效处理事情。虽然我个人认为在一个学习型组织中，经理的角色与在传统型组织中有很大不同，但也存在这样的可能，那就是在一旁观察的人认为经理没有履行其领导职责。这可归因于员工认为领导应该是一位专家，而不是学习者。

欲了解有关时间方面的讨论，请参考第 7 章“系统思维和系统行动”。

组织的支持

最后，我认为我在劳林堡市学习型组织的经历彻底改变了我的视角。如果只是认为我变成了一位更有效率的城市经理，这显得有些保守。我对于人际沟通的观点发生了改变，因为我认为这是终身学习之旅。我相信我会继续学习，因为我认为它物有所值。我从未有过放弃学习这种念头，我怀疑当那些接触过学习型组织的人如果被重新安排到非学习型组织中，或者在不接受学习型组织这种概念的组织中工作时，他们可能将这样的调动看成惩罚。同事的互相支持是学习之旅重要部分。

建议

我极力主张经理学习和使用学习型组织的方法。它的好处数不胜数。我个人的成长经历及作为城市经理更加高效可以说明这点。以下是我的学习建议。

1. 与有学习型组织经验的受训引导师一起工作。在我的例子中，北卡罗来纳大学政治学院的教授及相关的咨询顾问的帮助价值很大。

2. 建立一套流程来识别需要哪些组织成员在承担共同设计的流程中担任领导角色。

3. 在获取董事会的支持时，向董事会讲解有关学习型组织的优势。

4. 公开讨论。如果组织中的其他人也可加入讨论，并且在第一时间了解到大家的努力，他们会理解这一流程或至少不会觉得被流程排除在外。

5. 在相关培训中让了解学习型组织的人参与进来。正式的工作坊和精心挑选的书籍有助于加深大家对学习型组织的理解并可拓宽视野。与其他付出类似努力的人员讨论学习型组织也是有帮助的。

6. 练习。练习的最好方法是与他人一起使用这些方法。向不熟悉这些方法的人解释你的缘由。否则，他们可能不理解为何行为要改变。

最后，要敢于冒风险。想要有所进步必须敢于冒风险。依据职位本身的特点，我猜测许多经理会自然而然地认为学习的风险很高。正如2000年我在北卡罗来纳州市/郡经理大会上与同事们所做的分享中所说的："我不是说如果你不参加学习型组织培训这项活动，你就不安全。但是，如果你感到不安全，你很有可能就不愿意参与此类学习了。"

虽然参与此类学习的风险是真实存在的，但是相比于继续按照惯有的方式来实施管理所导致的沟通不畅及产生不曾预想的后果，这个风险其实微不足道。

参考文献

Davidson, A. S., and McMahon, R. R. "One City's Journey Toward More Responsive Government." *Popular Government,* 1999, 64(2), 12–29.

Senge, P. M. *The Fifth Discipline: The Art and Practice of the Learning Organization.* New York: Doubleday, 1990.

第 47 章

反思引导型领导

杰夫·科易

在第 45 章中，我简单地描述了我与罗杰·施瓦茨及其同事的关系，以及我是如何将引导型领导这种方式引入我本人所在的公司的，那时我已在这家公司任职六年。我可以分享成功和失败的故事，但我认为分享这些故事并不是那么紧急。相反，我更愿意探讨我为何一直努力坚持践行交互学习模式，并反思我们所面对的压力，以及这些压力是如何让交互学习模式的使用变得痛苦的。

通过将“自由并知情的选择”包括在核心价值观中，罗杰将选择置于个人和组织道德的中心位置。第一次看到这项核心价值观时，我当时并未觉得这项核心价值观有什么与众不同之处，但现在这项核心价值观在我眼里的地位迥然不同。无论我从哲学、政治、心理学，还是从道德的角度来看，都是如此。我对此的探讨可以另外成书，但从道德角度给出的论据对我而言最有意义。我将其总结如下：尊重他人就是让他们自行做出选择，并且充分发挥他们做出这样选择的能力；而不尊重他人表现为控制或操纵他人。在此可以借用一句话，这句话就是“如果将对待他人的方式看成手段而不是目的，在我看来，这就是不道德”。

尊重他人就是让他们自行做出选择，并且充分发挥他们做出这样选择的能力；而不尊重他人表现为控制或操纵他人。在此可以借用一句话，这句话就是“如果将对待他人的方式看成手段而不是目的，在我看来，这就是不道德”。

我在引导型领导方式上的亲身体验让我相信如果单从有效性的角度来理解罗杰所教授的交互式学习模式，这至多只是讲出了其中的部分真理。按照罗杰或其他人的定义，我的怀疑是这种方式已经或应该让团队或个人变得更为有效。如果单边控制模式对于 Koeze 这样的公司而言都显得力不从心，那些奉行层级制管理的著名组织（如通用、微软、IBM、宝洁等）则更自不待言。我也曾怀疑如果一位同事使用了这种方式，对这种方式进行了反思，并已经看到这种方式所带来的革命性效果，还会刻意选择回到之前的单边控制模式的管理方式之上。哪怕有此必要，他也会将这种回归看成道德上的失败。

无论你是否赞同我对自由并知情的选择这一核心价值观所做出的道德承诺，或者你对于追寻引导型领导这种方式还有其他动机，每位引导型领导都必须理解现实存在的强大压力会抑制或否认给予大家选择的可能性。这些压力遍布在日常的看法、阶层与权力、抗拒与不合时宜及日常决策之中。

日常的看法

我们可以先从日常的看法开始讨论。在个人层面，我们通常会感到自己的选择受制于外界力量：我们的经济环境、我们的基因、我们过往的经历及我们与他人的关系等。有多少次我们将自己的行为描述成照章行事而非主动选择，如“我不得不去上班了”而不是“我选择去上班”。

更为常见的是，在日常生活的世界中，像我一样，大家可能对这些限制及我们对于这些限制所秉持的信念感到颇为舒适，甚至在大部分时间里，我们还将这些限制视作必须的。我们为什么不去经历这样的一天？在这一天中，我们将某些假设搁置在一旁，不去质疑某些社会角色与期望，不去检验某些习惯。“检验假设与推论”必须得到判断的帮助，了解需要提出哪些话题，何时提出及为何提出；更重要的是，必须了解某个挑战性提问尚未提出或尚未回答的理由是什么。

有问题不问或干脆忘了还有问题要问，这只是一步之差。例如，每年至少有三到四次，某位员工需要回答来自我的探询，我会询问他我们为何要做某事或不做某事。“政策就是这么规定的。”很少有人可以告知制定的政策保留在什么地方，谁制定的这项政策，何时制定的这项政策，为何要制定这项政策。当然，引用某项政策是回避挑战性提问或问题的简单方式，但是我的经验告诉我，这些员工其实认为这些“政策”就像桌子或椅子一样具体而真实地存在着。至少在一开始的时候，当我向他们发问时，他们真的感到惊讶不已。

阶层与权力

美国的政治传统决定了我们中的大部分人对于以下看法会感到理所应当（虽然不是所有的人）：个人在政治领域、经济领域及我们的个人生活上享有自行做出选择的权力，或者至少应该如此。但组织很难如此。从创建以来，Koeze 公司也不是世外桃源。在我父亲的退休晚会上，有的员工就我父亲的单边控制模式开起玩笑，他们按照我父亲的口头禅编排了基本规则的小品。在我就任公司的 CEO 后，我父亲曾交给我一根三英寸长的法官槌复制品，上面镌刻着这样的字样“共识之槌”。有时员工并不是特别介意我父亲采用的单边控制模式的践行理论。但是我确信，在我们非工会的（当然，家族企业坚决反对工会组织）员工队伍中，没有几个人认为他待人不公。

更重要的是，员工持有这种看法对其也有好处。正如彼得・布洛克（Peter Block）所指出的那样，作为放弃控制而获得的回报，我们其实逃避了组织、员工甚至我们自身所应肩负的责任。

引导型领导这种方式可带着选择去挑战员工，而他们原本宁愿相信或假装他们没有这些选择。虽然选择缺失，但他们依然感到安之若素，这可以从我曾经服务过的每家组织中的员工对话中识别出来。我确信如果从我的口中冒出来这个提问："为什么这件事没这么做？"我听到的回答往往是："他们不让我这么做。""他们"指的是那些位高权重却谁也叫不出名字的人：经理、律师、HR 等。无论是从有形的角度还是从组织的角度来说，这些人的权势越高，距离我们越远，用他们做挡箭牌的效果就越好。这类说法应该接受基本规则的质疑，但大家对此已经习以为常，哪怕在 Koeze 这样并不存在"他们"的公司中。要知道我们公司只有 30 多人，大家都在同一幢楼里工作。更重要的是，按照惯例，我已经享有解雇 Koeze 公司员工所指的"他们"的权力。

引导型领导这种方式可带着选择去挑战员工，而他们原本宁愿相信或假装他们没有这些选择。

选择的问题则更为复杂，因为这还涉及社会阶层所面临的巨大差异。商业书籍是专业人士撰写的有关专业人士的话题，也为专业人士所使用，《专业引导技巧》等书也不例外。专业人士从总体而言，对于社会中的权力、财富，乃至机会的总体分配感到习以为常。

罗杰曾经对我说，他认为专业引导技巧可以跨越蓝领和白领之间的界限，我对此毫不怀疑，我也是这么认为的。但是你必须承认，当你面对权力、财富和地位的巨大差距时，你必然会对自由并知情选择这一价值观提出质疑，原本在地位平等的对话中不会提出这样的质疑。如何处理这些话题将变得极为敏感。我只是刚开始学习如何处理这些话题，但我的猜测是，为了能有效处理这些话题，引导型领导及其追随者最终需要将这些话题放在台面上并就政治、经济和社会话题展开对话，而原本他们只习惯于在墙上的口号中或在电视中 30 秒的广告里看到这些话题。在某些情境中，这些口号可能是他们对此话题所拥有的所有语言和知识。（这同样适用于围绕种族构建的对话；我从未有过在那样的情境中使用这种方式的体验。）

抗拒或不合时宜

在《专业引导技巧》一书中，罗杰写道："所谓引导型领导，就是'通过示范如何践行这种方式，你可以给予人们这样的体验，他们随后可以做出自由并知情的选择并拥抱这种方式'。"但总有人对于严格的等级制感到非常自如。总有人对于冲突极为厌恶；事实上，正是冲突的可能性"瘫痪"了他们。总有人对于学习就是没有兴致，尤其对于自身的成长。总有人极端自我。总有人追求极为具象的思维方式，喜欢马上采取行动而无须讨论。总有人在团队中感到不适。总有些宗教或政治的空想家。你不得不与这些人共事或将要与这些人共事。

有关针对不同性格特征的人使用专业引导技巧的讨论，请参考第 55 章“专业引导技巧与 MBTI”。

为了推行交互学习模式而获得必要的承诺，或者为了完成工作，哪怕是领导的确缺乏相应的技巧而导致了失败，我们也必须将以上这些人从团队或公司中清除。从理想的角度来看，团队需学会如何提出并讨论在这些员工身上所表现出来的严重威胁工作或职业发展的缺陷或抗拒，以及团队成员对这些问题成因的影响。

但是对于单个成员而言，提出这些话题所面临的风险太大。如果团队成员愿意等待更有权势的人来出面处理这些问题的话，他们面对的风险相对较低。他们处理的方式也许是公开处理，但更为常见的情况是私下处理。如果出于大多数人的利益而让某人离开，那些猜疑、怀疑、愤怒和冷嘲热讽的人会认为“来看看吧，不是什么都没有改变吗”，虽然这种看法未必不无一定道理。

日常决策

请让我讲述一些显而易见的事实，并非所有人都要参与到影响他们的决策之中或要求他们在决策时提供相关信息。同样，并非所有人都要就是否达成共识做出决策。从那些未被咨询的员工的视角来看，决策规则是有结构的，或者至少在感觉上他们认为这是由其他人单方面做出的决策。显而易见的是，如果总是面对一系列没有选择余地的情形，一个人对于选择的信念和承诺会被不断吞噬。

对于这类问题的常见解决方案是强调更为抽象的选择：对组织的使命、愿景或价值观做出承诺。一旦做出了选择，面对其他各种各样的难题难以抉择的情况接受起来就显得容易多了。但最终，我不认为这么做可以发挥作用。第一，决策很少与这样的宽泛陈述于内在的逻辑上保持一致；第二，手中的决策可能需要重新考虑使命、愿景或价值观。

但是如果从实际出发，重新思考使命、愿景和价值观这样的可能性有多大？任何一个组织如果严肃地看待其选择和内在承诺，最终，他们必然会重新质疑其使命、愿景和价值观。如果已经被记录下来，可对其重新审视；如果没有这么做，这些内容最终将只会停留在纸面上。对于那些相关人员来说，参与使命和愿景的讨论可以是充满创意、富有乐趣、挣脱束缚、建立承诺和赋能的过程。但是看上去，愿景最终将踏上服从或效忠命令的道路，难以避免。如果是这样，引导型领导鼓励选择和内在承诺的一个最好工具就成了二者的共同敌人。

请参考第 17 章“共创使命和价值观”。

与核心价值观和基本规则保持一致，创造愿景的流程将倾听来自整个组织的声音。这个流程可能包括股东、客户、供应商甚至社区成员。然后我们将愿景打印出来，张贴在墙上，制作成塑料卡片在新闻发布会上分发。随后，组织将发生变化。新员工加入，其他人会从经验中学习，认为愿景应该做出修改，这时不一致出现了。这个流程不会重新启动；事实上也难以启动。在某种程度上，对于某些人而言，在某些时刻，愿景会变成不便讨论的话题。愿景会演变成某个团队制作出来的东西而其他人只不过是照章遵循而已。

总结

罗杰对于我在这里讨论的每个话题都有答案："使用核心价值观和基本规则来提出并讨论问题。"他说得非常对。但是我有两个想法：其一是知易行难。无论是大部分经理的背景或他们接受的培训，远不足以让他们做好准备去主持这样的对话。其二是这项工作还没有开展过。

> 单边控制模式的结构根植于我们的思维、语言和社会组织之中。它已经变成我们呼吸的空气的一部分。

单边控制模式的结构根植于我们的思维、语言和社会制度之中。它已经变成我们呼吸的空气的一部分。当我们努力尝试去打造自由、选择和承诺的空间时，在我们眼前，那些限制它们的围墙看上去好像在我们眼前被重新修建。这项任务永无终点，而且非常必要。

参考文献

Block, P. *Stewardship: Choosing Service over Self-Interest.* San Francisco: Berrett-Koehler, 1993.

第 48 章

将专业引导技巧整合到组织政策和流程中

罗杰·施瓦茨　　安妮·戴维森

专业引导技巧不仅可以用于改善个人和团队行为，还可以用于改善组织的政策和流程。实际上，团队流程和对话的质量受到组织结构的影响。当组织中的领导承诺学习交互学习模式的核心价值观时，他们会对那些与核心价值观不相符的正式或非正式的组织规定感到难以接受。组织规定与交互学习模式的核心价值观有可能不一致，不一致的程度将影响个人改变其行为的难易程度。持续的组织变革必须系统化进行。

请参考第 43 章“发展型引导”。

许多制定和影响组织规定的重要而艰难的对话通常发生在非运营部门，如人力资源、风险管理、财务和法务等。我们需要审视这些重要的职能部门，因为影响政策制定的价值观、信念和假设通常都深深地根植于这些部门所涉及的专业规范中。这些部门制定的政策通常与专业引导技巧的原则发生冲突。

许多制定和影响组织规定的重要而艰难的对话通常发生在非营运部门，如人力资源、风险管理、财务和法务等。我们需要审视这些重要的职能部门，因为影响政策制定的价值观、信念和假设通常都深深地根植于这些部门所涉及的专业规范中。这些部门制定的政策通常与专业引导技巧的原则发生冲突。

鉴于很多政策制定的初衷是为了避免组织曾经历过的威胁或潜在威胁，出现这种情况并不让人感到惊讶。考虑到绝大部分人在身受威胁的情况下多会采用单边控制的心智模式，他们所制定的组织政策和流程中含有单边控制模式的要素也就毫不奇怪了。当这些规定（正式或非正式的结构、政策和流程）发生变化时，单边控制模式的核心价值观和假设却并未经过审视或做出相应的改变。

欲了解内含单边控制模式要素的常见组织规定的例子，请参考第 49 章“360 度反馈和专业引导技巧”和第 51 章“调研给组织变革提供了有效信息吗”。

典型的组织规定

以下这几个规定的典型例子来自我们和其他同事曾服务过的组织。

1. 如果某位团队成员表现不佳，主管对其采取改进型行动以提升绩效，但这位主管无法与其他团队成员分享他所采取的行动或行动的详情。他只能说他正在“处理此事”。哪怕起初是其他团队成员当着整个团队和团队领导的面提出这一绩效问题，而且团队成员继续就这位团队成员的绩效向这位成员和领导提供反馈，他也只能这么说。

2. 如果某位团队成员因为绩效不佳或举止不当被辞退，团队领导不会告诉其他团队成员他因何被辞退。在某些组织中，主管甚至不能说这位员工的聘用合同已被终止，而只能说今天是该员工在公司里工作的最后一天。当其他团队成员询问他们所表现出来的行为与这名被辞退员工是否存有相同之处时，主管无法回答这个问题，因为这会让该员工的不当行为曝光。被辞退的员工却可以对其他团队成员就其辞退理由胡说一气。

3. 主管不能与其他团队成员分享绩效或薪酬信息。例如，某位团队成员珍妮特向主管抱怨另一位团队成员塔米在过去三年均有涨薪，而她本人在过去三年中分文未涨。珍妮特抱怨她的表现比塔米好，所以她的薪酬也应该增加。实际上，主管在过去三年并没有给塔米涨过薪水，但塔米告诉珍妮特有这么一回事。主管不能告诉珍妮特她从塔米那里得到的信息是不准确的。在一些公共服务机构中，薪酬或最近一次加薪是公开信息。但在其他组织中，这些信息需严格保密，哪怕薪酬是你本人的事情，组织也严禁你与其他人分享你的薪酬或上一次加薪幅度。

4. 部门负责人各自准备本部门的财务预算并提交给财务总监。每位部门负责人都想多报一些预算，因为他们知道上报的预算或多或少都会被削减。财务总监将各部门的预算汇总后提交给首席运营官并附上他的削减建议。然后他们分别与各部门负责人沟通（当然，某些时候他们会告诉大家需从何处入手）预算削减幅度。但部门负责人从来不会看到其他部门的预算或每个具体栏目的详细数字。大多数人都认为这一流程并不公平，他们认为预算削减幅度一部分原因是基于上级的偏好，所以他们在上报时都会绞尽脑汁并充分证明自己部门预算的合理性。他们有时会毫无根据地将预算金额与运营总监或财务总监的个人偏好联系起来。这个互相争夺、夸大预算要求及不能公之于众的议程安排被称为预算游戏。

5. 风险防范经理要求一线员工任何时候都需佩戴安全装备。给员工配备的安全装备是按照风险防范经理和其他几个部门经理制定的标准来采购的，哪怕员工声称他们的工作只需要更少装备或更为便宜的装备。员工负责装备的保养。一旦发现员工工作时没有佩戴合适的安全装备，他们将面临纪律处分，包括被辞退而无须支付薪水。风险防范经理雇用侦探去偷录员工的工作情况，以此来检查他们是否遵守规定。员工却认为他们比这些经理更了解自己的工作，而且他们可以选择更加便宜的装备并做出更合适的选择。他们讨厌被监控，所以他们和经理玩起捉迷藏的游戏，看能否在破坏规定的同时不被抓住现行。

这些规定所带来的后果是什么

这些规定的本来意图良好。一部分源于尊重员工隐私权这一需求。隐私权是公民的基本权利。哪怕在组织中工作，员工也绝不会放弃他们所享有的隐私权。为了规避风险并确保组织的稳定经营和生存，组织通过遵守法律，采用被广泛接受的会计通用准则及遵循其他的专业最佳实践来达到这一要求。

问题是当你试图通过减少曝光、保护隐私和避免艰难对话来谋求组织的最大利益时，这些政策会带来不曾预想的后果：降低了团队和组织的有效性。从专业引导技巧的角度出发，在许多情况下，如果有关信息未曾得到分享，员工就会做出错误的和未经检验的推论，这将导致他们做出并非完全知情的选择，他们也不会对选择做出任何承诺。这将损害领导与团队之间的关系并降低整个团队及组织的有效性。

例如，禁止经理与其他员工分享他为了解决某位员工的绩效问题所采取的举措，这项政策也是为了保护那位员工的隐私，避免因其隐私可能受到侵犯而引发的责任风险；同时这也帮助那位经理避免与那些希望知道他就当前状况采取了哪些举措的其他员工开展艰难对话。那这样做会带来什么问题呢？

问题是当你试图通过减少曝光、保护隐私和避免艰难对话来谋求组织的最大利益时，这些政策会带来不曾预想的后果：降低了团队和组织的有效性。从专业引导技巧的角度出发，在许多情况下，如果有关信息未曾得到分享，员工就会做出错误的和未经检验的推论，这将导致他们做出并非完全知情的选择，他们不会对选择做出任何承诺。这将损害领导与团队之间的关系并降低整个团队及组织的有效性。

以下是本章开头例子中不曾预想的后果。

1. 主管不能与其他成员分享他针对某位成员所采取的个人绩效改善行动中的任何信息。这就创造了机会让团队成员就主管是否针对有问题的成员采取了行动及采取哪些行动做出推论。这不仅让不良绩效本身，还让有关他的绩效问题是否引起主管关注统统变成了不便讨论的话题。它也带来不曾预想的后果，那就是团队无法帮助那位成员去落实改善行动，这就增加了那位成员被辞退或被调离的可能性。就其本质而言，当主管采取正式行动后，这项政策让十分重要但又非常艰难的绩效问题变成了不便讨论的话题。

2. 团队领导无法告诉团队成员是什么原因导致某位团队成员的雇佣合同被终止。这项政策所带来的不曾预想的后果是其他团队成员就自身的绩效表现或行为是否存在相同问题做出推论。如果团队成员做出了不正确的推论，认为他们也存在那位被辞退员工所表现出来的行为，这种情况将更加严重。团队领导错失了帮助团队成员进一步理解绩效应有表现的良机。相反，误解和担心在团队成员的心目中进一步发酵。

3. 主管不能与其他团队成员分享员工的绩效表现和薪酬信息。在案例中，珍妮特错误地认为塔米的薪资得到调整，这里所带来的不曾预想的后果是，员工拥有的信息并不准确，而他们利用这些信息得出了不正确的结论。如果对这些错误信息没有予以纠正，主管不仅继续保留这些无效信息并且任其不断发酵。珍妮特很有可能执着地认为她受到了不公正的对待，这损坏了她与主管之间的关系。她也会与其他团队成员分享她的不满，这将进一步影响主管在整个团队面前的可信度。

欲了解与专业引导技巧保持一致的绩效管理系统的例子，请参考第 49 章“360 度反馈和专业引导技巧”和第 50 章“实践 360 度反馈”。

4. 部门负责人各自准备年度预算方案以满足自己部门的利益，并试图通过预算游戏来获得尽可能高的预算额度。这种预算流程不仅没有分享信息，而且使部门负责人作为组织中的主要领导却无法了解组织问题与机会。它强化了各部门各自为政的传统心智模式，并导致部门负责人的目的互相冲突，妨碍他们对于在团队中建立依赖关系的理解。他们随后受到了来自上级和下级的责备，指责他们缺乏系统思考，但实际上，他们手中并没有让他们看到彼此关联的重要信息。

5. 要求一线员工穿戴组织提供的安全防护装备。他们的行动受到秘密监控，一旦发现有人没有穿戴安全防护装备，他们就会马上受到纪律处分。这项政策的目的是保护员工安全，员工也的确知道佩戴安全防护装备的重要性。但是，组织为员工挑选安全装备及试图抓住违规员工现行的做法，不仅降低了员工为遵守规定所做出的承诺，而且移走了本由员工承担的责任。一线员工本应该鼓励彼此遵守安全规定，并承担挑选和保养安全装备的责任，他们现在却通过有意破坏安全装备及违反安全规定来反抗风险防范经理的控制和家长制作风。双方不是通过合作来降低个人和组织风险，而是陷入逐步升级、代价昂贵的冲突中。员工对现有的规定越是抵触，风险防范经理就越是希望通过强化标准和增加监控来加强控制。风险防范经理做得越多，员工就越讨厌他，他们就会花费更多的精力去琢磨如何找到创意性方法来规避风险防范经理的举措，这就创造了一个不曾预想的恶性循环。结果是生产率及工作满意度双双下降。

将专业引导技巧整合到组织政策、流程和结构中

将专业引导技巧整合到政策、流程和结构中，包括去探索规定背后的利益。它还包括审视规定在系统各个层面上所带来的不曾预想的后果，以及探讨如何改变这些规定，来整合交互学习模式的核心价值观和假设。以下是采取的步骤。

识别来源

找出有疑问的政策或流程是否源于法律或被广为接受的行业或专业规范，无论政策或流程是正式的还是非正式的，或者这其实不是政策，而是组织中的一项规范而已。比起由组织自身制定的政策或只是被视作规范的政策来说，源自法律的某项政策显然更加难以改变。不要假定某项规定就是正式政策或法律，也许这只不过是因为某人曾这么说过而已。你需要核查信息并请相关人员查看书面文件。在我们的经验中，组织

中的成员有时将某项规定认定为政策或法律，只是因为他们被告知这是政策或法律。但当他们细查时，没有人能够提供资料来源。

欲了解政策的威力，请参考第 47 章“反思引导型领导”。

识别任何你可掌控的要素

如果某项规定真的被你用作规范或指引来指导你去思考如何做出调整，你需要考虑的是，所做出的调整需减少由此产生的不曾预想的后果。我们服务的某个客户组织采取预算制定协作化流程，让所涉及的每位成员在年度预算时有机会坐在一起共同制定整个组织的预算。部门负责人经常向资金需求更为迫切的其他部门提供财务支持。所有人都有责任提交一份公平而现实的预算，反映整个组织而不是单个部门的优先需求。历经数年的预算编制协作之后，这个团队说他们再也不玩预算游戏了。整个预算流程得以全面提速，他们制定的预算不仅有更为长期的考虑，而且兼顾了资本预算。由此，财务和预算人员的角色从控制其他人转为支持他人来共同参与决策制定。团队成员将彼此视为合作伙伴而不再是竞争对手。

准确了解政策的含义

如果一项政策有书面文件，需检视这项政策，并且了解这项政策说了什么，没有说什么。如果一项政策是基于法律制定的，需探讨这项政策是否比法律规定更为严格。在珍妮特和塔米的案例中，经理认为他无法与珍妮特分享塔米的薪酬涨幅信息。他们所在的组织是政府机构，该州法律规定，员工的现有薪酬及最近一次涨幅属于公众信息，可以公开。如果某项政策比源于它的法律限制更多，或者政策在执行层面比政策本身限制更多，我们需要去了解当初制定这项政策的本意。如果不是这样，你就享有更多的自由去分享与之相关的信息。如果一项政策不是书面文件，需与负责制定这项政策的人士探讨其要求是什么。

探讨制定这项政策背后的利益，分享你所看到的利益和不曾预想的后果

我们将政策视作立场，在每个立场背后都隐藏着政策制定者希望满足的利益。你要对政策背后的利益心怀好奇。分享你所看到的政策尚未满足的利益，包括你所看到的不曾预想的后果。询问其有何反馈。

请参考第 5 章“有效团队的基本规则”、第 16 章“帮助团队聚焦利益而非立场”和第 27 章“撰写并分析左边栏目案例”。

探讨如何重新设计来满足利益

探讨是否需要执行一项政策及如何执行一项政策来满足你所识别出来的利益，并减

少不曾预想后果的产生。例如，在隐私权的案例中，政策实施的方式或许可以让人们选择机会去分享他们自己的信息或表明他们的身份。在安全装备的案例中，某客户团队通过旨在增加承诺和担责的方式改变了实践。他们与员工共同设计了一项新的政策，包括给予员工补贴，这样他们可自行购买所需的个人安全防护装备，员工可以从一份许可清单中选取他们喜欢的装备。由此装备的损坏率下降了，而遵守规定的员工人数则大幅度增加。

考虑在政策说明中阐明利益

在我们服务的某个学习型组织中，当政策被提交审核时（这或者是因为它们无法满足组织的需求，或者是因为这项政策被视为与价值观不相符），管理团队或挑选出来的员工将负责审查政策，并且识别新的政策必须满足的利益。当一项新的政策得以公布时，其希望满足的利益会在文件的第一段被阐述，接下来才是对于政策的描述。遵循某项政策并不比满足利益更重要，通常有多种方式可满足所需利益。

第 49 章

360 度反馈和专业引导技巧

佩吉·卡尔森

长期以来我都对 360 度反馈这一话题颇感兴趣。我既对话题本身感兴趣，也对 360 度评估促进行为改变所蕴含的潜力与具体实施之间存在的明显差距感兴趣。这个例子再好不过地说明了我们一方面标榜交互学习模式，却在另一方面基于单边控制模式的假设建立控制结构。

请参考第 4 章“理解指导我们行为的理论”。

360 度反馈的主要目标是从多个角度给某个人提供有关其绩效表现的相关信息。360 度反馈流程认为员工是在系统中工作的，而系统中的众多其他员工如同事、直线下属、主管和客户拥有该员工优点与不足的宝贵信息。其基本前提是通过了解并吸收这些反馈，员工可以提升绩效。从表面上来看，它和专业引导技巧的基本规则“分享所有的相关信息”并行不悖，但在实施过程中，有效信息往往付之阙如。

相当一部分研究已聚焦在利用 360 度反馈来提升绩效的失败案例上。对这些研究所做的一项回顾发现，反馈对未来绩效既可能带来负面影响，也可能带来正面影响。360 度反馈的支持者调查了可能影响评测对象使用反馈的各种因素。这些因素包括自我测评和他人测评之间的差距大小，以及将反馈纯粹用于员工发展抑或作为绩效评估的一部分所带来的差异。我认为这些研究没有指明 360 度反馈在实施过程中存在的主要问题。

虽然其标榜的目标与交互学习模式的核心价值观和结果一致，但其设计和实施却基于单边控制模式的价值观、假设和策略。最终结果是，这些反馈项目所产生的结果经常与其本意相违。

虽然其标榜的目标与交互学习模式的核心价值观和结果一致，但其设计和实施却基于单边控制模式的价值观、假设和策略。最终结果是，这些反馈项目所产生的结果经常与其本意相违。

360 度反馈两难窘境的案例

为了说明与 360 度反馈有关的两难窘境，请参考我在咨询项目中所经历的两个例子。第一个例子讲述的是在管理教育项目中，360 度反馈被用于个人发展；第二个例子讲述的是在高管绩效评估中，360 度反馈被用于个人评估。这两个例子都可以说明当个人试图去理解其收到的反馈结果时会出现的问题。

第一次接触 360 度反馈时，我在某管理教育项目中担任教练。我的职责是帮助参与者过滤并解读他们收到的反馈。总体而言，参与者对使用这个工具感到非常兴奋，并且期待去讨论这些反馈。我也对此充满热情，因为这个流程貌似可以帮助评测对象（那些收到反馈的经理）获得有关他们管理风格的真实看法。当我与这些收到来自同级、上司、下属反馈的经理们一起工作时，我发现了一个棘手的问题：360 度反馈看上去无法如我所期望的那样给所有参与者提供指导。通常来说，在管理技能评测项目中得分最低的经理最难发现他们的所作所为是如何造成这种低效及应如何改进的。至少某些问题看上去与反馈的呈现方式有关。

与几乎所有其他反馈工具一样，如果参与调查问卷回答的评测人是评测对象的同事或下属，那么在管理教育项目中使用的调查问卷将对评测人的身份严格保密，也就是说，评测人是匿名的。上司则无须采取保密措施，因为某位员工通常只向一位上级汇报。这样做的目的是尽最大可能让大家给评测对象提供真实的反馈。评测人得到的保证是他们提供的数字评分及书面评论在分享时不会标明出处，这样评测对象就没法识别评分来源。如果参与评测的人数量足够多，他们给出的评分将会被平均，这样就难以识别出单个的评测人。让书面评论保持匿名就不那么简单了，因为书面评论也许会包含一些并非所有评测人都知晓的信息。当我与高管单独会面讨论他们手中的反馈时，很明显，由于向评测人承诺不会告知书面评论的来源，这给得分不高的经理带来很大的挑战。

得分高的经理会得到很多具体的反馈评论，他们可用于强化自身的绩效。当员工在 360 度反馈中给某位经理提供负面反馈时，他们会采取额外的步骤来隐藏自己的身份。他们或者去掉书面评论，或者采用大而化之的方式来撰写评论，这样他们的身份就没法被识别出来。例如，某位评测人会这么撰写评论“需提供更多的指引”，而不是“如果比尔在 XYZ 项目上明确具体的参数，这样的帮助会更大，因为我们团队就削减费用的方式开展了很多不必要的研究，结果发现公司早已对此做出了决定”。对于这类模糊不清的评论，高管通常都会感到比较困惑，他们也不清楚这种评论所指为何。虽然我可以从评测人的评论中提炼一些主题，但显然我没法撰写出其中缺失的具体内容。我们只能比较未经检验的推论。看上去在管理技能上得分不高的经理反倒是最有可能无法得到具体信息的人，但他们也是最需要获得具体例子的人，以找出之前的无效之处并在未来做出相应的改进。

某非营利组织的董事会决定从不同来源收集信息，以便完整地评估总监的绩效。董事会的动机良好：他们认为在日常与总监的交往过程中，他们只能看到总监本人整体工作的一小部分，他们希望能够了解她与社区代理机构、区议会和其他机构广泛共事过程中的有用信息。董事会成员访谈了数位挑选出来的人员（包括非营利组织的员工），并且询问他们总监在上述各个领域中的表现。董事会向他们承诺谈话将被完全保密，所以总监绝不会知晓谁说了些什么。

在绩效评估中，当他们告知总监其绩效评估的部分（或大部分）评估结果是基于其他人的反馈时，董事会遇到了问题。在很多情况下，这些评估源自某位或多位同事或外部人员所提供的具体例子。因为董事会向他们承诺保密，所以他们不能详述例子以免总监猜出信息来源，否则他们将违反保密协议。

结果是，董事会只得含糊不清或笼统地要求总监需要提升绩效或在管理风格上做出调整。董事会成员解释说，由于上述原因他们不能说得太具体。“好吧，”总监回答道：“我可以回去询问我的同事或下属，并请他们给我提供更多的信息让我知道应该如何提升绩效。”“别！别！你千万不要这么做，”董事会成员回复说：“如果你这么做，他们会认为你是在搞政治迫害，你想要查出谁说了些什么，这样你就可以实施报复了。”

发现问题

为什么一个原本旨在通过提供有用反馈来帮助大家提升效率的流程，却变成阻碍大家去获得有助于效率提升的信息呢？

这到底是怎么一回事？为什么一个原本旨在通过提供有用反馈来帮助大家提升效率的流程，却变成阻碍大家去获得有助于效率提升的信息呢？

借助专业引导技巧这种方式，我认为有三个主要问题值得审视。这三个问题都是基于单边控制模式的践行理论：① 强调对评测人和评测对象提供单边保护，这就导致了向评测人承诺保密这个流程的产生；② 整个组织结构就系统中的不同角色界定了不同责任；③ 一系列不便讨论的复杂话题阻碍了个人和组织学习。

认为所有人都需要得到保护的心智模式

乍看之下，360 度反馈像一个终极的学习工具：它认为大家拥有评测对象的相关信息，而且评测对象可以通过了解所有的这些看法做出调整并从中获益，看上去这与交互学习模式保持一致。但是，360 度反馈内含的一个核心假设就是评测人和评测对象必须受到单边保护，以确保他们在参与测评的过程中不会感到不适。这一假设与单边控制模式是一致的，其逻辑是这样的：如果评测人认为评测对象知道信息来源，他们就不会提供真实的反馈，因为他们不希望这些负面评价伤害到其他人的感情。他们也担心评测对象会采取某种报复措施。所以，为了评测人的安全，必须隐藏他们的身份。另外，如果评测对象知道谁说了些什么，那么他很有可能不会按照反馈原本设想的精神去接受反馈；他会关注来源，陷入防御或为自己寻找借口，因为他认为评测人对他心怀不满。所以评测人的身份不能泄露，这也是为了评测对象好。

我的本意不是尽力减少与人们提供建设性反馈或接受建设性反馈这个流程相关的真正问题。我的观点是单边控制（或单边保护）的心智模式可能产生我们本想极力避免的后果。在案例中，这意味着 360 度反馈其实阻碍了个人和组织学习，并有可能增加反馈双方的误解，使双方陷入防御。

把隐藏评测人的身份作为获取真实反馈的手段

好的反馈的标准在本质上是一致的：必须及时、具体并关注行为，而不是针对个人。如果仅仅说："吉娜，你需要改变态度！" 这远远不够。为了让反馈能有所帮助，吉娜必须了解：① 究竟是什么行为导致你做出推论，认为她的态度需要改变；② 你在什么场合下观察到这些行为；③ 如果用行为来定义，那改变后的态度将是什么样子的。这个标准不仅适用于专业引导技巧，也与反馈的方式保持一致。[1]

在 360 度反馈中，给予反馈的原则与单边保护的心智模式正好相同。结果是，几乎所有的 360 度反馈流程都将评测人的反馈按团队来汇总，以保护数据来源（如下属或同事）不被泄露。唯一的一项可以追溯到评测人身份的反馈来自其上司，因为大部分人只有一位上司。在我所能找到的所有 360 度反馈工具中，保护评测人的身份都是调研设计的基本出发点（如果有人知道还有哪些设计可以识别出评测人，请告诉我）。评估工具通常都会花上一些篇幅去解释评测人的个人评分绝不会泄露给评测对象。例如，考虑到评测对象可能认出字迹，所有的反馈将交由第三方汇总。

为了保密就必须付出代价。模糊不清和大而化之的评论是无法按照专业引导技巧所要求的那样为评测对象提供有效信息的（这也与有效反馈的总体原则不相符）。评测人的身份及具体例子都是相关信息。专业引导技巧的信条之一就是人们必须对他们的观点担责，这是因为提供观点的个人也是相关信息的来源，并且在需要时可提供更多的信息。收到匿名反馈的经理希望为了提升其绩效而获得有效信息，但在这方面他能做的不多。为了获得真实的反馈，有用的反馈有时不得不被牺牲掉了。我们对于其他人行为的感知被我们自身的体验过滤掉了，其中经常充满了未经检验的推论和归因，因此最佳方法是开启双向对话。360 度反馈流程的设计意图不是用于鼓励这种对话，相反，它的作用是避免这种对话。

360 度反馈流程的设计不是用于鼓励这种对话，相反，它的作用是避免这种对话。

有关 360 度反馈结果的案例，请参考第 50 章“实践 360 度反馈”。

就系统中不同成员的角色来界定不同的责任

担责的含义是“接受并履行个人的职责，对其他人或自身肩负责任，或者不得不证明我们对关注对象所采取行动的合理性”。[2]

360 度反馈所遭遇的两难窘境就是，所有的相关人都期望自己担负的责任少一些而其他人担负的责任多一些。

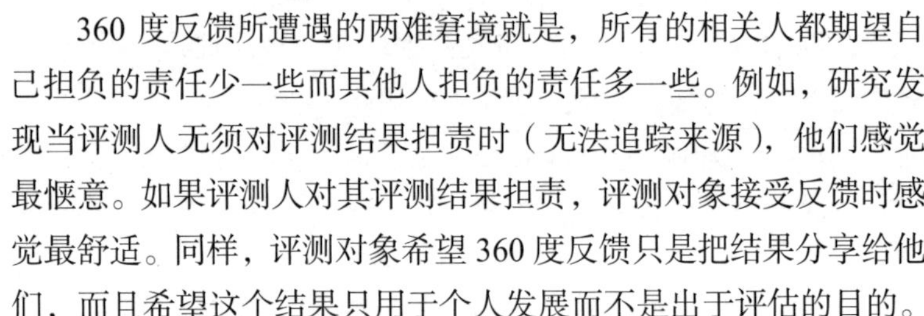

360 度反馈所遭遇的两难窘境就是，所有的相关人都期望自己担负的责任少一些而其他人担负的责任多一些。例如，研究发现当评测人无须对评测结果担责时（无法追踪来源），他们感觉最惬意。如果评测人对其评测结果担责，评测对象接受反馈时感觉最舒适。同样，评测对象希望 360 度反馈只是把结果分享给他们，而且希望这个结果只用于个人发展而不是出于评估的目的。

使用 360 度反馈的研究者和实践者都注意到行为改变并非一定要遵循 360 度反馈流程，但拥护者把他们的注意力放在驱动被测评的经理就反馈结果做出行为改变的担责机制上。很少有人讨论如何让评测人对他们所提供的反馈担责。在这里，我看到了系统性问题的出现。接受反馈的经理需就如何改善他们的自身行为担责，哪怕他们没有获得真正有用的具体事例。但与此同时，评测人却不用对其提供的反馈担责。这个设计实际上免除了评测人和评测对象直接沟通的责任。它创造了这样一种氛围：让人们认为其他人不可相信；否则，为什么每个人都要得到保护呢？另外，它会助长对组织变革的冷嘲热讽，因为评测人会这么想：“好吧，我做完了我该做的事情并给他提供了反馈。现在他的任务就是去提升绩效了。”他们并没有意识到他们所提供的反馈只不过让对方意识到有问题出现了，而不是帮助他们决定如何采取不同的行动。360 度反馈承诺保密的做法也支持了这个观点，即他们都完成了自己负责的那部分的工作，你不要期望他们还能做些什么。

请参考第 50 章“实践 360 度反馈”。

这条信息说的是“如果你收到的反馈不够清晰，我们鼓励你回去后与同事和下属对此予以澄清，并请他们提供具体的例子”。既然获取信息时已经承诺对信息来源守口如瓶，那你怎么还能够指望这种事情发生呢？

不便讨论的混乱信息限制了学习

360 度反馈中会内含一些混乱的信息。其中之一就是这个流程是用于让人们接受真实、建设性的反馈。为了做到这点所采取的方式就是提供信息来源保密的承诺，但这限制了人们去获得有效信息。指导人们如何从反馈中获得最多信息的咨询顾问和人力资源专家通常还会给出第二条混乱信息。

第二条信息说的是“如果你收到的反馈不够清晰，我们鼓励你回去后与同事和下属对此予以澄清，并请他们提供具体的例子”。既然获取信息时已经承诺对信息来源守口如瓶，那你怎么还能够指望这种事情发生呢？这条混乱信息含有阿基里斯所描述的组织防御行为的所有特征及其带来的负面后果。

- 发送一条混乱的信息。（“我希望你获得具体、有用的信息，而得到这些信息的最好方式是不让你知道这条信息是谁说的。”）
- 假装这条信息没有出现混乱。（“这个工具会给你提供洞见，让你了解他人眼中的你在管理风格上的优缺点。”）
- 提供混乱的信息并假装这不便讨论。（“我们鼓励你直接询问你的评测人并就任何反馈予以澄清。”）
- 将“不便讨论”这个问题本身变得不便讨论了。（“既然我已经解释了如何使用这个工具，你们还想了解什么吗？”）

打下地基

从传统的 360 度反馈的设计到本章后面提到的凯茜故事，这是一个漫长的旅程。对有关经理做出防御性反应甚至报复的担心也许是真实的。这意味着组织不能简单地跳入 360 度反馈的冰窟窿中而不去付出努力帮助参与者了解这个流程。为了帮助组织在随后的旅程中顺利推进，下面给大家提供一些建议。我们不能就如何在组织中给出反馈及接受反馈提供万无一失的技巧，但重点是改变对话的方式，从而提升学习、减少单边保护，并支持担责与做出自由的选择。

承认并讨论两难窘境

我的问题是如何处理两难的窘境，没有哪个选择是 100%正确的，所有的行动都会带来负面的结果。如果你认同我的观点，即传统的 360 度反馈限制了学习，那么你可以采取的一个步骤，就是向其他人解释你所看到的两难窘境，并且询问他们是否持有相同观点或其他观点。如果之前你在担任评测人或评测对象的经验之中有过类似的例子，而这些经验塑造了你的视角，你可以分享这些例子并鼓励其他人分享他们的例子（不管他们是否支持你的观点）。识别并讨论让人们不愿为评测结果担责的担心。人们也许对接受反馈的评测对象产生防御心理或实施报复表示担心。了解了相关的成因后，组织可以开始了解他们是否愿意创造条件来减少或防止匿名评分。

对你的评分担责

如果你应邀在 360 度反馈流程中担任评测人，你需要将自己看成你所提供信息的来源，并且邀请评测对象与你联系，讨论评测详情。取决于 360 度反馈技术所提供的安全保障水平，这项工作需要一些创新。我们的同事汤姆·莫尔发现他没法将他的名字添加到评分表格中（所采用的技术需确保匿名），他就采用第三人称叙述的方式在实际评论中就这么直接添加他的名字“汤姆·莫尔认为……”

让其他人就他们做什么、不做什么及是否愿意分享做出知情的选择

即使人们还没有准备好在公开场合分享他们的具体例子，你也可以帮助他们就分享内容做出知情的选择。例如，在本章一开始所介绍的有关董事会评估总监绩效的案例中，董事会认识到他们的做法给总监所带来的约束，然后他们想方设法避免这种情况继续发生。他们仍然希望从非营利组织之外的地方获取反馈。但他们认为让每个人亮明自己身份的时机还不成熟，所以在每次信息的访谈中，他们以下面的陈述作为开头语：“董事会的目标是通过提供具体的反馈来帮助总监提升绩效。鉴于这可能需要提供一些具体例子来解释某个观点，这样做，她也许会从例子中猜出信息来源，哪怕我们没有提供信息来源人的姓名。如果你有某些想法不愿意与总监分享，那么你就不必对我们说出这些想法了。”了解这些情况后，评测人可以选择不去分享某些案例，但是它能帮助董事会避免用总监不知情的信息来做出评估，无论是出于有意还是无意。

运用专业引导技巧来重新设计360度反馈

即使你的组织所采用的360度反馈流程与专业引导技巧不一致，你依然有好几种方法对这个流程做出修正。这样该流程可与核心价值观保持一致，并且为交互学习提供更多机会。以下是专业引导技巧工作坊中某位参与者的故事，她正是这样做的。[3]

凯茜对于她在专业引导工作坊中所学到的内容感到很兴奋，并且对于将核心价值观整合到组织流程中的潜力表示好奇。这些流程已经在她任职的高科技公司中得以使用。作为经理，她已使用360度反馈数年。她虽然感到从中获得了一些宝贵信息，但她仍然觉得，如果她真的希望从这些数据中学到些什么，那这些反馈不过是隔靴搔痒而已。

凯茜准备进行下一次360度反馈时在标准流程上做出调整。首先，她要求评测人像以前一样对她管理风格上的优缺点进行评估。但不是像以前那样将问卷发送给第三方，再由第三方汇总数据后将结果呈递给她。她要求评测人带着他们填写的问卷与其他评测人及她本人一起参加团队会议。通过这种方式，她让评测人参与到提供有效信息的流程中。与其费心猜测某条评论是什么意思，或者评测人给出评论的依据是什么，还不如直接询问评测人本人。

凯茜和评测人都认为这是他们到目前为止所参与过的最具风险的360度反馈。这么做，双方的风险都很大：凯茜的评测人担心其中的某些评论也许会伤害到她或让她身陷尴尬，他们也担心如果凯茜不接受他们提供的反馈，那么他们可能遭到报复。而凯茜担心自己是否能做到不带任何防御心理就其所听到的反馈做出回应。她知道她对反馈做出的回应将极大影响其他人参与流程的积

极性。

虽然大家都有上述这些担心（而且他们也理解她想要达成的目标是什么），但凯茜的评测人同意他们完成测评之后一起在团队中讨论。在会议中，团队一项一项地讨论每个提问，每个人都给出他们的评分，并且对评分背后的原因给予简单解释，通常还附有例子。他们对凯茜作为经理的优缺点做出了点评之后发生了几件事情。

首先，在凯茜的评测人分享了导致他们这么做出评论的例子后，他们发现有时彼此的记忆会有所不同或对凯茜采取的行动有不同的看法。在某些情况下，这让评测人修改了他们之前的评分。

其次，因为每个人都能听到其他人的评分和提供的例子，团队可以帮助凯茜找到她的行为模式。例如，一个人说："我看到你有的时候命令色彩真的非常突出，哪怕大部分时间你更愿意采用协作型管理方式。"另一个人补充道："是的，我也注意到这一点，而且我发现通常在临近截止日期时你会这样做。当我们的项目达到某个阶段时，似乎你不再愿意听取更多的意见。我们的理解是对的吗？"如果通过标准的反馈汇总方式去收集每个人的评分和评论，凯茜很难发现这些模式。

通过让每个人倾听彼此的看法并坐在一起讨论有关她的反馈，凯茜为她本人打造了一个支持其职业发展的团队。因为所有的评测人：她的下属、同事及上司现在知道她需要改善的领域。这样，在未来的沟通中他们可以给她更为具体的反馈。例如，在一次有关临近截止日期的项目讨论会议后，一位员工说："当我们讨论生产延期会对截止日期造成什么影响时，你真的在认真倾听。我知道这是你正在努力改善的方面，你进步了。"

在讨论结束后，凯茜和她的评测人一致认为，这不仅是他们参加过的最具风险的 360 度反馈，而且也是收获最丰富的反馈。通过了解同事对她的看法并且在会议中获得具体的例子，探询他们的推理过程及她本人的视角，凯茜对自己的优缺点有了更为深刻的了解。这远比她过往从一套评分和难以得到归因的评论中获得的启示多得多。她的评测人也学到了很多宝贵的经验：你要对你给出的反馈担责；对同一种情境的解读有可能完全不一样，对此要持开放态度；看到团队关系网络对于支持个人改变所发挥的作用。

凯茜的经历可能给你提供一些启示：如何重新设计反馈环节并使之与专业引导技巧保持一致。读完这个故事，你可能有这样的想法："还是等下辈子吧！"如果你所在的组织距离凯茜这样的团队对话方式还有相当的距离，请记住在处理 360 度反馈之前依然有很多基础性工作等着大家去做。我们并不建议在结束工作坊的学习并回到组织之后，你就在周一早上的员工大会上提出最具挑战的不便讨论的问题来练习基本规则，这也许并不是你对组织实施干预的第一步。通过在组织中"身体力行你想要看到的改变"，与他人沟通时运用核心价值观和基本规则，你可以营造出让其他人也准备好迎接挑战并与你一起参与到交互学习中的氛围。

注释

1. 例子请参考斯隆·韦策尔(Sloan R. Weitzel)的 *Feedback that Works: How to Build and Deliver Your Message* 一书。

2. 有关 360 度反馈中担责的精彩讨论，请参考曼纽尔·兰登(Manuel London)詹姆·史密瑟(James W. Smither)和丹尼斯·埃德希特(Dennis J. Adsit)的 *Accountability: that Achilles' Heel of Multisource Feedback* 一书。

3. 罗杰·施瓦茨第一次提及凯茜的故事是在《专业引导技巧》(*The Skilled Facilitator*)的第 16 章中。这个故事的主要情节反映了凯茜报告中的内容，但文中出现的对话只是模拟团队成员之间的真实对话，并非直接引用团队成员的原话。

参考文献

Argyris, C. *Flawed Advice and the Management Trap: How Managers Can Know When They're Getting Good Advice and When They're Not.* New York: Oxford University Press, 2000.

Kluger, A. N., and DeNisi, A. "The Effects of Feedback Interventions on Performance: A Historical Review, a Meta-Analysis, and a Preliminary Feedback Intervention Theory." *Psychological Bulletin,* 1966, *119,* 254–284.

London, M., Smither, J. W., and Adsit, D. J. "Accountability: The Achilles' Heel of Multisource Feedback." *Group and Organization Management,* 1997, *22,* 162–184.

Walker, A. G., and Smither, J. W. "A Five-Year Study of Upward Feedback: What Managers Do with Their Results Matters." *Personnel Psychology,* 1999, *52*(2), 393–423.

Weitzel, S. R. *Feedback That Works: How to Build and Deliver Your Message.* Greensboro, N.C.: Center for Creative Leadership, 2000.

第 50 章

实践 360 度反馈

伯恩·斯金纳

2002 年，罗杰·施瓦茨来到位于教堂山的北卡罗来纳大学家庭医学系向全体教师介绍如何利用绩效评估来促进个人发展并了解自我。作为全科医生培训项目的助理总监，反馈中的一份匿名评论引起了我的特别关注。我开始宣传不再匿名所带来的益处，以及将有效团队的基本规则运用到这个流程中的重要性。我认为这是在教师发展项目中运用我的经验的机会。

欲了解反馈中匿名所带来的问题，请参考第 49 章“360 度反馈和专业引导技巧”。欲了解基本规则，请参考第 5 章“有效团队的基本规则”。

我给各位教师撰写了一份相当长的邮件。在邮件中我试图说明放弃匿名给我带来的好处。我系统地回顾了每项基本规则并找到可以使用这些基本规则的方式。

发件人：伯恩·斯金纳

组织：北卡罗来纳大学–教堂山，家庭医学系

收件人：家庭医学系全体教师

主题：从反馈谈全体教师的发展

眼下我们都忙于职业发展的年度回顾。作为回顾流程的一部分，我们启动了改版后的评议流程。我认为这个流程与去年的流程相比有了很大改进。评论更为深刻而且相关性更强。在采取行动时，有关改进建议在我看来值得认真对待，而且这些建议有助于我去思考在哪些方面我需要集中精力。

正因为如此，我所收到的最为负面的反馈让我困惑不已，其中有好几个原因。这些反馈非常尖锐，因为这些反馈从根本上将我努力为那些需要与住院项目保持沟通的人提供服务这样的自我认知完全打破。如果这些反馈毫无关联或没有意义，我可能对此付诸一笑。我原本希望我可以从自己的职位出发给住院项目提供支持，但这给我以重重一击。另一个让我感到困惑的是做出评论的人选择隐藏他们的身份。如果他们不这么做的话，我原本可以通过与之对话来解开困惑。所以，当我绞尽脑汁地思考该如何自行找到解决方案时，我想如果能就这些评论开展一场对话并将这些评论作为教师发展的方式，那将带来多大价

值。这么做，我可以将自身的困惑转为对所有人都发挥积极作用的好事。

罗杰·施瓦茨在讲座中介绍了如何利用反馈来促进学习，通过将他所介绍的基本规则付诸实践，我想以此作为例子来说明如何改善反馈结果。首先，让我分享一些出现在“需改善领域”中的评论：“我和他共事期间，当住院医师项目出现问题时，他不是一个问题解决者。当某事需要他出面协调时，他总是说这是我自己的问题，所以我需要自己想办法去解决这个问题。说‘我要先思考一下再回复你’远比‘这不是我的职责’会更加有效。”

我最初的反应是，就自己给他带来这种情绪的任何行为表示深深的歉意。不管采取什么样的沟通方式却导致对方产生这样的看法，在我看来这实在是糟糕透顶的做法。但是，这种做法实在很难与我平时和大部分人所采取的沟通方式对上号。当然，一定发生了某些事情才导致他产生这种看法，我也能理解他为何做出如此激烈的反应，我应负责任地对此做出回应。所以我必须了解其中的详情，并且看一下我能否改变自己与他人共事的方式，这样可避免在将来再次引发类似的反应。采取防御性立场是无法帮助我做到这些的。

但是，因为没法识别他的身份，我就丧失了真正了解自己的一次机会。这些评论由何而来我一无所知。所以我只能呆坐在那里，就像一个面对溃烂的伤口却无法治愈的病人一样。我认为我可以通过与那位评测人展开对话，深入了解究竟是什么行为导致他产生这样的看法来解决问题。

通过运用罗杰所教授的一些基本规则，我希望审视一下采取这种方式带来的益处。我解释一下基本规则并简单介绍如何在这种情况下使用基本规则。

1. 检验假设和推论。如果知道那位测评人所做出的假设和推论，这会很有帮助。也许假设之一就是他认为他所提交给我的事项都属于我的职责范围，但我不这么认为。当我没能理解他要求我做的只不过是向其提供他采取行动所需的信息时，或许他做出的推论就是我在推诿我本该承担的责任。

2. 分享所有的相关信息。我可以知道是什么情况让他产生了这样的想法。也许他来找我时，我正感到压力重重、事务繁重，所以没有心思来帮助他。这种情况也许出现过一次或数次。如果是后者，则更让人担心，因为这预示着一种模式。也许是他要求我去做的事情的确超出我的职责范围。

3. 使用具体的例子并就重要词汇的含义达成一致。了解他产生这种想法的背景非常重要。是什么样的用语让他认为我不想去帮助他？是否有可能我表达的是一个意思，他却理解成了完全不同的意思呢？

4. 解释你的推理过程和意图。因为无法知道测评人给出这条评论的推理过程和意图，我不知道是什么流程或逻辑让他得出我不愿帮助他的结论。我也不知道他做出这条评论的意图是什么。他这么说只是因为他比较生气，还是因为他没有得到我本应该给他提供的帮助？如果真是这样，那么这条评论就不那么有意义了，而更多表现为对我进行匿名攻击。或者这个人真诚且热切地希望通过这条评论，来帮助我获得洞见与勇气，并成就一个更好的我。

当我们努力达成一致来更好地满足彼此的需求，以及通过有效互动来促成相互更好的理解时，我们还可以运用其他五项基本规则：

5. 聚焦利益而非立场。我们可以找到彼此利益的一致之处，并且找到最大限度满足我们共同利益的方法。

6. 将主张和探询结合起来。我们可以分享彼此的观点，并且探询其他人的观点，以便了解将来如何处理寻求帮助的申请。

7. 共同设计下一步行动来检验分歧。我们可以找出彼此认为可以用于改善交流的办法并识别出观点中的差异。

8. 讨论不便讨论的话题。也许发生什么事情让这个人感到不舒服，或者他和我沟通的方式让我不自在。我们可以探讨一下背后的原因到底是什么。

9. 采用有助于提升团队承诺的决策规则。我们应该确定哪些原则可在将来帮助我们决定如何就提出的申请做出回应，我应该做些什么及不应该做些什么。

我希望给出这条评论的人能够鼓起勇气与我讨论，告诉我到底发生了什么，让他给出了反馈中的那些评论。如果他选择继续保持沉默，我依然会对自己的行为表示歉意。如果没有得到更多的信息和洞见，我的担心是将来我还会引发大家产生类似的反应。所以，如果还有人观察到我的某些行为给大家留下我不愿提供帮助的印象，我邀请你过来与我当面沟通。我真诚希望能和组织中的每个人建立更好的合作关系。在没有得到更为详尽信息的情况下，我会努力强化自我反思，并且提高自己的敏感度，以了解自己与他人互动时的行为是否给他人留下我不愿提供帮助的印象。

最后，我希望我所采取的方式可以产生有益的影响，这样我们的团队可以更为有效地处理大家的反馈。

与其坐等同事的评论来暴露问题，我更愿意在防御行为刚发生时开展对话。我相信，我们越能秉持开放的态度看待这些事情，并且愿意通过不断追求卓越来帮助彼此持续改善，我们的生活和工作就会变得越令人兴奋和让人满意。参与这样的对话能最大限度地促进我们的职业发展，我对此充满信心。也就是说，通过鼓励大家打造一个相互信任的社区，我们在帮助彼此快速成长。我们将在自己的职业发展之路上不断精进，将自己培养成一位更为出色的医生、教育家、研究人员或其他人员。

感谢你对这个流程的关注。

伯恩·斯金纳

我没有从匿名反馈者那里获得更多信息，其他人向我保证，在他们与我的交往中并没有观察到这种行为的出现，所以我相信这只是一个个案。我的确从一位教师那里听说，基于我们彼此的互动，她对评论中的某些情绪感同身受，虽然她并未撰写评论。我们曾在住院医师第一年培训中引入西班牙语这个项目上合作过。当她提到她曾对我们之间的互动有些疑虑时，我对此并不感到吃惊。我对于她在项目中的做法并不是特别满意，但是我们俩都没有找到机会去解决我们对彼此的不满。

后来，我们就彼此互动中出现的问题开展了一次富有成效的对话，并且找到了是哪些行为导致彼此产生这种感觉。我们花了一些时间识别出我们所形成的错误看法和假设，正是这些错误看法和假设造成了我们对彼此的不满。结果我们发现，问题的根源在于大家截然不同却又互为补充的工作风格。她的风格是开放、创新、与众不同，并且能够接受各种可能性。而我的风格是线性、分析，并且在限定的范围内。我需要她的创意推动项目向前，她需要我的线性思考确保执行中的各个细节都被考虑到。当我们以这种视角看待彼此的差异时，我们知道了如何运用彼此的优势来推进合作。

请参考第 55 章“专业引导技巧与 MBTI”。

第二年，我们引入了西班牙语培训。对我们两个人来说，项目推进得更加顺畅，因为我们抓住机会讨论如何有效促进合作。我们的成功来自我们都愿意通过分享彼此的看法而不是以互相指责的方式来推进合作。

第 51 章

调研给组织变革提供了有效信息吗

佩吉 · 卡尔森

基于调研结果的组织发展指的是运用调研问卷系统地从组织成员处收集信息，并且将数据反馈给系统中各层级的个人和团队的流程。其目标是“通过给组织和管理团队拍摄一张快照并将这张照片提供给相关团队，对照给其提供的标杆做出改善来促进团队的发展”。调研问卷中的提问所关注的主题通常包括沟通、上下级关系、薪酬福利、组织氛围及职业发展机会等。这种组织干预方式始于 20 世纪 40 年代晚期。借助组织内外的咨询顾问及变革促进者来推动组织变革，这种方式被沿用至今。

如果希望了解员工在组织中的体验及他们对于工作的想法和感受，调研可产生大量信息。已有多篇文章论述如何设计优秀的调研问卷并分析结果，以及如何运用调研结果来推动组织发展。但是，我将调研作为组织发展流程中所经历的最大挑战，而且无法在设计和开展调研的传统指引中找到答案。当我们试图将调研用于指导组织发展时，我希望按照核心价值观行事，冲突却由此而起。

从理论上来说，核心价值观和基于调研的组织变革都有相同的目标：生成有效信息。但实际上，调研所提供的信息及生成这些信息的方法与核心价值观迥然不同。

从理论上来说，核心价值观和基于调研的组织变革都有相同的目标：生成有效信息。但实际上，调研所提供的信息及生成这些信息的方法与核心价值观迥然不同。

当我在密歇根大学调研研究中心撰写我的研究生论文时，我非常欣赏优秀调研所产生的价值，而对于在庞大的目标人群中建立基准线和发现趋势的调研则更是另眼相看。像监控未来（Monitoring the Future）这样的调研为青少年健康、吸毒及其他重要事项提供了丰富的信息。我的担忧源自将调研所采集的数据作为组织变革流程的一部分，以及不断依赖调研并将其作为个人行为改变的工具。在本章中，我会指出标准的调研操作与专业引导技巧不相符之处，并且对冲突所引发的后果提供个人的看法。

基于调研的组织发展的组成部分

虽然就调研的具体环节而言，大家对于如何设计及如何管理调研有不同的看法，但其中许多要素几乎是一致的。这些标准调研的组成部分包括向调研问卷的回答者承诺匿名保护，按照工作团队或部门汇总反馈，将反馈提交给工作团队，基于调研结果制订行动计划。

承诺匿名保护及汇总反馈

向调研问卷回答者承诺他们的个人回复在调研结果中不会被识别出来，这是通常做法。客观量表结果将以规模合适的组织单元为基础来展示归总分数，要求员工撰写评论的方式要利于维护匿名原则。其假设是只有向回答者承诺匿名保护，他们才会提供真实反馈，而这是开展调研的基本前提。

从专业引导技巧的角度来看，匿名调研降低了数据的有效性。调研的目标是提供具体、有用的数据，以便做出改变，但调研问卷中的客观评定量表及匿名评论部分的设置限制了有效信息的收集，人们无从得知究竟发生了什么，包括症状、根本原因和可能后果。更为糟糕的是，匿名调研正好掩盖了人们欲做出改变所需要的信息。

从专业引导技巧的角度来看，匿名调研降低了数据的有效性。调研的目标是提供具体、有用的数据，以便做出改变，但调研问卷中的客观评定量表及匿名评论部分的设置限制了有效信息的收集，人们无从得知究竟发生了什么，包括症状、根本原因和可能后果。更为糟糕的是，匿名调研正好掩盖了人们为做出改变所需要的信息。

有关交互学习模式的核心价值观，请参考第 4 章“理解指导我们行为的理论”有关匿名所带来的两难处境的详细描述，请参考第 49 章“360 度反馈和专业引导技巧”。

将数据反馈给团队并制订行动计划

基于调研的组织发展流程的确认识到调研结果本身没法做到不言自明。为了澄清评分背后的含义，人们开始花费大量精力在团队内部提供反馈。反馈通常是由上至下逐级开展的。首先是高层听取调研结果，其次是借助流程咨询顾问的帮助在整个组织中举行调研反馈沟通会。在调研反馈沟通会上，主管尤其期待可以就调研识别出来的问题及所需采取的改进措施听到更为详细的说明。除了澄清调研结果，调研反馈沟通会还意在为组织变革带来动力。但在匿名反馈和由上至下分享调研结果的流程中深埋着两个障碍。

我的经验是，一旦在调研之初就向调研问卷的回答者承诺匿名保护，那么就预设了单边保护的期望，这一期望还将在随后的流程中一直延续下去。员工可能更愿意大而化之地讨论调研结果，而不愿意给出具体的例子，以免泄露他们就是这些信息的出处。情况还真是这样。在我主持的调研反馈沟通会上，哪怕员工被点名要求就评分做出解释，他们也会感到自己被你出卖了。既然调研流程从一开始就向员工承诺匿名保护，那为什么还要求他们就其中的一个选项如“我的经理能够激励他人”的评分偏低做出解释呢？从他的角度来看，匿名调研的关键在于哪怕经理对调研结果心怀不满却依然没法直接挑战他。

遗憾的是，这限制了具体信息的分享来推进有效变革。因为激发并持续推进变革需要赢得组织中每个人发自内心的高度承诺。而为了做出承诺，每个人都需要掌握有效信息。有效信息的核心价值观并不只是要求数据必须准确；所谓的有效信息，还包括信息的质量。例如，如果针对调研中的某个选项“现有的组织架构可帮助不同部门充分合作、有效工作”的评分不高，结果本身其实就已经表达了回答者意在传递的信息，但这并未提供具体的例子来帮助大家去理解何为缺乏合作，什么时候缺乏合作，以及这个选项的回答者对于一起合作的期望是什么。

这就造成了单方面担责的局面，也就是那些收到调研结果的人，通常是管理层，他们不得不对调研结果做出回应，但调研问卷回答者的责任在他们完成调研问卷的填写后就已经结束了。

因为无法识别出调研问卷的回答者，他们的个人感受也就无从核实，而这也是有效信息的组成部分。由于他们担心具体的例子可能泄露他们的身份，我们也就不再期待他们去提供具体例子。这就造成了单方面担责的局面，也就是那些收到调研结果的人，通常是管理层，他们不得不对调研结果做出回应，但调研问卷回答者的责任在他们完成调研问卷的填写后就已经结束了。

正如阿基里斯所论述的那样，“员工调研……并没有鼓励员工就他们自身的行为和态度进行反思，而是将解决问题的所有责任推卸到管理层身上。调研鼓励管理层不要放弃由上至下、指挥与控制的心智模式，而这妨碍了赋权（Empowerment）的发生”。这个观点被由上至下分享反馈结果的流程给强化了。这个流程的背后设计是强调与管理层分享调研结果，首先分享的是直线下属的反馈结果，然后由员工提供额外反馈。这就形成了以下的互动模式：员工的责任是提出问题，而管理层的责任是解决问题。

结论

调研本身并不是目的，它只是组织在某个特定时期的“快照”。因此，调研对于识别趋势和发现需要进一步探索的区域等方面特别有用。但就其本身而言，调研无法激励团队和员工产生变革所需要的动力。这就带来一个假设，那就是人们对变革心怀抵触，而这需要制定多项补救措施。我认为这个说法不正确。我认为，调研流程的设计使它变成了一个低效工具，因为它无法让人们反思他们的工作和行为。调研并没有鼓励人们勇于担责，并与组织变革所需的承诺保持一致，相反，它将重点放在主管和高管身上，由此形成了一个强调依赖而非赋能的父权结构。[1]

与其寻求克服变革阻力的方式，还不如绞尽脑汁思考如何让人们获得更多的有效信息，以便他们做出知情的选择，从而激发更多的内在承诺。根据我的经验，调研无法给组织提供变革所需的执行策略。我相信针对组织问题及如何解决这些问题开展另一种方式的讨论，围绕诸如“在这个组织中正在发生什么事情，让你无法质疑现有的做法并且促使其发生改变”这样的提问，更有可能产生激发学习和推动变革所需的有效信息。

资源

Block, P. *Stewardship: Choosing Service over Self-Interest.* San Francisco: Berrett-Koehler, 1993.

注释

1. 关于父权结构和由上而下的文化的精彩讨论请参考彼得·布洛克的 *Stewardship*。

参考文献

Argyris, C. “Good Communication That Blocks Learning.” *Harvard Business Review,* July-Aug. 1994, pp. 77–85.

Born, D. H., and Mathieu, J. E. “Differential Effects of Survey-Guided Feedback: The Rich Get Richer and the Poor Get Poorer.” *Group and Organization Management,* 1996, 21, 388–404.

Church, A. H., and Waclawski, J. *Designing and Using Organizational Surveys.* San Francisco: Jossey-Bass, 1998.

French, W. L., and Bell, C. H., Jr. *Organization Development: Behavioral Science Interventions for Organization Improvement.* (3rd ed.) Upper Saddle River, N.J.: Prentice Hall, 1984.

第 52 章

在多元文化中使用专业引导技巧

安妮 · 戴维森

在人们学习了专业引导技巧之后，他们经常表现出这样的担心，即这种方式在其他文化中是否依然适用。人们通常的反应是认为这些基本规则和核心价值观富有浓郁的西方色彩，而在中东国家，尤其是受到儒家文化影响的中国可能更认同间接表达及保留颜面的做法。人们无法想象生活在这些文化中的人可以公开质疑他人，讨论所有的相关信息，甚至做出自由并知情的选择。

多元文化中的现实

我和我的同事已经多次在其他文化中成功使用专业引导技巧。有时我们是在其他国家开展引导工作，所以我们必须面对当地的主流文化。更为经常的情况是，无论是在美国或在其他国家主持引导，我们都会面对多元文化环境。只有在少数情况下我们所引导的团队是由来自一到两类种族的成员组成的。我们的大部分客户都是在多个国家运营的跨国公司，而他们在全球范围内招募人才。

实际上，我们中的大部分人都生活在多元文化之中。在生活中我们会接触来自不同家庭的文化，在工作中我们会接触不同组织的文化及不同专业领域的亚文化，我们还会接触宗教文化，在此仅需举出数例。所以，重要的是我们无须假设什么样的价值观、信念和惯例在某个特定的情境中占据主导地位，我们也不能简单给整个国家的文化贴上标签并以此做出推断。

罗杰经常和我们分享的一个故事是他曾为某个全球组织的 15 人团队提供咨询服务，而这些成员来自 15 个不同的国家。

在会议中的某个时刻，讨论的主题是当大家在一起合作时应采用什么样的文化规范等。一位来自法国的同事对一位来自日本的女同事说，当他与这位女同事同处一个团队时，他会刻意不去提及某些事，因为他“知道”保留颜面在日本文化中非常重要。这位日本女同事说：“我非常感谢您能考虑到我所处的文化背景，并且对可能的文化差异表现出足够的敏感。但是我并不认同您假定我希望您用我的文化方式来看待我，您应事先征询我的意见。”然后，他们展开讨论并共同设计了团队规范。

正如这个故事所表明的，专业引导技巧在帮助我们检验假设并且对彼此之间的差异保持开放等方面非常有价值。

在俄罗斯令人惊讶的反应

某跨国公司的客户曾给我提供了与他们莫斯科办事处高管合作的机会。这些高管负责该公司在俄罗斯的业务。

所有的团队成员都会说多种语言。他们都有着良好的教育背景，其中的不少人从美国、英国和俄罗斯的久负盛名的大学中获得多个学位。所有人都能说英语，而且绝大部分人的英语都非常流利。所以英语成为我们培训和引导的工作语言。从表面上来看，相对于我在其他国家合作过的绝大部分团队来说，这个团队更像一个典型的美国团队。但这个团队对于基本规则的使用比其他团队有着更多的担心和恐惧。很多人说他们所处的文化和政治背景让公开质疑和检验推论变成了令人极为恐惧的事情，哪怕你让他们只是在角色扮演中尝试去检验假设或解释他们的推理过程与意图，其中的某些人都会害怕得发抖甚至大汗淋漓。

大部分员工告诉我们，他们成长于苏联时代。那时，如果公开质疑权威将遭到极为严厉的惩处，这甚至意味着被关进监狱或被判处死刑。虽然现在的国家体制完全不一样了，但是价值观和态度不可能很快发生巨大转变。权威不容置疑。标榜的价值观依然是集体主义而非个人主义。

在讲述文化在主要维度上出现的差异时，齐加恩（Ziegahn）曾指出：美国的个人主义文化看重自力更生、自主和平等，而“集体主义文化则强调团队努力、和谐并清楚自己在社会中的位置”。个人主义文化将层级制与僵硬画上等号并否认人人享有均等机会。“与之相反，集体主义文化会更加看重层级制，并以此作为承认人们的天生差异和不平等的手段，通过承认不同的社会阶层如职位和角色来促进沟通。”总的来说，不管这种特性是否真的是俄罗斯文化的特性，但它非常准确地描述了我所体验到的那个管理团队的文化。在那里，个人是通过正式的角色，而不是通过他们的个人努力来得到认可和奖励的。如果说在美国组织中，你与上级持有不同看法可能带来风险，那么在集体主义文化中，这么做简直就是公然违背社会价值观。

在管理团队中，个人不会公开提出他们的疑虑，因为那会被看成与权威相违，并且违反了清楚自己在组织中所处位置这个规范。提出异议不仅会给上司带来麻烦，也会给提问的人带来问题。这会影响整个团队的基本结构。当团队成员中的外籍人士（数位高管，主要是来自美国或英国的高管）提出他们的担心，认为俄罗斯员工对他们“不够尊重”时，我们的引导工作中最为重要的成果出现了。在定义“不够尊重”的含义及给出具体例子时，外籍人士指出他们发现俄罗斯员工经常会在一旁开小会，尤其是那位英国高管对这种方式表示极为不满。因为在他看来，这就是不尊重他的表现。这个假设已经给两组同事之间的许多互动蒙上阴影，但是没人认为这个话题可以在更为广泛的管理团队层面上得以公开提出或进行讨论。

当团队在我们的帮助下真心深入讨论这个话题时，俄罗斯员工分享了他们开小会的目的与外籍人士的假设恰好相反。在学校读书时，他们所接受的教育是永远不要在老师授课时打断老师。如果真有疑问，可以向坐在一旁的人请教。在他们的文化中，开小会正是尊重发言者的表现。他们说如果我们收看他们的国会电视转播，我们可以看到有人发言时，下面会有很多开小会的情况。带着这些理解，团队就如何处理这类争议达成了一致：外籍人士会让俄罗斯员工了解开小会是否对他们真的产生干扰。如果俄罗斯员工认为他们的疑问和关注的话题与整个团队相关的话，他们会公开提出来。大家承诺互相之间都会继续向另一方就这个问题提供反馈。

虽然这场对话很有可能极大改善管理团队成员的合作能力，但团队依然不愿意将基本规则作为团队规范。每位团队成员都认为他们没法找出一套得到所有人支持并可用于指导实践的规则。团队面临的两难窘境是：管理团队成员不愿公开检验假设和推论，他们也不希望其他人这么去做。他们认为这样做太冒险。设定流程并要求每个人去检验他们对团队中其他人做出的假设，或者要求他们揭示他们本人与团队不一样的心智模式，对他们来说，这是一件非常激进也是让他们深感威胁的事情。

> 如果不曾检验推论，我就无法运用专业引导技巧来帮助团队变得更加高效。我原先以为比起那些更为多元文化的团队，基本规则和核心价值观对于这个团队更为适用。我没有预料到这个团队存在这些障碍。

如果不曾检验推论，我就无法运用专业引导技巧来帮助团队变得更加高效。我原先以为比起那些更为多元文化的团队，基本规则和核心价值观对于这个团队更为适用。我没有预料到这个团队存在这些障碍。

有关检验假设和推论以及推论阶梯，请参考第 4 章“理解指导我们行为的理论”。

专业引导技巧在跨国组织中得以接纳

相反，我的同事苏·麦金尼给我提供了机会与某家非政府的国际组织合作多年。这家组织在 16 个国家设有办事处。

在一次记忆犹新的培训会议中，培训材料一半是英文，一半是西班牙文。参与者来自不同国家，包括越南、肯尼亚、印度、埃塞俄比亚、尼日利亚、保加利亚、墨西哥及巴西等。虽然与来自如此众多不同国家的参与者一起合作不是一件容易的事情，而且由于现场翻译不熟悉专业引导技巧，所以他们忙于寻找某些术语的准确翻译方法，但是整个团队对于使用这种技巧依然感到非常兴奋。

很多参与者的确认为他们对于自己在日常生活中运用专业引导技巧仍然存有疑虑。在对话中使用基本规则会让他们感觉这与他们的文化规范截然不同。但是团队成员几乎一致认定，这种技巧将在他们的工作中将发挥重要作用。他们说最为困难的对话发生在他们与美国总部之间的沟通中，这需要他们检验有关决策背后的假设和推论，并思考哪些假设和推论适用于他们自己的国家，哪些不适用。

> **对于在工作环境中运用这种技巧，看上去他们对此并没有过多担心或抵触。有些人甚至认为，辅之以适当的解释和翻译，这些基本规则和核心价值观可以在他们国家的其他领域得以有效运用。**

对于在工作环境中运用这种技巧，看上去他们对此并没有过多担心或抵触。有些人甚至认为，辅之以适当的解释和翻译，这些基本规则和核心价值观可以在他们国家的其他领域得以有效运用。

他们中的大多数人在促进不同国家之间的合作和克服国家之间存在的隔阂方面，比起我们这些来自传统北美国家的人来说有着更为丰富的经验。他们认为专业引导技巧非常有用。

解决两难窘境

专业引导技巧成效显著的一个领域是解决绝大多数跨国组织所面临的两难窘境：是坚持全球统一标准，还是调整公司标准来适应当地风俗或就事论事地做出决定？在多伦多大学 Clarkson 商业道德中心担任执行理事的伦纳德·布鲁克斯（Leonard Brooks，1999）曾指出，以上的每项选择都有其利弊。在主流文化价值观强调对家庭尽责的地区，就类似裙带关系等富有争议的话题采取统一标准会导致业务无法开展。但是就事论事做出的决定会让每个人忘记组织中通行的标准。布鲁克斯指出，如果组织为了迁就当地风俗而采用与母公司截然不同的文化，则会导致问题丛生，特别是在童工法、健康和安全标准及环境保护等方面。那些被母国文化中的利益相关者视为毫无原则的行动会让公众对于组织的认知出现重大问题。消费者也许会开展抵制行动。这里并没有简单的答案。学会开展更为高效的对话、检验假设、聚焦利益、解释推理过程和意图，并且讨论先前认为不便讨论的话题，这些可能是全面解决这些问题的有效办法。

> **当我们提出一个有关组织文化的问题时，我们也会质疑全国性文化对于组织规范的影响。**

当然，如果一个人甚至连问题也无法提出来，那么也就谈不上如何运用专业引导技巧来解决问题了。创造一种可以公开讨论心中疑虑的环境对于引导师来说是一项挑战，因为这要求他去帮助身处迥然不同文化背景中的团队去反思他们文化中的价值观。我们其中的一个假设是，那些造成这些困境的策略（保留颜面、旁敲侧击、将担心隐藏起来）正是我们在早期经验中习得的，并且以某种形式深深地根植于我们所经历的文化中。

当我们提出一个有关组织文化的问题时，我们也会质疑全国性文化对于组织规范的影响。到目前为止，我发现最有用和有效的方法就是向其指出两难窘境，并且运用交互学习模式来解释我质疑文化价值观和文化差异的缘由。如果我并非完全认同或理解我服务团队的主导文化，这依然会让我感到不自在。我希望将来能够和不同背景的人一起合作来帮助我拓展自己的理解。

检验假设并继续对话

我们依然还有许多东西需要学习。我的主要建议是先不要假定什么有效，什么无效。尊重彼此的差异，而且我们必须给予每个人尽可能多的知情选择，让大家决定是否可以使用专业引导技巧及如何使用，而不是认定他们会或不会使用专业引导技巧。

在跨文化的环境中工作得越久，我发现人们的基本利益之间的差别就越小。在某项特定的价值观或社会规范的重要性的认定上，人们的确存在很大差异。例如，其他文化对于专业引导技巧中所推崇的自由并知情选择的价值观可能存在不一样的看法，如果我们强力推行提供选择或检验看法是否一致，这可能让对方产生防御。对于在俄罗斯工作的团队而言，个人的选择和差异不及保持团队的架构及团队和谐那般重要。也许我们检验文化差异的想法——通过直接发问——这本身就是我们自己文化的人工产品，所以这种检验可能有效，也有可能无效。我在北卡罗来纳州的西部任教多年。在我的班级中，那些在传统环境中长大的切罗基族（Cherokee）学生从不提问，也不会与我进行目光对视。他们告诉我，他们还未获得在部落前说话的权利。在教室中请他们回答提问，这只会让他们感到不适。试图通过提问来检验推论不会产生任何有用的信息。

在不同文化中做引导及开展工作绝非易事。它给我带来更多的是问题而不是答案。我并不清楚专业引导技巧是否适用于所有或大部分文化。我也不知道交互学习模式的核心价值观与成长于其他文化中人们的期望是否匹配。我猜测其中的大部分要素在大部分文化中都可适用，但我们现在还无法确定，除非更多人理解这项工作并且富有技巧地检验它。一个问题是专业引导技巧的概念和培训材料还未被知识渊博的人翻译成多种语言。

> **《专业引导技巧》已被翻译成韩文。我们正在寻找机会将它翻译成中文、日文、印度尼西亚文和西班牙文，但是翻译的准确性和有效性还未得到检验。教学的案例都是基于美国文化的。**

人们并不总是能够马上识别出或反思他们的深层次价值观，所以理解技巧需要富有耐心、充满好奇的对话。我相信我们应该继续探讨我们之间的相似与差异之处，分享我们的提问及对深层次讨论的渴望。我们可以邀请他们和我们一起探讨什么适用，什么难以适用。我本人对于我们可以达成的成就心怀好奇并且充满信心。

参考文献

Brooks, L. J. "Doing Business in Foreign Cultures." Remarks made to the Canadian Centre for Ethics and Corporate Policy, Toronto, Mar. 4, 1998. [www.ethicscentre.ca].

Ziegahn, L. *Considering Culture in the Selection of Teaching Approaches for Adults.* Columbus, Ohio: ERIC Clearinghouse on Adult Career and Vocational Education, 2001.

第 7 部分

将专业引导技巧运用到你的工作及生活中

我们中的很多同事和客户将专业引导技巧与他们自身的专长及其他引导角色结合起来。我们也是如此。当人们在所有的角色和不同的场景中始终如一地使用这种方式时，这种方式就变成了世界存在的一种方式，而不仅仅是为了扮演某个特定角色。第 7 部分的章节分享了不同例子。我们希望这些例子能够鼓励你去探讨如何让你在帮助他人、与他人共事和一起生活上变得更加有效。

在第 7 部分开篇的第 53 章“戏剧三角形”中，迪克·麦克马洪展示了一个有力而精致的模型来帮助我们理解，一旦我们做出的推论和假设未经检验，我们将如何创造出一个互相影响的环境。在其中，我们将变成救助者、迫害者和受害者。同时，他解释了如何让我们避免坠入戏剧三角形的步骤。吉尔列莫·吉利亚尔（Guillermo Cuéllar）向我们解释了我们的一些根本性假设和价值观是如何让我们将世界要么看成挣扎求存的敌意世界，要么看成充满各种可能性的创意世界的。在第 54 章“用创意和生存循环来观察并转变心智模式”中，他告诉我们如何识别生存循环并将其转变为创意循环。

如果团队成员学会了运用差异来增强团队的优势，那么团队成员之间的个体差异将变成学习和创新的潜在来源，在第 55 章“专业引导技巧与 MBTI”中，安妮·戴维森首先介绍了 MBTI 是如何让我们以偏好的方式来看待和评判事物的，其次她提供了如何运用专业引导技巧来帮助不同性格类型的团队成员更加高效地开展相互合作的指引。

克里斯·索德奎斯描述了他如何帮助团队就他们的处境开发一份共享的心智地图，

并在操作层面运用系统思维的工具就复杂问题的解决方案达成共识。在第 56 章“将专业引导技巧运用于系统思维分析”中，他描述了如何将这两种方式结合起来，从而使这两种方式都变得更加有效。

在第 1 部分，我们解释了你可以将专业引导技巧的心智模式和技能运用到其他角色中。这些角色包括引导型领导（在第 5 部分有所探讨）、引导型教练、引导型咨询顾问、引导型培训师。在第 7 部分的后半部分，我们探讨这些角色及其他角色。在第 57 章“引导型教练”中，安妮·戴维森和戴尔·施瓦茨描述了他们的教练模型，以及将专业引导技巧融入教练的四个方面：教练的内心活动、教练的目的、客户的内心活动及教练关系。

在第 58 章“成为引导型培训师”中，苏·麦金尼和迈特·比恩首先讨论了培训师如何采用单边控制模式来设计和主持培训，但这种方式恰恰降低了学员的学习效果和做出的承诺。其次，与工具栏中提到的黛安·弗洛里奥一起，他们讲述了如何运用专业引导技巧的原则来有效开展培训的各项工作，如处理提问、主持练习、处理休息时间及探讨参与者的担心等。

作为咨询师，运用引导型技巧可以为客户提供额外价值，在第 59 章“成为引导型咨询顾问”中，哈里·富鲁卡瓦（Harry Furukawa）讲述了这些内容。

在第 60 章“作为父母如何使用专业引导技巧”中，佩吉描述了作为父母如何运用专业引导技巧。通过幽默动人的例子，她告诉我们她如何与孩子一起运用这些技巧，并且帮助他们学习这些技巧。

在最后两章中，专业引导技巧的威力是如此巨大，以至于在貌似充满疑虑的环境中依然可以使用。在政治方面，史蒂夫·凯（Steve Kay）在第 61 章“在单边控制的世界中竞选公职”中，讲述了他自己作为引导型领导的经历。在第 62 章“在议会中使用引导型领导技巧”中，韦尔拉·因斯科（Verla Insko）继续讨论了这个主题。作为当选的（并再次当选）北卡罗来纳州议会中的州议员，她讲述了如何帮助不同的利益相关者（消费者、支持者、公共和私人供应商、州政府行政管理人员）达成共识并且通过了关键的心理健康法案。

当你阅读第 7 部分的章节时，我们鼓励你去思考工作之外的生活，以及如何将专业引导技巧融入其中，这样，才能对你和与你同行的伙伴提供更大帮助并更有意义。

第 53 章

戏剧三角形

迪克·麦克马洪

有关单边控制模式，请参考第 4 章“理解指导我们行为的理论”。

戏剧三角形是由我们在不知情的情况下所假定的三种主要角色组成的。当我们就人际关系未曾检验我们做出的假设或推论时，这些角色就形成了。这些角色包括救助者、迫害者、受害者。

戏剧三角形是理解我们实施单边控制行为的有力方式。它是由我们在不知情的情况下所假定的三种主要角色组成的。当我们就人际关系做出未经检验的假设或推论时，这些角色就形成了。这些角色包括救助者、迫害者、受害者。

在戏剧三角形中，我们以心怀善意的助人者的身份进入。有时我们自认为非常了解对其他人而言最有利的是什么，所以我们会扮演救助者的角色。当我们试图去控制他人的行为时，我们会扮演迫害者的角色，因为我们认为这些人不负责任，他们或违背规则，或未能遵守某项命令，或与我们的期望不相一致。在某些场合中，我们会扮演受害者的角色，因为我们对自身的能力产生怀疑并要求其他人告诉我们需做些什么来逃避相应的责任，这样，其他人可以最终控制我们的命运。

史蒂芬·卡普曼（Stephen Karpman）在一篇文章中介绍了戏剧三角形。这篇文章将重点放在人际关系分析（Transactional Analysis）中心理游戏的互动因素上。他的贡献在于帮助我们理解有多少关系因缺失真诚而导致依赖、失败和反叛等局面不断出现并恶化，但解决问题和自我成长的能力难以提升。卡普曼的观点被谢尔登·柯普（Sheldon Kopp）有关权力关系和受害者角色的深刻洞见所强化和证实。当我开始研究阿基里斯的理论时，我非常惊喜地发现，戏剧三角形这个概念与阿基里斯所阐述的模型 I 践行理论，也就是所谓的单边控制模式保持一致。[1] 阿基里斯从单边控制的角度界定的“助人者”与戏剧三角形中“救助者”这个角色非常类似。

戏剧三角形就我们如何设计行为并与单边控制模式的践行理论保持一致提供了深刻见解。理解戏剧三角形中的互动因素及如何避免这些因素，为我们提供了强大工具，以便帮助专业人士和担任领导职务的人士去重新设计他们之间的关系，从而让这一关系变得更为真诚、有效并与交互学习模式保持一致。

非真诚关系的基础

卡普曼将建立在未经检验的假设和推论基础之上的关系称为角色关系（Role Relationship），这与真诚关系互为对立。所谓真诚关系（Authentic Relationship），指的是基于我们对于彼此关系的共同认可来采取行动，其中每个人都可以自行选择他希望采取的行动。在角色关系中，我们行事所依赖的假设或推论貌似真诚，但其实我们并没有对其进行检验。这样，我们最终以贬低他人的技能、能力、态度或他们做出的自由选择而告终。在这一模式的情境中，贬低意味着否认能力、需求或情感真实存在的可能性，或者认为能力、需求或情感并不重要。

用柯普的话来说，当看到其他成年人比我们表现得更为脆弱时，我们会衍生出一种“权力幻象”（Illusion of Power）。也就是说，我们贬低他人并认为自身更为强大。一旦出现贬低他人的情况，我们就移向了虚情假意的角色并与贬低该情境的看法保持一致。另外，基于未经检验的假设和归因形成的贬低性看法并据此采取行动，我们单方面决定采取最适合的措施来有效应对这种情境。

戏剧三角形的角色

基于迫害者、受害者、救助者三种角色形成的互动模式，卡普曼将其命名为戏剧三角形。

卡普曼认为三种角色决定行为，这三种角色是迫害者、救助者和受害者。每种角色都是基于一套与他人有关、未经检验的假设而形成的。基于这三种角色形成的互动模式，卡普曼将其命名为戏剧三角形（见图 53.1）。

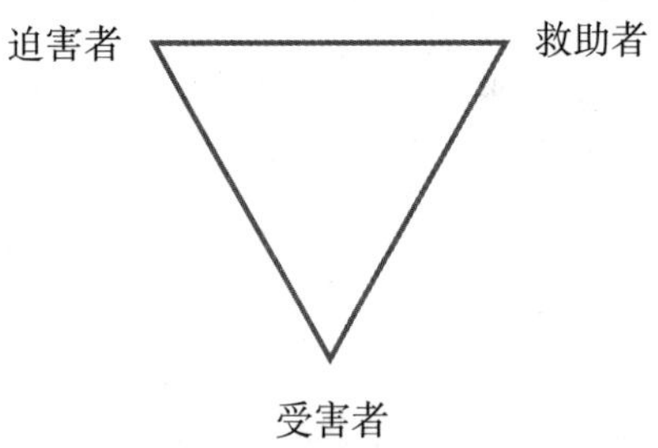

资料来源：卡普曼，获得史蒂芬·卡普曼博士的许可。

图 53.1　戏剧三角形

迫害者

扮演迫害者角色的人会：① 对于其他人的行动表现出颇为严苛的立场，他们或者无法理解行动背后的理由，或者将负面意图归因于那个人，无论负面的意图是否存在；

② 给予他人评判性或不具体的批评。

迫害者通过贬低他人或采取让其他人感到不合适、羞耻或难以胜任的回应方式来迫害他人。迫害者觉得自己公正无私、大义凛然或应对这种情境担起责任。例如，当主管给员工的指令不合适或不完整，随后却批评员工的所作所为难以让主管满意时，这位主管就是在扮演迫害者的角色。当迫害者将自己看成负责纠偏行动或确保让事情行进在正确的轨道上的人时，他就会觉得自己公正无私或义正词严。

def·i·ni·tion

扮演迫害者角色的人：① 对于其他人的行动表现出颇为严苛的立场，他们或者无法理解行动背后的理由，或者将负面意图归因于那个人，无论负面的意图是否存在；② 给予他人评判性或不具体的批评。

救助者

扮演救助者角色的人会：① 贬低他人处理自身问题的能力；② 通过做一些在他看来可以或应该为他人做的事情来“帮助”他人。在此举例说明救助者的角色。某个 12 岁的小孩向其母亲投诉他的评分不公。孩子不会向老师提出申诉，而是通过让其母亲代为向老师投诉来给他提供救助。通过表现出助人为乐，救助者使自己的需求得以满足，其实这种帮助造就了受害者，因为受害者为自己行动担责的能力将被进一步削弱。这种方式也限制了受害者本人的学习发展机会。

def·i·ni·tion

扮演救助者角色的人会：① 贬低他人处理自身问题的能力；② 通过做一些在他看来可以或应该为他人做的事情来“帮助”他人。

受害者

扮演受害者角色的人会：① 贬低自身能力、知识或技能；② 以其他人给自己提供帮助（救助）或批评（迫害）而告终。受害者就是那些试图将自己的成功或失败归咎于他人，而不是试图自行解决问题的人；或者说他们采取的行动并没有与自身的能力相匹配或保持一致。例如，假如你发现自己在工作中不胜负荷，你可能就是受害者。你的主管要求你去承担一项十分重要的新任务。你的假定是，如果你不去从事这项任务，你的主管会认为你或者不愿意帮助人，或者没有能力，但你并未对这个假设做出检验。你或许还有其他假设，如果你告诉主管你不能承担这项任务，你的主管可能另觅他人。最终你以接手这项任务而告终，你知道自己将牺牲下班之后乃至周末的时间。你感到自己成为受害者。

def·i·ni·tion

扮演受害者角色的人会：① 贬低自身能力、知识或技能；② 以其他人给自己提供帮助（救助）或批评（迫害）而告终。

这是描述戏剧三角形互动因素的典型例子。

一位年轻的专业人士米奇的家中有两间卧室。她选择自住的原因是其珍视独处的时光，两间卧室可给她提供足够的工作和思考空间。一天，她的朋友萨利找到她并向其哭诉自己面临的不幸：她刚被解雇，身无分文，而且她不得不离开学校，因为她无处可去，她也没法支付租房的费用。萨利询问米奇是否可以允许她在此借住数周，直到她找到新的落脚点（受害者角色）。萨利告诉米奇一旦找到新的落脚点，她会支付房租和其他七七八八的费用。尽管米奇不太愿意放弃她的私人空间和自由，但她还是告诉萨利可以搬过来入住，只是希望她在此逗留的时间不要超过一个月。尽管有些勉强，米奇还是同意了这样的安排，因为她希望被看成乐于助人之人（救助者）。换句话说，为了控制萨利对其的感受，米奇决定允许她在这里待上一个月。

一个月后，萨利的财务状况依然如故，她请求米奇可以允许她能再多待一段时间。米奇勉强同意了，但开始感到沮丧和愤怒，因为萨利并没有花费心思去寻找工作，也没有努力让自己做好自食其力的准备。结果是萨利在此逗留了四个月却分文未缴。最终，米奇对萨利这样的"不负责任的行为"感到忍无可忍，她与萨利发生了激烈冲突并坚持让对方离开。米奇再也不愿顾及这会给她们之间的关系带来什么影响了。由此米奇开始扮演迫害者的角色。

搬出来之后，萨利找到了一份工作，而且干得不错。但数月之后，她依然连一分钱的欠款都未偿还。米奇生气了，她命令萨利履行自己的诺言并偿还欠款。米奇甚至想给萨利制订一份还款计划。当第一笔数百美元的账期到了时，萨利仅仅支付了十美元。萨利现在变成了米奇的迫害者。米奇认为友谊对她而言再也没有任何意义。她坚持要求萨利偿还欠款。

米奇致电萨利并责备她不负责任。米奇说她再也不想听到与萨利有关的任何消息，这通电话给两人的多年交情画上了句号，并以米奇损失数千美元的房租而告终。这样，她之前采取的救助行动让她变成戏剧三角形情境中的非赢即输（单边控制）的受害者。当她单方面采取行动将萨利赶出去并最终演变成为受害者（以友情破裂和钱财损失而告终）的时候，米奇从救助者（同意萨利的入住）变成了受害者（萨利没能按照约定的时间搬走）并最终成为迫害者。

所有受害者都需要对其受害经历承担一部分责任。那些经历失败、寻求帮助或运气不佳的人都对其自身的问题肩负不可推卸的责任。

这个简单的故事说明了戏剧三角形的基本原则。

- 所有受害者都需要对其受害经历承担一部分责任。那些经历失败、寻求帮助或运气不佳的人都对其自身的问题肩负不可推卸的责任。
- 每次救助者—受害者的交互过程最终演变成迫害者—受害者的交互过程。也就是说，受害者反过来迫害救助者。这是施以援手的必然后果。你救助的受害者最终会给你带来麻烦。

谢尔登·柯普是这么论述这一互动关系的：

我对这样的讨价还价印象非常深刻的一点是（当每个人为其他人负责时，往往暗含着接受其所扮演的相应角色），受害者远比强大、愿意担责的救助者危险得多。千万小心无助者开启的长期受害者模式！有些人通过在艰难的情境下表现出无助和软弱来逃避其责任（原本他们需要自己照顾自己），目的是请求其他人为自己做些什么……如果我们还要承担起照顾他们的角色，那些无助者会马上视我们为傻瓜，而我们为其所做的一切依然会被认为不够好。

这个三角形的结构相当稳固；也就是说，人们经常在不同情境或关系中从一个角色移向另一个角色，而不是重新设计关系中的互动因素来一起摆脱虚假的角色。

真正的帮助来自那些可以让别人自助的人。这些人挑战他们对于权力的幻象，而且不会签订为他人的行动担责的隐性合约。

戏剧三角形与单边控制设计

如同单边控制模式的践行理论，戏剧三角形是我们头脑中的设计程序，可用于帮助我们继续控制关系：我们要保持理性、避免表达负面的情绪、在辩论中占据上风（获胜）。

从这个角度来看，这与阿基里斯所描述的模型 I 中的互动因素保持一致："我将使用我的行动理论来影响你。如果我成功了，我会控制你并将你置于掌控之中。这可以让你臣服于我并对我产生依赖。只有你变得无效，我才能表现出有效。其矛盾在于，如果你对待我的方式取决于我对待你的方式，那么我就无法按照我的意图行事。我的有效性理论最终会让我和其他人都变得无效。"（1990）。

如同单边控制模式的践行理论，戏剧三角形是我们头脑中的设计程序，可用于帮助我们继续控制关系：我们要保持理性、避免表达负面的情绪、在辩论中占据上风（获胜）。

阿基里斯认为单边控制的践行理论非常普遍并深入骨髓，这是因为我们思维程序中的一部分已经包括我们从社会经验中学到的社会良俗（Social Virtue）。这些社会良俗如助人为乐、诚实待人、尊重他人、发挥优势和诚信守诺等均已约定俗成并被用于支持单边控制模式。这样，助人为乐的社会良俗被界定成一旦我们在行动中施以援手时，我们就试图去控制这个情境，我们希望取胜而不是落败，我们希望理性行事并尽量减少负面情绪的产生或表达。

单边控制的践行理论对于我们行为的影响可以在后续的章节给予解释。在我们与其他人的互动中，我们发现自己有时会面临其他人向我们寻求帮助的情况。我们可能并不想去做其他人希望我们去做的事情，但我们有时身不由己，因为我们不想让其他人感受不佳（避免负面情绪），或者我们不希望被看成不愿施以援手之人。如果我们表示拒绝，我们可能担心对方变得非常情绪化（哭喊或发怒），并且将我们看成不愿助人之人（坏蛋）。单边控制的践行理论会告诉我们控制这种情境的方式就是按照他人的期望行事。

救助者的方式

还有些其他场合，在我们看来某人运气不佳，或者虽竭尽全力却因能力不足难以完成指派的任务。当我们向那人提出质疑时，他会告诉我们家中厄运连连的伤心故事，以及为了收集完成任务所需材料他所面临的困境。看上去他可能情绪低落，我们担心如果坚持给他委派任务，我们可能将他推向崩溃的边缘（未经检验的归因）。在这点上，我们必须找到控制这种情况的方式并确保事情的处理方式合乎理性。我们也希望被看成通情达理并且乐于助人之人。我们可能说："好吧！既然这样，那还不如把已经收集的材料交给我，我会安排其他人来完成这项任务。这样你可以把手头上其他任务的进度抓一下，你就不会面临这么大的压力了。"那人同意了并感谢你是如此善解人意。这与救助的定义保持一致。一个更为微妙的救助之举可能是询问那人他还需要多长时间并给予他足够的时间去完成这项任务。这样的策略通常伴随着富有同理心的表述及其他持续性帮助。通过隐含贬低他人无力对这种情境做出有效反应的救助范式，我们来设计行动。

如果我们在帮助他人时采用单边控制的方式，哪怕他们具备技能和决心，我们也会认为他们并不具备应对挑战的能力。我们的角色也没有要求我们在帮助他们时，就他们能做些什么做出自由并知情的选择，或者帮助他们获得知识和技能去做出新的选择。在救助者的角色设计中，我们确认另一方愿意接受失败并认为这是可以接受的。这样的话，我们增加了他们在未来遭遇失败的可能性，并且不会对他们出现的失败感到意外。也就是说，我们基于错误的信息做出的选择却通过我们救助那人的行动得以证实。这样，通过设计救助行为去体现助人为乐的社会良俗，其中也包括了不要去伤害他人的情感的考虑，我们与他人一起合谋让其变成受害者。在这个过程中，我们增加了他们对我们的依赖和顺从，并限制了他们学习新事物的可能性。正如阿基里斯所建议的那样，如果你想让你的单边控制践行理论有效（拯救策略）的话，另一个人就必须变得无效。

迫害者的方式

迫害者的互动因素也是按照类似的方式运作的。这是由其他人没有承担责任，或不愿意努力工作，或不关心他人的一套假设或归因开始的。任何可以被解读成与我们设定的负面假设保持一致的行动都将面对严厉的要求，那就是另一个人必须改进或改变其行为。作为纪律性或纠正性措施，那人将被委派一项超过其能力或截止时间不切实际的艰难任务。如果他没能完成任务，他将面临纪律处分或面对其他人的冷嘲热讽。这一行动本身就是自我实现（Self-fulfilling）预言，因为那项任务难以及时完成。而一旦他未能及时完成这项任务，就进一步向你证实了他缺乏内在承诺或不负责任的看法（自我实现的预言）。最为重要的是，不能让那人就"这么离开"（换句话说，我们需控制局面）。如果他失败的话，通过让他完成这项任务或对其采取纪律处分，我们必须获胜（只能赢，不能输）。我们将给他提供一切可能的机会并利用这些机会让他知道他已经失败了（理性行事）。我们必须确保我们遵循了相关领域内的程序和规定（不表达或创造负面情绪）。这是自我封闭的过程，他们根本没有得到机会去接触任何有关现实期望的信息。

有时，迫害者可能做一些与尽量减少控制负面情绪相反的事情。但是，借助批评受害者做事极为不负责来表达愤怒就合理化了，因为这与展示优势的社会良俗保持一致。展示优势的方式说明局面处于我们的掌控之中。这样，有的时候尽量减少负面情感表达的价值观可能没有得以体现，因为我们改变了价值观的优先顺序来切合当前情境。在这个例子中，我们认为更为重要的是通过展示优势而不是尽量减少负面情感表达来维系局面的控制。这也说明，我们会采取不同的策略来满足不同情境所需价值观，而无须从根本上转变我们的设计程序或离开虚假的角色。

受害者的方式

受害者角色是从我们对自己所做出的假设开始的。这通常是由自我贬低我们改进或改变的能力、智力或潜力而形成的。我们接受救助者或迫害者对于局面的评估并假定他们会负责处理这些事情。在受害者的角色中，我们控制整个局面。我们将改变的责任推给其他人并让其他人证实我们是能力低下或不负责任的人。与单边控制的践行理论保持一致，我们承认自己的过失（以表现出合理性）并对其他人表现出积极情绪。

受害者贬低迫害者或救助者并帮助他们实现真正改变（变得更为负责或解决本人的问题）的能力。那些巧妙地诱使我们来救助他们的人依然还是受害者，这就像那些看上去不明智地承担受害者角色的人一样。他们的计谋就是控制其他人并通过寻找聪明的借口来做到这点。这些借口很容易被识别出来，但无法不加理睬。在这些案例中，救助者的情绪很大一部分是对受害者的愤怒与怨恨。这些愤怒的情绪最终变成了救助者对受害者的迫害，而迫害实施者原本扮演救助者的角色。最终受害者获胜，他们实现的方式就是想方设法贬低救助者的意图或能力，或让救助者度日如年。那个失败的受害者会经常告诉救助者，他非常感谢救助者为他所做的一切，那些失败全归咎于他本人。很明显，救助者将为他承担更多的工作，或者花费更多的时间在受害者还没有完成的事项上。

当帮助也没有用处时

戏剧三角形帮助我们去理解，为何有些人得到我们的帮助最多却对我们毫不领情。这也可以帮助我们去解释我们为何感到愤怒并想惩罚那些我们竭力施以援手之人。在我们感到威胁的情境中，我们难以在互动中始终保持真我角色，所以我们转而采取单边控制的设计模式。戏剧三角形的设计思想与绝大部分社会良俗保持一致。视乎于情境，我们发现自身会扮演戏剧三角形中的任何一个角色，这丝毫也不奇怪。

乐于助人并避免戏剧三角形

如果希望采取与交互学习模式更为一致的助人方式，这意味着影响他人的方式要允许他们利用自身的能力、技能或知识来解决问题。当有人真的遇到难以克服的困难时，在交互学习模式中，帮助被视作给他们提供必要的资源。真诚帮助他人的基本原则就是让他们发现自己具备解决自身问题的能力而不是削弱他们的这种能力，无论他们是我们的朋友、孩子、员工、同事，还是客户。

避免扮演戏剧三角形中的角色

对于那些提供帮助的角色而言，以下可避免扮演戏剧三角形中的角色。

- 对于自身能力充满信心并愿意去培养其他人的胜任能力。为了提升自尊或增加自我价值，让自己处于帮助他人的位置，这会让你容易变成救助者、迫害者或受害者。
- 接触他人时心怀积极期待。这并不意味着你对事情的进展怀有不现实的期待，但这意味着一旦他们做出选择，你期待他们具备自行处理问题的能力。这一自我实现预言（Self-fulfilling Prophecy）还真是这样：我们会成为我们所期待的那个样子，无论期待是好是坏。
- 当人们成功应对新的挑战时，最有可能提升他们的自信心和自我价值。带着积极期盼走近他人的必然结果是，助人者需要设定现实并有挑战性的目标，从而推动他人不断成长，这点很重要。
- 不断给予他人支持，让其肩负更多责任并变得更为有效。理解变化带来的挑战及与之相关的恐惧心理。对于某些人来说，简单的成果，如全面负责某项任务或项目也意味着克服自我怀疑而要付出的巨大努力。
- 言行一致。你的言辞和你的行为必须保持一致。这意味着助人者的行事方式必须与其标榜的信念、价值观和原则保持一致。如果你希望增加自己的可信度，建立真诚而非戏剧三角形那样的关系的话，言行一致非常重要。
- 澄清后果并用自己的行为提供担保。与每个人沟通这样的信念，即他们需对自己的行为负责。
- 不为失败找借口。关注评估中所发生的事情，并与其他人一起探索应该做些什么不一样的事情来确保成功。不为失败找借口，无论失败的借口多么动人或多么有说服力。这削弱了人们负责的能力。

请参考第 7 章“系统思维和系统行动”有关由抱怨转为贡献的系统原则。

- 不要迫于压力为员工或同事做事。例如，你为员工做事是因为你感到如果你不采取行动，员工会面临失败。向自己发问，你是否为帮助员工采取合适行动而做了所有你该做的事情。与他人共同决定可以采取哪些不一样的做事方式。

- 当有人没能履行职责时，让他面对挑战，但不要让他感到你很失望。他让自己失望了；他是自己行动的受害者。愤怒、责备（迫害）或对其感到遗憾（受害）削弱了他采取不同方式做事的能力。
- 语言上或情绪上支持别人采取负责任的行动。如果他具备必要的能力、知识采取行动，支持他，这是最重要的。

可采取的具体行动及可避免的行动

基于以上建议，如果在合适的情境中采取行动，以下与交互学习模式一致的行动被认为有所帮助：

- 分享相关信息。
- 帮助他们采取其他行动来解决问题。
- 帮助同事去探索行动之后的可能后果。
- 支持愿意负责的员工所做出的选择，尽管那些选择可能与你的想法不一致。
- 公开分享你对员工或同事的想法与情绪，包括就他人的行为给出真诚反馈，并检验你做出的假设或你对他人做出的归因。
- 鼓励其他人并支持他们去尝试新的行为。
- 用行动来示范什么是负责任的行为，什么是积极的期望，什么是诚实。

削弱员工能力的行动包括：

- 为员工或同事解决问题，这些问题他们原本可自行解决。
- 因为员工不知道如何做事，所以你出面替他们做事，而不是帮助他们学习如何去完成任务。
- 对他人的失败采取批评的态度而不是帮助其分析失败的原因，并找到如何在下一次取得成功的方法。
- 给出建议或告诉他人需要做些什么（而不是分享信息并帮助他们界定可以采取的行动方案）。
- 在员工不具备完成任务所需的能力、经验或知识时要求他们去完成任务，或者在开展任务前没有帮助员工评估他们是否为开展任务做好了准备。
- 向员工或同事提供本应由他们自行获得的信息，因为这么做比较省事。

资源

Argyris, C. *Overcoming Organizational Defenses,* Upper Saddle River, N.J.: Prentice Hall, 1990.

Argyris, C. *On Organizational Learning.* (2nd ed.) Cambridge, Mass.: Blackwell, 1999.

Argyris, C., and Schön, D. S. *Organizational Learning II.* Reading, Mass.: Addison-Wesley, 1996.

注释

1. 我参考最多的著作来自阿基里斯和唐纳德·舍恩的 *Organizational Learning II*，以及阿基里斯的 *Overcoming Organizational Defenses* 和 *On Organizational Learning*。

参考文献

Argyris, C. *Overcoming Organizational Defenses.* Upper Saddle River, N.J.: Prentice Hall, 1990.

Argyris, C., and Schön, D. S. *Organizational Learning II.* Reading, Mass.: Addison-Wesley, 1996.

Karpman, S. "Fairy Tales and Script Drama Analysis." *Transactional Analysis Bulletin,* 1968, 7(26), 39–43. [http://www.itaa-net.org/TAJNet/articles/karpman01.html].

Kopp, S. *If You Meet the Buddha on the Road, Kill Him!* New York: Bantam, 1976.

第 54 章

用创意和生存循环来观察并转变心智模式

吉尔列莫·吉利亚尔

我们的心智模式帮助我们塑造了现实。这些心智模式是我们用于探索、开展实验及实现我们渴望的意图的旅行指南。我们对于世界的最为基本的假设，无论是恐惧还是热爱，可生成强大的自我实现预言。我们可以为任何情境和我们的生命，或者创造出自我持续的、以创新意识为导向的良性循环，或者创造出降低我们潜能的、自我持续的、以恐惧为导向的恶性循环。

生命学习模型（The Life Learning Model）给人们提供了审视这些基本假设的框架。对于那些高管、教练、引导师、咨询顾问及从事精英培养的专业人士而言，该模型尤其有用。对那些意图在最深层次审视其践行理论的人来说，学习这个模型可以获得有力的洞见，即关于“生命中存在各种可能性”的基本假设。

> 我们可以认为自己拥有两项基本策略：一项是创造，另一项是同化以求生存。

当我们面对生命中的选择时，这个模型给我们提供了理解我们可拥有不同选择和各种可能性的指引。我们可以认为自己拥有两项基本策略：一项是创造，另一项是同化以求生存。

当我们创造时，我们被各种可能性驱使着，被根植于情境中的各种可选方案驱使着，被我们自身的想法驱使着——也就是我们想要去做些什么，想要去创造些什么。当我们纠结于同化以求生存时，我们关注自身的恐惧，并思考我们应该做些什么去尽量减少或规避威胁。创造和生存循环是生命的一部分，也是必不可少的一部分。有时我们所面对的情境真的威胁到我们的生命或幸福。而在更多时候，我们拥有无数可用于尝试并充满创意的可能。我认为，对于我们中的大多数人而言，是我们的社会条件和生活经历将我们预先锁定在需要关注的生存之上，从而错失了我们本可用于学习的创意潜能。我们没能发现并挖掘我们生命的真正目的，或者说，哪怕我们找到了生命的真正目的，我们并没有充分利用活出真我的机会，而是关闭了可能性的大门。

生命学习模型解释了我们是如何挣扎于生存框架之中的，以及我们该如何挣脱束缚

（见图 54.1）。我们从生存循环开始，因为我们的大部分社会条件预先将我们锁定在风险和威胁上。这从演化的角度来看合乎情理，为了确保生存，我们的大脑看上去天生就具备这样的能力：我们能快速识别敌人并做出是反抗还是逃走的决定。生存循环的核心假设是恐惧和威胁。我们不断扫描周围的环境来识别威胁，预测让人恐惧的情境，思考如何规避危险并用大脑给出的指令来予以应对。我们的核心价值观和假设植根于这样的信念中：这个世界就是充满危险的地方。我们必须随时保持警惕。我们或者通过取胜和猜疑他人的动机来控制艰难情境以做出回应，或者对现状采取随波逐流的态度。

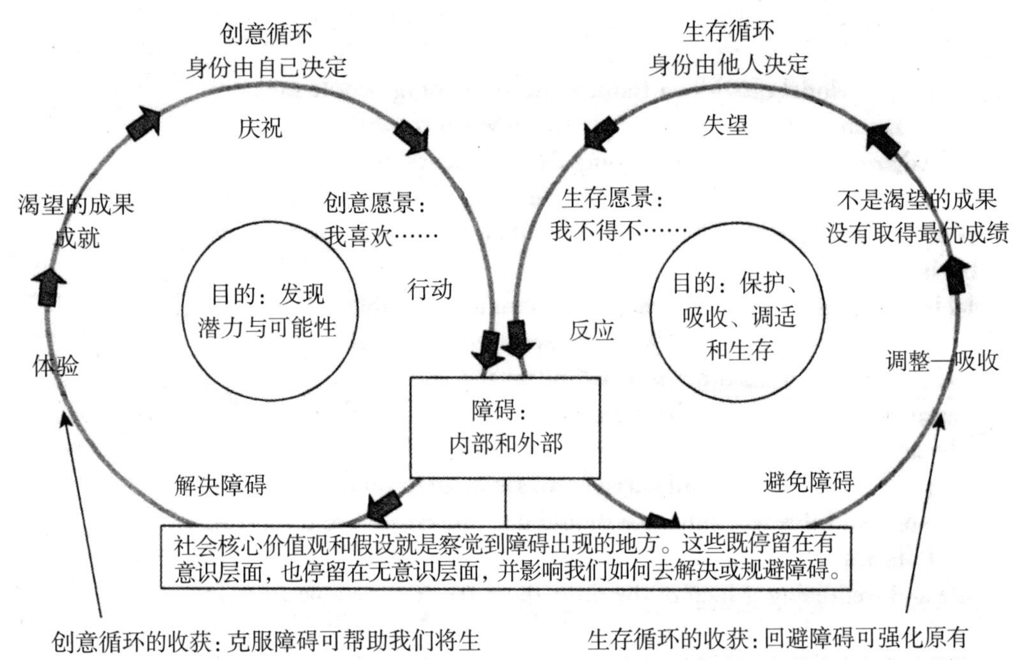

图 54.1　生命学习模型

在生存循环中，我们主要关注可以马上显示的结果（可快速处理），也就是如何从危险的局面中逃脱出来。这些事关世界的假设创造了生存的愿景，我们通过这样的愿景可将注意力集中在可以察觉到的威胁上。因为我们的核心价值观和假设创造了自我实现的预言，其影响会延伸至两个方面：我们将世界看成威胁，我们对待他人充满防御之心，而作为回报，我们的内心抵触不断升级，这向我们进一步“证明”，我们必须采用生存策略来应对这种局面。我们所采取的行动通常在短期内可实现目标，但随着时间的流逝，我们的结果至多只能达到次优。我们的关系和事业也许能够维持，但无法持续和发展。这让我们失望、精疲力竭，也进一步证实这个世界并不是充满互相支持的地方。我们的生命目的演变成为生存而奋斗。我们很容易被锁定在这个恶性循环中。

与此相反，创意循环则首先从一个根本相反的假设开始：世界就其本质而言，是一块充满爱意之地，到处都是潜力与机会。我们的核心价值观聚焦在学习和创意上。我们认为，绝大部分人都尽力端正行事，每个所遇到的情境都是大家从不同的角度看待事物的机会，也是从新的视角理解事物的机会。在创意循环中，我们寻找生命的目的以求在最大限度上发挥我们的才华并实现我们的愿望。我们的愿景是尽情发挥我们的最大潜力并将绝大多数情境看成学习的机会。我们的愿景和假设让我们朝着创意不断前行，我们对障碍做出创造性回应，这样问题可得以解决而不是被攻击或规避。我们不断向前推进而不是被过去的问题所羁绊。我们的行动带来成长和发展。当我们得到之前不曾设想的后果时，我们对此进行反思、不断学习，这样我们变得越来越强大和聪慧。我们的进展给我们提供庆祝的理由，我们的庆祝不断给我们增添新的能量，并让我们变得更有创意。我们对于世界的憧憬为我们注入无限潜力。

两个循环对于我们的生命而言都是必不可少的，因为我们可从中互相学习。有时候，当我们面对真正的生命乃至生存威胁时，生存性反应也许是合适的。另外，鉴于生存循环承载着我们绝大部分的生活习惯及无意识响应，我们可以熟练地获得我们想要的大部分东西，至少在起步阶段使用生存策略是合适的。问题是我们难以看到在不必要的情况下使用生存策略所带来的不曾预想的后果。我们中的绝大部分人没有想到，还有其他的世界观可以更好地服务于我们。当我们意识到我们的行动带来不曾预想的后果时，由生存循环转为创意循环的机会出现了。如果我们审视自己的心智模式，重新聚焦我们的核心价值观和假设并采取不同的策略，我们将能带来更为丰盛的成果。随着时间的流逝，我们可以将行动与我们心中最为深刻、发自内心的价值观和渴望统一起来。

参考文献

Cuéllar, G. “Creative and Survival Behaviors: Assessing a Creative Behavior Model.” Unpublished doctoral dissertation, University of Massachusetts, 1986.

第 55 章

专业引导技巧与 MBTI

安妮 · 戴维森

你是否参加过这样的会议或工作坊，期间大家的对话中充斥着英文字母？“哦，我是‘I’，所以我需要事先拿到会议议程，以便好好琢磨一下。”“我的身体里可没有‘F’这样的基因，所以你就是那个总担心会发生什么事情而让员工感到心烦意乱的人。”“我们两个人完全不对路：他是 ISTJ，而我是 ENFP。为了让项目早点完工，我们都快把对方给逼疯了。”如果你在会议中听到人们这样谈及英文字母，很有可能是大家在谈论性格类型，即 MBTI。

MBTI 是世界上应用最为广泛的性格量表。[1] 这个性格量表有许多颇为成熟的应用，包括个人和职业发展、团队发展、冲突解决、领导力、教练、家庭心理咨询和教育等。在过去的 50 多年中，开展的数百项科学研究证实了这个工具的有效性并支持其可靠应用。结果是，许多引导师、教练和咨询顾问在他们的工作中使用 MBTI。客户也经常要求将 MBTI 作为提升活动的一部分，用于团队建设、边界管理或沟通改善。这个工具的广泛使用及随处可得既是优点也是缺点。正因为其获得相对容易并易于管理，MBTI 对于甄别同事和团队成员的优点和需求很有帮助。但是，这个工具也往往被误用。有关性格偏好的信息经常被过于简化或误用。通过将专业引导技巧的价值观和原则与 MBTI 整合起来，专业引导技巧与 MBTI 既可各美其美，又可美美与共。

本章简单回顾了 MBTI 并讨论了将其与专业引导技巧结合起来的三种方式：① 帮助人们去学习这种方式的技巧；② 增强团队的有效性；③ 帮助引导师和领导去建立个人觉知。

何为 MBTI

MBTI 并不是一项测试，里面也没有错误或正确的答案。这只不过是说明人们在吸收信息、做出决策及安排他们的生活上存在哪些偏好的指标。开发这个工具的初衷是帮助大家理解并应用卡尔 · 荣格（Carl G. Jung）的心理学理论。他在其 1921 年出版的著作《心理类型》（*Psychological Type*）中介绍了该理论。凯瑟琳 · 布里格斯（Katherine C.

Briggs）首先研究了该书的英文译著。1942 年她与其女儿伊·布里格斯·迈尔斯（Isabel Briggs Myers）开始设计一种工具来帮助人们识别他们的性格偏好。受到第二次世界大战爆发的启示，她们认为互相理解彼此的性格类型可以帮助人们避免毁灭性冲突。出于实际运用的考虑，她们认为性格类型可以用于将个人与战争中所涌现出来的许多新岗位和角色匹配起来。从 1942 年到 1944 年，潜在的 MBTI 测试条目得以成型与验证。从那时起，这个工具得到广泛研究、验证及不断精练。[2]

性格维度

MBTI 按照四种心理维度或心理量表（见表 55.1）来甄选人们的性格偏好。将八种不同的偏好组合在一起（每个维度有两种偏好），共产生了 16 种不同的性格类型。每种性格类型可用四个字母来描述，一个字母代表一个维度上的偏好。例如，ENFP 偏好外向（Extraversion）、直觉（Intution）、情感（Feeling）和感知（Perceiving）。而 ISTJ 偏好内向（Introversion）、感觉（Sensing）、思考（Thinking）和判断（Judging）。MBTI 对于每个维度都有具体的定义。由于这些术语的定义非常具体，因此，外向和判断这两项尤其容易产生误解。在我们就如何解读 MBTI 量表建立假设之前，请察看本章结尾时所引用的资源，这样你可有效管理并解读这个工具。

表 55.1　MBTI 心理维度和偏好

维　　度	相关的两极
态度倾向（Energizing）——人们如何获取能量，从哪里获取能量	外向-内向　你是从外部世界中的人、物或活动中获取能量，还是从你内心世界的想法、印象或情绪中获取能量
获取信息（Attending）——当人们收集信息时，他们关注什么	感觉-直觉　你是关注借助五官收集而来的具体数据，还是关注更为宽泛的意义、关系或可能性
做出决策（Deciding）——人们如何做出决策	思考-情感　你是基于逻辑和客观分析来做出决策，还是基于个人或社会价值观来做出决策
行动方式（Living）——人们如何安排其生活并与外部世界关联	判断-感知　你是采用有计划、有次序的方式来应对外部世界，还是按照灵活多变、顺其自然的方式来应对外部世界

注：基于赫希（Hirsch）和库梅罗（Kummerow）的著作。

解读心理维度

组成某种性格类型的偏好仅仅是倾向而已。每个人都会使用上述的所有维度（例如，视乎于情境，人们既可表现为外向也可表现为内向）。比较起其中的某些维度来说，我们只不过更偏向于某些维度，而不是另一些维度；或者说，我们会更为频繁地使用其中的某些维度，这就形成了某些长处和一定的盲点。另外，单就维度而言，它并不能完全解释某一特定性格类型。不同性格偏好之间的互动或相互的影响可形成每一性格类型中独有的特征。为了正确解读并有效运用不同性格类型的差异，我们需要透彻理解不同性格类型之间是如何互动的，并了解这 16 种不同性格类型中的每种性格类型。

理解每种性格类型的互动因素的确可以为人们是如何学习、沟通及互动的提供洞见。以那些偏好 ENFP 的人为例，他们是具有大局观的思想家，可以看到存在于每种情境中的各种可能性，他们喜欢与不同的人和想法打交道，他们对于自身决策于他人的影响比较敏感。相反，那些偏好 ISTJ 的人则被看成周密、系统的思考者，他们关注细节并喜欢按照结构化的方式来开展工作，从而得出符合逻辑及具有操作性的解决方案。但是，这些特征在一定程度上都是高阶推论，这些推论必须针对具体的个人予以证实或证伪。

MBTI 经常被误用或被错误解读的方式之一就是人们被告知他们被性格类型所局限，也就是说，某种性格类型意味着他们能够或不能够培养某些能力。性格类型并不是用来测量能力或智力的。哪怕同属一种性格类型，不同人之间的性格特征也会相去甚远。所以性格类型无法准确预测某个具体的个人在一特定的情境中会怎样做出反应。事实上，MBTI 的初衷主要被用作帮助你更好地了解自己。这个工具的目的是向人们指明需要留意之处或需要考虑的偏好。使用性格类型可以给人们提供一种语言，用于反思他们自身的偏好及他们与其他人之间的互动。了解性格类型可帮助人们理解他们如何采取不同的方式来筛选信息，这可以激发人们对其他人的观点心怀好奇并更具包容心态。这也可以帮助人们去理解他们可怎样调整自己的风格来更为有效地与那些与他们的性格偏好不同的人进行互动。

如何将性格类型与专业引导技巧一同使用

为了有效使用 MBTI 并与专业引导技巧的核心价值观保持一致，在管理这个工具或与那些具备资格的人士一同工作时，你本人需要成为完全合格的人士。心理类型协会（www.aptcentral.org）提供了顾问推介网络并就如何合乎伦理地使用该工具提供了指引。如果能与其本来的意图并与交互学习模式的心智模式保持一致，我认为 MBTI 可以成为促进实践的一份宝贵资产。专业引导技巧所培养的技能可以为 MBTI 的正确管理、解读及运用提供巨大的帮助。

使用性格类型信息的一般指引

性格类型信息的使用者必须与参与者共同设计。有关工具的伦理管理规范指引指出，就是否与他人分享性格类型及如何分享性格类型，人们享有自由并知情的选择。[3]性格类型的意图在于开始一场交互学习的对话，以便让人们探讨他们的禀赋。分享结果的方式应允许提问和澄清。如果参与者持有不同的看法，管理者不应将结果强加于人或出现防御心理。

在团队环境中讨论 MBTI 偏好可为大家提供这样的机会，也就是不再将彼此的差异看成打入团队之中的楔子，而是开始评估彼此有可能做出的贡献。性格类型不是被用来贴标签、下断言、做评估或限制某人。其原本的目的是作为资源来促进共同学习和彼此欣赏。

学习专业引导技巧

在人们如何学习专业引导技巧、利用各自不同的禀赋及应对使用该技巧时所遇到的特定挑战方面，人们存在差异，了解性格类型偏好有助于解决这些差异。MBTI 量表中获取信息（Attending）和做出决策（Deciding）这个主要维度将对人们关注哪些信息及如何利用这些信息得出结论产生影响。这两个维度，也就是所谓的功能，会比较明显地影响学习风格。

> 我发现人们如何获取信息及做出决策决定了他们在使用专业引导技巧中遇到的最大挑战。

我发现人们如何获取信息及做出决策决定了他们在使用专业引导技巧中遇到的最大挑战。其中最为常见的差异出现在人们如何学习和使用诊断—干预循环上。这个循环是从人们注意到具体的某项行为并基于这些行为做出推论开始的。在这个循环中的步骤四，也就是当人们分享所观察到的具体行为时，干预启动了。那些感觉偏好的引导师善于观察并记住具体的行为，但他们在分享基于行为所做出的推论时，时常会遇到挑战。与之相反，那些直觉偏好的引导师经常难以记住人们究竟做了什么或说了什么，但可轻而易举地分享他们所做出的推论并将推论与个人或团队的有效性广泛地联系起来。在使用这个循环时，每种性格偏好都会遇到不同的挑战。通过不断练习，我发现每种性格类型对于掌握有效诊断和干预的步骤并不存在障碍。但这可以帮助我们认识到，每个人需要采取稍微不同的工作方式，而这取决于我们习惯于关注我们所处环境中的什么信息。

请参考第 6 章“诊断—干预循环”。

思考偏好与情感偏好也会对我们如何通过手中的数据做出推论及如何向他人解释我们的推论产生影响。那些带有思考偏好的引导师通常会善于揭示干预背后的逻辑框架并讨论某种特定选择所带来的后果。而那些情感偏好的引导师会纠结于如何识别并解释他们推论背后的逻辑，但他们对于人们选择某种行为所引发的潜在后果异常敏感。他们经常可以轻而易举地激发心中的同理心并毫不费力对他们基于价值观的推论产生影响。显然，为了全面落实专业引导技巧的核心价值观，我们需要平衡逻辑分析与同理心。另外，我发现性格类型在这方面毫无障碍，但如果能了解每种偏好在关注特定方面可能有所逊色将更有帮助。为了关注每个功能（感觉、直觉、思考、情感）而有意识地付出努力，我们可以将学习效果及有效使用专业引导技巧最大化。

MBTI 和团队有效性

将 MBTI 偏好与专业引导技巧的原则结合在一起，可帮助团队识别过往误解的来源，并设计新的策略来更好地满足每个人的需求。

MBTI 数据有助于对团队有效性的各项要素实施干预。我经常将 MBTI 作为一个要素用于讨论团队角色与期望、团队规范与文化、有效问题解决及团队冲突或沟通障碍的来源。将 MBTI 偏好与专业引导技巧的原则结合在一起，可帮助团队识别过往误解的来源，并设计新的策略来更好地满足每个人的需求。

请参考第 2 章“团队有效性模型”和第 15 章“使用团队有效性模型”来了解团队有效性模型的介绍及其使用。

当我们使用性格类型来帮助团队或董事会时，我通常会要求每位成员完成 MBTI 自我评测版并事先将评测结果提交给我。我会将大家的报告汇总在一起制作团队性格类型表，用于说明在每种性格类型上团队成员是如何分布的。我也会基于团队成员中最为常见的性格偏好来生成团队性格类型综合表。例如，最近接受我引导的董事会具有 ENFJ 综合性格类型，而向他们汇报的下属是 INTJ 综合性格类型。重要的是认识到，这样的汇总数据只不过是说明总体趋势而已，这些数据必须小心验证，但对于承认并讨论过往所经历的障碍及不良的关系模式可以起到相当大的帮助。

在引导或咨询会议开场阶段，我会花些时间去浏览一下 MBTI 报告，就如何解读给出指引并回答大家的提问。我会再次与某位成员核实一下，看他是否愿意分享综合数据并明确哪些个人数据他愿意分享，哪些个人数据他不愿意分享。我的确赞成分享性格类型信息，这对大家有帮助。我也帮助团队就如何使用这些信息达成一致，这样，大家可以就分享哪些信息及如何分享这些信息做出知情的选择。我们会随后讨论团队承诺予以解决的问题或话题是哪些，只要能起作用，我们会使用性格类型数据作为补充信息。

偏好 ENFJ 的董事会成员经常感到员工没有全面考虑他们所提出的建议对于市民的影响。从总体来说，员工具有思考偏好（Thinking）的性格类型，这让他们更倾向于从技术或逻辑的角度提出更为出众的解决方案。而董事会中绝大部分成员具有情感偏好（Feeling）的性格类型，这意味着对于他们而言，哪怕这个选择在技术上非常出色，但是考虑这个选择对于他人的影响也会显得十分重要。该维度上的差异给董事会及员工带来巨大的对立情绪。另外，偏好 NF 的董事会成员会发现偏好 NT 的员工在沟通中过于理论化和强调分析。员工则认为董事会成员太过情绪化或难以捉摸或兼而有之。他们彼此都会贬低对方的能力。通过探讨这两种方式的价值观，并就何时及如何将两种视角整合在一起设定期望以提升决策质量，团队减少了冲突并改善了边界管理。

与之类似，团队可以看到彼此拥有的潜在优势、盲点及可能带来问题的不匹配的性格类型。而这些是从可能性的角度展现出来的。团队证实其中的某些性格差异在过去被看成挑战，而他们现在发现其性格上的差异并不会导致问题

> 的出现。他们认为，团队成员可以有效利用他们原本并不擅长的性格偏好来应对他们所处环境带来的挑战。
>
> 理解MBTI的互动因素可以帮助团队更为有效地运用团队的基本规则来提升他们讨论的有效性，并检验彼此的需求。了解了ENFP和ENFJ性格偏好的人通常更喜欢口头沟通，与其假设他们不得不提供详细的书面报告，还不如去检验他们做出的推论。大家认识到通过分享有关期望的信息并检验推论，他们可以更为有效地利用时间和资源。他们逐渐了解到双方对于某些基本规则采取了回避态度。考虑到相关人员的性格类型偏好，他们很少考虑或提供具体例子。讨论的结果是做出互相帮助的承诺并提供更为具体的例子。他们也要求那些偏好记住细节的成员给他们提供帮助。

性格类型信息可以在多方面给团队提供帮助，如问题解决、分享领导力角色和澄清行动计划等。以下是我与团队分享的用于帮助团队思考如何使用MBTI提升团队有效性的策略清单：

- 那些性格类型高度相似的团队可更快做出决策，但他们也更容易犯错，因为他们未能考虑所有的观点。
- 拥有不同性格类型的团队做出决策的速度更慢甚至无法做出决策。如果他们学会有效管理多个视角，他们可以做出更好的决策，因为他们已经考虑了不同视角。
- 当所需完成的任务需要发挥不同性格类型的优势时，领导力角色可能需要做出改变。
- 团队中某种性格类型偏好的唯一成员往往会被视作“另类”，但他的价值没有被充分认识到。
- 如果能借助团队之外的不同性格类型的资源，或者按照任务的需要努力使用原本不太擅长的性格类型，那些性格类型单一的团队（只有少数几种性格类型）也会取得成功。
- 如果忽略问题的各个方面，而原本这些方面可由其他性格类型的成员指出来，或者由于他们过于坚持自身的某种性格类型的本色而没有使用其他资源，单一性格类型的团队可能失败。

教练领导和引导师

对于引导师和引导型领导而言，对于性格类型的了解也是个人觉知（Awareness）十分宝贵的来源。事实上，MBTI的结果是直接提供给评测对象以供个人验证与反思的。就性格类型进行个人反思可与团队反思达到同样的目的：突出个人在推理过程中的优势并标注潜在的盲点。

我最近担任某位经理的教练。由于团队成员觉得他没有仔细考虑大家的研究成果和提出的建议，下属对他有所疏远。尽管所有人承诺要遵守团队规则，但是下属责备这位经理在做出决策之前没有考虑所有的有效信息。团队的推论是那位经理言行不一，或许他们不应该这么去做。这位经理的性格类型偏好是比较明显的感觉（Sensing）和判断（Judging）类型，这让他对于具体的行动有着强烈的偏见。他最为常见的提问是“我们对此需要做些什么”或“我们需要多快采取行动”，而员工有着比较明显的直觉（Intuitive）、思考（Thinking）和感知（Perceiving）偏好，这让他们可以看到整个局面、收集许多数据并提出众多可能的解决方案，但他们难以提出具体的方案并经常让经理淹没在大量的数据中。所以，他们把经理看成从腰间拔出手枪朝他们射击的“牛仔”，而经理则认为员工非常懒惰，除了夸夸其谈不会采取任何行动。

当然，这些假设并不准确。在看过 MBTI 的报告之后，经理获得了向团队解释其性格偏好的机会，这是非常有价值的起点。通过寻求大家的帮助，使用基本规则来放慢思考的脚步并考虑不同的选择，他要求团队提供更为清晰的建议。当团队理解彼此性格类型并不匹配时，他们意识到他们关注不同的数据并基于这些数据做出高阶推论。他们与经理达成一致，在使用基本规则时放慢脚步。他们相互承诺，澄清大家在特定决策上的利益，共同决定哪些是相关信息，以及如何向对方展示这些信息。他们将共同设计每个问题需做出的决策流程。通过辅导这位经理去了解有关性格类型的偏好，他们能够开诚布公地展开讨论，这有助于提升他本人和团队的学习与有效性。

在教练那些试图与交互学习模式价值观保持一致的团队成员时，我发现单边控制模式的起因之一就是你被迫启用并非你本人偏好的性格类型。以我自己为例，我的性格偏好是 ENFP，如果需要我去认真关注时间，这对我来说太具挑战性。当我的角色需要我去提醒大家准时开始和结束讨论时，在干预时我会很容易地滑入单边控制模式。我会说“现在你们不得不停下来”，而不是鼓励大家将主张和探询结合起来，或者与团队共同设计如何有效使用时间。我需要特别了解我的单边控制倾向，并要求具有不同倾向的引导师来给我提供协助。

将 MBTI 和专业引导技巧结合起来会有问题吗

2003 年以前，在团队引导论坛（GRP-FACL@Listserve.albany.edu）上，有关引导师使用 MBTI 所带来的好处与不足的争论甚嚣尘上。双方都能找到有力的支持性论据。大部分反对 MBTI 的人，在总体上质疑心理学工具的有效性。许多人引经据典说明当人们被局限在盒子里面时，他们自然而然会产生抵触情绪。而有些人则将使用 MBTI 不当的旧账重新翻出来，包括某些团队成员会对其他成员做出判断或试图强迫其他人将他们的个人风格与团队的主导风格相匹配。其他人则举例说明他们在使用性格类型时获得的洞见，这让个人与团队都受益匪浅。

MBTI 就像我们采用的其他工具或技巧一样，可被不当使用或被用于单边控制模式。但是我没有看到这个工具中的任何设计与交互学习模式的核心价值观存有不一致之处。事实上，有效管理并验证 MBTI 的专业指引基于分享所有的相关信息，提供自由并知情选择，以及检验推论与假设这些原则之上。通过将两种方式明智地结合起来，MBTI 将成为自我发展和对他人做出干预的有价值的额外帮助。

资源

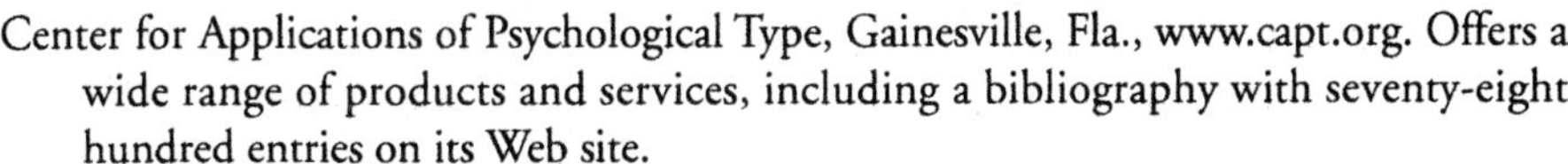

Center for Applications of Psychological Type, Gainesville, Fla., www.capt.org. Offers a wide range of products and services, including a bibliography with seventy-eight hundred entries on its Web site.

CPP, Inc., Palo Alto, Calif., www.cpp.com. Publishes the MBTI and offers scoring services and interpretation materials.

Group Facilitation Listserv. GRP-FACL@listserv.albany.edu.

Hirsh, S., and Kummerow, J. M. *LIFETypes.* New York: Warner Books, 1989.

Hirsh, S. K., and Kummerow, J. M. *Introduction to Type in Organizations.* Palo Alto, Calif.: CCP, 1990.

Lawrence, G. *People Types and Tiger Stripes: A Practical Guide to Learning Styles.* Gainesville, Fla.: CAPT, 1982.

Myers, I. B. *Gifts Differing.* Palo Alto, Calif.: CCP, 1980.

Myers, I. B., and McCaulley, M. H. *Manual: A Guide to the Development and Use of the Myers-Briggs Type Indicator.* Palo Alto, Calif.: CCP, 1985.

注释

1. MBTI 有多个版本，每个版本适合略有不同目的的用户使用。出版社或合格的使用者可以帮助挑选合适的版本。我经常使用的两个版本是 *MBTI Indicator Self Scorable* 和 *MBTI Indicator Form Q*，都是由 CPP 出版的。欲了解工具的有关信息或如何成为 MBTI 的合格管理者，请参考出版社的网站（www.cpp.com）。

2. 有关 MBTI 的历史发展，可以参考伊莎贝尔·布里格斯·迈尔斯 *Gifts Differing* 和伊莎贝尔·布里格斯·迈尔斯和玛丽·麦克尤利（Mary H. McMaulley）的 *Manual: A Guide to the Development and Use of the MBTI*，这本手册也包括了对 MBTI 研究数据的细致总结。

3. 合格 MBTI 管理员需遵守伦理规范，该规范告知如何提供并解读工具。可参考 CAPT 网站（www.capt.org）。

参考文献

Hirsh, S., and Kummerow, J. M. *LIFETypes.* New York: Warner Books, 1989.

Jung, C. G. *Psychological Types.* (H. G. Baynes, Trans. Revised by R.F.C. Hull). Volume 6 of *The Collected Works of C. G.* Jung. Princeton, N.J.: Princeton University Press, 1971. (Original work published in 1921.)

Myers, I. B*Gifts Differing.* Palo Alto, Calif.: CCP, 1980.

Myers, I. B., and McCaulley, M. H. *Manual: A Guide to the Development and Use of the Myers-Briggs Type Indicator.* Palo Alto, Calif.: CCP, 1985.

第 56 章

将专业引导技巧用于系统思维分析

克里斯·索德奎斯

系统思维可帮助组织理解驱动其基本流程运作的心智模式，而专业引导技巧这一有价值的方法论可帮助组织去揭示、澄清并修正其心智模式。

请参考第 7 章“系统思维和系统行动”。

本章描述了系统思维的多个方面，包括系统思维方式，如何采用系统思维的干预方式去解决组织中富有争议的话题，如何运用专业引导技巧尤其是有效团队的基本规则来提升系统思维在成功理解并解决这些问题上的可能性。

系统思维方式

系统思维的践行者与组织一起制定改善组织绩效的战略。采用这种方式背后其实是一个主张，即社会组织（商业组织、非营利组织或社区组织）的结构及其使命、目标和战略来自组织中的个人及集体的心智模式，包括组织为何这样组成及组织是如何形成今天这种局面的等。所谓心智模式，指的是用于理解并改善现实的假设、理论、趣闻逸事、心理事实和心理表象的集合。这些心智模式决定了我们收集哪些数据、制定何种策略，以及为与这些策略保持一致我们将如何行事。

请参考第 4 章“理解指导我们行为的理论”和第 48 章“将专业引导技巧整合到组织政策和流程中”。

许多心智模式从未暴露在阳光之下，它们或匿迹隐形，或未经检验，但正是这些心智模式驱动组织的行为。此外，大部分心智模式并没有包括现实的重要方面，例如，深刻理解并改变组织绩效所必需的要素如互相依赖、时间延迟及反馈等。

> 系统思维这种方式通过协作和基于探询的流程来帮助客户浮现并检验他们的心智模式。系统思维通过使用具体的现实模式来不断精炼并改善这些心智模式。

系统思维这种方式通过协作和基于探询的流程来帮助客户浮现并检验他们的心智模式。系统思维通过使用具体的现实模型来不断精炼并改善这些心智模式。在相当程度上，这就好比使用支撑专业引导技巧的团队有效性模型去精炼和改善这些心智模式。

请参考第 2 章“团队有效性模型”和第 15 章“使用团队有效性模型”。

典型的模型会使用图 56.1 所示的系统思维流程。这个流程是由数个微型学习环组成的。在本章后面我会使用具体例子来突出说明这个流程的几个步骤。但在讲述具体例子之前，还有几个步骤值得解释。步骤三（将问题看成历时多日打磨出来的行为，对此达成一致）对于推动客户开始通过系统思维的镜头来看待问题非常关键。通常客户借助单一时间点镜头来看待问题或将问题界定成某个事件（例如，“我们刚刚丢掉我们最大的客户”）或某个条件（例如，“房价太昂贵，这会损害社区经济”），而我们帮助客户采用更为长期的视角来看待这些问题。或许他们的客户基础在过去的数月中已经下滑。或许房价已经上涨了有一段时间，这会说明某个问题；但也有可能房价围绕某个均值已经来回震荡数年，也就是说，这只不过是市场在自行纠偏而已。

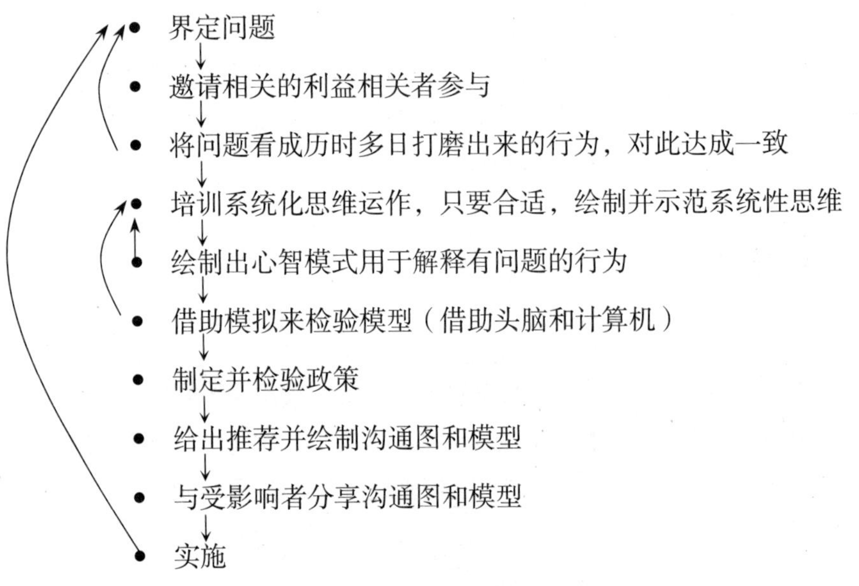

图 56.1 系统思维流程

步骤四（培训系统化思维运作……）通常需要在我开始为客户提供服务之前达成一致。因为我的系统思维咨询方式与发展型引导类似（我希望帮助客户去培养系统思维技能，而不是让客户依赖我）。我很少与那些尚未同意绘制系统思维流程并示范系统性思维技能的客户开展工作。在绘制并示范流程之前，我给客户提供培训来帮助他们积极参与到流程中。

请参考第 43 章“发展型引导”。

例子：ABC 金融服务机构

很难找到一个例子，囊括了系统思维和专业引导技巧是如何在一起工作的所有关键因素。所以我虚构了一个例子，这个例子结合了过往数年中，我或其他同事所经历过的各种事件。这个例子可以说明系统思维是如何发挥作用的。

2 月，来自 ABC 金融服务机构的人力资源副总裁联络系统思维咨询顾问，因为该机构的高管已经陷入混乱之中，尤其是当销售与市场副总裁希望实施某项特别投资促销活动时，遭到来自客户服务的副总裁及其员工的抵制。紧张局面不断升级，甚至出现两位副总裁在过往的数次管理层会议中互相攻击对方的情况。CEO 阅读过《系统思维中的“思维”：七种必要技能》一书。在她看来，系统思维的视角可能有助于争执的解决。她要求人力资源副总裁与我们接触，看我们能否提供帮助。

作为起初订立合约的一部分，我们向他们提问（通过电话），以判定该组织希望我们协助解决的这个具体问题是否适合利用系统思维分析来加以解决。最终，我们知道了整个事件的来龙去脉。

ABC 公司在 12 月中旬推出了一项特别投资促销，但结果糟糕透顶。圣诞节到新年的那周的来电数量，尤其是咨询促销信息的来电数量达到该公司有史以来促销的最高峰。客户服务部认为由市场部发起的这次促销活动没有经过很好策划，他们将那些电话尤其是每位客户来电的平均通话时间比喻成“圣诞节（电话）大满贯”。客户满意度的确遭受重创。客户服务部再也不愿重温这段经历。

但是市场部认为整个促销规划得当。他们认为通话时长增加的原因是圣诞节期间客户服务部人员短缺。

最终，我们勾勒出问题行为的几个初始假设（见图 56.2）。ABC 公司同意借助系统思维来调研的提问有：

1. 造成 12 月圣诞节期间客户的每次来电通话时长增加的原因是什么？
2. 如何在将来避免此类事再次发生？
3. 调研的结果有助于判断下一次促销的可行性吗？

经过进一步提炼，我们与 ABC 公司订立合约来引导高管回答上述提问。

在现场召开的第一轮会议上，我们就目标达成一致。通过在墙上张贴整个时间段中的行为模式图（见图 56.2），以及在白板纸上写明需要利用系统思维分析来回答的提问，我们借助典型的系统思维流程（见图 56.1）向与会者描述了用于达成这一目的的流程。我们随后花时间探讨步骤二（邀请相关的利益相关者参与），这样所有受到该话题影响的利益相关者，只要有可能，都可在这个流程中找到代表。随后我们共同决定了项目计划，包括里程碑和可交付成果。管理团队给这支由不同利益相关者组成的团队指派了一项任务，要求他们建立一个模型，以帮助他们理解要解决的问题。

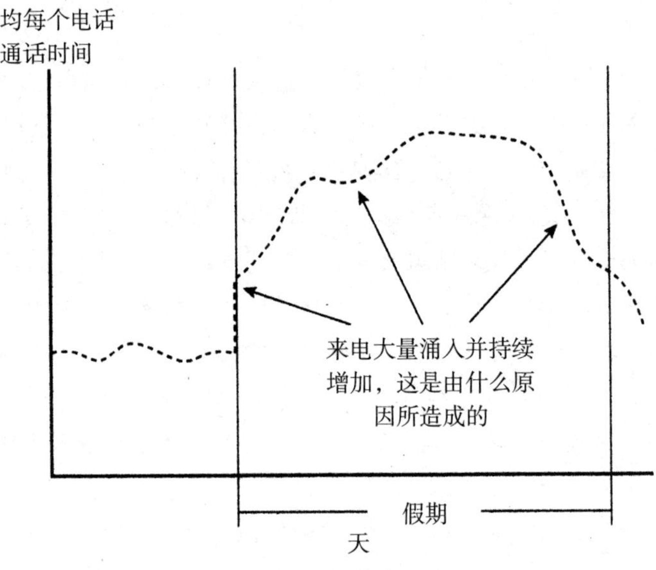

图 56.2　在一段时间段内的问题行为

下一步是为 ABC 公司的建模团队提供培训，告知他们如何绘图并使用 Ithink 分析模拟软件进行模拟。培训后，我们开始帮助团队使用存量和流量的语言去绘制接待客户申请的流程。图 56.3 展示了我们和团队建立的第一份要素图。长方形所标记的就是“等待服务的客户”，这就是存量。存量就像不断累积水流的浴缸；在这个案例中，我们在积累等待客服代表服务的客户。进入存量的流量（管道）会不断补充排队等候服务的人数。当人们拨入电话时，就会发生这种情况。

通过将排队等候服务的流量添加到另外的存量中并标注为“与客服代表通话的客户”，建模团队完成了客户接受服务的价值链。这是被称为“传送带”的特别存量。所谓传送带，代表的是与客服代表通话的客户。当客户结束通话后，他们通过流量中贴有“通话结束”的地方离开客户接受服务价值链。

一旦得到必要的存量和流量结构，我们开始引导建模团队明确流量是如何产生的。我们假定当客服代表准备接听电话时（还没有开始服务客户），客户的电话会被接入（“与客服代表接通电话”的流量）。他们在传输带上停留的时间，你可将其想象成正在缓慢移动的人行道。当客户离开时，时间总会出现一些滞后，这是由“客户与客服代表平均通话时间”决定的。

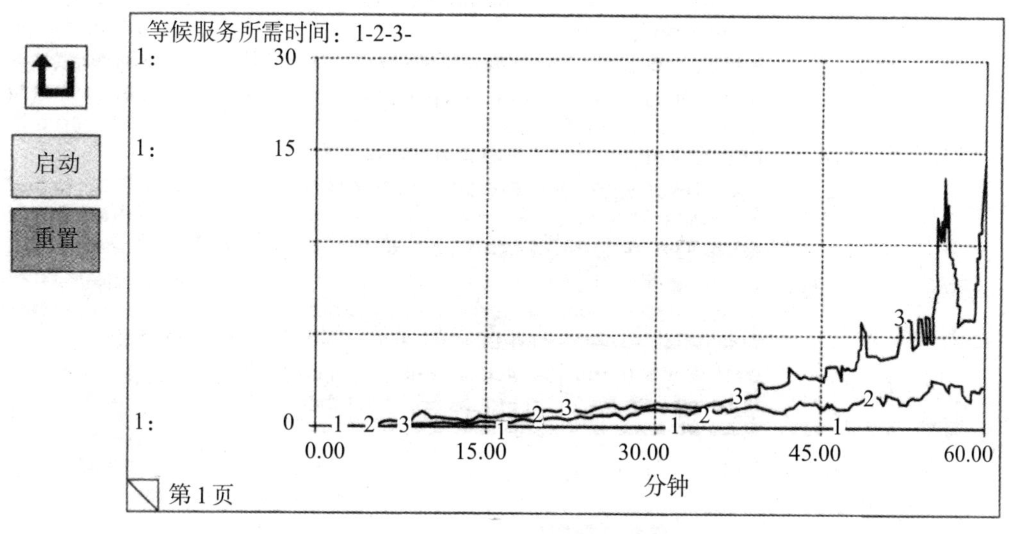

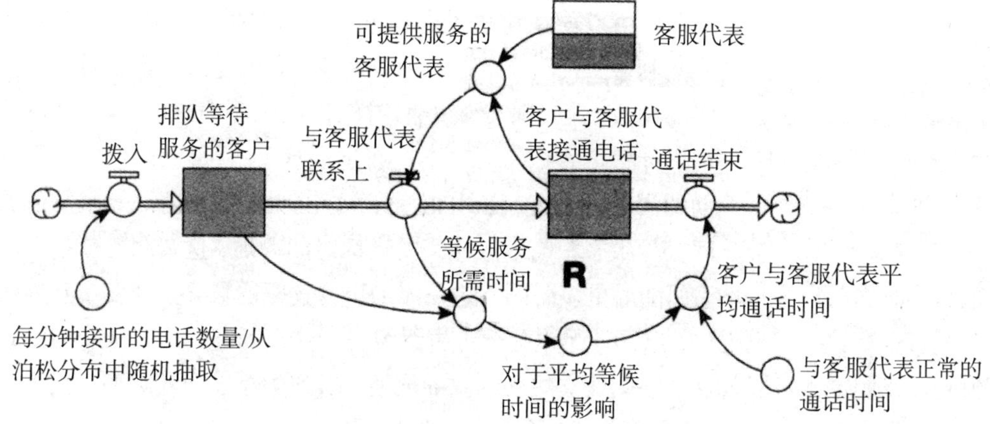

图 56.3　客户申请的存量与流量

在这点上，团队中的一位成员指出，由于促销的推出正好在圣诞假期之前，这意味着许多目标客户可以马上在家中跟进这些促销信息。正因为在家，客户比较方便拨打电话询问详情。也就是说，因这个特别促销而产生的“拨入电话”的概率会远远高于在平日推出的促销活动。

当我们要求他们完成闭环时，这个流程出现了更为有趣的现象。一位客服代表描述了他们的经历。某位客户排队等候服务的时间越长，他们越是希望在电话接通后能与客服代表多聊一会儿。“等候服务所需时间”影响客户与客服代表交流的平均时间。客服代表在“大满贯”期间，明显地感受到这种行为的出现。这位客服代表的故事可以用强化环（Reinforcing Loop）（在图 56.3 中标记为“R”）来建模。随着可接通率的降低，客户希望花费更多的时间与客服代表沟通。这就导致接通电话的通话时间出现增加（“与客服代表平均通话时间”），也就意味着“完成通话”的比例下降，而这会进一步降低客服代表的服务能力。

建模团队在这点上意识到，他们所面对的圣诞假期电话服务问题并不是由于促销设计不佳或客服代表技能不足所致，而是由于促销推出的时间造成客户拨入电话激增所为。一旦糟糕的强化环（恶性循环）被激活，每位客户的通话时间将随着排队等候服务时间的增长而不断增加。

该团队建议为管理团队举行一次引导会议，然后花费数日将这幅图变成可模拟的模型。他们开发的交互界面慢慢地揭示了模型的结构并允许参与引导会议的与会者去体验这个模型背后的假设。当引导会议举办之后，那些责备对方不称职的高管共同建立了引发圣诞节电话"大满贯"的心智模式。这幅图和模拟训练帮助大家将讨论从推论阶梯上走下来，从而聚焦他们所体验到的行为及该行为背后的成因上。他们决定公司可以在未来推出新的促销，但他们希望促销的时机要好好计划，这样他们可以更好地管理众多的服务申请，也就是说，促销不要在节日期间推出。

> 我发现，简单地勾勒一幅草图或建立一个一页模型往往就能收益很多，而只要付出很少的努力。少即多。

你可以把系统思维的介入看成需要付出一定努力才能产生一些利益。人们经常认为一个大型、完整复杂的模型可以产生最大的利益。其实现实很少会这样。有时只要简单地勾勒一幅草图，这可能只需要数小时（不会超过数日），就可以产生足以提供帮助的洞见。ABC 公司的例子正好说明这个道理：等候服务的时间会导致客户与客服代表的通话时间增加，这个洞见就是在最初的数小时内得以揭示的。而随后更多时间不过是添加更为实际的数字、开发交互界面及与高管分享这个模型而已，这已经足以显著改善组织对于这个问题的理解及随后的政策制定。我们原本可以就这个话题建立更为细致的模型（客户类型、问题类型、数千份实际的数据点等）。这个项目可能花费数月（而不是数天），但不会产生更多的洞见（甚至更少）。

将系统思维与专业引导技巧结合起来

上述系统思维的例子可以通过与专业引导技巧紧密结合在一起得以引导出结果来。在这部分，我将提供几种方式把专业引导技巧应用于这样的流程。

订立合约

订立合约的一部分工作就是决定我们在系统思维中所引入的技能是否适合组织面临的问题。我们解释了最适合这类分析的问题是那些可以被框定为发生在一段时间内的行为。通过帮助客户从推论阶梯走下来的类似流程，我们的提问可将问题从高度抽象的情绪层面后退到有助于浮现情绪背后的数据层面（事件、行为模式）。我们与服务的客户订立合约是建立在有效信息、自由并知情的选择和对选择做出内在承诺这些核心价值观上，这点非常关键。

有关推论阶梯，请参考第 5 章“有效团队的基本规则”；也可参考第 8 章 “与团队订立合约”。

另外，我们要确保合适的利益相关者（受到决策影响的利益相关者）可参与其中或至少了解这个过程。从团队有效性模型的角度来看，这不仅合乎情理，而且我们需要整合系统中的多个视角来搭建最具代表性的心智模式，因为我们的方式可以帮助客户延展他们所体验到的问题边界。

请参考第 2 章“团队有效性模型”。

团队有效性的基本规则

团队有效性的基本规则可以指导我们与客户之间的互动及所采取的干预措施。当我们建立模型时，这些规则极有价值，因为这个流程的核心就是帮助客户浮现、分享并建立问题的集体心智模式。基本规则可以在多个方面改善流程。

请参考第 5 章“有效团队的基本规则”。

聚焦利益而非立场

在为某州的员工投资委员制定为期五年的投资战略提供咨询服务时，我注意到他们的大部分讨论都集中在如何围绕具体的项目分配稀缺的财政资源上（如培训、为失业员工提供补充性财政援助、为一站式员工服务中心招募员工等）。这些项目从其诞生的那刻起就本质而言需要不断增加资金投入。换句话说，一旦项目得以成立，每年的支出只会比上一年更多，因为那些实施项目的人会不断寻求更多的资金支持。在这个案例中，我们建立的模型帮助委员将视角由关注具体的项目转为明确员工的整体利益：通过在快速增长的行业中培养高度熟练工人来提振经济。

请参考第 5 章“有效团队的基本规则”、第 16 章“帮助团队聚焦利益而非立场”和第 26 章“没有交互学习模式的基本规则就如同房子没有地基”。

使用具体例子并就重要词汇的含义达成一致

搭建一个不错的模型需要从客户处收集具体的故事或例子。在 ABC 案例中，某位客服代表描述了客户曾对他说：“谢天谢地！我总算和你通上话了。你知道我等了多长时间吗？我真担心我连一个提问都没有来得及问你，电话就被你挂掉。好吧，这就是我的提问……”客户随后与客服代表通话 20 多分钟，为此我们将强化环添加到模型中。这个例子帮助那些建模团队成员认识到强化环对于模型而言是非常重要的一部分。

检验假设和推论

建立模型是让做出的假设变得清晰的过程。存量和流量的表达方式是操作性语言，这与因果环（Causal Loop）的语言相对立（那些系统思维践行者所使用的另一套语言）。操作性语言意味着在使用这套语言时，客户更容易绘制出由事关不良绩效成因的清晰假设所构成的流程图，而这套语言也利于指出需要改善的杠杆点在哪里。流量就是那些改变条件的活动，用于改善条件的政策一定会对流量产生影响。例如，在ABC例子中，其中的一个假设就是必须明确每个客户所用的时间。在这个案例中，有证据表明客户等候服务的时间越长，他们和客服代表通话的时间就越长，这个假设最终被所有人所接受。

建立模型是让做出的假设变得清晰的过程。

将主张和探询结合起来

我们告诉客户"不要期待发现'真理'"。心智模式经常是简化版的现实，按照定义，心智模式并不是事实。我们把流程描述成帮助大家去发现个人及集体心智模式的漏洞。正如科学方法所说的，所有的理论最好是大胆假设，但需要小心求证，所以系统思维流程将展示哪些心智模式与现实最为吻合。为了做到这点，客户需要呈现他们的心智模式并向其他人提问，他们所展示的内容是否还需要添加什么或改变什么。建模的流程既需要探询也需要主张。

共同设计下一步行动来检验分歧

模型提供了体验式工具来检验分歧。这既支持基本规则也被基本规则所支持。例如，在ABC案例中，就客服代表与每位客户通话时间增加的成因，大家曾有不同看法。一些人认为这是由于促销规划不当所致；还有些人认为这是由于客服代表人手不足所致。而结果表明二者都不是原因（虽然人手不足的确恶化了问题）；问题的实质是促销推出的时机不当。通过用于检验分歧的工具，这个模型支持了基本规则。最终，高管参与的引导会议提供了机会去共同设计下一步的促销步骤。他们认为新的促销是可行的，只要推出的时机是合适的，这样就可避免在假期推出时所带来的种种不便。

结论

运用系统思维，其背后的支持性流程围绕因果关系建模并检验理论（也就是说，让心智模式得以清晰并对其不断改进），如果能将系统思维与专业引导技巧结合起来，这不仅易行，而且可带来许多优势。同样，任何个人、团队或组织如果试图去打造专业引导能力，他们会发现将系统思维范式和工具融入其中将进一步提升其有效性。

参考文献

ithink Analyst. Lebanon, N.H.: iseesystems, 2003. Simulation software.

Richmond, B. *The "Thinking" in Systems Thinking: Seven Essential Skills.* Waltham, Mass.: Pegagus Communications, 2000.

第 57 章

引导型教练

安妮·戴维森　　戴尔·施瓦茨

引导师越来越希望或需要以教练的身份出现在众人面前。团队中的成员和组织中的领导经常看到引导技巧的有效性并希望自己也能具有同样的思维和行事方式。许多客户和同事邀请（甚至请求）我们运用我们的技能来帮助他们设计并达成其个人或职业目标。其中的一些目标直截了当，如创办企业或制作新的商业手册。更为常见的情形是，他们希望进行深刻的个人反思并发生改变。为了对这些要求做出回应，并借用我们截然不同但又相关的专业诀窍，我们基于专业引导技巧开发出一套综合教练模型和培训课程。本章概述了该模型的九个方面。

何为教练，为何需要教练

教练的目的就是针对客户的目标生成富有创意、有目的的行动。为了做到这点，我们建立互相承诺的一对一关系，在这种关系之中，双方都致力于发现妨碍有效行动的障碍和他们富有创意的流程。当客户的生活需要做出改变，或者他们的生活正处于转型阶段如面临职业或人际关系的改变时，客户会寻求教练的支持。他们可能就具体的工作挑战如管理艰难项目、改善授权技巧或与上司乃至工作团队一起共同解决问题寻求帮助。他们经常在迈向目标的旅途中遭遇坎坷，在生活中遭遇挫折。

教练的目的就是针对客户的目标生成富有创意、有目的的行动。

教练过程对于教练本人而言也是学习机会。我们认为基于坚实的理论背景来探索自身的内心活动，这是成为一名睿智教练的必要起点。正如戴尔所说的那样“教练是给予双方的礼物”。

以下的故事来自我们担任教练时的经历，这个故事可以说明我们所描述的内容。

萨利起初寻求教练的帮助是因为她感到自己在面对重要的职业生涯决策时遇到了障碍：来年是否需要接受很有可能给到她的升职机会。她承诺在未来四到六周的时间里与她的教练每周会面，来澄清她的职业目标以做出决策。她也同意在教练期间，会参与现场调研或准备工作来生成需要与教练分享的数据。但是在起初的第一次和第二次教练活动中，她不仅迟到，而且表现得疲惫不堪，她急于结束讨论，以便赶紧转向下一场活动。在第二次教练活动结束时，教练向其指出这点并表示了担心。教练认为，如果没有萨利本人的全身心投入，她是难于达成其目标的。萨利同意做一些简单的拉伸与集中注意力的运动，这样可帮助她专注当下并与教练建立连接。

随后，教练与之分享其推论。在教练看来，某些障碍或情绪正在阻碍萨利就其是否接受升职做出决定。萨利同意这点。为此教练向其提出两个选项来推进教练进程：只关注工作本身或关注是哪些想法和情绪导致她从一项活动匆忙跳到另一项活动，却没有心思去琢磨她实际面对的多个选择。

萨利选择思考她在何处遇到了障碍，以及哪些思维模式可能导致这种情况出现等深层次问题。为了帮助她做到这点，教练借用引导式图像练习（Guided Imagery Exercise）来带领她去思考，这样她可以将其对于工作和生活的总体感受连接起来。[1] 然后教练要求萨利将其感受绘制成图画，这幅图画并不需要多么的精美绝伦，她只需要勾勒一些线条、涂上色彩来表达其想法与情绪即可。萨利用带有紫色的线条描绘了她自身的人物线条画。当教练鼓励她谈论一下对这幅画的看法时，萨利说这幅画代表她现在的感受，她觉得自己处于被割裂的状态。她说她试图去再现自己被“割裂成碎片”的感受。在那个点上，教练给了她一把剪刀，于是她将自己的感受付诸行动。她沿着紫色的线条将这幅画剪成细小的碎片，然后在桌面上将碎片混合在一起。“这些碎片就像拼图游戏中的积木一样”，她说，“我没法看到这些图片拼成一整块会是什么样子的。我无法找到自己。”

从这点切入，教练鼓励萨利思考是什么原因导致她感到自己被割裂成碎片。萨利发现来自家庭、工作及情感方面的诸多许多压力施加在她身上，因为对于她的上司、同事、丈夫甚至孩子而言，她都是不可或缺的人。随后她发现这种不可或缺的感受已经成为伴随她一生的模式。在后续的教练过程中，她承认自己经常对人施以援手，她对此引以为豪。这是从孩童时代起，她对乖戾母亲采取的富有创意、积极的回应方式，虽然这种模式对她并不适用。这已经有相当一段时间，但是萨利依然在生活中继续让自己在众人面前扮演不可或缺的角色。她通过处理那些本应由其他人自行处理的事情去“拯救”他们。对他人如此拼尽全力的付出让她感到疲惫不堪、精疲力竭，她已无暇顾及自己的利益。最终她找到了无力决定是否接受升职的来源：她对未来需要承担更多的责任心怀巨大的恐惧，因为这些职责会对其提出更多要求，而这已非人力所及。

教练帮助她重新界定自己的角色，以及她应该如何更有创意并富有成效地对他人的要求做出回应。两个人都同意，如果继续沿用之前的模式，无论她在何处任职，她都会很快崩溃掉。她和教练随后的工作就是，帮助她慢慢地尝试从逐渐减少对他人的帮助开始，并越来越多地聚焦在如何帮助他人学习和成长上。随着她努力的成效逐渐体现，她意识到其实她可以更多地赢得来自他人的尊重和欣赏，并有更多的时间关注自身的成长与发展。她和教练计划安排一个小小的庆祝，如与几位闺蜜一起午餐，来认可她本人的进步并为持续的成长积蓄更多的能量。

萨利的问题让她的教练也去反思自己的思维模式，因为她有时也感到自身对于客户而言不可或缺。这种感受导致她有时做出过分承诺，这让她随后感到压力重重。她无须与萨利分享这些内心的活动。在教练关系中，关注的焦点永远是客户的成长。但是承认自身也具有类似的思维模式可以帮助教练富有同理心地做出回应，而不是对萨利做出判断或贬低她。教练可以思考为了自身成长，她需要做些什么，以及过往她是如何处理类似事件的，并用此洞见来帮助她做出适合萨利的干预或策略。

成为明智的教练并与客户培养互动、复杂的关系也是贯穿一生的旅程。正如所有使用专业引导技巧的角色一样，保持开放的心态、心怀好奇及富于同理心，这些都是成功的要素。我们认为，清晰的模型可以在人生旅途中更好地构建并丰富我们的体验。

引导型教练模型

我们将复杂的教练流程看成简单的几何图形——金字塔形。图 57.1 中金字塔的外部平面（平面 1 ~ 4）代表的是教练体验中主要方面：教练的目的；客户的内心活动；教练的内心活动，以及教练关系。这些平面一起形成了一个互为连接的整体。如果将金字塔由顶端渐次打开，我们就可以看到金字塔的内部（金字塔底部和平面 5 ~ 8。）这些内部平面代表在后台运行的指导原则与流程。而金字塔底部承载了有效团队及个人之间的互动理论：交互学习模式和单边控制模式，创意循环与生存循环、基本规则及戏剧三角形。这些基础理论指导我们如何采取干预，以及为了追求完整性和一致性而付出努力（见图 57.2）。

请参考第 4 章“理解指导我们行为的理论”、第 53 章“戏剧三角形”和第 54 章“用创意和生存循环来观察并转变心智模式”。

金字塔内部提供的保护空间则是我们的学习实验室。在这里，教练和客户可以尝试新的思考或尝试新的行为。在实验室的中心是学习螺旋（Spiral of Learning），这代表教练与客户共同探索的深层次内心活动，这是不断成长、改变、后退、再次前进的过程。如果我们得以成功，在学习实验室所生成的能量将上升到顶峰并外溢到我们的现实世界中，成为奔向客户目标的富有创意且以目的为导向的行动（见图 57.3）。

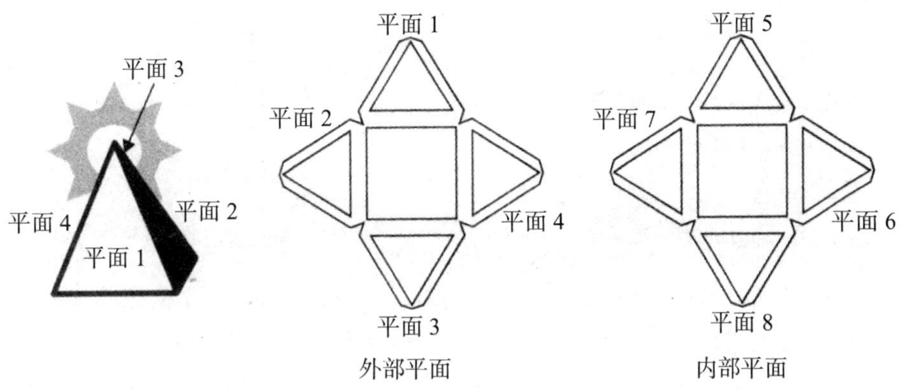

图 57.1　引导型教练金字塔模型

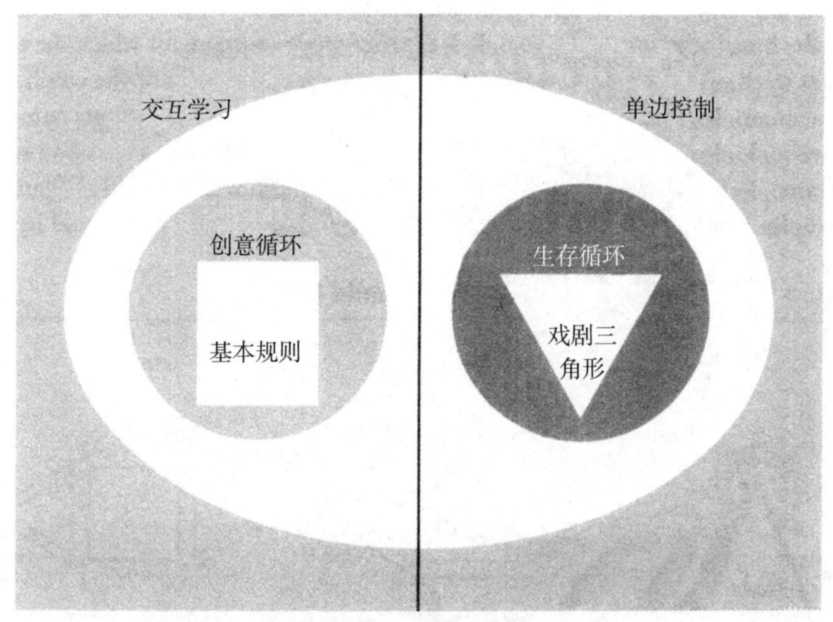

图 57.2　基础理论

图 57.3　教练的结果

教练的四个外部平面

首先，我们将审视引导型教练金字塔外部平面的基础，其次，我们将简单地解释内在平面，并指出引导型教练的基础部分。

平面 1：教练的内心活动

那些真诚帮助客户的教练首先必须做好自身的准备，其次不断平衡在教练关系中发挥作用的多种力量。教练自身的长处、天赋、窘境和盲点都会深刻地影响这种关系。个人的深刻觉察和内在发展需要我们不断关注并解决问题。我们认为有效的教练必须努力培养以下四种主要能力：

那些真诚帮助客户的教练首先必须做好自身的准备，其次不断平衡在教练关系中发挥作用的多种力量。

- 对自己和他人怀有同理心。
- 行事方式与交互学习模式保持一致。
- 了解自身的天赋及障碍所在。
- 关注当下。

这些能力从根本上植根于你我的本性之中。我们很难只考虑其中的一部分，而不去细思其他部分。我们看待这些关系的方式之一就是将这些能力想象为系列的嵌套循环（Nested Circle），如同在图 57.4 中所展示的那样。

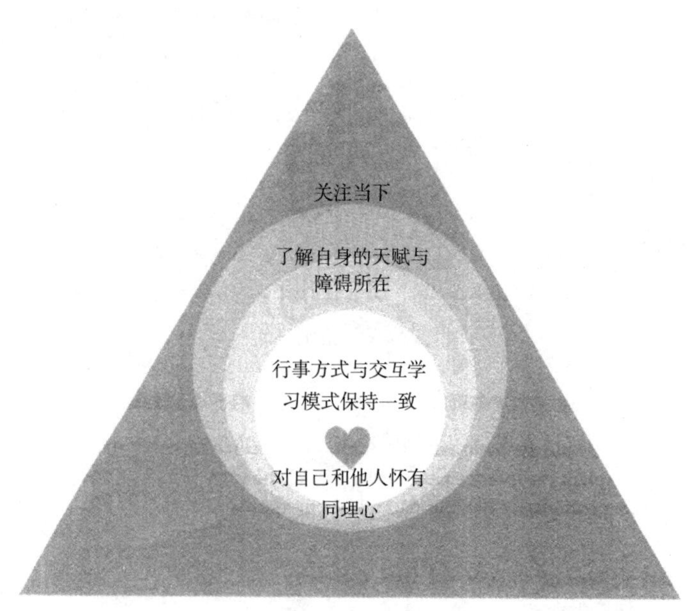

图 57.4 教练的内心活动

对自己和他人怀有同理心

怀有同理心是我们采取引导型教练这种方式的核心。我们定义同理心的方式就如同我们定义专业引导技巧的核心价值观一样：不评判自身和他人，认同我们每个人都可以在任何时间基于信息和能力做出自由的选择。

我们所寻求的同理心让我们以热诚、真挚的方式与他人建立连接，而无须削弱个人的责任。随着我们的生活体验不断增多，以及个人觉察不断加深，我们能越来越全面地理解并体会他人的感受。当我们青春年少、活力四射之时，我们会对长者的蹒跚步履表现出急不可耐。而当有一天我们也开始放慢脚步时，我们才开始理解这是人生的自然规律。我们意识到有一天我们也将或可能像那些长者一样步履缓慢。这时，我们的思想和情感就变得更富有同理心而更少判断。类似的流程也出现在教练过程中。随着我们的能力不断发展，我们就更能体会那些身处复杂多变环境中人们的感受。

def·i·ni·tion

怀有同理心是我们采取引导型教练这种方式的核心。我们定义同理心的方式就如同我们定义专业引导技巧的核心价值观一样。

请参考第 1 章“专业引导技巧”。

从实际来看，怀有同理心意味着承认我们的内心评判或评论的存在。在我们每个人的内心深处，都居住着一位用不同音量对我们说话的内心评论家，他或是评价我们自身的行动，或是评价他人的行动。尽管这看上去与我们的直觉相反。每当听到来自内心深处评论家的声音时，我们可以承认它并出于同理心做出选择。我们越是经常听到这种声音，我们所拥有的机会就越多。慢慢地，通过关注内心深处的评论家，其力量会被削弱，因为我们能更快地穿越承认、选择、匆忙做出判断、我们的压力和障碍这个循环。我们无须放弃洞察力，我们可以认识到内心深处的评论家所叙述的内容基于高阶推论（High-level Inference）和假设。我们可将这些推论和假设释放出来，并培养自己拥抱同理心的能力。怀有同理心可以帮助我们就自己的行动负责而无须责怪他人。如果坚持下去，对于内心纠结，我们表现出尊重、热爱和包容。当我们透过同理心之眼看待自身时，我们可以对他人怀有更深刻的同理心。

行事方式与交互学习模式保持一致

在教练中，采取与交互学习模式一致的行事方式，这要求我们在审视核心价值观和策略时给予同样的深切关注，这就如同其他专业引导角色一样。除了怀有同理心，就我们与客户所建立关系的每个方面，我们还需增加有效信息、内在承诺和自由并知情的选择。当同理心成为交互学习模式的核心价值观时，我们会将其单独列出，这是因为在我们看来，如果没有同理心，我们就无法有效建立教练关系并以此作为起步。当我们与他人互动时，如果怀有同理心，我们就需要全面采纳交互学习模式来一起有效推进工作。

请参考第 4 章“理解指导我们行为的理论”来了解有关交互学习模式。

我们所教练的客户对于自身及他们的生活体验有着内在智慧，而我们对此一无所知。我们不能假定我们已有答案，也就是说，我们不能确切地知道他人在他们的生活中需要什么。相反，我们的专长在于教练流程，在于采取有效的干预。正如萨利案例中所描述的那样，那位教练主张不要就升职谈升职，并对此采取干预措施。但萨利是否愿意这么做及她将如何运用这些洞察，最终决定依然由萨利本人做出。无论她做出的选择是什么，我们需要避免将操纵性策略或隐藏的动机归因于她。相反，我们需要努力理解她为何采取这样的行为，以及这样的行为对于萨利而言意味着什么。在这个流程中，教练得以不断学习，而萨利可以做出新的决定。

了解自身的天赋及障碍所在

了解自身的天赋及障碍所在可以帮助你在难度不断加深的对话中驻足于交互学习模式之中。这是自我觉察的一种，可以帮助你避免被客户的问题或他们对于帮助的诉求所羁绊。了解你可以在教练过程中使用的天赋与才能，以及如何将这些天赋和才能与教练关系整合起来，可以帮助你保持聚焦（并且在那些与客户有关而不是与你自身的深层次问题上保持平衡与聚焦）。了解你的天赋及你在何处遇到障碍，可帮助你规避签订糟糕的合约，也就是说，避免建立这样的教练关系，客户所寻求的帮助不仅不能发挥你的长处，还有可能引发你的问题。当你遇到障碍而将自己的问题投射到帮助客户的当前情境中时，这可能误导你做出错误的诊断和采取错误的干预措施。这种自我觉察可以不断在你的耳旁拉响警报。例如，如果你纠结于与某位权威人物的关系，你很有可能冒风险将那个问题投射到客户所处的情境中，并坚持让他去解决他与其上司的关系，而这很有可能并非他当下最为重要的工作。

关注当下

关注当下意味着就出现在你面前的人或事给予全然、有意识的关注。

关注当下意味着就出现在你面前的人或事给予全然、有意识的关注。关注当下发生在两个层面：其一，这意味着关注并倾听某个人或某件事，不被无关的想法或情感所干扰。其二，当你做出诊断并决定何时采取干预措施及如何采取干预措施时，这意味着你在全然关注客户说些什么或做些什么。

既要关注客户讲述的内容，也要关注客户没有讲述的内容，并且将看上去无关的故事、事件和想法建立起连接，这非常重要。

既要关注客户讲述的内容，也要关注客户没有讲述的内容，并且将看上去无关的故事、事件和想法建立起连接，这非常重要。为了深入挖掘并有所成果，教练必须既关注自身的内心流程，又认真倾听客户的讲述。这么做意味着全神贯注。从每个人分享的体验和对话中萃取精华，需要我们调动全部感官并全然投入。如果稍有走神——琢磨今天的晚宴或下一场会议，我们就无法做到这点。当我们全身心关注客户时，他们会感觉到这点。当其他人聆听并在意我们所说的每句话时，奇迹将发生。关注当下会触动内心深处的心弦及客户自己都不曾了解的情绪。这个流程部分说明了教练的神秘之处。

正如我们尚不能完全理解笑是如何缓解病情的一样，当人们全然并有意识地关注彼此时，我们无法完全知晓内心的转变是如何发生的。我们无法做出理性的解释或清楚地将其表述出来。当关注当下时，我们的肢体语言和非肢体语言将更为一致。我们所关注的客户将感受到这种情绪并意识到我们和他们在共同搭建对话的框架。这样，他们会更为深入地走进他们的意识之中来触及更深层次的觉知及未曾激发的创意。

平面 2：教练的目的

教练的目的是帮助他人达成目标。在教练过程中，通常客户知道过往他们是如何阻碍自己发展的。他们随后将尝试更为有效的行为并帮助自己达成目标。通常他们最初寻求教练帮助的目的是拓宽自己的探索并进行个人反思。例如，萨利发现，为了认真对待其职业发展的决定，她需要在其个人生活及帮助他人的模式上做出重大改变。其教练的目的是解决这两个方面的问题。

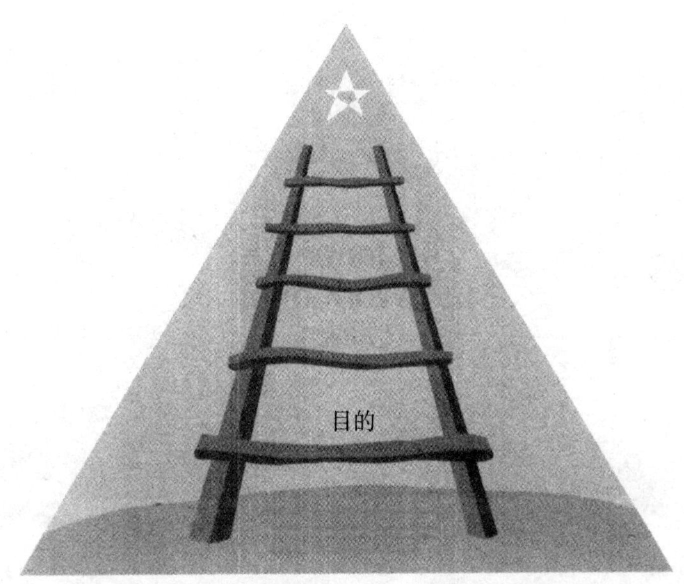

教练的目的需要在这个过程中经过数次重新界定。我们从起初的提问“你为何需要被教练”移向探索现状问题、意图或目标。我们可能询问“你需要从教练中获得什么”或者“为了达成目标你需要些什么”。我们可能一层一层地揭示客户的职业或个人需求及渴望。当客户选择是否需要在更深层面解决其单边控制或生存模式或如何解决时，教练目的就会发生改变。

平面 3：客户的内心活动

客户的内心活动与教练的内心活动类似。客户就像一位舞技尚不娴熟的舞伴，跟随着教练的舞步亦步亦趋。他需要在教练的过程中，学会如何关注当下及如何看待过往的模式，并为探究单边控制或生存模式提供机会。客户的一部分工作是对自己怀有同理心，并理解那些现在不再有效的模式。别忘了，在早期生活的艰难困境中，这些模式能生成富有创意的应对之策。客户将迈过灵魂的门槛并与教练一起来体验曼妙的舞步。在这个过程中，双方发现彼此的核心价值观并帮助对方不断校正核心价值观。教练在服务客户时，总是关注当下。如果萨利的教练与萨利分享她本人如何让自己变得不可或缺，这就可能与当下讨论的话题毫无关系，关注的焦点应放在萨利的工作上。但是，教练可以与萨利分享她本人也曾纠结于类似的问题，或者她给出的某些建议是基于过往对自己也适用的一些建议，这样做教练可以保持透明。

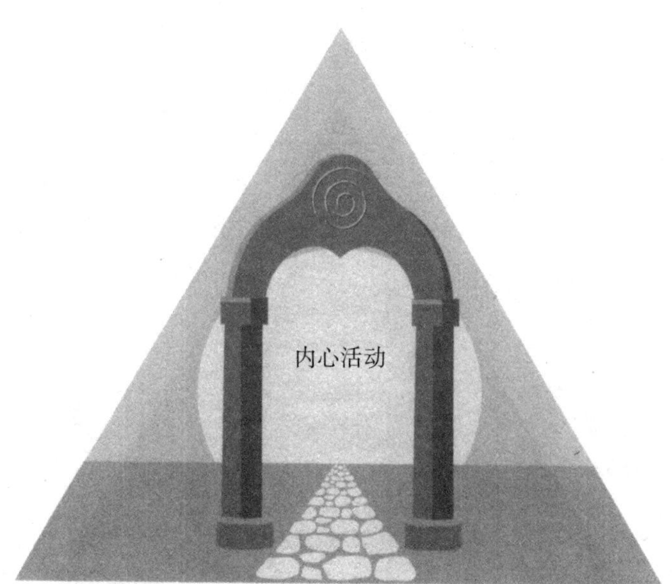

平面 4：教练关系

教练关系是鲜活的、有生命力的关系。这是在清晰的角色、边界、引导和工作协议的情境中，由客户和教练共同创造并持续演变的关系。教练是客户的同盟军，在不评判的情况下，他们引导并支持客户去达成其表述的目的和目标。教练可以帮助客户将他们的内在智慧用于做出他们的选择。

请参考第 8 章“与团队订立合约”。

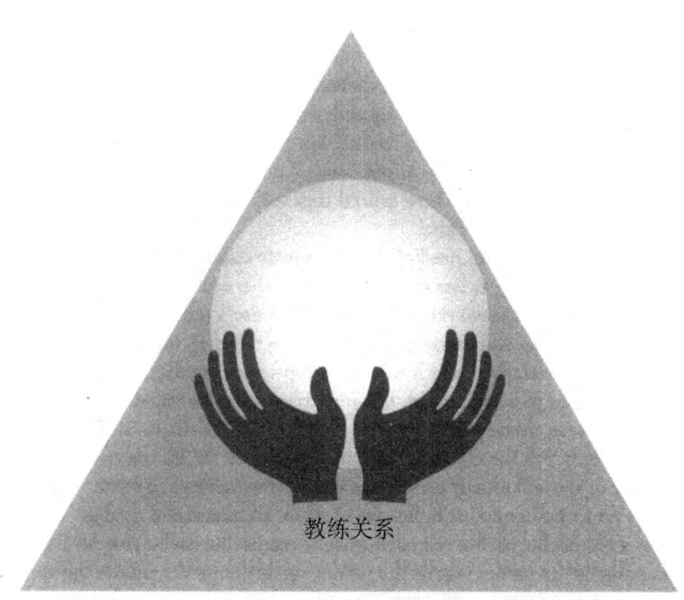

坚实的教练关系始于一份清晰的工作协议或合约，并遵循其他专业引导角色订立合约时所需的相同指引和原则。这份协议包括澄清双方的期盼并强调共同设计及共同担责。因为许多客户起初是带着“教练就是专家”的想法来到这里的，他们认为教练会告诉他们需要做些什么来达成目标。客户做出自由并知情的选择的一部分内容就包括帮助他们尽可能清楚地理解教练是怎么一回事。当然，没有人可以真正拥有所有的有关指导原则和基本规则的信息。只有当人们体验之后，才会感同身受。当潜在的客户与我们联系时，我们会给出具体的例子，说明我们在教练过程中做些什么，说些什么。当我们探索是否一起共事或如何在一起共事时，我们会示范核心价值观和方式。在服务客户的过程中，当我们重新界定客户的目标并决定是需要深入挖掘还是到此为止，或者采取其他干预措施时，重新订立合约也非常必要。在许多时候，当教练开始时，教练双方会订立新的合约，这时教练与客户会共同设计如何做出后续的安排。

> **坚实的教练关系始于一份清晰的工作协议或合约，并遵循其他专业引导角色订立合约时所需的相同指引和原则。**

在澄清角色的过程中，重要的是在教练与心理治疗之间设定合适的边界。既然我们这么表述，这也就意味着在二者之间并不存在清晰明确的边界。有些人说，教练是关注未来而心理治疗是关注过去。但是我们经常发现，当我们帮助客户去审视其生活模式、心智模式及践行理论等问题时，在教练关系中，我们需要通过解决过去的问题来更好地服务现在和未来。萨利的故事就是这样一个例子，这说明浮现过往的问题，识别并解决这些问题对于达成具体目标有多么重要。

有些需要心理治疗的人也会寻求教练服务，因为在他们看来，教练不会像心理治疗师那样让他们感到备受折磨。这时，让教练清楚自身能做什么和不能做什么非常关键。如果一位教练同时也是训练有素的心理治疗师的话，他可能会重新界定这种关系并订立与心理治疗相近的合约。但是，我们中的绝大部分人并不是训练有素的心理治疗师。如果所涉及的深层次情绪或心理问题需要得到解决，我们需要知道何时向客户推荐去寻求心理治疗，这点非常重要，否则客户将难以在教练过程有所收获，无法达成他们为教练关系所设定的目标，还可能陷入情感抑郁。

就何时推荐客户去接受心理治疗，并没有清晰的依据。与心理治疗相比，我们通常带着更为具体的目标建立教练关系。所以，就教练的目的展开讨论有助于澄清建立教练关系在此是否合适。当客户需要处理情绪和心理抑郁，或者心理健康问题如临床抑郁症、焦虑症、滥用药物、躯体虐待或重大创痛时，训练有素的心理健康从业人员是更为合适的选择。另外，如果在建立教练关系的过程中，客户变得更为压抑，这就拉响了警告信号。尤其是当之前出现过的某个问题重新回来并且不断重现，而客户看上去裹足不前或对问题采取否认的立场时，这可能需要提供更为深层次的心理帮助，选择教练未必合适。其他的判断依据还包括客户就教练提出的每个建议都产生恐惧感（如说类似“但如果那样，会出现……”并且不断重复），以及难以聚焦在话题上或集中注意力。

在我们的经验中，当客户具有基本水平的自我觉知和洞察，并朝着清晰的目标努力时，这时教练最为有效。我们所接受的教练可能使深层次的个人问题浮现出来，这时，建立心理健康专业人士的引荐网络并与他们一起就何时推荐，以及如何推荐建立指引，这是颇为明智的做法。你或许从未发现自己身处这样的局面中。但是，为这种可能性做好准备，或者知道在组织中你可以向谁寻求帮助或请教建议。

教练金字塔的内部平面和基石

引导型教练的金字塔基础（见图 57.2）也是由指导专业引导技巧的基本理论和概念组成的：清晰地理解标榜理论与践行理论之间的差异，单边控制模式和交互学习模式（戏剧三角形和创意循环与生存循环）的差异，理解这些理论如何相得益彰。由此组成的基础奠定了金字塔的四个侧面。每个侧面或平面的内部代表了更具体的教练原则和流程。

请参考第 4 章“理解指导我们行为的理论”、第 53 章“戏剧三角形”和第 54 章“用创意和生存循环来观察并转变心智模式”。

平面 5：引导型教练的指导原则

其中的内部平面（见图 57.5）就最为广泛的指导原则做了简要描述。

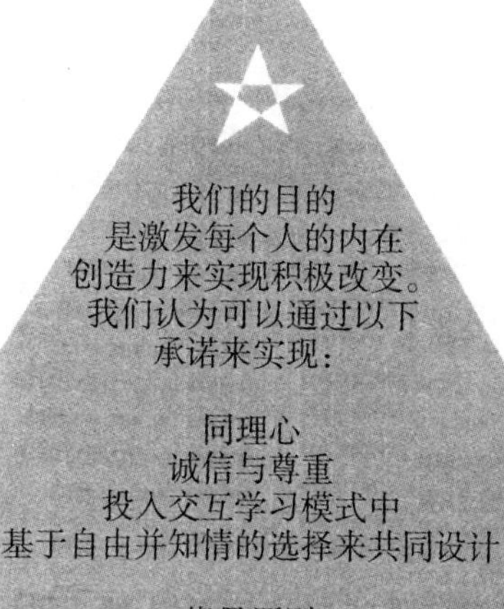

图 57.5　引导型教练的指导原则

我们的目的是激发每个人的内在创造力来实现积极改变。我们认为可以通过以下承诺来实现：

- 同理心。
- 诚信与尊重。
- 投入交互学习模式中。
- 基于自由并知情的选择来共同设计。

我们发现有关最广泛的指导原则的陈述有助于我们总结教练方式。当我们引入模型的其他平面时，这些原则需要具体明确。

平面 6：主要基本规则

我们将所有的专业引导技巧的基本规则作为将交互学习模式具体化的基本策略。但为了便于向客户清楚说明，我们在此准备了一份清单并用于指导我们的教练对话（见图 57.6）：

- 检验假设与推论。
- 分享所有的有关信息。
- 解释你的推理过程与意图。
- 将主张和探询结合起来。
- 共同设计下一步行动来检验分歧。

在此对这些基本规则重申一遍，因为我们在一对一的对话中会经常使用这些基本规则。我们会不断倾听自己及客户使用这些基本规则的情况。我们非常清楚，需要改变我们的对话来符合这些基本规则。如果客户没有解释其推理过程，或做出高阶推理，或归因于他人，我们就会采用这些基本规则进行干预。

请参考第 4 章“理解指导我们行为的理论”。

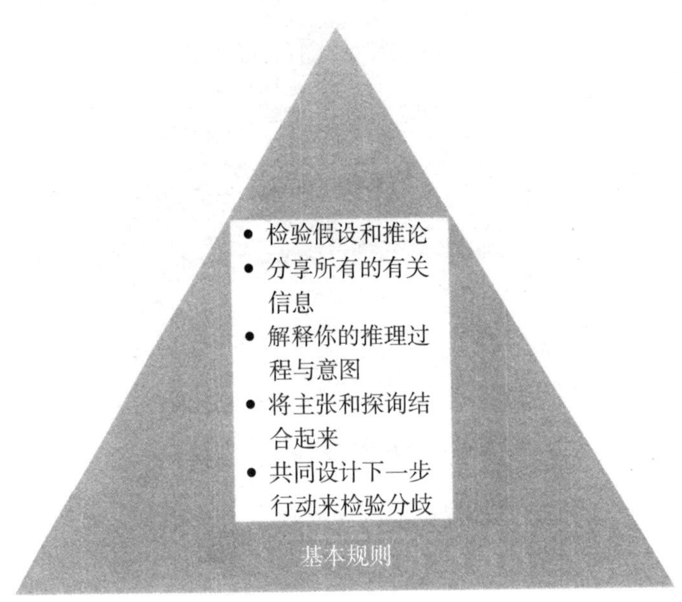

图 57.6 指导我们的教练对话

平面 7：教练流程的步骤

我们突出教练流程的六个关键步骤（见图 57.7）。这些是我们用于打造教练关系并在教练关系中自如穿行的步骤，而我们的每次教练对话也需遵循同样的步骤。这些步骤不断迭代：在教练对话中或在建立教练关系中，我们可能数次折返并重新诊断，然后做出干预。在教练对话中，我们可能重新回来并澄清目的或对话目标，当我们深入挖掘有关模式及心智模式的问题时，我们经常需要重新界定教练关系的目标。以下是对于每个步骤的简要描述并基于萨利的故事予以举例说明。

1. 连接：在教练对话开始时，进行初步接触或注意力汇聚（Check In）。花些时间关照彼此当下的状态。鉴于萨利匆匆忙忙而且压力巨大，教练建议她做些拉伸运动或深呼吸并静思片刻。

2. 澄清目的：共同设计教练目的或教练对话的具体目标。就时间安排设置一个议程。萨利和她的教练起初界定教练对话的目标是就升职做出决定。当她们进一步探讨这个话题时，发现目标演变成如何处理具体的障碍，随后又演变成界定那个障碍（成为不可或缺的人），最终他们发现障碍的源头并做出改变。

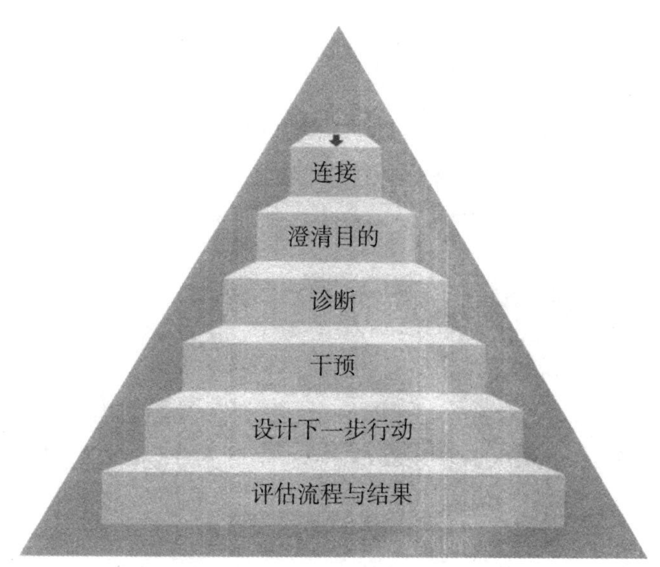

图 57.7　教练流程的六个关键步骤

3. 诊断：在讨论某个特定话题时，就客户的下一步举措做出一般性推论。我们做出的推论可能是客户是否依据单边控制模式或交互学习模式行事，不必要地参与到反应性生存循环中，被戏剧三角形所困或就他人做出推论。在萨利的案例中，教练的诊断随着她推断萨利没有在教练对话中集中注意力而不断深化，之后教练推断还有更为深层次的障碍，并进一步推断这可能是伴随其一生的模式。

4. 干预：在这一步，我们决定分享并检验我们的诊断。在教练中，这也是我们向客户建议采取具体行动的一步，如绘画、撰写日记、参与到真实生活的实验中去观察，或改变行为，或练习主持一次艰难对话。萨利的教练建议她反思其情感并绘制了一幅图画。通常，如果只是谈论障碍或梦想却没有给予良好的界定帮助不大。对于萨利而言，图画可以帮助她将情感变得更为具体，并可以讨论。

5. 设计下一步行动：在每次干预和教练对话之后，我们与客户共同设计下一步行动。在萨利的第二次教练对话结束之际，她的目标发生了改变。她和教练共同设计了一些撰写日记的活动来帮助自己去反思她帮助别人的模式。在随后的教练对话中，下一步举措还包括萨利去尝试帮助别人的新方式并与其家庭成员就如何改变她的助人模式及为何改变她的助人模式来设计对话。接下来的一步显然是回到更多的干预的循环上；干预的结果提供了更多信息，来引出后续更多的诊断和干预。下一次教练对话的起点建立在之前对话的结果之上，以及来自对话期间从现场活动中所获得的洞察上。我们不断在诊断、干预和共同设计下一步行动之间折返，直到我们的工作结束。

6. 评估流程与结果：每次干预及教练流程都应该产生结果。有时结果并非如我们所预计的那样。在这个步骤，我们与客户共同了解我们是如何造成预期或不曾预期的结果的。我们吸取教训并计划下一步行动，通常我们需要重回目标并予以重新澄清。我们在每次主要干预和教练对话结束之际，会对照客户的目标评估进展。当双方同意教练已经达成其目标时，我们会评估优势及不足，并收集所学到的教训。萨利持续保持教练关系直到她感到自己取得进展。她决定接受升职，这样可以给予自己一些时间来评估新的工作职责是否满足其需求，以及她是否能有效地平衡她的职责。萨利将此看成巨大的进展，因为她可以在回应他人的同时照顾到自身的需求。她和教练共同评估他们的体验并计划安排一次庆祝晚宴来奖励萨利的辛勤付出。

有众多资源可以指导你采取干预措施。我们认为其中有用的书籍包括朱莉娅·卡梅伦（Julia Cameron）的 *The Artist's Way*、*Walking in This World*、*Adriana Diaz's Freeing the Creative Spirit*，史蒂芬·纳希曼诺维奇（Stephen Nachmanovitch）的 *Free Play: The Power of Improve Sation in Life and Arts* 和艾拉·普罗戈夫（Ira Progoff）的 *At a Journal Workshop, Revised*。

平面 8：诊断—干预循环

金字塔的这一平面需要具体的工具，这在教练流程的步骤中尤其有价值：诊断—干预循环。我们使用专业引导技巧的诊断—干预循环（见图 57.8）。教练中的唯一差异是我们所采用的流程干预与我们通常在引导中所用的干预有所不同。我们与客户共同设计议程，并使用基本规则来帮助我们生成更富有成效的对话。但是我们用于诊断的框架和流程会有所不同。我们采取的干预措施包含一系列旨在帮助客户培养个人洞见或帮助他们尝试新的行为模式的活动。这份活动清单比较长。采取何种干预可以有效发挥作用，这取决于教练的背景、培训经历与经验。

请参考第 6 章“诊断—干预循环”。

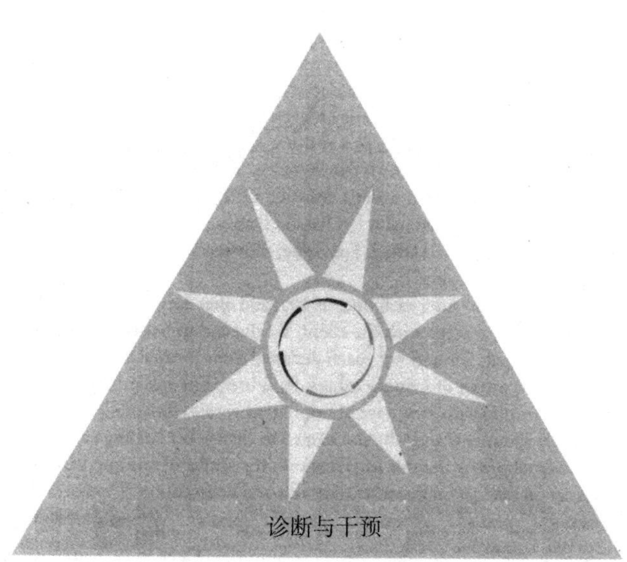

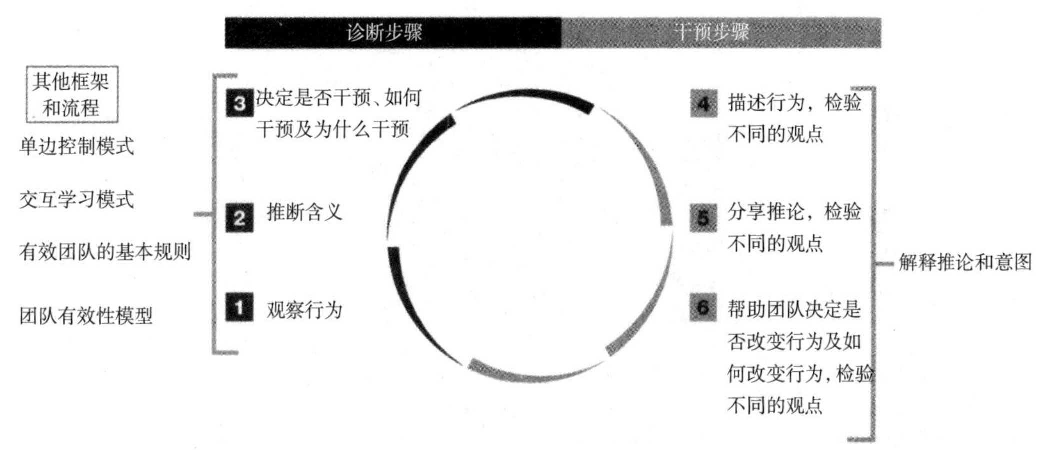

图 57.8 诊断—干预循环

庆祝富有创意且以目的为导向的行动

成功的教练对话可帮助客户朝着他们最深层次的目标前行。客户和教练共同收集学到的教训并衡量他们一起前行了多远。这就生成了学习螺旋并可指引我们不断接近人生的真正目的。

或许最重要但也经常被忽略的最后一步是庆祝。我们中的许多人忘掉了按下暂停键来庆祝我们辛苦付出之后所取得的进展。我们需要犒劳自己，并与他人分享我们的成长。庆祝是成长过程中非常关键的一步。这是为了可以让我们继续驻足于创意循环中而给出的强化措施。这也是我们的能量来源并帮助我们开启另一段学习之旅。与其将结果视作理所当然或只关注评估流程，我们不如停下脚步来欢庆进步。

> 庆祝是成长过程中非常关键的一步。这是为了可以让我们继续驻足于创意循环中而给出的强化措施。这也是我们的能量来源并帮助我们开启另一段学习之旅。与其将结果视作理所当然或只关注评估流程，我们不如停下脚步来欢庆进步。

我们选择金字塔来代表我们的教练模型，其中的一部分原因是其象征意义。在玛雅文化中，金字塔是神庙，有时建造在洞穴之上，作为发源地的象征或重返生命的起源。在埃及，金字塔不仅是坟墓。在这里，人们可以在升天后继续享受快乐的生活。“那些通过自身的努力获得快乐的人们期盼积极而快乐的生活，不会被未知的天神所恐吓。”我们关注当下的结果，我们希望自己的模型可以带来类似的礼物：可以帮助其他教练和他们的客户，通过他们的努力来创造更为积极的生活，这样，未知的礼物将广为人知，而其中内含的宝藏可以用于创造更为丰富的生活。

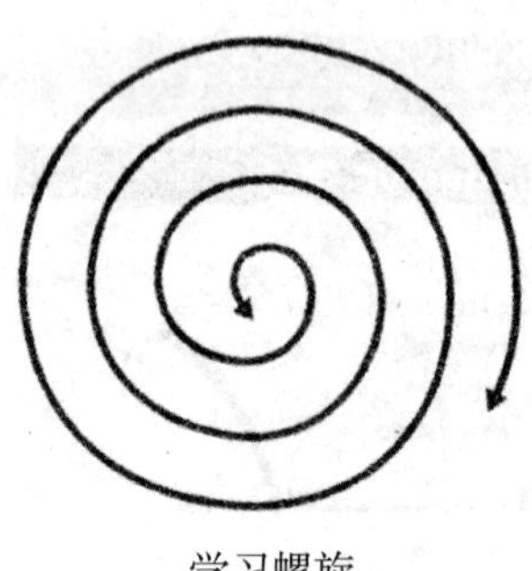

学习螺旋

尾声

建立教练关系是一段影响深远的体验。成为教练也是你代表他人所经历的一段旅程，但与此同时，这一关系可以成为你手中所持的镜子。采纳并不断践行交互学习模式是贯穿一生的旅程。第一步是反思你和他人共事时所采用的策略，并邀请他人就他们对你的感受给予反馈。通过持续努力和付出，你可以在艰难环境中依然保持言行一致并富有同理心。你作为教练可以对自身有更为深刻的了解。我们希望我们的教练模型可以为提升你的技能提供有用的框架。

资源

Cameron, J. *The Artist's Way.* Los Angeles: Tarcher, 1992.
Cameron, J. *Walking in This World.* Los Angeles: Tarcher, 2002.
Diaz, A. *Freeing the Creative Spirit.* San Francisco: HarperSanFrancisco, 1992.
Nachmanovitch, S. *Free Play: The Power of Improvisation in Life and the Arts.* Los Angeles: Tarcher, 1990.
Progoff, I. *At a Journal Workshop, Revised.* Los Angeles: Tarcher, 1992.

注释

1. 引导式图像就是借助设计的指引在冥想中激发图形画面。引导式图像可以在教练创造的情境中练习，由一位朋友朗读脚本或一段录音指引。在教练中，它的目的是探索参与者的想法、情感。

参考文献

Schele, L., and Freidel, D. *A Forest of Kings: The Untold Story of the Ancient Maya.* New York: Morrow, 1990.
Janson, H. W. *The History of Art.* (6th ed.) New York: Abrams, 2000.

第 58 章

成为引导型培训师

苏·麦金尼　　迈特·比恩

> 提问是树立权威、实施领导力及确保有效学习的必不可少的手段。实际上，提问可能是你控制他人最为微妙的权力。给出提问的人总是能够控制整个谈话的方向……如果我们能够训练我们的头脑并给出提问，那么我们就可以将对话引向任何我们想要前往的方向，因为对话中的另一方会全神贯注地思考接下来他需要讲些什么……作为培训师，你所拥有的一项权力就是提问并且等待回答。这就是为什么提问是如此有力的工具。它在提出挑战的同时避免了冲突。
>
> ——加里·米切尔（Gary Mitchell），培训师手册

作为本章开场白所引用的加里·米切尔的讲话内容随处可见；还有许多其他书籍会用整章来讨论类似的培训策略。简言之，他们主张在培训中实行单边控制模式。例如，米切尔主张通过提问对话（以及学员）的方向实行单边控制策略。这样，培训师可以将对话引导到他想前往的任何地方（但很有可能不是学员想要去的地方）。

➡ 欲了解单边控制模式，请参考第 4 章“理解指导我们行为的理论”。

到目前为止，这种情况似乎还不会让人过于吃惊。在这本书中，你已经看到了人们在工作中是如何使用单边控制模式的例子。设计和交付培训只不过是另一个例子而已。很多培训师在培训中使用单边控制模式，有些培训师也赞成使用这种方式。例如，我们所熟知的相当一部分课程旨在给那些赞成使用提问来控制谈话方向而无须对这种做法保持透明的培训师提供培训。在迈特的经历中，他曾管理过一大批资深的独立培训师。对于那些培训师和他们的中介型客户（如销售人员和教学设计师）而言，他们会格外青睐那些能使用单边模式引导团队的培训师，这非常常见。这就意味着你首先需要询问学员的期待，然后向学员表明业已存在的培训设计如何切合他们的期望，而无须顾虑培训师本人是否真的认为课程切合需要。

根据研究培训的文献及我们与培训专业人士的对话，我们的结论是当培训师自认为他们比学员更清楚学员需要学习什么内容及应该如何学习的时候，他们就会主张并且采

取这种方式。他们似乎认为如果其对学员所明确表达出来的学习兴趣采取置之不理的态度，他们就是在帮助学员。而这种做法也意味着告知学员，他们并不准备满足学员的学习兴趣，显然，这对学员的学习将产生不利影响。

> 对于我们来说，对透明度进行检验可以揭示出这种方式的单边控制本质：想象一下你面对目标观众大声说出你的策略。如果你认为这样做很荒谬或这样做会阻碍你去实施自己的策略，那么这个策略就很有可能是采用单边控制模式。

对于我们来说，对透明度进行检验可以揭示出这种方式的单边控制本质：想象一下你面对目标观众大声说出你的策略。如果你认为这样做很荒谬或这样做会阻碍你去实施自己的策略，那么这个策略就很有可能是采用单边控制模式。

但是依然有很多人标榜他们在培训中使用交互学习模式的方式。可一旦他们身陷困难的处境时，正如我们在本书中所描述的那样，他们通常会诉诸单边控制模式并且对此毫无察觉。交付培训时采用单边控制模式会像任何单边控制模式那样带来同样的后果：误解、防御、信任度降低、学习效果减少、效率降低等，在此仅举数例。基于如此严重的后果，在明确提倡学习的情境之中却公开支持单边控制模式不就显得极具讽刺意味了吗？

成为引导型培训师

> 不管你教授的是哪方面的内容，你都可以成为引导型培训师。

成为引导型培训师意味着采用交互学习模式来帮助学员掌握某一特定领域的知识和技能，这样他们可以用于解决实际问题。不管你教授的是哪方面的内容，你都可以成为引导型培训师。

对于引导型培训师而言，这些核心价值观和假设至关重要。

培训是为了学习，而不是学会如何培训

> 作为引导型培训师，你应将培训视为学习机会，从中你可以学习相关内容及如何更好地教授这些内容。

引导型培训师的一个主要挑战是采用教学相长的心智模式。单边控制型培训师通常的假设是他们就是教师，而学员就是学生。他们假设自己既是内容的教授专家，又是流程的教授专家。这虽然是一个颇为自然的假设，但也是一个无效的假设，因为这会降低学习效率。

作为引导型培训师，你应将培训视为学习机会，从中你可以学习相关内容及如何更好地教授这些内容。当学员的知识和经验与你有所不同时，你会假定学员看到了你不曾看到的内容。你会使用基本规则将他们融入交互学习模式之中，而不是试图去说服他们认定你是对的，而他们是错的。

采用既是培训师又是学员的立场还包括学习培训流程。在交互学习心智模式中，培训师积极地从学员那里寻求反馈，只要条件允许，就与学员共同设计学习方式来确保学员所采用的学习方式有助于他们的学习。与学员一起参与到学习设计中而不是视自己为

专家，可以提升学员的积极性，他们既可以向你学习，也可以与你共同学习。

让你的教授与学习策略透明化

引导型培训师的部分工作是与学员分享你用于教授与培训的教学策略。如果你想在实施培训的同时也想学习，保持透明就显得很有必要。它可让你和学员去探讨你所提出的策略是提升还是阻碍了学员的学习。但很多学员在学习过程中都被告知，我们将采用单边控制模式来引导学员，我们不能与学员分享有关信息，否则会影响练习的教学效果。

举例来说，苏过去常常担心某些学员可能在培训之前看过她的练习，并且会向其他学员泄露内情来“破坏”培训效果。如果她对练习策略保持透明，这就会降低学习效率，当时她是这么认为的：

> 作为培训师，我对自己设定培训议程和制订计划的能力深以为傲，课程的每部分都经过精心设计从而确保最佳效果。为了遵守设定的议程，我不得不单方面终止提问，监控休息时间，并且当有人消失的时候及时把他们召唤回来以确保培训进度。我从未想过与学员沟通这些事情，那会花费太多时间，并且让本来就已经十分紧张的时间进度雪上加霜。另外，组织付钱给我就是因为我是这个领域的专家。但是，当我学习了引导型培训这种方式，并且了解了单边控制式的培训所带来的负面影响之后，我就再也无法沿用过去的老套路了。我认识到我必须学会新的培训方式，并且将培训师和学员视为学习者。
>
> 采用引导型培训这种方式后，我学会了对自己的想法保持透明，并且大声分享我的教学策略。这会影响我将如何分享培训议程，协调课间休息，让学员参与讨论及引导练习。如果你的教学策略是采用单边控制模式，与学员分享这些信息会降低你的实施能力。但是如果你运用交互学习模式，分享你的策略会提升你的效率。

如果你的教学策略是采用单边控制模式，与学员分享这些信息会降低你的实施能力。但是如果你运用交互学习模式，分享你的策略会提升你的效率。

在培训中使用交互学习模式

成为引导型培训师意味着在培训中使用交互学习模式。这会从根本上影响你与学员互动的方式。在下面的内容中，迈特描述了成为引导型培训师的步骤，不论具体的场景是什么样的。以下是几个常见的培训场景及我们的应对方法。

订立培训合约

引导型培训从订立培训合约那刻起就开始了。低效的合约会给培训带来负面结果。

有关订立协议事宜，请参考第 8 章“与团队订立合约”。

几年前，迈特为一群人力资源专业人士提供了有关服务培训的引导。

人力资源总监要求安排这场培训并且决定亲自参加。她认为她的团队在服务方面还有很多改善空间，但她不想对团队直接表述出来。她告诉我，无须她本人说出她的观点，培训可以帮助他们“领会”到这点。这是一个典型的单边控制策略。但在那时，我并没有运用引导型培训方式，所以我没有询问她难以与团队直接分享她的想法的缘由，以及不与团队分享她的想法可能带来哪些不曾预料的后果，所以我在这个问题上也负有责任。结果不出所料，她的策略产生了近乎相反的效果。

培训开场后，我与大家分享了提议的议程安排，并且就议程是否满足他们的要求邀请团队成员坦诚地说出他们的看法。有些学员表示了困惑，他们质疑进行服务培训的必要性。他们认同他们在服务上还存在不足，但他们认为这是外部问题所致。他们的反馈把我带到了一个两难的窘境：我知道人力资源总监为何希望他们参加这个培训，与他们分享这个想法对于培训会有所帮助，但我并不认为我应该替她来解释这点。但是如果不对此做出解释，学员就无法理解为什么要进行培训。解决这个两难窘境我所能尽到的最大努力就是向他们解释，虽然外部障碍总会存在，但对他们而言，他们的个人技能终归有提升空间。学员对此表示赞同，于是我们继续培训。人力资源总监和我一直都对她本人的观点讳莫如深。我没有在培训中分享我对人力资源总监观点的看法，因为我假定如果她想要这么做的话，她会自己说出来的，我不想让她或她的下属感到尴尬。我认为如果由我说出来，这只会让事情变得更糟糕。实际上，我和人力资源总监串通在一起来对付我所培训的团队。

无论培训师标榜采用什么样的方式，在培训中采用单边控制的方式只会减少培训所有相关人员的学习效果。在迈特的上述经历中，每个人都是输家：团队失去了机会去了解人力资源总监的担忧所在；人力资源总监失去了机会去检验她就团队绩效所做出的推论是否准确，而她原本可以更为直接地处理团队问题；而迈特失去了机会来探讨他就人力资源总监本人自行提出担心的意愿所做出的推论是否准确。

如果我当时能够运用引导型培训方式，当人力资源总监一开始告诉我，她认为团队还有很多改善空间，却不想告知团队这点，并且希望通过培训来帮助团队“领会”到这点时，我就会采取干预行动。当时，我可以就她所建议的方法所带来的负面后果分享我的想法，还包括由此产生的两难窘境。我也可以探讨她不愿直接分享她想法的缘由。我会在培训前与一些培训学员碰面，确保培训能够满足他们的需求。当然，如果能早一点的话会更好，我可能发现他们并不认为有做此培训的必要。因此，我可以引导总监和学员一起开展对话来探讨这个话题。根据对话的结果，我可能仍然提供培训，但在那种情况下，总监已经和学员分享了安排培训的原因。

设定议程

运用引导技巧，我们分享议程并且询问其他人是否想要做些修改，如增加新的项目或撤销现有的项目，或者询问议程上已经列出的或没有列出的项目。我们会预留时间，以便充分讨论我们在会议中需要讨论哪些内容，这样才能确保每个人都支持相关的计划。从根本上来说，引导型培训师认为培训议程需要得到每个人的支持，这样才能有效。如果大家只是简单地跟随培训师的计划安排，即使这样做可让培训师更有效率，但不会对团队起到多大的帮助作用。

课间休息

作为引导型培训师，我们与学员共同控制时间安排及课间所需的休息时间。我们会在议程中标出休息时间，并且在分享议程时就何时休息达成一致意见。但是，我们也对课间休息时间需要做出调整保持开放立场。

另外，引导型培训师并不需要在培训过程中或休息期间控制学员所处位置。在我们接触专业引导技巧之前，我们通常会在休息结束后把大家召集回来。我们会站在大厅中央，大声说："各位，我们现在要开始培训了。" 我们还会对其中的某些学员说："你可以帮我把其他人都召集回来吗？" 只有等差不多所有学员都回来后，我们才能开始培训。

现在，采用核心价值观作为指引，在培训开始前，我们就告诉所有学员有关休息的时间安排，并且解释说，我们相信大家作为成年人能够很好地掌握时间。我们会清楚地告诉他们每次休息开始和结束的时间。我们会解释，在休息结束后我们不会召集大家回来培训场地。我们会直接开始培训，并且认为当时他们会待在他们应该待的地方。我们告诉学员，我们不会通过他们出现在教室或者没有出现在教室来就他们对于课程的投入程度做出未经检验的推论。如果学员需要离开教室一段时间，我们也要求学员告诉我们，因为如果他们没有如期返回，我们和其他学员都会担心他们。

以这种方式管理休息时间，让我们能够与分享相关信息、让大家做出自由并知情的选择、对流程做出内在的承诺等原则保持一致。这是在整个教学过程中示范核心价值观和基本规则的强大机制。

转向另一个话题

当我们在培训中由一个话题转向另一个话题时，我们会与学员共同做到这点。我们不会简单地说："好吧，现在让我们开始转向干预这部分。"我们会这么说："看上去我们完成了诊断行为这部分的讨论，下面我们准备开始转向干预这个环节，大家准备好了吗？"

这可以让我们检验自己的假设：团队是否准备好向前推进。如果还有人没有准备好，我们会对他们的问题或担心做出回应。如果我们担心时间不够，我们会向团队指出这点，这样大家可共同设计方案，做到既能满足还有疑问的学员的需求，也能满足想要进入下一个话题的学员的需求。

探讨学员的担忧

当培训以单边控制模式进行时，我们认为学员所面临的挑战在于如何将练习或材料作为需要克服的难关，以及认识到由此带来的价值。当我们采取引导型培训时，我们将这些挑战视为学员学习的机会。我们承认学员可能拥有我们作为培训师所没有的知识或信息。

参加之前某次培训的学员与我们分享了她的左边栏目案例，并以此来说明其他培训师也曾在这点上有过挣扎。在她的案例中，她在教授一些经理人如何撰写目标并让他们的目标与组织目标保持一致。显然，一些学员对于陈述的策略表现出疑虑，并且与培训师分享了他们的疑虑（见表 58.1）。运用引导型培训，培训师会采取完全不同的方式来处理这个问题（见表 58.2）。

表 58.1　采用单边控制方式来探讨学员的疑虑

想法和感受	逐字的对话
	学员：让我与一个丝毫没有提及软件开发质量的战略保持一致，对我来说没有任何意义。
我们偏离主题了，而且浪费了 10 分钟时间。我怎么才能准时完成这项工作呢?	培训师：好吧，我想我们遇到了一个有争议的话题，这个话题并不适合在本次培训中讨论。我们在这里需要讨论的是如何撰写目标，而不是重新起草这些战略。让我们将这个话题放置在一边，保留在有待处理的栏目中。现在，我们的时间比较紧张，必须回到目标撰写上。
	学员：我们为什么非要先撰写这些目标呢？事情一如既往、运作良好呀。
这是我转移话题的方式。也许他们之前的运作方式一直都还不错，但是我的任务是完成我要做的培训。	培训师：这是有关担责的问题。我们必须让我们的工作，无论是在部门里还是在部门之间都可确保一致。
	学员：那我的工作又如何与你作为培训师的工作保持一致呢?
	培训师：我想我们又跑题了。让我们首先聚焦在我们为何要来到这里。我们来这里的目的是学习如何撰写目标……
如果你再把我拖到其他话题上，我就准备不搭理你了。或者扔一块 M & M 巧克力给你	学员：我会撰写目标，但是我不赞成那些战略。我们必须改变那些战略

表 58.2 采用引导型培训方式探讨学员的疑虑

想法和感受	逐字对话
	学员：让我与一个丝毫没有提及软件开发质量的战略保持一致，对我来说没有任何意义。
我认为这些战略是没得商量的，因为这些战略是由公司高管制定的。看上去他对此有不同的看法。	培训师：我能理解你对与战略保持一致表现出的担忧。但我想知道的是，你和我对于战略及其影响在我们的理解上是否存在根本分歧。我认为我们无法改变这些战略，因为这是通过高管战略规划流程制定出来的。你是否有不同的看法？
我认为这个担忧是正常的。我们在这里如何更好地处理这个问题呢？	学员：我不知道我们是否可以改变这些战略。如果我们对此并不赞成，我们又该如何与此保持一致呢？
为了达成我的培训目标，我想了解这位学员是否愿意将他的疑虑搁置一下并放到以后再来讨论。不管怎么说，这些都是我需要面对的两个问题。	培训师：我想这里需要考虑两个问题。我想把它们都列举出来讨论一下看你是否同意。第一个是教学目标，我的任务是帮助你们学会如何具体地撰写目标，第二个就是有关目标本身的内容。你是否认为这些就是主要问题？
	学员：是的，我认同。
让他知道我想要做什么，看一看这是否适合他。如果不行的话，我们可以作为一个团队一起来找出满足我们需求的方案	培训师：我的任务是教会你们如何撰写目标。我认为我无法去改变这些战略本身的内容，毕竟我并没有参与到战略制定的流程中。我想，今天你可以先在这里学会如何撰写目标，随后你可以再去向管理层反馈你对战略有关内容的担忧。你认为这样做可行吗？
	学员：是的，我认为可行

在这个假想的情境中，培训师必须对她的最后一个提问的回复保持开放的心态：“你认为这样可行吗？”如果学员说：“不，这真的对我没什么用。”随后培训师必须准备好与团队一起合作，找出更好的解决方案。一位引导型培训师愿意花费时间来彻底解决这个问题，因为她知道一旦这个问题得以解决，整个培训将在余下的时间里顺畅地进行下去。如果这个问题无法得到彻底解决，这个问题就会在培训中持续不断地浮现出来，从而拖慢整个培训进程，这远比你在一开始就彻底解决这个问题所花费的时间要多得多。

但是，由于引导型培训师注重交互学习而不是单边控制，他们会精心构思提问，从而让学员在给出他们自己的提问时感到安全并愿意分享他们的任何观点，其中包括挑战培训师的观点。

提问

我们再来看一下文章开头所引用的内容。它是采用单边控制的方式来给出提问。如果采用这种方式，培训师会利用提问将谈话引导到他想要去的地方，从而避免学员想要举行的困难对话。与采用单边控制模式的培训师一样，引导型培训师也承认提问是控制学员的一个微妙而有力的工具。但是，由于引导型培训师注重交互学习而不是单边控制，他们会精心构思提问，从而让学员在给出他们自己的提问时感到安全并愿意分享他们的任何观点，其中包括挑战培训师的观点。

当苏改变其作为培训师的价值观时，她所面临的一个重大挑战是学会向学员提问。

我过去习惯于向团队抛出一个我已经有明确答案的提问。我会给出一系列引导性提问，从而让他们得出“正确”答案。作为引导型培训师，我对于不同的“正确”答案都保持开放的心态。我也学会了给学员提供机会，让他们去自行发现答案，而不是劝诱他们或者让他们感到自己被算计了。

不给出反问或引导性提问，做到这点非常重要，因为这会让学员产生防御心理。我不会这样发问：“那这样做对吗？”“这有道理吗？”因为这其实在暗示，这么做是对的或合理的。我会问：“你对我所说的有何反应？你对这个话题的看法是什么？”或者“你对此有何疑问或担心吗？”

过了一段时间，苏认识到，如果她知道答案但是希望学员来回答，她会直接大声地说出她的想法。

当我教授时，我会这么说：“我知道在这样的情境下的有效策略是什么，但是我对每个人关于有效策略的看法更感兴趣。我想和你们一起探讨这个话题，然后再分享我的想法。谁想要分享他的想法？”

通常，答案为“是”或“否”的提问无法让学员有效地参与到交互学习之中。开放式提问更能萃取不同想法和看待问题的视角。例如：“你对于我目前所说的内容有何反馈？”“你认为什么样的方法对你有用？”“在这个话题上你的看法是什么？”

体验式学习

保持透明会影响我们如何做出选择和引导培训练习。苏是这么阐述的：

在内化核心价值观之前，我常常选择一些在我看来对学员学习帮助非常大的信息，如游戏和练习。通常都是一些我知道内情而学员却对此一无所知的信息，而且我会将这些信息隐藏起来不让他们知道。这些信息可以是简单到需要展现跃出框架之外思考的练习，如折纸飞机，看谁飞得最远。当然，我不会告诉学员这个练习的设计目的就是考察他们跃出框架之外的思考能力。在所有学员都试飞了他们折叠的纸飞机之后，我才会告诉他们关键点：将纸卷成一团，然后扔出去，这会比所有人折叠的飞机都飞得更远。

在我将专业引导技巧的价值观整合到我的工作之中后，我作为培训师的工作发生了巨大改变。我再也不会去开展那些操纵式游戏了，因为这些游戏的设计目的都是通过诱导学员产生某种行为，进而希望他们产生恍然大悟的学习体验来吸取教训。我开始认识到学员对这类游戏的抵触心理，因为这些游戏往往内含诱饵。这通常会导致学员对游戏采取主动抵制或将注意力放在如何找到游戏中的门道并对培训师反戈一击上。

在这种情况下，培训师没有与学员分享有关信息，这限制了学员就如何参与到游戏中做出自由并知情的选择。最终结果是某些学员觉得被愚弄了。在我们的经验中，学员不仅感到被愚弄了，而且他们会花相当一部分精力来研究如何找出这个游戏的窍门以便在游戏中战胜培训师。我们当然不希望学员在培训时将精力花费在这些事情上。

这种方式与专业引导技巧的核心价值观并不相符，因为培训师并没有与学员分享某些信息，这也就让学员放弃了就有效参与游戏做出自由并知情选择的权力。它也削弱了某些学员对培训做出内在承诺，因为他们对培训师的信任度降低了。

遵循交互学习模式并不意味着放弃使用练习。恰恰相反，我们相信练习是让成人以有趣和富有创意的方式参与学习的有力工具。

作为引导型培训师，当我们采用体验式学习方式时，我们需提供尽可能多的有效信息，以便学员就是否参与做出自由并知情的选择。这会提升他们对于练习（如果他们选择参与的话）和学习与此相关的内容做出内在承诺。通常来说，我们会避免那些与核心价值观不相符的练习，包括需要隐藏有效信息或依靠欺骗来取胜的练习，练习的结果由培训师事先决定并可实施控制，并与团队目标不相符。对于某些体验式练习来说，如果不隐藏某些相关信息，我们就无法找到一种方法来让学员从中获得收获，这时我们需要将策略清晰地陈述出来。我们会告诉学员这项练习我们需要隐藏某些信息，并且询问他们是否依然愿意参加这个练习。简单地说，我们会告诉学员某些信息我们无法与他们分享。

> 作为引导型培训师，当我们采用体验式学习方式时，我们需提供尽可能多的有效信息，以便学员就是否参与做出自由并知情的选择。这会提升他们对于练习（如果他们选择参与的话）和学习与此相关的内容做出内在承诺。

当决定一项练习是否与专业引导技巧相符时，我们可向自己发问：

- 我们可以分享练习背后的策略而无须削弱练习所传达的信息或教训吗？如果我们无法分享策略，我们可以修改练习以便我们能够分享其背后的策略吗？
- 学员在整个练习中都能做出自由并知情的选择吗，包括是否参与的选择？
- 练习可以提升学员对于培训的内在承诺吗？
- 练习与同理心的核心价值观吻合吗？

如果我们对于以上提问的答案都是“是”，我们就可以开始练习了。

在边框中，黛安·弗洛里奥展示了如何将一个单边控制练习转换为一个引导型培训师可以使用的练习。

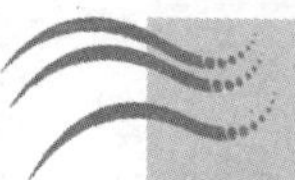

修改体验式练习，使之与专业引导师核心价值观和基本规则吻合

黛安·弗洛里奥

通常，体验式练习或学习游戏会让学员感觉被算计了，这会让他们产生“怪罪引导师”的行为。如果体验式练习设计中有“你被抓了个现行”的桥段，这种情况就更

有可能出现。学员也许会说，“如果你告诉我们那是选项之一，我们也许就会成功”，或者“你没有告诉我们那是游戏规则的一部分”。

我并不是说体验式练习无法产生巨大的学习价值。我相信人们能够做到“做中学”，进而发现这类练习所带来的巨大价值。我想要表达的是，我们需要仔细地审视练习的设计初衷，并考虑框定练习或引入练习的方式所带来的有意和无意的后果。以下例子是我的亲身经历。

曾有一个非常流行的体验式游戏“寻找荷兰人遗失的金矿”。其设计目的是让学员强化这样的认知：为了某个共同目标一起合作可以为组织带来更大的财务回报。

这个模拟游戏为学员提供了大量的总结和学习。作为培训师来说，我的挑战是如何引入并组织练习，以便让学员在体验到学习价值的同时，不会在最后感觉自己被算计了。我这样问自己：“我该如何分享相关的信息而不会‘稀释’整个学习体验？”“给予自由并知情的选择会是什么样的？他们是否有权选择不参加游戏呢？”“我该如何提供足够的信息以便他们做出知情的选择？”“我该如何主持这场对话或引入这项练习，使之与基本规则和核心价值观吻合呢？”

我的合作伙伴迈克尔和我一起潜心研究这些提问，以及可能产生的两难窘境。另外，我们还咨询了罗杰·施瓦茨，请他检验我们做出的假设，以便帮助我们去实施这项练习，使之与我们希望在整个项目中所示范的行为保持一致。

这项练习作为高潮体验，被用作为期两天半的领导力发展项目的收尾。我们的意图是希望学员能采用与公司价值观保持一致的方式来运用他们在培训中所学到的关键点，同时他们还能有机会去体验基本规则的精华版。所以，我们决定以如下的方式来引入“寻找荷兰人遗失的金矿”这一游戏。

我们告诉学员：“这个项目接下来的内容是一个模拟游戏，我们认为这个游戏有巨大的学习价值。其中一部分学习价值源于我们希望帮助你们在游戏过程中去体验恍然大悟的感受，为此我们（作为培训师）只会分享有限的信息，以便你们能体验到这种感受，并从中有所收获。我们的两难窘境是需要斟酌分享什么及不分享什么，以便让大家在游戏结束时不会产生被算计的感觉，与此同时，大家也不会损失整个学习体验。我们的提问是，根据我们刚才所分享的，你们是否愿意参加这个游戏？”（如果有学员表示不愿参加这个游戏，我们会探讨他们还需要哪些额外的信息来做出选择，或者我们说了什么让他们不愿参加这个游戏。然后，我们会作为一个团队来决定是否要引入这个游戏。）

接下来我们会说：“既然你们愿意继续，在开始游戏之前，我们还有几件事情需事先告诉大家。① 游戏最终的结果与你基于刚才所介绍的内容及游戏规则所做出的假设和推论有很大关系，所以，我们强烈建议你去检验你的假设和推论。② 在过去的两天中，我们都在检视公司的价值观和期望，了解不同的行为方式，理解情境领导力。我们也学习到一套基本规则，包括检验假设、分享相关信息、分享你的推理过程、做出陈述后向大家发问等。我们强烈建议你运用过去两天中所学的内容来达成你的目标和你期盼的成功。③ 在我们介绍这个游戏之前，你们还有什么提问吗？”最后，当解释了游戏之后，我们还会问：“你们还有什么问题吗？”

“寻找荷兰人遗失的金矿”的主要指引就是“我们必须挖到尽可能多的金子”。学员做出的最大的假设就是每个团队如何定义“我们”这个词。团队分成了小组，这会让他们自然地认为每个小组需要相互竞争。如果他们能转换成另一种视角，他们会发现每个团队其实都是一个更大团队的一部分。

在整个游戏过程中，如果学员向我们提问，我们会回答提问并且努力在分享足够的相关信息与保留学习体验之间的两难窘境中保持平衡。

当模拟游戏结束后，我们和学员一起进行了深入总结。与学员的对话告诉我们这种方式奏效了，因为没有一个小组觉得自己被算计了。另外，学员也表示他们对自己所采取的行动、表现出的行为和获得的结果负责。这给所有学员带来了丰富的学习体验，因为学员认同游戏的结果是他们自行选择参加这个游戏所带来的，而不是培训师影响了这个结果。

对于我和迈克尔来说，思考如何重新设定这个游戏并使之与核心价值观和基本规则保持一致，这是一段影响深远的体验。在整个过程中，我们必须挑战自身关于什么对团队奏效，什么对团队无效的假设。我们必须相信学员有能力做出正确的决定。这让我们把这个让我们获得成功的流程与日常工作的流程进行对比。当我们认识到我们能在这个练习中让团队取得成功时，我们对使用这个练习来获得丰富学习体验的能力充满了信心。

角色扮演

角色扮演是帮助学员提升技能的重要方法，特别是当培训师能够在现场提供反馈时。参加我们工作坊的某些学员由于他们在其他培训课程中的不愉快经历让他们害怕参加角色扮演。通常来说，他们会发现，我们工作坊中的角色扮演是他们学习过程中最有价值的一部分。区别在于不同的设计。

为了能够练习所学技巧，角色扮演通常让学员扮演假想的角色。这个方法对某些人有效，但并不是对所有人都奏效。虚构的角色扮演所遇到的一个问题是，学员会认为角色扮演与他们日常真实情况并不吻合，因此这对于他们练习新的技巧帮助不大。如果他们发现在角色扮演中无法有效地参与其中，他们通常会将原因归咎于角色是虚构的而不是他们自身缺乏技巧。这就降低了他们从体验中学习的能力。

引导型培训师工作的一部分就是设计角色扮演，以便让学员就如何能最大限度地练习他们的新技巧做出自由并知情的选择。为了达成这个目标，我们会提供多种选择。首先，我们提供虚构的角色扮演，原因之一就是某些学员喜欢这种练习方式。有些学员认为如果角色扮演不牵扯个人，他们的学习效果会更好。另一些学员不愿在课堂上分享他们在真实工作中的挑战。所有这些虚构的角色扮演都是基于我们或我们的客户之前曾经面对的真实场景，学员通常会发现这些角色扮演相当真实。如果学员使用这些角色扮演，我们会鼓励他们对角色扮演做出调整，以便能更好地满足他们的学习需求。

其次，我们鼓励学员并给他们时间去构思如何在角色扮演中练习他们真实角色所需用到的技巧。例如，某位学员也许想就他与团队已有的艰难对话（或预计将有的艰难对话）来模拟一次角色扮演。这位学员要求其他学员扮演他的团队成员，并且给他们提供足够的信息来实际演练这个角色。当学员做出选择后，他们通常会告诉我们角色扮演显得如此真实，他们感觉自己仿佛置身于一个真实的会议之中。再次，当参加工作坊的学员在课程之外还存在真实的工作关系（如工作团队或项目团队），我们会鼓励他们运用角色扮演的部分时间来完成真实的工作。在这种情况下，所有学员都可同时练习如何提升他们的技巧。

学员掌控着角色扮演的关键因素和反馈，并让这些要素与反馈对于他们自己的具体学习目标有所帮助。由于他们是自身体验的主导者，学员愿意对他们的学习做出承诺。

不管学员做出怎样的选择，在他们开始练习前，我们会询问他们是否有哪些技巧特别希望加以练习，然后我们就可以针对他们有意练习的技巧给予反馈。在练习结束时，我们也会询问他们希望如何得到反馈（我们给他们介绍了如何提供反馈的几个选项），而不是假定自己作为培训师最清楚应如何给他们提供反馈。学员掌控着角色扮演的关键因素和反馈，并让这些要素与反馈对于他们自己的具体学习目标有所帮助。由于他们是自身体验的主导者，学员愿意对他们的学习做出承诺。

这种角色扮演的方式需要培训师拥有更多技能，因为他们需要就他们从未见过的角色扮演给予反馈，这就像专业引导师对团队采取干预一样。这就是引导型培训师的另一个特征：他们可以在其教授的心智模式和技巧等方面以身作则，而不是仅仅运用现成的脚本。

成为引导型培训师的步骤

迈特・比恩

当我开始做培训师时，与现在相比，我当时在培训观点和方法上更多地采用单边控制模式。我采用如下四个步骤做出改变，并且继续与同事们合作使用这些步骤来提升我们培训工作的质量：

- 识别你的培训行为和设计中的单边控制要素。观察你自己的培训工作，当你做培训时让旁人观察你，或者对你的培训进行录音。不仅探讨你的培训方式，而且探讨培训设计。
- 探讨行为和设计的成因。这包括将自身经验、培训设计、组织政策或来自他人的压力带入情境中的单边控制信念。这可以帮助你与他人探讨原因，他们可能看到你所漏掉的方面。

- 考虑改变。考虑从单边控制模式转变到交互学习模式。如果这需要牵涉他人，与他们展开对话。
- 对于你所采取的改变保持透明。做培训时，让客户和同事了解你想要做出的改变，并且征求他们的反馈。

结论

我们所见过的绝大多数培训师在实施成人培训时都是采用单边控制策略。我们被告知要隐藏某些信息，不要透露我们的教学策略，并且操纵学员，从而让他们有恍然大悟的学习体验。一旦明白了这些行为所带来的不曾设想的负面后果，我们就能选择成为引导型培训师，来赋予学员和我们自身更为丰富的学习体验。

资源

Kraiger, K. (ed.). *Creating, Implementing, and Managing Effective Leadership and Development.* San Francisco: Jossey-Bass/Pfeiffer, 2001.

注释

1. 另两本与专业引导技巧不一致的书籍是娄·拉塞尔（Lou Russel）的 *The Accelerated Learning Fieldbook*、布赖恩·德拉哈耶（Braian L. Delahaye）和巴里·史密斯（Barry J. Smith）的 *How to Be an Effective Trainer, 3rd.*。

参考文献

Delahaye, B. L., and Smith, B. J. *How to Be an Effective Trainer.* (3rd ed.) New York: Wiley, 1998.

Mitchell, G. *The Trainer's Handbook: The AMA Guide to Effective Training.* New York: AMACOM, 1998.

Russell, L. *The Accelerated Learning Fieldbook.* San Francisco: Jossey-Bass/Pfeiffer, 2000.

第 59 章

成为引导型咨询顾问

哈里·富鲁卡瓦

专业引导技巧可以在提升咨询顾问有效性的同时提升客户（咨询顾问所服务的团队）的有效性。这种方式的基本假设是咨询顾问的践行理论和相关的心智模式决定了他的表现方式。这主要基于咨询顾问所信奉的主导价值观（他正在形成的世界观、内在信念和外在环境互相作用的结果）及他将主导价值观付诸实践时所拥有的相关技巧。不管人们是否意识到这点，他们都会使用他们的主导价值观、践行理论和心智模式。

引导型咨询顾问有何不同

def·i·ni·tion 引导型咨询顾问被看成第三方的流程专家或内容专家，他也许会参与到决策过程中并使用专业引导技巧。

引导型咨询顾问被看成第三方的流程专家或内容专家，他也许会参与到决策过程中并使用专业引导技巧。引导型咨询顾问与其他咨询顾问的区别在于他会使用专业引导技巧及交互学习模式，而其他咨询顾问则不会这么做。

请参考第 4 章“理解指导我们行为的理论”。

这个区别十分重要，因为不同的践行理论和心智模式会导致咨询顾问表现迥异。例如，采用单边控制式践行理论的咨询顾问会通过单边控制模式（如非赢即输、避免负面情绪及行事理智）来达到他们的目标。这会让他们看上去就好像专家（知晓最佳流程和内容的答案），主张本人的观点却没有予以真诚探询、对会议议程实施单边控制（例如，通过判定某人跑题得以表现出来）。

当一位咨询顾问采取单边控制式的行事方式时，客户组织中的员工经常感到他们并未得到良好的服务。典型的反应包括他们感到自己所有的担忧并没有全部得到妥善处理，或者感到他们的观点没受到重视。举例来说，一位客户与我分享了一个故事。某咨询顾问受邀主持调研并就组织的徽标和形象的品牌再造一事主持讨论。

向 30 多人的高管团队做陈述报告时，该咨询顾问汇报了他在调研中的主要发现（主要的发现是焦点小组对于该组织现有的徽标反应并不积极）。随后他就新的徽标和形象提出了建议（仅有主张，但没有探询不同观点），并且询问高管团队是否支持这项建议。大部分与会者举手赞同。会议结束几天后，有好几个人抱怨他们没有机会表达他们对新徽标的看法与担忧，并对此事的推进方式持保留态度。

如果组织中的员工觉得你提供的服务不够专业，他们就不愿对此方案的实施与监督做出承诺，而他们与咨询顾问再次合作的意愿也会降低。在这个案例中，有关徽标的闲言碎语最终升格为重新讨论此话题，该咨询顾问所提交的设计方案随后遭到批评，而组织也重启流程并重新聘请另一位咨询顾问来开展此项目。基于单边控制模式的践行理论所产生的行为通常会导致客户不愿对落实某项行动做出长期承诺，而效果也往往不佳。

通常，咨询顾问不会察觉到他们本人的践行理论和心智模式，这让他们也难以察觉自身是如何降低团队有效性的。例如，如果咨询顾问对于他们如何表现（如单边控制式的践行理论）和相关内容（如平衡计分卡）的心智模式不清晰，那么他们就很难甚至无法对此做出检验或予以改善，这会给组织带来伤害。

有关心智模式、践行理论及标榜理论，请参考第 4 章“理解指导我们行为的理论”。

例如，我最近审核某咨询顾问制定的战略规划，并且向高级领导人请教他们的商业模式（他们准备如何盈利、整合人员、管理营运、管理客户、达成组织结果等）和组织战略（他们的商业模式与对手的区别是什么），结果发现该咨询顾问对此一无所知。借助几个战略模型来解释规划目标之间的相互作用，我引导高管透过对话来澄清他们的商业模式和战略。高管们发现他们正在制定的战略目标并没有支撑任何特定的战略，这会分散组织的注意力并影响组织结果（有待斟酌）。如果咨询顾问的践行理论和心智模式不清晰，我们就难以判定他们提出的建议是否有预见性（证明他们所采取的干预手段可以带来预想的成果）或有效（他们提出的建议可以在其他场合使用并且产生类似的成果）。

如果咨询顾问的践行理论和心智模式不清晰，我们就难以判定他们提出的建议是否有预见性（证明他们所采取的干预手段可以带来预想的成果）或有效（他们提出的建议可以在其他场合使用并且产生类似的成果）。

作为上述案例中的引导型咨询顾问，我分享了我的心智模式。在这个案例中，商业模式说明了不同的战略目标如何与财务、环境和社会效益相互作用，并且与组织战略保持一致。因为每个人（包括我自己）都了解模型中的假设及要素之间的相互作用，我们就可汇聚集体智慧对此做出评估，并且找出影响效率的地方。我曾多次使用这个方法来改善我的模型和我的建议的预见性与有效性，我与客户共同设计试验来做出评估并提升模型与建议的效率，从而更好地理解根植于模型中的原则。

案例：在组织中发现并制定价值观

作为“组织建筑师”，我帮助大家去设计并改变他们所在的组织，以更好地实现财务结果、环境和社会效益。我的大部分工作领域都是围绕战略计划（识别使命、愿景和价值观及制定商业模式和组织战略)、组织变革、质量和生产率提升等方面。

基于我曾演示过如何识别并制定组织价值观的案例，一家拥有众多分支机构的服务型组织找到我，希望我去帮助他们制定组织价值观宣言。这份价值观宣言旨在指导员工行为，这样无论客户和员工身处何处，都能享受到一致的体验。这些价值观也将成为使组织系统保持一致(如员工招聘和解雇流程、绩效评估流程)和领导力发展模型的基础。以下就是我在这个项目中如何使用专业引导技巧的几个要点。

订立咨询合约

在合约中，必须和客户共同做出几项决定。这是咨询顾问的践行理论和心智模式得到体现的第一次机会。订立合约包括四个阶段。

阶段一：与主要客户团队成员的初次对话

阶段二：规划咨询

阶段三：与主要客户团队成员达成共识

阶段四：完成和评估咨询

以下我会具体描述在每个阶段所使用的基本规则。

请参考第 8 章“与团队订立合约”。

阶段一：与主要客户团队成员的初次对话

聚焦利益而非立场。在我与 CEO 的第一次对话中，我请他告知我他在制定价值观宣言中所关注的利益(对于解决方案而言，哪些方面是比较重要的)。他的回应是他的利益源于他所阅读的几本流行商业书籍，这些书籍描述了共享价值观和卓越的长期商业结果之间的关联。虽然组织一直在不断发展，但他担心不同地方的客户享有的体验未必一致，而且价值观难以落到实处，特别是他不知道需要采取哪些步骤来落实价值观。

而我的利益是帮助他们找到主要的价值观，制订行动计划来培养技能和行为，并且落实这些能够强化价值观的机制。通过了解他的利益诉求并言明我的利益，大家就彼此关切的重要利益达成一致，我就能够从内容和流程(包括我将如何主持引导)上提出项目开展方式的建议，我们双方也都对此做出了承诺。

如果我采取单边控制式的行动，在没有弄清他的利益之前，我就会直接建议下一步的工作流程。但是如果没有明确他的利益并言明我的利益，可能的风险是我们双方都不会对此建议做出承诺，这就降低了解决方案的潜在效果。

我们就一些项目达成了共识，其中包括与管理团队开会的时间、地点、建议的议程。管理团队将是主要客户，所以他们的利益也需要厘清，以便把他们的利益纳入设计之中，因为我们需要他们的承诺来落实这些计划。

阶段二：规划咨询

分享所有的相关信息并且解释你的推理过程和意图。基于我与 CEO 及负责起草价值观宣言委员会的对话，我起草了一份项目概述，包括目标、议程、角色和责任及专业引导技巧的介绍。我介绍了专业引导技巧的核心价值观和基本规则，如何使用它们来获得承诺，以及帮助团队成员对我采取的行动建立期待。首先，我让 CEO 和价值观宣言委员会陈述他们的利益，并且了解其他团队成员的利益。这给我们提供了共享的信息。有些团队成员说他们一开始没有想到这个举措为什么如此重要。

然后，我向管理团队陈述项目概述，解释流程中的每个步骤及采用某个具体工具来衡量价值观的原因和意图，并且描述了所要达成的目标。我给管理团队提供了共享的相关信息，这样他们启动了决策流程。我描述了我的推理过程和意图（这是分享信息的一个方法），以便他们能够了解我的逻辑是否存在错误，找到我还未谈及的利益并理解这些步骤是如何整合不同利益的。

如果采取单边控制模式，我不会分享我的推理过程和意图（因为我就是专家）。但是不分享相关的信息，不解释我的推理过程和意图，团队成员所面临的风险是他们无法理解这个想法的重要性或他们就组织为何采取该行动做出未经检验的推论。

阶段三：与主要客户团队成员达成共识

将主张和探询结合起来。完成流程陈述后，我开始探询团队的想法和反馈。我请团队成员就所建议的流程提出他们的具体担心，这样我们制定出的流程才能赢得每个人的承诺。团队成员提出了几点具体担心，例如，由哪些员工来负责价值观清单。而我解释了我的推理过程并通过共同设计建议方案的方法或步骤解决了这个问题。有些成员说他们很高兴看到我所表现出来的灵活性并且解决了他们的担忧。如果我采取的是单边控制模式，我就不会前去探询，或者我会给出引导性提问，那么我将失去发现我的推理过程存在缺陷及改善我的流程以便得到更多承诺的机会。

共同设计下一步行动来检验分歧。实际讨论的时间比议程中分配的时间更长，所以我建议我们共同回顾下一步的选项，并且确定在将来的某个节点是停止讨论还是重启对话或继续对话。团队决定继续对话，以保持价值观讨论的热情，从而避免在下次会议中需重新找回话题。

如果我采取单边控制模式的行事方式，或者支持单方面决定将讨论停下来并转向下一个话题，那么团队成员很有可能觉得那是在浪费他们的时间。如果我们当时就做出了决定，团队成员也许会觉得他们的担心并未解决，他们就会降低对项目做出的承诺。

采用有助于提升团队承诺的决策规则。既然我们同意管理团队是引导的主要客户，并且每个人在落实中都将扮演积极角色，我建议大家就做出的决定达成共识，团队同意了。讨论结束后，我一一询问每位与会者他们是否支持这个项目和计划。这又给到每个人额外的机会去表达自己的担忧，这样做可提升每位与会者对于项目做出的承诺和肩负的责任。最后，团队对建议的流程做出了承诺，我们也就在何处对项目进行评估以决定是否继续推进及如何进行评估达成了一致。

后来，我的联系人告诉我，这是团队为数不多的改变议程的情况，当大家做出决定时他长舒了一口气，大家都充分参与了讨论并且能够支持这项决定。如果我没有提出如何做出决策这个话题，很有可能团队会将这个烫手的山芋交给 CEO。这么做，只会带来后续麻烦。团队成员也许会觉得他们人微言轻，而 CEO 觉得团队没有在做出决策上扮演主导角色。

阶段四：完成和评估咨询

项目计划包含如下步骤：

- 通过管理价值观清单和分析其结果来生成信息，并理解管理层团队和各地员工的主要价值观。
- 将个人和团队的意见反馈给管理层。
- 与价值观起草委员会合作，汇总制定出来的主要的价值观簇（Values Cluster），找出与期盼的价值观之间存在的差距并提出建议。
- 向全体管理团队提交价值观宣言草案及理由，听取建议并按团队意见加以修改。
- 就培训和发展机会设计蓝图，帮助员工获得与价值观相匹配的技能，并且建立机制来强化与价值观相吻合的行为。

生成相关信息

使用具体的例子并就重要词汇的含义达成一致。如果我们从这样的假设入手，那么了解组织的主要价值观就显得十分重要了。在此我推荐 Hall-Tonna 价值观清单（Hall-Tonna Values Inventory），因为它是一套具体可行、利于发展、描述性的价值观框架，该套价值观清单借助美国心理协会（American Psychology Association）的指引得以验证。我发现这个框架非常有用，因为它包括了 125 个人类价值观，每个价值观都有标准定义。这样，我们对于每个价值观的含义都有了一致理解从而避免误解。例如，有些团队成员认为诚信是一个主要价值观，但这个术语有众多定义。而这个框架给大家提供了讨论价值观的共同语言，从而避免了误解的产生或费时去讨论这个术语的含义。

采用单边控制模式的咨询顾问会有一个规范框架（Prescriptive Framework）（认为某套价值观是最重要的）或者询问他人什么价值观是最重要的，但并不需要他们就其含义达成一致意见。没有就重要术语的含义达成一致意见（或者没有就价值观分类达成一致意见）会让大家面对产生误解的风险，其实施步骤也就没法体现人们认为价值观所具有的含义，而这会浪费更多的时间。

将个人和团队意见反馈给领导

分享所有的相关信息。在这个步骤中，我将主要价值观的个人反馈提交给管理团队中的每位成员（包括各地分支机构的总监），并且将各地分支机构的主要价值观汇总后提交给各地的管理团队。通过提供这些反馈，我可以帮助每位领导看到其所辖部门的主要价值观，他们还可以看到提议的组织价值观与所辖部门价值观中重叠的部分。这样，他们就做好准备去讨论组织的主要价值观。这些信息可以加强他们对于价值观的理解并照此采取行动。

例如，一位领导说，他觉得他的下属在谈论家庭方面花费时间太多了，而他希望削减这方面的谈话。但是当他看到家庭/归属的价值观对于他们而言非常重要时（但这不是他本人的主要价值观），他开始理解这个价值观对于员工的重要性，而他本人对此缺乏兴趣可能导致他错失激励员工的机会。当他改变行为并开始关心员工的家庭情况时，他发现员工的脸上放出光芒，大家都释放出无比的工作热情。在另一个案例中，当我向管理团队的一位成员展示他的价值观和管理团队的价值观重叠部分甚少时，他变得非常安静。临近会议结束时，他说现在明白了为什么他在工作中感到压力甚大。几个月以后，我碰巧又遇到他。他告诉我，当他了解对他而言什么是最重要的之后，他离开了之前的那家公司而新加入另一家公司，而这家公司的价值观与他的价值观更加吻合。他在工作中从未像现在这样感到开心。

如果我采取单边控制方式，我也许只会提出行动步骤的建议，而不会分享形成这些步骤的基础信息。如果我没有分享相关的信息，我所面对的风险是，那些领导也许无法理解为什么这些价值观被选中，这会削弱他们对此做出的承诺，他们也无从了解如何有效地改变他们的行为。

生成价值观簇并且起草价值观宣言

解释你的推理过程和意图。与负责起草价值观宣言（包含具体价值观簇的原则）的小组开会时，CEO 主张将涉及创新的价值观囊括在内，虽然这在组织的价值观簇中并没有占据首要位置。大家对此表达了不同看法，我要求他解释一下他为何主张将创新列入其中。在分享他的理由时，他解释，如果没有创新，他们的组织将沦为其他人的复印机，也就不能再成为享有该愿景的领先组织。在听取了他主张的创新理由之后，小组成员认识到创新的重要性，并且心悦诚服地将它纳入价值观清单之中。

如果我没有邀请 CEO 解释他的原因，我所冒的风险是大家将关注点放在立场上（例如，“我想包括创新”和“我不想包括创新”）。如果 CEO 的建议占据上风，那么其他人就不会对此做出承诺；如果 CEO 的想法没有得以重视，那么他也许会觉得其他人无法理解他的想法。

陈述价值观宣言草案

将主张和探询结合起来。在管理层会议中汇报了价值观簇和宣言之后，我询问大家是否还有问题或疑虑。一位成员提出了担心：他们该如何确保每位员工的行为与价值观相符合。我向他们展示了矩阵的样本部分，其中包括期望的行为、培训的机会、行为的机制（用于强化与价值观相符合的行为的方法，例如，将团队贡献这个要素包括在协作价值观中）。她非常高兴组织将采取具体行动去落实这些价值观。她原本担心价值观宣言可能只是一个宣言而没有采取相应的行动。

设计蓝图

检验假设和推论。在识别培训机会和行为机制后，我鼓励团队去检验他们所提出各种模型背后的假设。例如，为解决安全问题所提出的行为机制是建立在所谓安全转折点模型（Hinge Model of Safety）基础上的。我们可以将这个模型视为安全问题金字塔（Pyramid of Safety Issues），按照安全隐患的严重程度由低到高进行排序，在金字塔底座是不安全行为事件，随后是需要急救处理事件，然后是受伤事件，最后是位于金字塔顶端的致命事故。这个模型的基本假设是通过减少不安全行为事件发生，那些急救处理事件、受伤事件和致命事故都会得以减少，这就是所谓转折点效应。我们发现某《财富》500 强制造商曾基于他们的数据检验了这个假设，他们发现减少不安全行为对于减少更为严重的事故并不会带来太大影响。

如果我采取单边控制方式，我也许不会提议去检验这个模型背后的假设，尤其是考虑到这个模型是由我提出来的。不去检验这个假设所带来的负面后果是继续将员工置于可能受到严重伤害或面临死亡的风险之中。

尾声

讨论不便讨论的话题。作为实施计划的一部分，我们还安排引导型领导工作坊来支持与更为有效的人际关系相关的价值观簇。在蓝图诞生后，我与管理团队中的某些成员进行了沟通。有几次，我注意到他们都曾提到 CEO 所展现出的某些行为与价值观并不相符。我询问他们是如何对这些行为做出反应的，我了解到他们从未谈论这些事情。我的推论是这是一个不便讨论的话题，我对自己做出的推论予以检验，看其是否属实。他们同意我的推论。认识到其中所涉及的风险后，我们讨论了对此不采取干预措施及保持同理心所带来的可能后果。

他们认为应采取干预措施，这非常重要。针对 CEO 的行为，我们设计了好几个脚本，包括向 CEO 提及这个话题时可能遇到的困难。一位团队成员告诉我，他随后与 CEO 就此事做过沟通，CEO 认同他应该更加高效，并且要求这位成员帮助他做出改善。

如果我没有对此进行干预，这个不便讨论的话题将会被一直束之高阁，而团队成员可能认为 CEO 对价值观没有做出足够的承诺，那么其他事情也将变成不便讨论的事情。

另外，在评估整个过程时，团队成员帮助我了解到哪些环节运作良好，哪些环节还需要改善。所以我在这个过程中也有所收获，并且能够提升我的服务质量。例如，我在自己主持的反馈中加入了一些支持性的材料（例如，在反馈报告中解释某些术语）。

引导型咨询顾问

与客户互动的过程中，使用专业引导技巧核心价值观和基本规则提升了做出更高质量决策的可能性，并可获得行动方案落实所需的更高承诺，大家也有更多动力来监督方案的落实并不断对此做出改善。这个流程要求分享有效的相关信息，以便做出更好的决策并生成内在承诺。

落实蓝图来加强价值观的统一，这是一个互动过程，其中要求组织中各部门、各层级共同使用集体智慧和创意来决定最有效的方式，去获得技能和行为改变。人们的承诺和贡献有助于许多行动的落实，这些行动源于蓝图试运行部分及为将来的计划做准备时所应吸取的经验教训。

作为这个计划的结果，我与客户建立了良好的关系。这些良好关系的佐证表现在定期寻求建议，共同报告价值观的制定过程是如何帮助组织文化和组织绩效及其他服务的财务预算得以改善的。

我在担任这个项目及其他项目中使用专业引导技巧，帮助规划团队就高质量决策、有效执行和交互学习开展对话。

第 60 章

作为父母如何使用专业引导技巧

佩吉·卡尔森

参加过专业引导技巧或引导型领导工作坊的人经常说的一句话就是“这一技巧并不仅仅只是引导，或者仅适用于工作场合。这是我们在生活中与其他人开展沟通的有效方式”。我们对此完全赞成。对于我来说，最让人感怀同时也最具挑战的一件事情就是在我的孩子身上运用专业引导技巧。我发现这是一趟美妙又谦恭之旅，所谓美妙，是因为这一技巧在改善亲子关系和将此技巧教授给下一代上回报巨大；所谓谦恭，是因为孩子是最善于激发我单边控制倾向并能够辨别出虚情假意与真诚探询之间差异的人。

请参考第 5 章“有效团队的基本规则”和第 26 章“没有交互学习模式的基本规则就如同房子没有地基”。

给孩子们教授诊断—干预循环

为人父母的人都知道，哪怕年幼的孩子都知道如何做出推论。对自我经验和周围的一切赋予意义是人类的动力之一。借用专业引导技巧的术语来说，孩子擅长分享他们的推论（步骤五），却不一定能够分享导致他们做出这样推论背后所观察到的事物（步骤四）。

欲了解有关推论阶梯的内容，请参考第 5 章“有效团队的基本规则”。

> 我相信孩子可以很容易学会如何使用基本规则和诊断—干预循环，因为交互学习模式与孩子天性中对世界的好奇心完全一致。

我相信孩子可以很容易学会如何使用基本规则和诊断—干预循环，因为交互学习模式与孩子天性中对世界的好奇心完全一致。作为父母，我们应该帮助他们将好奇的天性拓展到人际互动的领域中。在没有使用术语的情况下，我利用可以教育孩子的机会来帮助孩子了解他们看到了什么或听到了什么，导致他们做出了这些推论。

欲了解有关推论阶梯的内容，请参考第 5 章“有效团队的基本规则”。

就学校中发生的事情开展对话通常可以提供丰富的素材，帮助孩子学习如何区分观察和推论。

某天，在我的儿子雅各布从学校回到家中后，他对我说："丹尼尔生我的气了。"我控制住自己的冲动，没有问："你做了什么事情让他生气了？"（这只会证实他的推论，并且在此基础之上增加我的推论）。相反，我问他："丹尼尔说了些什么或做了些什么，让你感到他生你的气了？"通过这个提问，我想要教授雅各布学会区分他直接观察到的行为（丹尼尔的言行），以及他对其朋友行为的含义所做出的推论。想了一会儿，雅各布说："在休息的时候，丹尼尔大部分时间都在和加布里埃尔和克里斯托弗玩，他们玩蜘蛛侠的游戏。"我继续借助提问来帮助雅各布将他所观察到的行为和他的推论联系起来，"所以你认为他生你的气了，因为他和别人玩，而没有和你玩，对吗？"雅各布眼睛一亮，说："哦，不。实际上，他们邀请我和他们一起玩，但是我对蜘蛛侠的游戏不感兴趣。好吧，我想他没有生我的气。"然后他就走开了。

当然，并不是所有的推论都是误解。有时，我和雅各布的对话帮助雅各布检验并且确认了他的推论。那我们的对话就转为下次他可以做出哪些改变（循环中的步骤六）。

最近，我在帮助 4 岁的女儿运用诊断—干预循环上有了一次难忘的经历。这次经历非同一般是因为她只有 4 岁，对话的内容却有相当的深度。

一天下午，当我们从幼儿园开车回家时，莉娜突然从车座椅中起身说："我认为盖尔让我们在分享时间展示大家的生殖器。"（盖尔是莉娜的学前老师，她是一位和蔼可亲、祖母般的老师。分享时间是他们的表演秀时间）。我深感吃惊，幸亏我在开车，而莉娜坐在我的后面。我不置可否地回答道："嗯，你是否记得她究竟说了些什么？"当莉娜思考的时候，我几乎可以听见发动机转动的声音，她随后回答道："当分享时间到了的时候，盖尔说'现在回到你们的储藏柜那里，把你们的玩意儿拿出来'。"（免责申明：在家里，我们不会将生殖器称呼为"玩意儿"；但是莉娜听到过她 8 岁的哥哥和他的同伴使用过这个词，显然，这是她自己从中推断出来的意思。）

我感觉我的笑声就要蹦出来了，但我还是克制住了，因为我不想莉娜感到自己很愚蠢。于是这变成了一次很好的教育机会。我们讨论了"玩意儿"的含义，以及当她看到一群幼儿园的孩子急于开始他们的分享时，盖尔为什么会这么说。我告诉莉娜："你能记住盖尔的原话，这真是太棒了。这就让我们推断出他人这么做的意图变得容易起来，或者当我们无法弄明白别人的意思时，也可以回去询问其他人。"

事后，当我回想起这段对话时，如果我攀上自己推论阶梯的台阶并给出不同的引导性提问，对话很有可能朝着另外的方向展开，对此我深感震惊。因为我接受过专业引导技巧的培训，我丝毫也不会怀疑盖尔照看莉娜和其他孩子的方式，所以我依然停留在交互学习模式，做到这点还不是太难。但是如果我没有办法帮助莉娜追溯她的推论来源，或者虽然有方法却没有予以采用，因为莉娜的陈述触发了我的热点按钮，我会担心她在幼儿园的处境，那故事又会演变成什么样子呢？人们很容易给出这样的提问：“她触碰了你吗？”莉娜几乎肯定会回答说“是的”，因为盖尔会拥抱孩子们，帮助他们系鞋带或在其他方面表现出对他们的亲近。不难想象这样的一个场景：我非常确信发生了某些不愉快的事情。而这一切都取决于我将莉娜的推论作为出发点来引发出其他的一系列提问。虽然这段对话从某个方面来说是好笑的，但在其他层面，它也是令人深思的提醒，这让我们想起了报纸上有关日托中心涉嫌不轨案件的报道，同时它也提醒了我们：我们作为成年人，哪怕是富有爱心、充满善意的成年人，也会基于自身的推论开始提问。要想了解事情的真相是件多么不容易的事情。

使用专业引导技巧奖励孩子

虽然我没有明确地把基本规则教授给孩子们，但是我很高兴地看到他们在对话中经常自如地使用它们。当我的先生和我看到孩子们的行为与专业引导技巧相符时，我们会向他们指出这点。以下就是一个例子。

虽然我没有明确地把基本规则教授给孩子们，但是我很高兴地看到他们在对话中经常自如地使用它们。当我的先生和我看到孩子们的行为与专业引导技巧相符时，我们会向他们指出这点。

夏令营的头一天早上，当雅各布正在吃早餐时，我先生安德鲁问他：“昨天你感到暖和吗？”雅各布回答：“是的，但你为什么这么问呢？”安德鲁解释说这周有些凉快，而雅各布只穿了外套和T恤。安德鲁（正好那周参加了专业引导技巧工作坊）微笑地看着我的眼睛，然后我们夸奖了雅各布，因为他让父亲解释了他提问背后的原因。

使用专业引导技巧减少冲突

我认为核心价值观和基本规则在孩子身上使用时需要做出适当修改。例如，孩子们通常难以获得他们所需要的有效信息来做出自由并知情的选择，因为他们缺乏必要的生活经验。父母的责任之一就是给予孩子们机会去培养他们的决策技能并判断哪些选择适合由孩子们自行做出。即便存在这些限制，我依然认为，孩子和成人就如何回应核心价值观和基本规则时，他们的相似之处远多于不同之处。无论你是和孩子还是与员工沟通，单边控制模式的命令所能产生的最好结果是服从（而最坏的结果是反抗）。以下是在我家发生的一个案例，讲述的是在洗手间使用问题上如何运用基本规则。

我们总是希望女儿在出门前上趟洗手间。直接命令会导致她出现反抗和表现出沮丧及毫无意义的拌嘴。更好的方法是从她最初的拒绝之处检验她的推论：她并不认为她有必要这么做。我们认同她的感受，然后解释说：“有时，对于孩子来说，你的身体还没有发育好来告诉你想要上厕所，你可以尝试坐在马桶上，看有什么结果吗？”这个要求连同我们解释的推理过程让她的抵触减少了，因为我们并没有要求她做不可能做到的事情：哪怕她不想去洗手间，依然坚持要求她去洗手间；而只是改为尝试一下，而不预设任何结果。

运用基本规则来减少冲突的另一个例子源于我儿子的练琴时间。我们的期待是他必须每天练琴，这是不可妥协的。可以理解的是，如果给予他更多的灵活度去选择他每周乐谱的练习次序，可以给他带来更多的乐趣。但是，当他先练习困难的曲目（同时也是更为有趣的曲目）却不能熟能生巧时，他会感到非常沮丧。

当我用旁敲侧击的策略时（例如，“为什么不试一下先练习音阶，然后再练习整段呢”），我的努力并无法成功。他马上可以看出这是一个反问句，于是他会依然一如既往地行事。但是，如果我们共同设计了一个方法来讨论不同之处，而且我将自己的主张和探询区分得更加清楚时（例如，“如果你先弹弹音阶暖暖手，再练习更长的曲目，这是不是更有乐趣？你怎么看？你愿意在本周内试一试我说的方法吗？如果这不能帮助你，你可以再恢复到以前的方法上。”），我们的对话会更有建设性。如果目标富含内在的承诺，你可以使用基本规则这个工具来培养无须时常监督就能保证成功的方法。

使用专业引导技巧帮助孩子理解世界

请参考第 22 章“在正常语速下做出诊断的一些建议”。

孩子有着成人所没有的初心。所以对于幼儿来说，一切皆有可能，因为魔术和现实是并存的。他们也认为自己就是宇宙的中心。这就给父母带给两个重要的成果。

- 在处理困难问题时，必须寻求相关信息并检验我们对他们的行为所做出的推论，因为他们的世界很有可能与我们的世界完全不同。共同设计适用于他们世界的解决方案，例如，虚构一个神奇的怪物喷雾剂来追踪隐藏在床底下的“真实”怪物，这可以生成巨大的内在承诺。
- 孩子们确实会基于他们的自我中心的世界观做出推论。我们需要义不容辞地向孩子解释我们的推理过程并分享相关信息，以便他们做出正确的推论。一个可以让他们肩负责任或在合适的时候免除责任的推论。

我的先生和我相信，作为父母去运用核心价值观和基本规则可以有助于将孩子培养成有责任心、同理心的社会一员。我们仍然行走在这趟旅程的起步阶段，但是我们感觉这一技巧到目前为止极大地改善了我们的家庭生活。将来，我们期待着与孩子共同学习，并且向孩子学习。

第 61 章

在单边控制的世界中竞选公职

史蒂夫·凯

每当我就专业引导技巧的相关要素给人们做培训或教练人们如何运用这些要素时，我经常被不断问及的一个问题（其实有时也表现为潜在的担心或抵触的来源）："如何在一个单边控制的世界中成为一名交互学习者？" 这个提问及背后的潜在担心就是，如果你给动机不明确的人提供有效信息，你将给自己带来风险。"哦，我可不能说出那些事情来。" 人们会对某项建议做出上述反馈，然后解释其他人会对这些信息感到不开心或受到侵害。如果那些人身居高位，这还会引发对方的报复。

作为培训师和教练，我发现向人们保证这点并非难事，那就是采用与专业引导技巧相吻合的方式去付诸行动，这不仅是在做正确的事情，而且是在做最有效的事情。我们之所以认为这是一件正确的事情，是因为支撑该模式的价值观事关尊重、开放和公正。特别是当我们去沟通一条困难的信息时，对方只有在了解你的想法后，他们才能就如何采取行动做出知情的判断。我们之所以认为这是一件有效的事情，是因为单边控制行动带来的不曾预想的负面后果，从长期来看必然如此，而从短期来看则经常如此。

我决定参加公职竞选，这是肯塔基州莱克星顿市、郡议会的一个代表全体居民的席位。我发现自己正在琢磨我能否遵从自己的建议。突然每件事都变得不是那么简单。"政治可不是闹着玩的游戏！" 在某些肮脏的竞选活动结束后，政治家总是喜欢引用这样的话，而我的许多政治伙伴和政治顾问很喜欢用这样或那样的表述来重复这些话。这些信息有时以赤裸裸的方式表达出来，有时则以比较微妙和间接的方式表达出来。这些信息是这样的："如果你不想在竞选中获胜，就不要参与。如果你想赢，就必须按照潜规则来参选，包括旁门左道、欺诈、营私舞弊等。这是一场按照游戏规则进行的竞选。所有人都必须按照这些游戏规则行事。如果你不这么做，你就无法获胜。不要太傻、太天真。" 我感谢这些人给予我的建议，我想告诉他们在我看来还有另一种竞选方式。

在竞选时，如果按照遵循内在承诺、有效信息和自由并知情的选择的方式来运作将遇到诸多挑战。我从以下三个方面各选择了一个例子来予以说明：采取立场、竞选策略及募捐。

采取立场

对莱克星顿投票的选民所进行的调查显示，25% ~ 30%的人认为交通拥堵是莱克星顿最严重的问题。没有任何其他事项的排名会如此靠前，也从来没有一项问题会一直位居问题的前三位。所以，竞选公职的候选人通常会将交通拥堵问题纳入他们关注的重点和需要解决的问题之一。有些政客说他们有具体的计划。但在私底下，在政府中任职的大部分官员或竞选公职的人都承认，道路系统难以赶上城市发展的步伐，因为该郡及周边郡一直以来发展速度相当快，他们都认为交通拥堵只会变得更糟而不是更好。许多人私下里还认为，比起邻近的路易斯维尔市（Louisville）和辛辛那提市（Cincinnati）或者更大的都市如芝加哥或亚特兰大，莱克星顿的交通拥堵问题并不明显。

如果在竞选中采取单边控制模式，我就会在交通堵塞问题的表态上采取与其他竞选人相同的立场。当然，我不会揭示我的推理过程和意图（基本规则四），因为如果我想要说出来的话，我会这么表述："与城市发展或政府雇员的薪水增长等问题相比，我认为交通拥堵并不是一个太严重的问题。但既然投票调查显示 30% 的人认为交通拥堵是莱克星顿排名第一位的问题，而且我想要你们的投票，所以我也会说交通拥堵确实是一个问题，而且我已经有了如何解决这个问题的计划。"

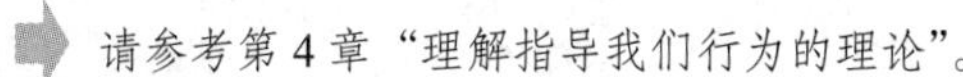
请参考第 4 章"理解指导我们行为的理论"。

根据交互学习模式，我需要这样表述："我能理解很多人认为交通拥堵是一个严重问题，我很愿意找到改善交通拥堵的方法，而且相信我们可以做出微小的改善。但是，如果我们在交通习惯和态度上不做出重大改变的话，如放弃汽车改为走路、骑自行车或乘坐公共交通，我认为难以找到轻而易举的解决之道。"

这番话也许会赢得选票，也许不能，但至少它不会强化那种看法：可轻而易举地找到解决交通拥堵问题的办法，除非市政厅的"笨蛋们"有能力做正确的事情。

根据交互学习模式，我需要这样表述："我能理解很多人认为交通拥堵是一个严重问题，我很愿意找到改善交通拥堵的方法，而且相信我们可以做出微小的改善。但是，如果我们在交通习惯和态度上不做出重大改变的话，如放弃汽车改为走路、骑自行车或乘坐公共交通，我认为难以找到轻而易举的解决之道。"

竞选策略

角逐市议会三个席位的竞选在一个非常重要的方面非同寻常：投票人可以有三张选票。也就是说，每四年从一批参选人中选出三名获胜者，每个投票人至多可以给三位参选人投票。这就导致大部分竞选人采取一项秘密策略来鼓励所谓的"子弹投票"（Bullet Voting）策略，也就是鼓励投票人只给三位参选人中的一位投票。这项策略背后的逻辑是这样的：既然票数排名最前的三位参选人可以赢得席位，如果投票人将手中的选票投给了他属意的参选人之外的其他参选人的话，那就会伤害到该竞选人。也就是说，如果投票人的第二张选票或第三张选票没有投给他最中意的参选人，那么他最喜欢的参选人有可能被投票人心目中排名第二位或第三位的参选人排挤出局。这个策略是隐蔽的，因为没有竞选人会公开宣称采取非民主的方式，怂恿他的拥趸不要考虑其他两个空缺席位的候选人，或者不要参与到其他席位最佳人选的选择中。

如果非要说出来的话，这个隐蔽策略是这样的："我更关心我自己能否赢得一席之地，而不是确保为市议会选出最合适的三个人选。所以我要求你们投票给我，而不要给其他的任何人投票。" 我的选择是鼓励投票人将他们所有的三张选票投给他们认为最合适的那个人。

募捐

募捐专家经常就如何获得竞选资金给出各种建议。针对电话募捐，（这是除了最小额度捐款外的比较好的劝捐方式），参选人会给捐款人亲自致电，要求对方捐助他能接受的最高额度。如果没有就捐款金额和何时付款等方面得到明确承诺，参选人绝不会挂断电话。这样做的目的是将潜在捐款人放置在火炉上炙烤，而不想给他们机会去思考他们究竟想要什么。

如果非要表述出来的话，这个策略听起来是这样的："我知道你不想当着别人的面说'不'，而且你也不想让别人感到失望，所以我想督促你做出承诺，这个承诺比你想要做出的承诺要多得多。"应承捐款的接听人将面临再次劝捐的局面，除非他的捐款数额达到法律许可的最高额度。我没有采用这个策略，我没有选择去开展任何的电话劝捐活动。如果人们回复了我最初的募捐信的话，我也不会把他们列入再次劝捐对象的名单中或下一轮的邮件游说名单中。

> 在一个单边控制的世界运用交互学习模式竞选公职是可行的，但这需要共同努力才能达成。不惜一切代价也要取得短期成功或追逐短期利益则是另一条路。

在一个单边控制的世界运用交互学习模式竞选公职是可行的，但这需要共同努力才能达成。不惜一切代价也要取得短期成功或追逐短期利益则是另一条路。

充满希望的结果

在首轮中我需要进入前六名。我的最终名次是第七名。下面是 12 名竞选人的投票总数，按照票数大小排列。我的投票数以黑体字写出。

15 574

14 944

14 372

12 804

10 321

10 288

10 177

9 409

8 054

4 546

2 526

1 711

在这次竞选中，不少人声名赫赫、资金雄厚，初次竞选的我能够获得这个名次算相当不错。可能我的观点不够客观，但是我相信已有足够的证据表明人们乐意在政治竞选中被尊重对待。很多人说我的参选让他们对政治生活重燃希望，也提升了他们参政的意愿。我的许多竞选志愿者以前从来没有参加过竞选活动，或者多年来没有参与过竞选活动。很多人都表示希望我重新参加竞选，并且愿意为我工作。也许我真的会重新参选。

第 62 章

在议会中使用引导型领导技巧

韦尔拉·因斯科

“她太天真了！我们完全可以把她给吃掉。”我的助理在北卡罗来纳州议会的大堂里听到有人在背后这么议论我。[1]“在你背后为什么会有这样的议论呢？”她问道。

作为北卡罗来纳州议会的众议员，我在委员会辩论中分享了所有的相关信息，甚至包括与我的观点相对立的信息，正如我在 1996 年参加团队引导和咨询工作坊（专业引导技巧工作坊前身）中所学到的那样。

我虽然是州议会的新任众议员，但对于竞选办公室或有争议话题的公共辩论来说，我并不陌生。我曾两次竞选公职并被当地社区任命为公共委员会委员。所有三个机构涉及的话题都有可能让不同团体互相攻讦，或者他们已经这么做了。

虽然助理提醒了我，但是我还是决定在州议会履行我的职责时继续使用我在工作坊中所学到的基本规则。

请参考第 5 章“有效团队的基本规则”。

在随后的四年中，作为引导型领导，我帮助不同的利益相关者团体（消费者、赞成者、公共与私人服务提供商及州政府的行政管理者）在州政府负担的居住设施中采取隔离和限制措施这个话题上达成一致。我引起了议会发言人的关注，他委任我担任议会心理健康立法监管委员会主席；与此同时，我与其他人共同领导同样的利益相关者就改革北卡罗来纳州心理健康系统开展了为期一年的法案起草工作。

运用基本规则来制定心理健康法案

能够有机会参与隔离和限制措施的法案起草纯属意外收获。当州议会健康委员会无法解决利益相关者之间的分歧时，主席将它提交给在闭会期间继续工作的立法调研委员会（LRC），而州议会发言人指派我来主持该委员会的工作。

在委员会的第一次会议上，各利益相关者都固守其立场，大家情绪激动，其中的少数几个人甚至控制了辩论，而没有人思考如何解决问题。但是，每方利益相关者都表达了一个接近共享愿景的看法：他们希望能够为这些被称为“患者中心规划”的弱势群体找到最有利的解决方案，他们也承认州政府财政资源有限。

从这个共享愿景出发来聚焦利益而非立场，我发现通过这样的提问“在现有资源或类似的资源情况下，我们该如何建立一个更加关切患者的系统”可以将讨论纳入正轨。渐渐地，大家开始互相提问。在接下来的几周内，他们设计出一个协作性更强、更为集中的流程，并且在讨论中摒弃了分散话题的策略，例如，从一个话题跳跃到另一个话题或改变讨论的主题。透过共同愿景来看待尚未解决的问题及从客户的最佳利益出发来解决问题，整个团队最终解决了所有这些之前极力回避的问题。

请参考第 5 章“有效团队的基本规则”、第 26 章“没有交互学习模式的基本规则就如同房子没有地基”和第 16 章“帮助团队聚焦利益而非立场”。

当利益相关者同意共同制定和检验可能的解决方案时，完成法案起草工作的转折点到来了。当我认识到很多尚未解决问题的客观答案并没有得到评估时，我要求利益相关者提供数据来支持他们所建议的解决方案并利用彼此的数据来检验这些方案。赞成方提交了信息，说明其他州是如何处理的；而服务提供商提供了北卡罗来纳州需增加的培训成本和员工流失率的记录。他们将这些信息汇聚在一起供大家互相分享，这时双方开始向前推进。通过数周紧张而卓有成效的工作，他们起草了法案并且在随后的大会中得以通过。

请参考第 5 章“有效团队的基本规则”和第 26 章“没有交互学习模式的基本规则就如同房子没有地基”。

由于我在立法调研委员会中的卓越表现，发言人任命我为心理健康、发育残疾和药物滥用联合立法监管委员会主席。这是一个新创建的委员会，由八位州参议员和八位州众议员组成。根据州审计长的主要报告，该委员会的职责是开展并监督本州服务系统的改革，以更好地为这三类人士提供服务。州参议员召集人为史蒂夫·梅特尔卡夫（Steve Mercalf），之前曾担任城市经理，他赞同我的观点：与利益相关者通力合作，达成共识。虽然这些利益相关者就是之前起草隔离与限制措施法案的同一批人，但是在这个委员会中他们更为关切各自的利益诉求。服务提供商认为公共心理健康机构不允许他们与客户直接联系，目的是建立自己的独立王国。而公共心理健康机构的专家则认为私人服务提供商希望与州政府直接打交道，而这会弱化该机构的职能，甚至将他们排除在外。这样，客户被卡在中间，无所适从。彼此的信任度不足也是一个主要问题：大家对失败互相指责，每个人都希望其他人做出改变。但这次也一样，大家在一个基本问题上有一致看法：系统需要变革。

参议员梅特尔卡夫和我决定共同主持治理分委员会并邀请利益相关团体推举委员参加该会。虽然该委员会并没有设定正式的基本规则，但是梅特尔卡夫参议员和我宣布了以下这些规则并且将期望记录在备忘录中：提供完整、有效的信息，不要跑题，共同设计解决方案及解释你的陈述和提问背后的推理过程。有一次，当我询问当地心理健康团队，为什么他们有时没有及时结清服务供应商的款项时，他们的回答是付款没有问题。但是当我解释我的意图是希望了解他们需要获得什么支持来解决这个问题时，他们发现不仅缺乏现金流，还缺乏专业技巧来审查索赔。

遵循另一条基本规则，我们要求团队就重要词汇的含义达成一致意见。我们发现在诸如病例管理（Case Management）、关怀管理（Care Management）、病例协作（Case Coordination）和服务协作（Service Coordination）等术语上的使用上出现重大混乱。在医疗服务使用管理（Utilization Management）、医疗服务回顾（Utilization Review）、质量保证（Quality Assurance）等词汇上也存在类似的误解和分歧。当利益相关者了解到他们使用的词汇指向不同的用途时，他们很快就定义的清晰界定及如何始终如一地使用这些词汇达成了一致看法。

请参考第 5 章“有效团队的基本规则”和第 26 章“没有交互学习模式的基本规则就如同房子没有地基”。

通过使用这些基本规则，特别是和每个谈话对象分享所有的相关信息，我们保持了透明立场，而这促进了立法者与利益相关者之间信任度的提升，并且利益相关者之间也逐渐建立了信任。不同立场的团体放弃了他们的戒备心理和防御性反馈，他们最终找到了共同解决方案并得到了大家认同。第二年，这个团队和联合立法监管委员会起草了心理健康改革法案。该法案在州议会上得到通过，并且在 2001 年 10 月签字生效。

当我在 2003 年夏天将这一切记录下来时，已经是听取审计长报告三年之后发生的事情了，我们正按计划开展为期五年的心理健康项目，并且我们还推行了一种新的文化。过往甚为流行的互相不信任和互相诽谤的氛围被沟通、协作和相互尊重的文化所取代。今年，当梅特尔卡夫参议员和我启动另一项法案用于推动某项改革措施时，一位服务供应商的游说者过来对我说：“我已经翻开了新的一页了；我会努力去解决这个问题。我也是一个好人。”

适用于竞选公职人员的基本规则

这两个例子中所使用的流程并不纯粹是引导，与引导型领导技巧也没有完全保持一致。利益相关者团体对于谁来主持委员会会议几乎没有发言权，他们在何时及如何开展工作也难以表达意见。同时，他们也没有权力正式批准法案的最后版本。但是，团队有效性模型中的许多要素都得以体现，而梅特尔卡夫参议员和我也都成功运用了几个基本规则。

请参考第 2 章“团队有效性模型”和第 15 章“使用团队有效性模型”。

在团队有效性模型所描绘的组织情境中，两个团体有着共同愿景，建立了支持性文化并获得来自立法机构员工的高水平技术支持。在团队结构方面，我们精心挑选合适的成员，他们有时间来参与讨论。通过达成一致的议程，与所有人分享相关信息，将其他重要事宜放置在“待处理”之处，我们让团队流程集中在问题解决、沟通和决策上。通过与利益相关者的一对一对话，以及回到他们所属的当地社区与大家会面，我们对每位团队成员的需求都予以关注。与此同时，我们通过共同面对改善客户系统的挑战来建立团队的身份认同。

在政治领域中，选举产生的官员同时隶属多个团体。为了有效运用基本规则，他们必须了解在某个特定时间里哪个团队最重要。对于无关党派立场的事宜如心理健康改革和公共教育，或者与党派立场有关的话题如重新划分选区，或者与意识形态有关的话题如税务政策、堕胎、是否允许在学校里祷告等，处理起来相对容易。而对于那些超越选区投票人的一些重要话题，议员做出选择就不是那么容易了。议员会投票同意加税来保留某项服务吗？如果这张投票注定失败并且选区的反对者正在谋划负面宣传呢？最起码，州议员可以运用基本规则在同事和当地选民之中建立开放和公正的名声。

在党派内部也很难运用基本规则，因为改革派和保守派会形成不同的团体来竞争某个话题上的讨价还价能力。有时不同团体的成员流动性非常大：某位进步民主党议员可能也是黑人同盟或妇女同盟的成员，他们可能按照议题的不同，身份从一个团体转向另一个团体，以此来获得个人权力的最大回报。

不管一个团队的组成的基础如何，如果这个团队成员分享信息、解释他们行动背后的理由，并且就决策达成共识，这个团队就会更加高效。即使在党派森严的情况下，如果当选的官员就重要词汇的含义达成一致，让讨论聚焦、使用例子并解释他们的推理过程（而不是恶意中伤）及检验假设，他们也将变得更加高效。

在我的经验中，如果当选官员面对的是富有争议但不属于意识形态的公共政策话题，只要他们的时间充裕，可获得足够的技术支持及团队的专业支持，那么基本规则就能发挥最好的效果。

> 在我的经验中，如果当选官员面对的是富有争议但不属于意识形态的公共政策话题，只要他们的时间充裕，可获得足够的技术支持及团队的专业支持，那么基本规则就能发挥最好的效果。

我在北卡来纳州议会任职的第七个年头临近尾声时，心理健康服务系统改革进入第三个年头，我的有效性评级持续保持在最高等级。梅特尔卡夫参议员和我因在心理健康方面开展的工作获得了数个奖项。或许我们付出努力所赢得的最好评价来自北卡罗来纳州心理协会的执行理事，她给出的评语是“当我说在北卡罗来纳州大家一起齐心协力工作时，来自其他州的人都表示难以置信”。

注释

1. 北卡罗来纳州议会由 120 位众议员和 50 位参议员组成。本书撰写的时候，民主党控制参议院；而众议院从 1994 年起，基本上由两党平分。

后记

一些重要经验

罗杰·施瓦茨　　安妮·戴维森

当反思本书的各个章节时，我们依然发现还有一些重要的经验值得总结，而这些经验超越了本书中的任何一章或某个部分。在某种程度上，这些经验反映了专业引导技巧的精髓。以下的简要总结来自我们自身、客户及同事亲身经历的重要收获。

改变你的思考方式是最根本的

专业引导技巧的力量体现在你如何改变你的思考方式上。掌握专业引导技巧的工具必不可少，但仅凭这些尚不足以激发和保持根本性改变。事实上，当人们使用这种方式出现卡壳时，这往往是因为他们在使用专业引导技巧时带有单边控制的心智模式。

当人们开始将他们的思维方式转变成交互学习模式时，专业引导技巧就变得更为自然，而工具使用起来也变得更加容易。心怀好奇、保持透明并富有同理心，我们将更加容易地找到传达你本意的词汇。即便你没有做到，其他人也会对你表现出宽容。总而言之，即使你用词不准，交互学习模式的意图依然会得以体现。

改变从自己开始

使用这种方式可从你本人开始。你没法改变任何其他人；你所能做的只不过是创造条件让其他人更有可能选择去做出改变。通过学习和示范专业引导技巧，你可以帮助其他人看到能取得什么样的成果。当你就对话设置了清晰目标和流程时，分享你的推理过程和意图，你就可以展现将对话变得更加高效的方式。在流程中，你经常惊讶地听到来自其他人的不同反馈，并且改变过往效率低下的模式。当其他人看到践行专业引导技巧的可能性时，他们就可以对本人是否需要学习并做出改变享有更加知情的选择。你的意图也许是要改变整个部门、组织，甚至服务系统，但只有当组织中的每个人承诺采取不同的思考方式和表现方式时，改变才会在某个时刻发生在某个人身上。

有很多方法来激发改变

当我们运用专业引导技巧和引导型领导技巧来激发团队和组织发生重大变革时，启动变革的合适起点并不是唯一的。我们可以从组织高层开始，然后向下延展直至覆盖整个组织；我们也可以从组织底层开始，向上发展；我们也可以从组织中某个不引人注目的地方开始，然后逐渐扩展到组织中的更多区域。

有些客户更喜欢由上至下的方式，也就是从最高层开始，然后渐次往下将变革传递到组织的基层。他们认为如果高层管理人员理解这种方式，那么让位居他们之下的员工发生改变就变得更为容易。有时这种考虑是对的。但在其他时候，从高层开启变革会遇到更为强烈的抵制，因为位居高管之下的员工并没有感到被融入其中或对变革做出承诺。如果变革从中层开始或者由下至上，就变革获得承诺同样会面临窘境：无论组织发起何种变革，只有当核心价值观和行为发生改变时，这样的变革才能获得最大承诺。只有当其他人体验到了思维和行动改变的威力，而那些变革的发起人本人的行事方式与核心价值观始终保持一致并由此建立可信度时，其他人才会全身心地参与并投入其中。

根据我们过往的经验，变革启动的理想起点是人们对学习产生兴趣。这也许是因为他们感受到了某种疼痛，也许是因为他们察觉到了某种机遇。我们的经验是，当更多的人就学习这种方式做出自由并知情的选择时，他们就越有可能去实践这种方式，在他人面前以身作则并且持续不断地学习。这体现了“慢就是快”的系统观。

变革流程不是线性的

无论是改变你自己，还是帮助团队或组织发生改变，这个根本性变革流程并不是线性发展的。在某种程度上，它带有欺骗性。在早期，通过运用新的心智模式和技能，人们可以不断体验到有效性的提升，哪怕他们感觉自己是笨拙的初学者。但是到了某个阶段，人们会遇到（或者再次遇到）践行理论问题所带来的停滞和挫败，无论这是他们自己的问题或他人的问题。接受他人的反馈及对导致停滞的践行理论进行反思的能力决定了人们能否深化自身的技能并且保持新的行为。这个流程看上去是循环往复的：新的技能水平可帮助你解决更为根本的践行理论问题，而借助每个连续的成功循环，创造交互学习模式成果的能力可不断得到提升。

系统思维和行动可创造持久的成果

贯穿本书的一个收获就是通过系统思维和行动，你可以产生并保持威力更大的成果。我们不断地看到，如果只关注问题的某个方面，其解决方案会带来更多的问题。

可以显著撬动变革的区域是关注引发问题的基础结构。正如一艘船的物理架构决定了这艘船将如何劈开波浪前往目的港一样，对话、团队和组织的社会结构决定了大家创造出来的成果。只有启动一套新的价值观和假设来改变对话结构，我们才有可能创造新的成果。通过指出并改变单方面保护上司的习惯性防御，我们可以向他表示不同看法，从而改变团队的结构，改变决策的质量。

系统思维和行动的一部分意味着审视团队和组织的政策和惯例，政策和惯例往往根植于单边控制模式要素。未经审视的政策会对各种机会的可能性设置无形的限制。例如，如果某项政策规定关键绩效数据必须保密，那么就很难设计一种方式来让团队变得更为担责或加强自我管理。

专业引导技巧本身就是一套解决系统性问题的系统性方法。这种方法的威力源于各项要素被整合其中，如团队有效性模型、交互学习模式、基本规则及诊断—干预循环等。运用专业引导技巧可以让团队能够识别出结构化要素，就其如何互动提供有效的信息并设计出协作和高效的方式来改善系统工作的方法。

让这种方式变成你的一部分

刚刚学习这种方式的人通常会说这种方式让他们感到不自然，这并不奇怪。有些人认为这种方式比较机械，还有的人说他们感到好像另外有人寄居在他们的身体上（或者至少在他们的头脑和声带中）。我们认为，当你开始培养某项新的技能时，感到不自然是再正常不过的事情了。学习专业引导技巧就像学习新的舞蹈或新的语言，一开始你无法做到顺畅自如。

感到不自然的部分原因可能源于其他人对你尝试使用新技能所给予的反馈。如果你的行为开始出现改变，其他人也面临着需要改变他们对你的回应方式。你的新行为和他们对此做出的回应会让你觉得自己踏上了一块新土地，你确实来到了一块新领域。虽然有时你感到一切都让你心绪不宁，但这块土地充满了全新的机会。

如果你将专业引导技巧变成你自己的，这种不自然的感觉就开始消退了。你开始对新的思维模式感到自在（或者至少感到更为自在）。你开始尝试使用专业引导技巧的语言，你发现这些词语或短语听上去更像你的表述方式，而不是你在模仿其他人或你在照本宣科。对我们每个人来说，这个过程会有所不同。对我们来说，脱口而出的表述方式可能对你而言需要费心思量，而反之亦然。当然，可以有不同的方法来表述核心价值观和假设。不断尝试直到你可以自如地使用交互学习模式。

决定在多大范围内使用专业引导技巧

就如同其他事物一样，你从专业引导技巧中能够得到多少收获，这取决于你投入了什么，以及在何时使用或在哪里使用。在过往的数年中，我们发现人们会用以下三种方式来使用该技巧。有些人将这种方式看成他们现有工具箱中的一个新增工具。既然是工具，他们会在特定的环境中使用这种方式，例如，当有人表述反对意见时。其他人则将这种方式看成他们在担任某个特定角色时思维和行动的指引，无论他们是担任引导师、领导、咨询顾问、培训师还是教练。他们将这种方式看成某种情境下，当然通常是在工作之中，提高他们有效性的方式。最后，还有人将这种方式看成普世的方法论。不管是在工作中、家庭中、游戏中还是在社区中，他们使用核心价值观、假设和基本规则来指导自己和其他人的互动。从本质上说，这种方式变成了他们的生活之道。我们（本书的四位作者）属于最后这类人。

虽然将最后这类人看成每个人的最好选择会显得太自以为是，但是我们认识到，当人们看待专业引导技巧的方式从工具转为生活之道时，他们的技巧和有效性通常会得以提升。部分原因是这是他们做出的承诺所发挥的作用。在你所有的互动中使用专业引导技巧所获得的承诺会远远大于你将该技巧视为带有具体用途的工具所获得的承诺。但是，不断提升的技能也是额外学习机会的产物。当有人将这种方式看成生活之道时，那么你每次与他人之间的互动都将变成练习的良机。每次对话都能提供深刻的洞见并在无数的场景中改变行为。

我们认为有意识地选择你使用这种方式的范围非常重要。有意识的选择可以让你全身心地投入学习和练习之中。如果不是有意识的选择，你会把专业引导技巧的材料束之高阁，再也不会将其整合到你的生活或工作中的任何一个方面。当然，使用专业引导技巧也是有风险的。我们经常主张直面两难窘境、风险和恐惧。无可厚非的是，我们直面困难远比逃避困难可以获得更多收获。但是，我们相信只有你能够针对你生活的某个特定阶段选择适合你的冒险与学习。

与他人一起学习

本书的中心思想就是和他人一起学习专业引导技巧并培养你的技能，这会显得容易些。系统思维和践行理论一再表明，对于指导我们行为的价值观和假设所产生的意想不到的后果，我们通常对此毫无察觉。我们无法看到我们思维和行动中存在的差距，其他人却可以发现。通过与了解这种方式背后理论的人保持互动，并且请他们就我们的行为提供高水平的反馈，我们可以认识到自身思维中存在的盲点。随着时间的推移，许多人可以发现自己所使用的单边控制模式。但是不管你花费多少时间来练习专业引导技巧，拥有一位学习伙伴那是再好不过了。他可以帮助我们看到我们的疏漏之处，他可以给出引人深思的发问，并且在不同的互动中与我们进行练习。

如果你知道有人在学习和练习专业引导技巧，我们鼓励你去探索可以让你们共同学习的方法。如果你是圈子中第一位学习专业引导技巧的人，不妨考虑将该技巧介绍给其他有兴趣与你一起学习的人士。

让我们重新回到本书的开篇之处：通过在团队中开展学习来提高效率。组成团队的原因是，团队可以完成个人无法单独完成的事情。正如你可以帮助团队提升有效性一样，你也可以利用团队来提升你的有效性。专业引导技巧的基础是交互学习模式，这点非常重要。这个模式的假设是我们所有人只看到事物的一部分，却遗漏了另一部分。我们所有人既是老师，也是学生。我们希望我们的经验可以丰富你的学习之旅，而且你也可以将我们视为你的学习社区的一部分。